DAS MICHAEL OTTO PRINZIP

Mit Gastbeiträgen von:

Simone Bagel-Trah
Christoph Bornschein
Carsten Brosda
Kirsten Fehrs
Maja Göpel
Ingvild Goetz
Susanne Klatten
Horst Köhler
Clemens Malich
Gerd Müller
Gerhard Steidl
Harald Welzer

Michael Otto (Hg.)

DAS MICHAEL OTTO PRINZIP

Konzept und Realisation von Thomas Huber
Fotografien von Werner Bartsch

Steidl

Inhalt

»Soviel Welt als möglich in die eigene Person zu verwandeln, ist im höheren Sinn des Wortes Leben.«

Wilhelm von Humboldt

Dieses Buch versammelt die Lebensthemen des Unternehmers Michael Otto: von der sozialen und ökologischen Verantwortung über die Digitalisierung bis hin zur Förderung von Kultur und Jugend. Michael Otto formuliert in jedem Kapitel in einem Essay die Prinzipien seines unternehmerischen Handelns und gesellschaftlichen Engagements. Anschließend wird in jedem Kapitel aufgezeigt, wie diese Michael-Otto-Prinzipien in konkretes Handeln umgesetzt werden können. Die Leserinnen und Leser erhalten dabei tiefe Einblicke (insights) in die weltweit tätigen Unternehmen, Stiftungen und Projekte des vielfältig engagierten Citoyens. In einem Ausblick (outlook) betrachten renommierte Gastautoren und Interviewpartner die einzelnen Themen aus ihrer Perspektive und erweitern damit den Horizont des jeweiligen Themenkreises. Die Zwischenblätter zwischen den einzelnen Kapiteln zeigen Detailfotos von verschiedenen Verpackungsmaterialien aus dem E-Commerce der Otto Group. Mit diesem Buch will der Herausgeber interessierte Leserinnen und Leser dazu inspirieren, wirtschaftlichen und beruflichen Erfolg mit Verantwortung für Mensch und Natur zu verbinden.

Gender-Hinweis

Aus Gründen der besseren Lesbarkeit wird in diesem Buch auf das Gendern mit Sonderzeichen und auf die konsequente Verwendung der Sprachformen männlich, weiblich und divers (m/w/d) verzichtet. Alle Formulierungen sprechen gleichermaßen alle Geschlechter an.

KAPITEL I
Unternehmertum

MICHAEL OTTO

Ein Unternehmer muss auch Fantasie haben

Zum Unternehmer wird man nicht geboren. Und der Erfolg wird einem erst recht nicht in die Wiege gelegt. Es lässt sich oft erst im Rückblick beurteilen, ob die Summe aller richtigen und falschen unternehmerischen Entscheidungen unterm Strich Substanz und Arbeitsplätze geschaffen hat und ein Geschäftsmann damit zu einem erfolgreichen Unternehmer wurde – oder eben nicht. Mein Vater Werner Otto, der nach dem Zweiten Weltkrieg aus dem Nichts mit dem OTTO Versand ein erfolgreiches Unternehmen aufgebaut hat, traf seine Entscheidungen aus dem Bauch heraus und lag damit oft richtig. Er stand als Unternehmer gegenüber Mitarbeitern und Partnern für Fairness und Verantwortung und verband seinen wirtschaftlichen Erfolg mit sozialem Engagement. Er war ein Macher, der ein Konzept hatte und dann einfach angepackt und losgelegt hat. Als ich 1971 in das Unternehmen eingestiegen bin, schnell in die Verantwortung hineinwuchs und dann die wesentlichen Etappen, in denen sich das Unternehmen weiterentwickelte, immer stärker mitgestaltete, um zehn Jahre später selbst die Führung zu übernehmen, habe ich versucht, dieses Bauchgefühl mit strategischem Denken zu ergänzen.

Von meinem Vater lernte ich sehr früh unser zentrales und generationenübergreifendes *Prinzip der Kundenorientierung.* Das war neben seinem überragenden kaufmännischen Talent seine eigentliche Stärke: ein Gespür für Kunden. Er hatte ein großes Einfühlungsvermögen, er dachte nicht nur mit dem Bauch, sondern sah auch mit dem Herzen. Er wusste, welche Produkte gut ankommen, und hat damit den Kundengeschmack oft genug getroffen. Er wusste auch, wie man mit Kunden umgeht und wie man sie anspricht. Das fand ich hervorragend und das entsprach auch meinen Vorstellungen. Jeder Unternehmer sollte deshalb zuallererst dieses Prinzip verfolgen, denn Kunden sind das wichtigste Kapital eines Unternehmens. Es reicht dabei nicht, sie zufriedenzustellen, sie müssen auch begeistert sein. Um Kunden wirklich zu begeistern, braucht man überzeugte, tüchtige und talentierte Mitarbeiterinnen und Mitarbeiter, die Freude daran haben, sich für die Kunden einzusetzen. Und man benötigt die passenden attraktiven Produkte und faire Beziehungen zu Lieferanten, die gerade auch in schwierigen Zeiten, wenn Lieferketten unter Druck geraten, zuverlässige und belastbare Partner sind.

Strategisches Denken und Bauchgefühl sind für mich kein Gegensatz, sondern ergänzen sich idealerweise. Das habe ich von Kindesbeinen an gelernt. Ich wuchs zusammen mit meiner zwei Jahre älteren Schwester Ingvild auf – wir waren in unserer Kindheit und Jugend bis in die Studententage unzertrennlich und hatten fast immer die gleichen Interessen für Musik, Kunst und

Gesellschaft. Ich entschied mich dann für das Unternehmerische und sie sich für die Kunst. Wie sich sehr schnell herausstellte, fand sie als Galeristin in Konstanz und in Zürich und später dann als Sammlerin in München eine breite Anerkennung für ihre Kunstleidenschaft. Und ich wiederum zehre bis heute von meinen musischen Quellen. Vielleicht habe ich auch deshalb eine Künstlerin geheiratet. Ich hatte mich damals für meinen Weg entschieden, weil mich am Unternehmertum immer schon gereizt hat, dass beide Gehirnhälften gefordert sind. Auf der einen Seite das Analytische und das rechenhafte Kalkül. Aber auf der anderen Seite auch das Kreative. Das heißt, ein Unternehmer muss auch Fantasie haben. Man muss nicht nur gut mit Zahlen umgehen, sondern man muss sich auch die Möglichkeitsräume vorstellen können, in die sich ein Geschäftsmodell entfalten könnte. Was kann man daraus machen? Das ist wie bei einem Architekten, der in eine Bauruine geht und sich bereits vorstellen kann, wie die Räume einmal aussehen werden und wie es sich hier wohl eines Tages leben und arbeiten lassen wird. Diese kreative Fantasie halte ich für das eigentlich Spannende am Unternehmertum. Analytische und kreative Prozesse gehören zusammen. Und um diese Fantasie des Möglichen zu entwickeln, muss ein Unternehmer neugierig sein. Das *Prinzip der Neugierde* ist der Grund für jeden technischen und wissenschaftlichen Fortschritt der Menschheit. Und ein Unternehmer muss neugierig sein, um die Menschen, die Märkte und die Probleme der Welt besser zu verstehen und darauf unternehmerische Antworten zu entwickeln.

Die Neugierde des Menschen ist seine spielerische Triebfeder. Man experimentiert, probiert aus, testet und testet immer wieder, ob eine neue Idee funktioniert. Dabei muss man ständig die Kunden einbeziehen und ihr Feedback in die Entwicklung der Innovationen rückkoppeln. Heute nennt man das eine iterative Vorgehensweise und agile Arbeitsmethode. Der Vorteil dieser Herangehensweise liegt darin, dass man nicht stur in eine Richtung denkt, um dann nach 18 Monaten festzustellen, dass man sich in eine Sackgasse verrannt hat, sondern dass man flexibel immer wieder jede Abzweigung nutzt und ausprobiert, wohin diese führen könnte. Das minimiert auch die Risiken und begrenzt den möglichen Schaden. Der Vorteil dieser Methode liegt klar auf der Hand: Die Zukunft ist unscharf, also kann man sich ihr nicht nähern, indem man die Entwicklung von heute einfach linear in das Morgen verlängert. Man muss davon ausgehen, dass sich alle Variablen ständig ändern und dass Abweichungen vom Plan eher die Regel als die Ausnahme sind. Aber dass sich auch immer wieder neue Möglichkeiten ergeben. Wenn man die Konsumenten, Märkte und Technologien von morgen verstehen will, muss man in alternativen Szenarien denken und vor allem berücksichtigen, dass menschliches Handeln und menschliche Bedürfnisse nicht immer nur rational begründet sind. Diese Strategie hat von Anfang an mein unternehmerisches Handeln bestimmt.

Die Neugierde war es auch, die mich bereits in den 1980er Jahren mit meinem IT-Vorstand nach Kalifornien in das Silicon Valley und an die Eastcoast

reisen ließ, um die Lieferanten unserer elektronischen Datenverarbeitungs-
geräte, aber auch neue Lieferanten kennenzulernen. Zunächst haben wir
mit Hardwareproduzenten gesprochen, dann aber auch mit den Software-
entwicklern und Startups. Wir wollten damals wissen: Wie wird sich die
technische Revolution entwickeln und welche Chancen entstehen daraus?
Was uns sehr früh klar wurde: dass die neuen digitalen Möglichkeiten die
direkte und persönliche Kommunikation mit einzelnen Kunden stark
verbessern werden. Als kundenorientiertes Unternehmen war das, was uns
die Ingenieure und Existenzgründer im Silicon Valley und an der Eastcoast
erzählten, sehr einleuchtend und wurde zur Initialzündung, neue Technologien auch in unseren Unternehmen auszuprobieren. So experimentierten
wir Anfang der 1990er Jahre mit interaktivem TV. Es gab damals die sehr
erfolgreichen Homeshopping-Kanäle, die Produkte präsentierten, die man
sich dann telefonisch bestellen konnte. Aber es vergingen Stunden, bis mal
ein Produkt an die Reihe kam, für das man sich interessierte. Die Idee war
also, dass man über das interaktive Fernsehen nach bestimmten Produkten
suchen und direkt bestellen kann. Wir starteten mit Time Warner einen
Pilotversuch mit 4.000 Haushalten. Das war sehr teuer, denn man musste ja
für jeden Fernseher extra ein Rückkabel verlegen. Der Aufwand war hoch,
doch wir haben sehr viel gelernt. Und als in der ersten Hälfte der 1990er Jahre
das Internet für alle geöffnet wurde, waren wir bereits im Thema und starteten
sehr früh die ersten Internetprojekte und etablierten 1995 als einer der ersten
Versandhändler einen Onlineshop, obwohl damals in Deutschland nur 250.000
Menschen Zugang zum Internet hatten.

Dieses Beispiel zeigt, dass man mit purer Neugierde einen handfesten
Wettbewerbsvorteil herausholen kann. Und dieser frühe Start verschaffte
der Otto Group den nötigen Zeitvorsprung für die schrittweise Digitalisierung
eines traditionellen Handelsunternehmens (*siehe auch Kapitel „Digitale und
kulturelle Transformation", Seite 99*). Zum einen galt es, die Bestandskunden
des Kataloggeschäfts nicht zu verlieren, sie zum anderen als Nutzer unserer
Onlineangebote zu gewinnen und ein attraktives digitales Angebot für neue
Kunden und jüngere Zielgruppen zu entwickeln.

Diese notwendige Gleichzeitigkeit kennzeichnet bis heute viele Digitali-
sierungsprojekte in der Wirtschaft: Die Kunst besteht darin, das bestehende
Kerngeschäft eines Unternehmens nicht disruptiv zu zerstören, sondern
den traditionellen Revenue-Strom zu stabilisieren und in die neuen digitalen Geschäftsmodelle und Services zu investieren, damit die sich allmählich
entwickeln können und von Bestandskunden angenommen und von neuen
Kunden genutzt werden. Steigen die Erlöse aus den digitalen Angeboten,
können diese dann die Erlöse aus dem Kerngeschäft substituieren, und das
Gesamtunternehmen gerät dadurch nicht in eine gefährliche Schieflage. Diese
Transformation benötigt vor allem eine Ressource, die viele Unternehmen
angesichts der digitalen Revolution nur noch sehr begrenzt zur Verfügung

haben: Zeit. Die Otto Group konnte sich diese Zeit nehmen, weil das Unternehmen früh genug mit der Digitalisierung begonnen hatte.

Eine Transformation darf das Unternehmen nicht als Ganzes destabilisieren oder gefährden. Das gilt auch für Innovationen, Investitionen und Akquisitionen. Gerade in der Transformation, die dringend Stabilität als Standbein und Experimentierfreude als Spielbein benötigt, ist das unternehmerische *Prinzip des kalkulierten Risikos* Treiber und Lebensversicherung zugleich. Dieses Prinzip entspricht auch meiner persönlichen Leidenschaft, als Unternehmer das rechenhafte Kalkül mit der Kraft der Kreativität zu verheiraten. Man muss mutig der neugierigen Spielfreude freien Lauf lassen, immer wieder testen, testen und auch bereit sein, Risiken einzugehen, und offen sein, Fehler zu machen. Denn wenn man unternehmerische Entscheidungen trifft, ist das Timing oft ganz entscheidend. Wer glaubt, man müsse erst jede Entscheidung gegen alle Risiken umfassend absichern, kommt womöglich zu spät in den Markt oder gar nicht mehr zum Zuge. Nein, man muss bereit sein, auch Risiken einzugehen, allerdings darf ein einzelnes Risiko nie zu groß werden. Wenn wirklich alles Erdenkliche schiefgeht, dann darf es ruhig mal richtig schmerzhaft sein, aber nie das Ganze gefährden. Das war für mich schon immer ein wichtiger kaufmännischer Grundsatz.

Um Risiken zu begrenzen, ist für viele Konzerne das *Prinzip der Diversifikation* ein bewährtes Mittel. Das war auch unser Weg. Man verteilt das Risiko auf möglichst viele starke Schultern. Eine Gruppe ist in der Summe viel stabiler als ein einzelnes Unternehmen. Es gibt immer wieder Situationen regionaler politischer Instabilität, volatiler Märkte oder Krisen einzelner Branchen. Wenn dann ein Unternehmen in Schwierigkeiten gerät, sind die anderen stark genug, es aufzufangen. Die Otto Group hatte über all die Jahrzehnte noch nie die Situation, dass es allen Unternehmen gleichermaßen schlecht ging, allerdings auch nie die Situation, dass sich alle Unternehmen gleichzeitig ausgesprochen prächtig entwickelten.

Im Nachhinein betrachtet, folgte das *Prinzip der Diversifikation* bei der Otto Group immer dem strategischen Dreiklang: Optimieren, Expandieren, Internationalisieren.

Optimieren

Wenn ein Geschäftsmodell erfolgreich funktioniert und wächst, dann muss man die Stärken analysieren und Schwächen optimieren. Dabei geht es in erster Linie darum, herauszufinden, was die Kunden wirklich wollen. Da hilft nur wieder testen, testen, testen. Wir haben bereits in den 1970er und 80er Jahren die Marktforschung perfektioniert. Das Schöne ist ja, dass wir als Distanzhändler alles sofort messen können, das konnte der stationäre Handel nicht so einfach. Aber wir wussten mit der Zeit immer besser, was jeder einzelne Kunde wie oft gekauft hat, welchen Stil und welche Moderichtung er offenbar bevorzugt und was man ihm daraufhin gezielt noch anbieten kann. Als Versandhändler konnten wir schon in der Postkarten-Ära jeden Kauf einer bestimmten Person zuordnen. Wir wussten auch bei jeder Werbeaussendung ganz genau, welche Kunden wie darauf reagiert haben. Das kann man heute mit den digitalen Tools und der Künstlichen Intelligenz noch viel genauer machen. Damit lernt man die Märkte, Kunden und Zielgruppen immer besser kennen, kann die Angebote und die Kundenkommunikation optimieren und die Potenziale der jeweiligen Zielgruppe viel besser ausschöpfen. Dabei ist der Aufbau einer starken Marke die wichtigste Voraussetzung. Eine starke Marke bietet Orientierung, differenziert im Wettbewerb, schafft Vertrauen und stärkt mit einem klaren Leistungsversprechen die Kundenbindung. Wer zu einer Marke eine emotionale Bindung aufbaut, folgt ihr auch gerne, wenn sich das Unternehmen in digitale Welten, andere Produktkategorien oder Preissegmente weiterentwickelt. Gute Markenführung sorgt für treue Kunden. Das macht sich bezahlt.

Expandieren

Wenn man ein erfolgreich optimiertes Geschäftsmodell entwickelt hat, dann kann man es in zwei Richtungen expandieren: auf andere Zielgruppen oder in andere Märkte. Im Zentrum der Expansion unserer Unternehmensgruppe stand zu Beginn der OTTO Versand mit seinem tüchtigen Management und seinen tüchtigen Mitarbeiterinnen und Mitarbeitern. Und diese Stärken kann man nutzen, man muss ja nicht für immer ein Einzelunternehmen bleiben. Der erste Schritt meiner strategischen Überlegungen war damals, dass diejenigen Unternehmen interessant für uns sind, die auch im Versandhandel tätig sind, aber eine andere Zielgruppe bedienen, die beispielsweise jünger oder älter ist. So haben wir 1976 den Heine-Versand übernommen und 1987 den Versandhändler Witt in Weiden. Seit 1997 ist der Baur Versand Teil der Otto Group, 1999 beteiligten wir uns bei der Gründung von myToys und 2008 übernahmen wir Manufactum. So unterschiedlich die Angebote dieser Unternehmen auch sind, sie bedienen jeweils andere Zielgruppen als der frühere OTTO Versand. Mit Hilfe unserer ausgefeilten modernen Marktforschungsmethoden, Einkaufskompetenzen und Preisstrategien konnten wir die Marktbearbeitung dieser Zielgruppen und die Angebotsstruktur optimieren. Natürlich gibt es auch Beispiele, wo diese Strategie nicht so gut funktioniert hat, wie bei SportScheck. Trotz vieler Fortschritte fehlte SportScheck als Multichannel-Unternehmen mit seinen 17 Filialen in Deutschland die nötige Schlagkraft und Größe, um sich gegenüber der Konkurrenz durch Online- und Discountanbieter nachhaltig erfolgreich zu positionieren – obwohl es eigentlich einen Markt für einen beratungsintensiven Sportfachhandel mit zahlreichen lukrativen Spezialdienstleistungen gibt.

Eine Expansionsstrategie ist dann erfolgreich, wenn das Unternehmen die Märkte systematisch entlang einer Matrix untersucht, deren wichtigste

Vektoren die unterschiedlichen Zielgruppen, Produktsegmente und Preisstrategien sind. Gleichzeitig kann man auch den digitalen Reifegrad der jeweiligen Zielgruppe analysieren und herausfinden, welcher Mix von digitalen und traditionellen Services hier erfolgreich sein könnte. Verbleiben dann auf dieser Landkarte weiße Flecken, also Marktsegmente, die noch von niemandem bearbeitet werden, dann kann man dieses Unternehmen mit einer gewissen Erfolgsaussicht auch selbst gründen und es präzise auf dieses Marktsegment zuschneiden. Auf diese Weise hat die Otto Group beispielsweise den Modehändler Bonprix komplett neu auf der grünen Wiese aufgebaut.

Um ein Geschäftsmodell völlig unabhängig vom traditionellen Geschäft zu entwickeln, haben wir mit meinem Sohn Benjamin und Tarek Müller About You gegründet. Dieses Startup konnte völlig losgelöst von den Strukturen des Konzerns – obwohl hier ja die Digitalisierung auch schon sehr fortgeschritten war – ihr neues Modell „from the scratch" aufbauen. Da haben von Anfang an nur Digital Natives gearbeitet und mussten sich nicht mühsam um die Transformation kümmern, sondern haben von vornherein ein digitales Unternehmen aufgebaut: Mit ihrer eigenen Software und Geschäftsstrategie entstand ein völlig neues digitales Angebot für ein junges Kundensegment. Auch hier hat sich unser *Prinzip des kalkulierten Risikos* ausgezahlt. Wir haben zwar mehrere hundert Millionen Euro investiert, aber immer Schritt für Schritt überprüft, ob die Zwischenziele auch erreicht wurden. Hätte es größere Abweichungen gegeben, wäre die gesamte Investition in Frage gestellt worden. Aber das Führungsteam um Tarek Müller und meinen Sohn hat sehr erfolgreich gearbeitet und seine Ziele immer übererfüllt. Man kann also mit den Prinzipien eines Familienunternehmens, die ja sicher konservativer sind als im Silicon Valley, eben auch ein Unternehmen erfolgreich an die Börse bringen.

Ein weiterer Vektor unserer Expansionsstrategie waren die unternehmensnahen Dienstleistungen, die wir aus unserem eigenen Kerngeschäft heraus entwickelt haben. Wenn wir unseren Kunden Teilzahlung zur Finanzierung anbieten, dann macht es auch Sinn, eine Teilzahlungsbank aufzubauen. Deshalb haben wir die Hanseatic Bank gegründet. Oder wir haben aus der damaligen Mahn- und Klageabteilung des OTTO Versands den Deutschen Inkassodienst ausgegliedert und später daraus die EOS-Gruppe geformt. Als wir uns in den 1970er Jahren sehr über die damals so unzuverlässige Post ärgerten, haben wir den Logistikdienstleister Hermes gegründet.

Ein ganz wesentlicher strategischer Grundsatz unseres *Prinzips der Diversifikation* ist, dass wir Akquisitionen und eigene Gründungen nur in und rund um unsere eigenen Kernkompetenzen angesiedelt haben. Wir bekamen immer wieder Angebote, irgendwo auf der Welt Textilproduktionsbetriebe oder Vertriebsorganisationen zu kaufen oder aufzubauen. Das haben wir konsequenterweise immer abgelehnt. Wir verstehen etwas vom Handel. Von der Produktion verstehen wir nicht genügend. Außerdem wird diese Firma nicht den höchsten Ehrgeiz entwickeln, so effizient wie möglich zu arbeiten, wenn sie nur die Otto Group beliefert und nicht mehr mit dem Weltmarkt konkurrieren muss.

Ein weiteres Grundprinzip bei Akquisitionen ist für die Otto Group, nur Unternehmen zu übernehmen, die eine gewisse Größe haben. Das Unternehmen sollte entweder mindestens 100 Millionen Euro umsetzen oder diese Kennziffer in überschaubarer Zeit erreichen können. Sonst macht es für die große Otto Group keinen Sinn. Es besteht die Gefahr, sich zu verzetteln.

Internationalisieren

Hat man ein erfolgreiches Geschäftsmodell optimiert und im Heimatmarkt expandiert, dann kann die Matrixanalyse in anderen Märkten und Regionen der Welt fortgesetzt werden, um das Geschäftsmodell auch dort einzuführen. Dabei kann es durchaus passieren, dass Marktsegmente, Zielgruppen, Preisstrukturen und kulturelle Unterschiede eine neue Konfiguration von Positionierung und Angebot erfordern. Solange das lokale Geschäftsmodell die Positionierung der Marke nicht überdehnt oder verrückt, ist dabei praktisch alles machbar. Wir exekutieren nicht autoritär von Hamburg aus die buchstabengetreue Übersetzung der Richtlinien einer Marke, sondern lassen dem lokalen Management mit seiner Marktkenntnis alle Freiheiten, das Geschäftsmodell auf die regionalen Erfordernisse anzupassen. Mit diesem strategischen Ansatz hat die Otto Group sehr früh die Internationalisierung begonnen und die Unternehmensgruppe weltweit diversifiziert und breit aufgestellt. Zahlreiche Gründungen und Übernahmen von Wettbewerbern, vielfältige Engagements in Europa, Asien und Amerika sowie der Einstieg in neue Marktsegmente wurden systematisch vorangetrieben.

Mit dem starken Wachstum der Gruppe bekam auch das Portfolio-Management eine immer größere Bedeutung: Investment, Desinvestment und permanente Restrukturierung der Beteiligungen mussten gemanagt werden. Auch das gehört zum Unternehmertum. Jedes Unternehmen muss permanent daraufhin überprüft werden, ob es über ein ausreichendes Wachstumspotenzial für die nächsten fünf oder zehn Jahre verfügt. Passt das Geschäft noch in den strategischen Fokus und in die regionale Strategie des Konzerns? Das Prinzip „Wachsen lassen und schneiden" kennt ja jeder Hobbygärtner aus dem eigenen Garten: Man muss Bäume auch regelmäßig stutzen, damit neue kräftige Triebe austreiben können. In jedem Familienunternehmen besteht die Gefahr, dass Eigentümer zu lange an bestehenden und lieb gewonnenen Geschäftsfeldern festhalten. Auch ich selbst bin zugegebenermaßen manchmal nicht ganz frei von dieser Nostalgie. Aber wenn es darum geht, den Konzern als Ganzes zu erhalten und weiteres Wachstum zu erzielen, dann müssen sich Eigentümerfamilie und das Management nach dem *Best-Owner-Prinzip* nüchtern und regelmäßig hinterfragen, ob die Einzelunternehmen noch der Strategie und den Kompetenzen des Gesamtunternehmens entsprechen. Das bedeutet ja nicht den Untergang für das betreffende Unternehmen. Vielleicht gibt es andere Marktteilnehmer, in deren Portfolio es viel besser passt und wo es sich viel besser weiterentwickeln könnte. Ein gutes Unternehmen sollte immer den besten Besitzer haben, den es gibt. Zum *Best-Owner-Prinzip* gehört deshalb auch die Suche nach einem neuen Eigentümer, der dem Geschäft bessere Zukunftsaussichten eröffnet als der eigene Konzern, der in andere Prioritäten investieren muss.

Die große Herausforderung bei der Internationalisierungsstrategie ist es, die Managementkapazitäten zwischen der Zentrale und den Geschäftsführungen vor Ort auszubalancieren. Zum einen ist es natürlich wichtig, das Auslandsengagement mit regelmäßiger Präsenz vor Ort zur gelebten Chefsache zu machen, das vermittelt Aufmerksamkeit und Wertschätzung sowie wertvolle Einblicke vor Ort. Ich selbst habe bei meinen Reisen vor allem in den persönlichen Begegnungen mit den Menschen sehr viel über die Kultur, Wirtschaft und Konsumgewohnheiten gelernt. Aber noch wichtiger als das persönliche Engagement ist ein Führungsstil, der zwar Orientierung, Zielvorgaben und einen gewissen Rahmen vorgibt und zur Nutzung von Synergien innerhalb der Unternehmensgruppe ermutigt, aber alle wesentlichen Entscheidungen vor Ort den lokalen Führungskräften überlässt.

Diese Prinzipien mussten wir aber selbst erst auf die harte Tour lernen. Als wir die Konsolidierung des deutschen Versandhandelsmarktes erfolgreich abgeschlossen hatten, wurden wir vielleicht etwas überheblich und starteten unsere Expansion ins europäische Ausland. In Italien übernahmen wir den dortigen Marktführer, der in Schwierigkeiten geraten war, und machten leider den Fehler, alles durch die deutsche Brille zu sehen. Wir hatten alles analysiert und fanden auch verschiedene Hebel, das Geschäft anzukurbeln, und waren uns sicher: Das kriegen wir hin. Haben wir aber nicht hinbekommen. Weil wir die Kultur und Mentalität vor Ort nicht genügend kannten. Damals hatte ich meine Lektion gelernt, dass man die Führung und alle Funktionen, die marktbezogene Themen bearbeiten, wie Einkauf, Marketing, Werbung, mit Leuten besetzen muss, die in der Region oder Kultur aufgewachsen sind. Es reicht nicht, wenn man die Sprache gut versteht, man braucht Insider vor Ort, die von Kindesbeinen an die Mentalität und Kultur kennen. Beispielsweise muss eine Werbekampagne, die wir in Deutschland witzig finden, in Italien keineswegs als witzig empfunden werden. Man kann Finanzen und Logistik jederzeit mit Expatriates, also mit Deutschen, Engländern oder Holländern besetzen, aber nicht die Ressorts, die mit der Kultur und der Mentalität des Landes arbeiten. Wir mussten dann das Unternehmen in Italien wieder verkaufen und haben dabei Lehrgeld bezahlt, aber diese Erfahrung war Gold wert. Seitdem setzen wir bei der Internationalisierung prinzipiell auf lokale Insider, die die kulturellen Eigenheiten ihrer Region kennen und damit den Markt viel besser analysieren und bearbeiten können.

In einem zweiten Schritt geht es dann darum, die lokalen Aktivitäten sinnvoll mit dem Gesamtkonzern zu vernetzen. Dazu muss ein global ausgerichtetes

Führungssystem die Orchestrierung der vielschichtigen Informationsflüsse im Unternehmen steuern, damit Innovationen auch zunehmend dezentral auf Basis lokal erworbenen Wissens und durch lokal rekrutierte Führungskräfte im Konzern aufgegriffen werden. Aus dieser Diversität können auch völlig neue Erfahrungen und Herangehensweisen in die gesamte Unternehmensgruppe und in andere Weltregionen rückgekoppelt werden, denn lokale Lerneffekte können für das langfristige Wachstum der gesamten Gruppe nützlich sein. Insgesamt gilt in der Otto Group bei der strategischen Unternehmensführung das *Prinzip der Dezentralisierung und Eigenverantwortung,* um die nötige Flexibilität und Innovationsfähigkeit zu gewährleisten.

Wenn man dem Management vor Ort ein Höchstmaß an Eigenverantwortung überträgt, die natürlich auch an eine Ergebnisverantwortung gekoppelt sein muss, dann liegt das Schicksal dieser regionalen Tochterfirma auf Gedeih und Verderb in den Händen der Personen, die man vor Ort mit der Führung der Geschäfte betraut hat. Dann stehen Strategie, Prinzip und Matrix schnell nur noch auf dem Papier. Dann regiert der Faktor Mensch. Und bei der Auswahl der Manager vor Ort hilft einem vielleicht eine gute Menschenkenntnis, um zwischen verschiedenen Bewerbern gleicher Qualifikation den- oder diejenige/n auszuwählen, der oder die kulturell zum Unternehmen passt und über einen soliden Charakter verfügt. Aber der Erfolg ist nicht garantiert, denn der menschliche Faktor ist nun manchmal allzu menschlich. Wichtig ist hierbei natürlich das von der Konzernführung besetzte Aufsichtsgremium. Grundsätzlich gilt für mich aber das *Prinzip der Fehlertoleranz.* Das heißt, bei uns gibt es kein Hire and Fire. Wenn Mitarbeiter oder Führungskräfte eine falsche Entscheidung treffen, dann ist das kein Grund für eine sofortige Kündigung. Im Gegenteil: Der Fehler wird dann zu einer Investition in die Zukunft, weil er kein zweites Mal vorkommen wird. Fehler erweitern unser Know-how und machen uns besser. Passiert jemandem ein zweiter Fehler, verdient dieser auf jeden Fall eine weitere Chance. Erst beim dritten gravierenden Fehler sollte man über die fachliche Eignung der Entscheider nachdenken. Wenn man erkennt, dass eine Geschäftsführung einfach überfordert ist, dann sollte man sie austauschen. Im Zweifel gilt aber das *Prinzip der Fehlertoleranz,* denn Menschen machen Fehler und ich selbst habe als Unternehmer auch zahlreiche falsche Entscheidungen zu verantworten. Fehler sind im Unternehmertum inbegriffen. Allerdings sollten die richtigen Entscheidungen bei weitem überwiegen.

Schwierig wird es nur dann, wenn zu Fehlern noch Intransparenz hinzukommt. So entwickelte sich in den USA die Krise unseres Katalog-Versandhändlers Spiegel Inc. und des bekannten Outdoor-Bekleidungsherstellers Eddie Bauer, den wir ebenfalls übernommen und in die Spiegel Group integriert hatten, zu einem echten Problemfall. Obwohl Spiegel und Eddie Bauer kerngesunde Unternehmen waren, sind beide in die Zahlungsunfähigkeit geschlittert, weil Spiegel 1999 damit begonnen hatte, mit sehr leichter Hand Kredite an Katalogkunden mit schlechter Bonität zu vergeben, um die Verkäufe anzukurbeln. Spiegel bündelte und verbriefte diese Forderungen über eine eigene Finanzgesellschaft in neuen Anlageinstrumenten, die wiederum am Kapitalmarkt gehandelt werden konnten. Das ist in den USA bis heute üblich und mündete acht Jahre später in die Weltfinanzkrise, die durch diese Art von Subprime-Finanzierungsvehikel von Hypothekendarlehen ausgelöst wurde. Wir hatten damals die Risiken bei Spiegel befürchtet, aber das Management von Spiegel Inc. belegte immer wieder mit Rechenmodellen, die Risiken im Griff zu haben, was, wie sich später herausstellte, nicht der Fall war. Es kam deshalb, wie es kommen musste, die Finanzierungen platzten und die Investoren stellten ihre Forderungen fällig. Eine der acht Banken im Bankenkonsortium stellte sich dann bei der Rettung quer. Spiegel musste in die Insolvenz nach Chapter 11 gehen, wie es in den USA heißt. Normalerweise erhalten die Gläubiger bei Chapter 11 nur einen Bruchteil ihrer Forderungen. Da Spiegel und Eddie Bauer aber sehr werthaltig waren, erhielten die Gläubiger insgesamt sogar mehr als den Wert ihrer Forderungen. Es war die größte Enttäuschung meines gesamten Unternehmerlebens.

Trotz der hohen Summen war aber zu keinem Zeitpunkt das große Ganze gefährdet, weil wir uns immer an das *Prinzip des kalkulierten Risikos* gehalten haben, nach dem, auch wenn alles bei einer Unternehmung scheitert, niemals das Ganze gefährdet sein darf. Allerdings hatte ich mit dieser Entwicklung natürlich niemals gerechnet. Aber so ist das Leben, es gibt Höhen und Tiefen, da muss man durch. Wir sind wieder aufgestanden, haben uns den Staub aus den Kleidern geschüttelt und in den USA einfach weitergemacht, und zwar, wie man heute sehen kann, mit großem Erfolg.

»Er hat eine schier unendliche Wissbegierde«

Der Vorstand der Otto Group reflektiert in einem Roundtable über die unternehmerischen Michael-Otto-Prinzipien. Marcus Ackermann, Alexander Birken, Sergio Bucher, Sebastian Klauke, Petra Scharner-Wolff und Kay Schiebur diskutieren darüber, wie sich diese Grundsätze im Unternehmensalltag verwirklichen lassen und ob sie tatsächlich so erfolgsentscheidend sind und den besonderen Unterschied zu anderen Unternehmen ausmachen. Dabei geht es auch um die interessante Frage, wie viel unternehmerische Freiheit eigentlich ein angestellter Manager hat?

Wie sehen Sie Michael Otto als Unternehmer? Was sind aus Ihrer Sicht des Vorstands die wichtigsten Prinzipien seines unternehmerischen Handelns?
Alexander Birken: Eines der wichtigsten Prinzipien von Michael Otto ist sein Prinzip von Dezentralität und Delegation. Ich fand es außerordentlich beeindruckend, wie er 2007 als Haupteigentümer die Führung an das Management übergeben hat. In vielen anderen Familienunternehmen gelingt dieser Übergang nicht so gut. Gleichzeitig beschäftigt er sich aber nach wie vor mit den großen strategischen Fragen. Michael Otto ist immer auf der Höhe der Zeit, gerade über technologische Veränderungen weiß er so gut wie alles. Früher war er auch oft auf Technologiereisen nach San Diego oder in San Francisco bei den Tech-Firmen, um alles besser zu verstehen. Er hat sich bereits sehr früh mit neuen Technologien auseinandergesetzt, bevor sich in Deutschland irgendjemand mit solchen Themen beschäftigt hat. Er ist deshalb ein sehr guter Sparringspartner, der wertvolle Hinweise gibt und sehr intelligente Nachfragen stellen kann. Ein weiteres Michael-Otto-Prinzip ist seine Neugier und schier unendliche Wissbegierde. Er versucht immer, neue Märkte über die Menschen vor Ort kennenzulernen.
Petra Scharner-Wolff: Michael Otto ging sehr früh nach Asien und Amerika. Dabei zeichnet ihn bis heute das Prinzip einer sehr hohen Offenheit aus: Er holt sich Inspiration und Anregungen aus verschiedenen Kulturkreisen, ihren unterschiedlichen wirtschaftlichen Ansätzen und Weltanschauungen. Auch generationsübergreifend. Mit seinen 80 Jahren sucht er ganz gezielt das Gespräch mit jüngeren Unternehmern und Existenzgründern, um an ihrem Denken zu partizipieren und bis in das kleinste Detail das Neue zu erschließen. Er ist generell ein Mensch, der kein oberflächliches Verständnis von Trends hat, sondern wirklich im Detail das Geschäft durchdringt. In den sechs Jahrzehnten, die er jetzt beruflich aktiv ist, war er immer anschlussfähig.

Alexander Birken, CEO Otto Group

Hinzu kommt: Er hat ein Gedächtnis wie ein Elefant. Diese unheimliche Merkfähigkeit befähigt ihn, ein großes Verständnis über alle Wirkungszusammenhänge bei finanziellen Kennziffern, im vertrieblichen und im technologischen Bereich zu entwickeln. Ich werde nie vergessen, wie er schon vor ein paar Jahren auf einer Weihnachtsfeier einen Vortrag über Künstliche Intelligenz hielt, als sich viele der Geschäftsführer noch gar nicht so intensiv mit diesem Thema beschäftigt hatten. Aber das ist auch der Grund, warum ihm die Transformation der Firmengruppe zu einem internationalen E-Commerce-Player gelungen ist. Das hat nur funktioniert, weil Michael Otto schon sehr früh für Trends sehr offen war.

Sebastian Klauke: An diesen Vortrag kann ich mich auch noch sehr gut erinnern. Ich war erst kurz bei der Otto Group und Michael Otto bat mich um Input für diese Weihnachtsrede über Künstliche Intelligenz. Ich habe ihm dann kurz und eher oberflächlich erzählt, wie Machine Learning ganz grundsätzlich funktioniert. Er hörte sich alles geduldig an und sagte dann: „Vielen Dank, das ist alles richtig. Aber was ich eigentlich von Ihnen wissen wollte: Nutzen wir für unsere eigenen Empfehlungsalgorithmen eigentlich auch Reinforcement Learning?" Auf so einem Level ist er unterwegs! Das ist für mich auch ein wichtiges Michael-Otto-Prinzip: Er hat hohe kognitive Fähigkeiten und ist ein Macher, der die Dinge gerne in der Tiefe versteht. Sein Innovationsverständnis ist auch der Grund, warum wir als einziges Unternehmen die digitale Disruption des Versandhandels überlebt haben und heute ein gesund aufgestelltes, großes Familienunternehmen sind. Das muss man erst einmal schaffen. Natürlich ist auch die Otto Group kein Schlaraffenland der Digitalisierung. Es gibt – wie überall – auch Baustellen und IT-Projekte, die nicht so gut laufen. Das ist aber ganz normal in einer so großen Organisation. Aber in der Summe hat Michael Otto eine außergewöhnliche Erfolgsgeschichte der Transformation geschrieben. Sein Erfolgsrezept besteht dabei aus mehreren Zutaten. Die erste Zutat heißt: früh anfangen. Wenn man bereits mit dem Rücken an der Wand steht, ist das immer eine Katastrophe. Das machen viele andere Unternehmen falsch. Michael Otto hat mit seiner Neugier und seinem Mut zur Vision immer wieder neue Entwicklungen vorangetrieben und von seinem Management eingefordert. Das macht er auch jetzt noch. Die zweite Zutat zu seinem Erfolgsrezept ist der Grundsatz: Evolution statt Disruption. Berater wollen ja immer gleich das Bestehende zerstören und völlig neu anfangen. Das klappt aber eigentlich nie. Man muss das, was im Geschäftsmodell noch gut funktioniert, so lange wie möglich weiter betreiben, denn damit verdient man das Geld, das man in den digitalen Wandel investieren kann. Eine weitere Zutat ist seine Abneigung gegen jeglichen Overhead und seine Liebe zum Hands-on, also wirklich das Geschäft anzupacken und einfach mal loszulegen. Sein Ansatz, nah am Kunden und am Geschäft zu bleiben und Hand in Hand mit den Mitarbeitern einen evolutionären Digitalisierungsprozess – auch in unterschiedlichen Geschwindigkeiten – umzusetzen, ist gelungen.

Petra Scharner-Wolff, Konzern-Vorständin für Finanzen, Controlling, Personal

Marcus Ackermann, Konzern-Vorstand Multichannel Distanzhandel

Kay Schiebur, Konzern-Vorstand Services

Wir haben deshalb über die gesamte Gruppe ein sehr großes Spektrum an Reifegraden der Transformation. About You ist acht Jahre alt und komplett digital, Witt dagegen nutzt immer noch sehr viel Papier. Dieser Spagat funktioniert nur, wenn man nicht gegen die unterschiedlichen Zielgruppen arbeitet, sondern gemeinsam mit den Kunden das Geschäftsmodell weiterentwickelt.

Marcus Ackermann: Das kann ich nur bestätigen: An vielen Stellen ist es uns gelungen, die großen bestehenden Geschäfte digital umzubauen und zu erneuern. Wir haben uns vom Katalog- zum Onlinegeschäft gewandelt. Dieser Digitalisierungsprozess ist noch nicht abgeschlossen, wir befinden uns in der zweiten Phase dieses Umbaus. Wir wollen nun das Online-Business bei otto.de zu einem Plattform-Geschäft ausbauen. Aber wichtig ist, dass wir immer wieder neue Dinge ausprobiert haben. Eine ganz mutige Entscheidung war, eine eigene Distributionslogistik aufzubauen, und der aktuelle große Erfolg ist sicher About You. Ich glaube, das Michael-Otto-Prinzip ist eine gute Kombination, das Bestehende umzubauen und zu erneuern und immer wieder etwas Neues und Innovatives zu entwickeln. Aber wir haben auch nicht alles erfolgreich transformieren können. Die Digitalisierung der Otto Group ist eine Licht-und-Schatten-Geschichte. Wir haben auch schon mal Dinge ausprobiert, die nicht funktioniert haben. Ich bin seit 22 Jahren im Unternehmen. Wir haben uns vor vielen Jahren damit beschäftigt, einen Supermarkt-Lieferservice aufzubauen. Ich glaube nicht, dass wir das schlecht gemacht haben, aber der Markt war einfach noch nicht reif dafür. Aber solche Erfahrungen machen einen klüger. Wenn man viele neue Dinge ausprobiert, funktioniert einiges und manches nicht. Aus den Fehlern kann man lernen. Und solange der Saldo unterm Strich vernünftig ist und man nicht zwei- oder dreimal den gleichen dusseligen Fehler macht, gehört das zum Unternehmertum dazu. Michael Otto hat eine große Bereitschaft, das auch zu akzeptieren, und hat einen sehr langen Atem. Das ist ein weiteres seiner Erfolgsgeheimnisse als Unternehmer, dass er nicht auf kurzfristige Renditen schielt, sondern dem Wandel auch die nötige Zeit einräumt. Man kann von Michael Otto lernen, mit dem Scheitern oder mit Misserfolgen umzugehen und eine gewisse Gelassenheit zu entwickeln, gleichzeitig aber auch, ungeduldig zu bleiben und nach schneller Veränderung zu streben. Damit hat er eine Atmosphäre geschaffen, in der die Menschen ermuntert werden, sich wirklich zu trauen, etwas Neues auszuprobieren. Es ist aber kein zufälliges Trial-and-Error-Prinzip, sondern einfach die Einsicht, dass nicht alles funktionieren kann, wenn sich innovationsfreudige Menschen etwas Neues ausdenken. Dieses Prinzip ist für uns als Arbeitgeber sehr wichtig, sonst verliert man diese innovationsfreudigen Menschen ganz schnell wieder. Dann bekommt man nur noch Menschen, die nach Sicherheit streben.

Petra Scharner-Wolff: Es zeichnet Michael Otto aus, dass er die Standfestigkeit hat, den gestalterischen Willen, aber auch das Augenmaß dafür, was umsetzbar ist, und dann noch die Kraft und Geduld dazu, über viele, viele Jahre immer

Sergio Bucher, Konzern-Vorstand Brands and Retail

weitere Schritte zu gehen. Unsere E-Commerce-Transformation hat sich jetzt über 25 Jahre erstreckt. Und Michael Otto hat immer versucht, alle Mitarbeiterinnen und Mitarbeiter auf diese Reise mitzunehmen. Er wollte niemanden zurücklassen. Gleichzeitig wurde aber auch klar, dass wir unsere Unternehmenskultur radikal verändern müssen, um auch für neue, digital-affine Talente attraktiver zu werden. Die digitale Transformation erfordert eine neue Haltung und eine hohe Bereitschaft, Fehler zuzulassen. Deshalb hat Michael Otto den Kulturwandel 4.0 ganz persönlich angestoßen.

Kay Schiebur: Wie wichtig seine Entschlossenheit im Thema Kulturwandel ist und welche Chancen sich aus dem Wandel ergeben, zeigt sich immer wieder. Leute, die von außen in unser Unternehmen kommen, treffen auf eine eingespielte Mannschaft von etablierten, langjährigen Mitarbeiterinnen und Mitarbeitern. Diese Kombination von Erfahrung mit Innovation und Inspiration ist sehr erfolgreich. Teamdiversität ist ein wesentliches Element des Kulturwandels: die Teams in die Lage zu versetzen, vorurteilsfrei auch in kleineren Gruppen autonom agieren zu können. Langjährige Mitarbeiter sind ein sehr wertvolles Gut. Das Ergebnis wird dann richtig gut, wenn wir es um Kräfte ergänzen, die eine frische Markt- und Konkurrenzperspektive mitbringen. Als ich zur Otto Group kam, hatte ich das Gefühl, dass sich der Otto-Kosmos mit einer ausgeprägten Innenfokussierung gern auch um sich selbst dreht. Der Mais wird aber draußen geerntet. Es ist für uns zum Beispiel enorm wichtig zu verstehen, wie sich der Wettbewerb positioniert und wie wir das Kundenerlebnis verbessern. Michael Otto stellt in einem Dialog auf Augenhöhe, übrigens völlig unabhängig von der hierarchischen Stellung des Gesprächspartners, sicher, dass diese Elemente stets im Zentrum unseres Handelns stehen. Meine ersten Eindrücke von Michael Otto bestätigten sich in der mittlerweile fast fünfjährigen Zusammenarbeit. Ich schätze die großen Gestaltungsfreiräume, die er einräumt, und gleichzeitig sein Interesse an Details. Er ist jederzeit auf Ballhöhe und liefert durch sehr konkrete Fragen neue Denkanstöße.

Marcus Ackermann: Ich bin kein großer Freund von stereotypen Unterteilungen: hier die älteren Mitarbeiter und Führungskräfte, die nicht so veränderungswillig sind, und dort die neuen jungen Mitarbeiter, die ungeduldig nach vorne stürmen wollen. Natürlich ist es ganz oft so, dass im jugendlichen Alter Innovationsfreude stärker ausgeprägt ist. Aber Michael Otto ist ein prototypisches Beispiel, dass man auch im Alter noch sehr innovationsfreudig sein kann. Um die Transformation eines etablierten Unternehmens zu meistern, muss man die Menschen in der Organisation dazu ermuntern mitzumachen und darf ihnen nicht das Gefühl geben, dass man sie dafür nicht mehr braucht. Das macht ja viel mit den Menschen und ihrer Leistungs- und Veränderungsbereitschaft. Natürlich tut es darüber hinaus gut, wenn man zusätzlich auch Zuspruch, Erfahrung und andere Perspektiven von außen bekommt. Ich glaube, es funktioniert gerade dann, wenn man es schafft, das Neue und das Bewährte

Sebastian Klauke, Konzern-Vorstand E-Commerce, Technologie, Business Intelligence und Corporate Ventures

zusammenzubringen: die Erfahrung, das Wissen um das Geschäftssystem und innovative Ideen.

Alexander Birken: Beim Kulturwandel 4.0 kam für mich das erstaunlichste Michael-Otto-Prinzip zum Tragen: dass er sich trotz seiner immensen Lebensleistung und Erfahrung selbst radikal in Frage stellen kann. Während viele Familienunternehmer stur ihre Prinzipien verteidigen und an altbewährten Strategien festhalten, hat Michael Otto einfach gesagt: Wir können zwar alle stolz auf das sein, was in den letzten Jahrzehnten geleistet wurde, aber die Welt hat sich weitergedreht, die bewährten Rezepte helfen uns nicht weiter. Und deshalb müssen wir uns sichtbar verändern. Das war bei aller Evolution dann doch eine echte Disruption. Mir persönlich – und ich denke auch vielen anderen Führungskräften – ist dieser Schritt erst mal sehr schwergefallen, sich selbst so radikal in Frage zu stellen. Aber es funktioniert immer besser und so bekommen neue Ideen und Talente Luft zum Atmen.

Kay Schiebur: Die Otto Group hat es geschafft, die digitale Transformation mit einem Kulturwandel zu verknüpfen, der viele neue Talente überzeugt hat, und in einem evolutionären, zeitlich sehr gestreckten Veränderungsprozess viele Mitarbeiterinnen und Mitarbeiter mitzunehmen. Trotzdem gibt es im Vorstand auch immer wieder unangenehme Entscheidungen, wie zum Beispiel die Schließung des Retourenbetriebes von Hermes Fulfilment in Hamburg. Betroffen von dieser Maßnahme waren 840 Mitarbeiter, die dort überwiegend in Teilzeit beschäftigt waren. Das war auch für Michael Otto schwierig, diese Entscheidung des Vorstandes mitzutragen. Denn in seinem Wertegerüst ist das *Prinzip der sozialen Verantwortung* für ihn als Unternehmer handlungsleitend. In Kombination mit einem sehr erfolgreichen Geschäftsjahr kam das in der Öffentlichkeit nicht gut an. Vor allem die lokalen Hamburger Medien kritisierten ihn dafür persönlich. Das war nicht unbedingt fair, aber er ließ sich davon nicht irritieren und blieb prinzipienfest bei unserer Entscheidung. Selbstverständlich gab es einen Sozialplan, der auch wichtige Qualifizierungselemente beinhaltete. Die Leute wurden nicht einfach nach Hause geschickt, sondern bekamen über eine Transfergesellschaft, für die sehr viel Geld in die Hand genommen wurde, auch alternative Qualifikationsangebote. Damit sie auf dem ersten Arbeitsmarkt bessere Chancen bekommen. Das entsprach dann wieder dem *Michael-Otto-Prinzip der sozialen Verantwortung.*

Sergio Bucher: Man muss aber auch dazusagen, dass die sehr schwierige Entscheidung, den Retourenbetrieb in Hamburg zu schließen, viel Zeit gebraucht hat. Weil die Otto Group eben ein sozialer Arbeitgeber sein will. Unser Wettbewerb hat das schon vor 15 Jahren hinter sich gebracht. Bei einigen Wettbewerbern geht das deutlich schneller, aber dafür ist die Kultur bei Otto viel angenehmer. Ich habe schon in zentralisierten und dezentralisierten Gesellschaften gearbeitet. Ich finde, dass die Otto Group die dezentralste Organisation ist, für die ich je gearbeitet habe. Das hat positive und auch negative Seiten. Wir glauben sehr stark daran, dass Entscheidungen sehr nah am Kunden getroffen werden sollen. Es gibt viele Entscheidungen, die ich gerne treffen würde, aber nicht kann. Das ist nicht meine Rolle, sondern die Rolle unserer Geschäftsführer in unseren unterschiedlichen Kerngesellschaften. Wir können manchmal auch schnell sein, aber wir sind mehr auf Harmonie und Konsens aus – und Konsens braucht Zeit. Die Meinung jeder Kollegin ist wichtig. Wir müssen sehr viel mit anderen diskutieren, und das macht uns manchmal langsamer. Schwierige Entscheidungen werden dadurch noch schwieriger. Aber gleichzeitig wirkt der Kulturwandel auch sehr integrativ. Dadurch sind unsere Entscheidungen viel stabiler und nachhaltiger. Wir machen dadurch weniger Fehler. Als ich hier angefangen habe, habe ich gelernt: Wir sind sehr deutsch, wir sind datenfokussiert und präzise. Wir sind deutsche Ingenieure. Wir wollen Präzision, wir wollen keine Fehler machen. Wir sind sehr gut darin, rationale Marken aufzubauen. Wir haben eine unglaubliche Fähigkeit, Daten zu analysieren und das digitale Marketing zu optimieren. Wir analysieren Probleme, wir lösen Probleme, aber wir können nicht so gut eine noch emotionalere Bindung mit unseren Kunden aufbauen. Was aber positiv ist: Wir verkaufen ähnliche Produkte wie Wettbewerber und wir haben kompetitive Preise. Aber wir sorgen uns auch um unsere Umwelt, wir zahlen unsere Steuern, wir arbeiten gut mit der Gewerkschaft zusammen. Wir sind freundlicher. Mit unserer Plattform haben wir jetzt einen Marktplatz und es gibt viele Verkäufer, die ihre Waren gleichzeitig bei Konkurrenten und bei Otto anbieten. Und sie finden es viel angenehmer, persönlicher und effizienter, mit uns zu arbeiten als zum Beispiel mit anderen Plattformen. Wir sind viel näher dran an den Verkäufern. Die Produkte, die von Partnern auf otto.de verkauft werden, müssen von einer Gesellschaft angeboten werden, die ihren steuerrechtlichen Sitz in Deutschland oder in Europa hat. Das bedeutet, dass wir viele Dinge ähnlich wie unsere Wettbewerber machen, aber auf eine völlig andere Art und Weise, die uns stolz macht.

Wie viel unternehmerische Freiheit haben Sie im Vorstand? Gelten die Michael-Otto-Prinzipien für das Unternehmertum auch für Sie? Sie sind ja angestellte Manager. Fühlt man sich da auch manchmal wie ein richtiger Unternehmer?
Sergio Bucher: Wir haben in der Otto Group klare Ziele, aber ich habe sehr viel mehr Freiheit, die Gesellschaften, für die ich verantwortlich bin, weiterzuentwickeln. Aber ich sage immer zu meinen Vorstandskollegen, dass wir uns glücklich schätzen können, diese Shareholder zu haben, weil sie sehr klug und realistisch sind. Wenn man etwas mit Michael und Benjamin Otto bespricht, kann man oft schon nach zehn Minuten gemeinsame Entscheidungen treffen. Die beiden verstehen unser Business unglaublich gut und geben uns viel Freiheit. Zudem fühle ich mich persönlich sehr wohl. Ich finde, dass der Kulturwandel 4.0 der Otto Group sehr gutgetan hat. Ohne diesen Kulturwandel wäre ich auch nicht gekommen. Ich könnte nicht in einem Unternehmen arbeiten, das sehr formal ist und in dem man sich siezt. Das ist nicht

meine Kultur. Ich bin eine sehr offene Kultur gewöhnt. Und die Kultur der Otto Group ist nicht aufgesetzt, sondern wird auch von Michael Otto vorgelebt. Ich hatte mit ihm schon in meinem Vorstellungsgespräch über Werte gesprochen. Das war ein sehr persönliches und freundliches Gespräch. Man spürt, dass er persönlich Diversity sehr ernst nimmt und unterstützt.

Sebastian Klauke: Diesen Mut, Unterschiedlichkeit auszuhalten und sogar zu fördern, finde ich wirklich stark. Und er führt wirklich zu einer großen Produktivität. In unserem Vorstand sind wir drei relativ neue Mitglieder, die maximal fünf Jahre dabei sind, und drei Vorstandsmitglieder, die mehr als 20 Jahre bei der Otto Group sind. Das ist sehr befruchtend und ich bin sehr glücklich über die Art und Weise, wie wir im Vorstand zusammenarbeiten. Wir wissen, dass wir nur gemeinsam gewinnen. Es gibt kein Gegeneinander, sondern wir haben gemeinsame Ziele. Dadurch halten wir auch Interessenkonflikte zwischen den einzelnen partikularen Verantwortungsbereichen aus. Das kriegen wir eigentlich immer gut gelöst. Das ist in einem so dezentralen Unternehmen sehr wichtig. Aber wir sind tatsächlich auch sehr arbeitsteilig: Für jede Funktion in der Holding und für jedes Einzelunternehmen im Portfolio haben wir klar zugeordnete Verantwortlichkeiten, die auch konsequent gelebt werden. Marcus ist zum Beispiel verantwortlich für die Bereiche, die aus der digitalen Transformation kommen, wie Bonprix, Otto oder Witt – und ich bin zuständig für die Unternehmen, die von Anfang an digital gestartet sind, wie zum Beispiel About You. Diese Aufteilung ist nicht ganz überlappungsfrei, aber jeder weiß, was er zu tun hat und für was er verantwortlich ist. Insofern genießen wir hohe unternehmerische Freiheitsgrade. Und gerade About You ist ein sehr gutes Beispiel dafür. About You war bis zum Börsengang ein ganz normales Tochterunternehmen der Otto Group und hatte 30 Prozent der Anteile bei externen Shareholdern. Es entwickelte sich also unter dem Dach des Konzerns so stürmisch. Das hat es so noch nicht in Deutschland gegeben. Aber auch hier gab es den Mut, anderen Menschen einfach den Autoschlüssel in die Hand zu drücken, damit sie Vollgas geben können.

Kay Schiebur: Ich genieße die sehr hohen unternehmerischen Freiheitsgrade im Vorstand der Otto Group. Das beginnt schon bei der Person Michael Otto, mit dem man wirklich auf fachlicher Ebene einen sehr guten Dialog auf Augenhöhe führen kann. Und das finde ich bemerkenswert. Er vermittelt den Menschen sehr authentisch, dass er an ihnen und ihren Geschichten interessiert ist. Diese Form von Nähe und Zugänglichkeit ist nichts Gekünsteltes. Es ist nicht gestellt. Ich nehme ihn als sehr natürlich wahr, und auch der Austausch wirkt nicht als Pflichttermin. Michael Otto ist eine Inspiration.

Petra Scharner-Wolff: Ich finde es sehr bemerkenswert, dass Michael Otto den Vorstand mit sehr unterschiedlichen Typen und Temperamenten besetzt, um immer eine gewisse Spannung im Team zu halten. Ich bin die erste Vorständin, bei der Finanzen und Controlling in einer Hand liegen. Vorher waren das immer zwei getrennte Vorstandsressorts und zwei sehr selbstbewusste Männer, die ständig um die beste Lösung gerungen haben. Ich bin in meine Rolle und in die Verantwortung auch im Zusammenspiel mit Michael Otto hineingewachsen. Ich bin seit über 20 Jahren im Unternehmen und er hat mich in ganz vielfältigen Positionen erlebt und mit mir auch schwierige Phasen in meiner Controlling-Rolle durchlaufen. Aber wir haben nicht nur in ritualisierten Formaten Kontakt. Ich bin einmal im Monat bei ihm, um über alles Mögliche zu reden, was er auf seinem Zettel hat und ich auf meinem. Das ist ein konzipierter Dialog, der dafür gesorgt hat, dass ich ihn im Laufe der Zeit immer besser verstanden habe. Durch die vielen Jahre des Zusammenarbeitens habe ich aber das Standing, nach meinen Vorstellungen handeln zu können und auch anderer Meinung zu sein. Er pflegt diesen kontroversen Dialog auch ganz bewusst, um die Gruppe nach vorn zu bringen. Michael Otto lässt einen machen und gibt dafür auch die nötigen Ressourcen. Er war immer bereit, neue Wege zu gehen, auch wenn sie scheitern könnten. Ich werde nie vergessen, wie ich, als ich die größte Niederlage meines beruflichen Lebens erlitt, zu ihm gegangen bin, um ihm zu sagen, dass es mir wirklich leidtut, dass ich so viel Geld versenkt habe. Und da sagte er: „Ich wusste ja, warum Sie es versucht haben, und natürlich ist das nicht günstig, dass dabei Geld verloren wurde, aber da steht man wieder auf und macht weiter."

Marcus Ackermann: Ich habe mit Michael Otto einen Menschen erlebt, der sehr gut zuhören kann. Er weiß vieles und hat auch zu vielen Themen eine Meinung, aber das hält ihn nicht davon ab, noch richtig zuzuhören, die Argumente anderer gelten zu lassen und daraus Schlussfolgerungen zu ziehen. Viele erfolgreiche Menschen neigen dazu, an dem festzuhalten, was sie erfolgreich gemacht hat. Das ist bei Michael Otto tatsächlich anders. Ein Teil seines Erfolges ist, dass er die Dinge immer sehr ausgewogen bespricht, vielfältige Perspektiven berücksichtigt, dann Entscheidungen trifft und diese konsequent und nachhaltig umsetzen lässt. Dabei lässt er dem Vorstand auch viel Freiheit darin, wie er das gemeinsam festgelegte Ziel erreichen will. Ich glaube, dass diese Verbindlichkeit wichtig ist. Man kann mit ihm Vereinbarungen treffen, und dann geht es auch in die verabredete Richtung. Man muss sich nicht immer wieder rechtfertigen. Der wesentliche Grund, warum ich so lange bei der Otto Group geblieben bin, war die Möglichkeit, mich selber zu entfalten und Dinge zu gestalten. Als Geschäftsführer bei Bonprix habe ich unfassbare Möglichkeiten gehabt, einfach Dinge zu machen. Das ist für mich ein großer Quell von Freude, Zufriedenheit und Motivation, in einem solchen Unternehmen zu arbeiten. Es ist auch eine großartige Aufgabe, ein so großes, bestehendes Geschäft wie die Otto Group umzubauen. Mir hat es die ganzen Jahre einfach unfassbar viel Spaß gemacht, das kontinuierlich weiterzuentwickeln und damit in eine Zukunft zu führen. Und das gelingt nur, weil die Eigentümer wirklich in Generationen denken und wollen, dass diese Unternehmensgruppe langfristig Bestand hat.

Alexander Birken: Diese Nachhaltigkeit unternehmerischer Entscheidungen ist für Michael Otto die Grundlage für wirtschaftlichen Erfolg. Deswegen lautet auch unsere Unternehmensvision, um die ich mit Michael und Benjamin Otto lange Zeit gerungen habe: „Responsible commerce that inspires". Es gibt nichts, was Michael Otto besser beschreibt. Es geht ihm zunächst einmal darum, erfolgreich ein Geschäft zu betreiben. Er ist Unternehmer, aber ein Unternehmer mit Verantwortung. Auch dabei will er Standards setzen. Er ist also nicht in erster Linie ein Philanthrop, der nur Gutes tut. Er will immer auch ein System verändern, indem er seine unternehmerischen Prinzipien auch auf seine Stiftungen und Hilfsprojekte anwendet. Zum Beispiel bei *Cotton made in Africa* war Michael Otto immer auch ein Unternehmer, der gesagt hat, wir müssen die afrikanischen Bauern in die Lage versetzen, dass sie ihre Baumwolle ohne Subventionierung auf dem Weltmarkt verkaufen können. Michael Otto hat da ein ganzes Handelssystem deutlich verbessert und damit die Gesellschaft verändert. Das ist sein systemischer Ansatz, der ihn – wie Marcus gerade sagte – als Unternehmer so außergewöhnlich erfolgreich macht. Otto ist der einzige Versandhändler, der eine komplette Transformation vom Katalog- in ein E-Commerce-Geschäft geleistet hat und nun in die nächste Transformation in Richtung Marktplatz plus Service geht. Ich kenne kein Unternehmen auf der ganzen Welt, das eine solche Transformationsleistung in dieser Größenordnung mit Zehntausenden von Mitarbeiterinnen und Mitarbeitern hinbekommen hat. Und das ging nur mit einem Eigentümer wie Michael Otto, weil er bestimmte Prinzipien hat, nach denen wir im Vorstand und in der Belegschaft arbeiten und im Gegenzug dafür von ihm sehr viel Freiheit bekommen: für Kreativität, für das gelegentliche Fehlermachen, für die Entwicklung eigener Lösungen, die dann zum Erfolg führen, auf den man selbst stolz sein kann.

»Wir übersetzen die Prinzipien von Michael Otto in eine neue Zeit«

Der Erfolg von About You ist einmalig: Das Startup wurde 2014 gegründet. Benjamin Otto, Tarek Müller, Sebastian Betz und Hannes Wiese starteten damals in der Geschäftsführung, die Benjamin Otto ein Jahr später wieder verließ, um bei der Otto Group die Rolle eines gestaltenden Gesellschafters zu übernehmen. About You ist Hamburgs erstes Unicorn: Im Jahre 2020 durchbrach der junge Online-Händler die Umsatzmilliarde und wurde in weniger als drei Monaten nach dem Börsengang im September 2021 in den SDAX aufgenommen. Wie sich diese erstaunliche Erfolgsgeschichte unter dem Dach der Otto Group entwickeln konnte, erzählen Tarek Müller und Benjamin Otto.

About You ist eine fast unglaubliche Geschichte: Ein traditioneller Konzern war der Brutkasten, in dem sich das erste Einhorn aus Hamburg entwickeln konnte. Wie hat das alles angefangen?
Tarek Müller: Ich habe das erste Mal Ende 2012 von der Initiative des damaligen CEO der Otto Group Hans-Otto Schrader und von Michael Otto erfahren. Sie wollten Ideen und Lücken im Online-Modebereich entdecken, um eine jüngere Zielgruppe zu adressieren. Das sogenannte *Project Collins* wurde ins Leben gerufen.

Phil Collins?
TM *(lacht)*: Nein, Jim Collins. Hans-Otto Schrader ist ein großer Fan von Jim Collins, der in seinem Buch *Built to Last* beschrieben hat, wie sich Konzerne aufstellen müssen, um für immer existieren und prosperieren zu können.
Benjamin Otto: Mein Vater erzählte mir, dass die Gruppe etwas ganz Neues ausprobieren und mit einem Projekt völlig losgelöst von alten Strukturen starten wollte. Da wurde ich sofort hellhörig und fand das sehr spannend. Ich wollte unbedingt dabei sein und schaltete mich im Februar oder März 2013 ein. So habe ich Tarek kennengelernt und dann begann eine spannende und tolle Zeit.
TM: Ich wurde damals mit der von mir gegründeten Unternehmensberatung Etribes als einer der Berater hinzugezogen und mandatiert. So fand ich mich in einer Gruppe wieder, die darüber philosophierte und brainstormte, was man denn alles machen könnte.

About You wurde also tatsächlich am Reißbrett entworfen? Wie konnte aus dem Konzern heraus ein so erfolgreiches Startup entstehen?

BO: Es gab wirklich ein paar Grundvoraussetzungen, damit es überhaupt ein Erfolg werden konnte. Zum einen gehört dazu eine gesunde Kapitalausstattung. Mein Vater hat es ja geschafft, aus einem kleinen Familienunternehmen einen weltweiten Konzern zu entwickeln. Im Laufe der Zeit hat er eine gewisse Kapitalausstattung erreicht und sich auch sehr stark in verschiedenen Ländern diversifiziert. Damit hatte man die Basis, um in die Zukunft zu investieren und auch das Risiko eines Misserfolgs eingehen zu können. Es ist eine Mischung aus der Haltung, mutig zu sein, etwas Neues anzufangen, einer gesunden Kapitalausstattung und auch der Erfahrung mit Startups im Venture-Capital-Bereich.

Wer hat das damals vorangetrieben?

BO: Der Otto-Group-Vorstand Rainer Hillebrand hat sich damals sehr stark dafür eingesetzt, dass wir unsere Haltung ändern und anfangen sollen, wie Startups zu denken. Diese Offenheit hat die Gruppe geprägt. Der Konzern selbst war nicht die klügste Institution, wenn es um radikale Innovationen geht, deshalb haben wir uns für andere Ideen und jüngere Menschen außerhalb der Gruppe geöffnet. Wie alt warst du damals, Tarek?

TM: Ich war damals 23 Jahre alt.

BO: Und Tarek ist dann später Geschäftsführer geworden. Das war also ein voller Erfolg, sich zu öffnen. Diese Offenheit ist auch bei vielen anderen neuen Geschäftsmodellen erfolgsentscheidend. Gerade erfolgsverwöhnte Unternehmen schweben in der Gefahr, dass sie sich selbst überschätzen und neue Ideen nicht wirklich ernst nehmen.

Christoph Bornschein, der Digitalexperte und Gründer der Agentur Torben, Lucie und die gelbe Gefahr (TLGG), vertritt die These (siehe auch Interview auf Seite 125), dass Innovationssprünge im digitalen Bereich nicht von großen Konzernen, sondern eher von Familienunternehmen zu erwarten sind, weil diese auch bereit sind, ins Risiko zu gehen.

TM: Langfristigkeit ist auch ein wichtiger Erfolgsfaktor. Ein börsennotiertes Unternehmen wäre nur schwer in der Lage, About You hervorzubringen, weil es sich nicht innerhalb eines Jahres rechnet, sondern vielleicht erst nach fünf bis zehn Jahren. Mittlerweile sind wir ja auch börsennotiert, deswegen kann ich heute besser nachvollziehen, wie kurzfristig der Kapitalmarkt denkt. Michael Otto dagegen denkt in Dekaden. Er hat den Weitblick, den Mut, den Willen und die Geduld, auch Projekte zu unterstützen, die sich gegebenenfalls nicht so schnell auszahlen. Dass wir bereits nach wenigen Jahren ein Vielfaches vom investierten Kapital wert waren und sieben Jahre nach der Gründung den Börsengang machen konnten, war ja so gar nicht geplant, sondern deutlich besser als erhofft.

Sie sind sicher mit vielen anderen Existenzgründern eng vernetzt. Wurden Sie am Anfang belächelt, dass Sie mit der vermeintlich alten Tante Otto etwas Neues starten wollen?
TM: Ich bin mit der typischen Berliner Startup-Szene gar nicht so gut vernetzt, weil diese Startups oft andere Modelle verfolgen …

… Copycat zum Beispiel?
TM: Ja, viele setzen auf Copycat und sind eher von Venture Capital finanziert statt von strategischen Investoren. Bei About You entschied ich mich mit der Otto Group erstmals für die Zusammenarbeit mit einem Investor. Die von mir, vor About You, gegründeten Unternehmen waren stets profitabel und ich habe sie aus den eigenen Profiten größer gemacht. Ohne externe Investoren. Ich konnte es mir ehrlich gesagt zunächst nicht vorstellen, mit einem Konzern zusammenzuarbeiten. Aber bei der Otto Group war das von Anfang an anders. Ich bekam es mit einer überschaubaren Anzahl von Menschen zu tun, die ich allesamt sehr sympathisch fand und zu denen ich rasch Vertrauen aufbauen konnte. Dieser Konzern ist in Wahrheit eine sehr menschliche und persönliche Firma. Ich glaube, wir wurden in der Berliner Szene damals trotzdem eher belächelt, weil viele Experten davon ausgingen, dass unser Geschäftsmodell nicht funktionieren wird und wir deshalb scheitern werden.

Gab es denn einen Benchmark in einem anderen Markt oder anderen Land, an dem man sich orientierte?
TM: Nicht wirklich. Das Erste, was ein Berater natürlich macht, ist Best-Practice-Beispiele zu suchen, von denen man sich inspirieren lassen kann. Aber es gibt keine ähnlichen Erfolgsbeispiele im deutschen oder europäischen Ökosystem für eine solche „Corporate Inkubation". Manchmal wird Comdirect genannt, die Direktbanktochter der Commerzbank.

Die Comdirect ist ja auch kein eigenständiges Geschäftsmodell, sondern sie entwickelten für die digitalen Schnittstellen der Bank eine exzellente User Experience und wurden deshalb erfolgreich. Aber es blieb immer eine Tochterfirma der Commerzbank und ist kein echtes Startup.
TM: Genau, das ist kein perfektes Beispiel. Auch in den USA gibt es im traditionellen Mittelstand keine Vorbilder. Aber wenn man sich mit den großen Digitalunternehmen Google oder Facebook auseinandersetzt, die sich auch ständig transformieren müssen, dann entdeckt man, dass sie oft das sogenannte *Acqui-hiring* anwenden – also einen Firmenkauf mit dem eigentlichen Ziel, das Team dahinter zu gewinnen. Das nutzte dann auch die Otto Group bei About You.

Es wurden einfach die guten Leute eingekauft?
TM: Ja, aber im Zusammenhang mit einer Übernahme. Wenn man Unternehmer für den Aufbau eines neuen Geschäftsmodells braucht, dann kann

man diese nicht einfach von einem anderen Unternehmen abwerben oder per Stellenausschreibung finden. Denn eine Person in einem Angestelltenverhältnis ist per Definition kein echter Unternehmer. Also kauft man sich bei kleinen Unternehmen ein, um die Teams auf das neue Geschäftsmodell anzusetzen. Man kauft also ein kleines Pflänzchen und zieht es dann gemeinsam groß. So sind zum Beispiel Google Maps oder Google News entstanden. Google und Facebook kaufen sich jeden Tag mehrere Unternehmen, teilweise auch direkt aus den Unis heraus, um die jeweiligen Unternehmer an sich zu binden. Das war für About You ein möglicher Ansatz. Am Ende kam Rainer Hillebrand zu mir und meinte: „Wenn du schon als Berater dieses Acqui-hire-Konzept vorgeschlagen hast, wärst du als Unternehmer dann selbst bereit, dich für About You einkaufen zu lassen?" So kam es dazu, dass die Otto Group eines meiner Unternehmen übernahm und auch Sebastian Betz, unser Co-CEO und CTO, einen Teil der Software mit einbrachte. So sind Teile des Start-Teams aus diesem Acqui-hire entstanden.

BO: Bei dieser Erfolgsgeschichte waren die Menschen, die da zusammenkamen, ganz entscheidend. Bei About You waren das Management-Team und auch die Mitarbeiter exzellent ausgewählt. Das ist das A und O für den Erfolg eines Unternehmens. Das Geschäftsmodell ist natürlich auch wichtig, das Produkt muss stimmen. Aber letzten Endes sind es die Menschen, die es erfolgreich machen.

Und Sie hatten auch von Anfang an Anteile?

TM: Ja, ich habe den Verkaufserlös meines Unternehmens zu 100 Prozent in About You reinvestiert und bin damit voll ins Risiko gegangen. Das zeichnet ja auch echte Unternehmer aus, dass sie Mut und Langfristigkeit demonstrieren, indem sie eigenes Geld auf den Tisch legen.

Haben Sie auch persönliche Anteile an About You, Herr Otto?

BO: Ja, habe ich. Ich glaube, dass eine persönliche Beteiligung den raschen Erfolg mit ermöglicht hat. Im Markt ist es wichtig, Geschwindigkeit aufzubauen, gerade gegen Konkurrenten wie Zalando.

War Zalando ein echter Konkurrent? Die hatten am Anfang doch nur Schuhe im Angebot.

BO: Zalando machte unfassbare Umsätze und wurde dann auch noch profitabel. Damals gab es in Deutschland Geschäftsmodelle wie Zalando noch nicht so häufig. Sie haben es extrem schnell geschafft, ein Geschäftsmodell hochzufahren und dann auch mit Kleidung erfolgreich zu werden. Die Otto Group war lange Zeit ein führender Player im Fashion-Bereich und musste dann einige Marktanteile an Zalando abgeben.

Benjamin Otto, gestaltender Gesellschafter der Otto Group

War deshalb About You strategisch so relevant, um Zalando in der Onlinewelt etwas entgegenzusetzen?

BO: Der Ausgangspunkt für About You war nicht in erster Linie, ein Gegenmodell zu Zalando aufzubauen. Es war einfach die Zeit gekommen, etwas Mutiges zu versuchen. Wir hatten schon lange keine größeren Innovationen mehr gewagt. Wir wollten mit einer guten Geschäftsidee einen wirklich ambitionierten Aufschlag riskieren. Und die Geschäftsidee wurde mit Tarek und dem Team entwickelt und dann weiter ausgearbeitet.

Mit wie viel Geld hat man denn angefangen? Wie viel Geld hat Ihre Familie riskiert?

BO: Es ging um einen dreistelligen Millionenbetrag. Es war klar, dass dieses Geschäftsmodell ein solches Volumen benötigt. Wir haben den Business Case ausgearbeitet und ich hatte noch ein bisschen mehr Puffer eingebaut, damit wir unsere Zwischenziele und Kennzahlen auch wirklich erreichen. Es war komplett eigenkapitalfinanziert. Wir haben an die Idee geglaubt, weil About You kein Me-Too-Geschäftsmodell war, also kein zweites Zalando oder Amazon, sondern tatsächlich etwas Neues, was uns viele nicht zugetraut haben. Und wir konnten zeigen, dass die Welt auf dieses neue Geschäftsmodell gewartet hat.

Und wie ging es dann los? Stießen da zwei kulturelle Welten aufeinander?

BO: Teilweise schon, würde ich sagen. Zwischen einem Startup und einem hierarchisch geprägten Konzern liegen doch noch Welten.

TM: Ich glaube, wir hatten das große Glück, dass wir durch den engen Kontakt mit Benjamin Otto, Rainer Hillebrand und Michael Otto gar nicht so viel mit der klassischen Konzernpolitik zu tun hatten. Und ich muss ehrlich sagen, dass ich überwiegend gar keinen so großen Clash der Kulturen empfunden habe, weil die Einstellung und Mentalität überraschend ähnlich waren. Man spürt aber natürlich eine andere Geschwindigkeit in der Entscheidungsfindung, weil ein kleines Unternehmen immer dynamischer und schneller entscheidet als ein großes Unternehmen. Da hat man dann schon einen Unterschied gemerkt, aber nicht in der sechsten oder siebten Etage.

BO: Das stimmt. Aber einige Führungskräfte hatten auch Angst und ein gewisses Konkurrenzdenken der neuen Marke gegenüber. Es gab die Sorge, dass wir im Fashion-Bereich die gleichen Zielgruppen wie otto.de ansprechen. Wir haben sehr früh klargemacht, dass wir eine viel jüngere Zielgruppe erreichen wollen. Ich musste häufig vermitteln und sachlich erklären, dass sich der Markt auch grundsätzlich weiterentwickelt und OTTO-Fashion kein Alleinstellungsmerkmal bleiben wird. Wir konnten viele Konflikte mit Gesprächen lösen, aber einige mussten tatsächlich von oben entschieden werden.

TM: Das Führungsteam bei About You bestand aus sehr jungen Leuten. Ich war zum Zeitpunkt der Gründung 24, unser CTO Sebastian Betz war 22 Jahre.

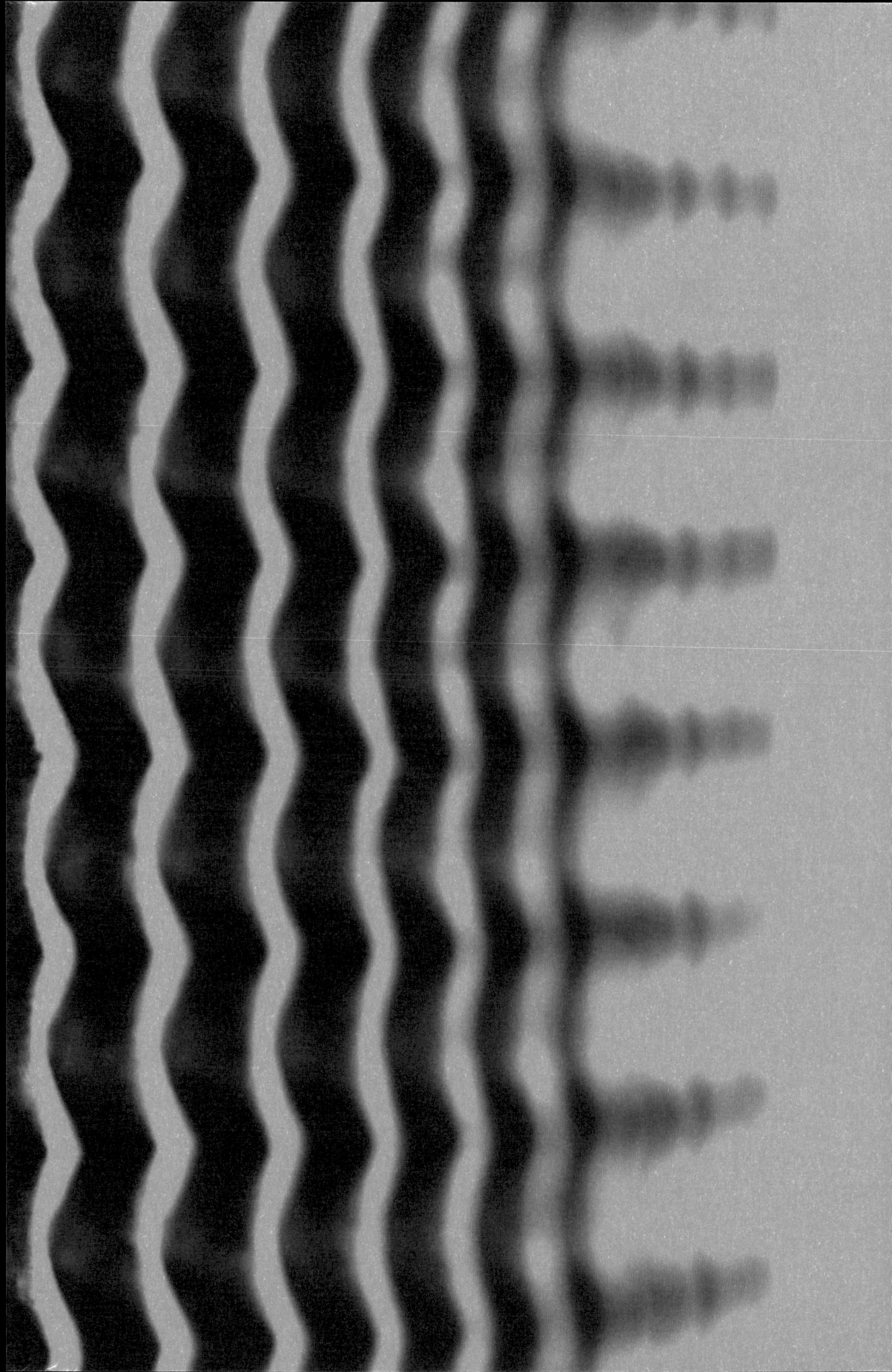

Das war ungefähr das Alter der Azubis im Konzern. Wir wurden auch häufiger mal scherzhaft als „Jugend forscht" bezeichnet *(lacht)*. Viele im Konzern konnten nicht nachvollziehen, warum Michael Otto so jungen Leuten so viel Geld anvertraute und ihnen so weitreichende Befugnisse einräumte, die man sich normalerweise erst in 30 Jahren im Konzern verdienen muss.

Haben Sie den Einkauf der Kleidung für About You selbst gemacht oder nutzten Sie die Kostenvorteile der Otto Group?
BO: Wir haben teilweise tatsächlich die Marktmacht ausgenutzt. Wenn man schon einen Konzern im Hintergrund hat, dann sollte man auch seine günstigen Einkaufskonditionen nutzen, und das haben wir am Anfang auch gemacht. Das war eine der Grundbedingungen, die wir in einer Kriterienliste verbindlich festlegten. Diese Liste wurde vom Vorstand unterzeichnet, damit wir komplett die Befugnis hatten, das dann auch durchzusetzen.

Gab es dann teilweise die gleichen Kollektionen bei otto.de und About You oder haben sich die Sortimente gar nicht überschnitten?
TM: Bis heute gibt es teilweise Überschneidungen im Sortiment. Die Überschneidung verläuft jedoch entlang des gesamten Marktes. Jeder verkauft die gleichen Nike- oder Adidas-Schuhe oder -Socken. Aber die Schnittmenge ist heute relativ gering. About You hatte schon ein Jahr später einen eigenen Einkauf und war unabhängig. Es ging ja im Wesentlichen mit dem Anfangsbestand und den Anfangskonditionen um eine Starthilfe.

Ich kann mir vorstellen, dass auch viele Backoffice-Funktionen von der Otto Group übernommen wurden?
TM: Am Anfang schon, aber nach etwa einem Jahr waren alle Strukturen auch bei About You aufgebaut. Das war uns ganz wichtig. Ein Unternehmen muss unabhängig funktionieren und eine eigenständige Organisation aufbauen. Ich glaube, der große Vorteil in der Zusammenarbeit mit der Otto Group war, dass relativ viele Henne-Ei-Probleme gelöst werden konnten. Kein Lieferant beliefert jemanden, der noch keinen Umsatz macht. Kein Logistikdienstleister baut ein Lager auf Umsätzen, die noch gar nicht existieren. Es war wichtig, dass wir den Anfangsbestand über die Otto Group bekommen haben. Aber es war klar, dass About You eine eigene Struktur aufbaut und in die Eigenständigkeit geht. Ohne eine Eigenständigkeit würde auch nie ein Dritter investieren, was 2016 mit den Media Investoren und 2018 mit Anders Holch Povlsen erfolgte.

Wie war das für Sie, als Sie zum ersten Mal Michael Otto begegneten?
TM: Ich war unfassbar aufgeregt und dachte, er schwebt wahrscheinlich auf Ebene 5000. Aber ich habe schnell gemerkt, dass er auch die ganzen Details kennt. Ich war ja nur in den Details und nicht im großen Ganzen verhaftet

Tarek Müller, Co-Founder und Co-CEO von About You

und war völlig überrascht, wie locker und aufgeschlossen er neuen Themen gegenüber ist und wie sehr ihn die Förderung junger Menschen interessiert.

Wie war es denn für Sie im Vater-Sohn-Verhältnis, Herr Otto? Die meisten Väter erwarten ja von ihren Söhnen, dass sie in das Unternehmen eintreten und es von unten nach oben kennenlernen. Aber mit About You haben Sie eine doch recht eigenständige Sache mitaufgebaut.

BO: Es war auf jeden Fall ein Glücksfall. Ich habe ja selber viele Startups aufgebaut und bin auch eher in der Startup-Szene zu Hause als in der Konzernwelt. Den Konzern habe ich in den letzten Jahren natürlich gut kennengelernt, aber es ist doch etwas anderes. Ich habe mich bei About You gleich viel wohler gefühlt und natürlich auch eine Aufgabe gesehen, die für die Otto Group strategisch wichtig werden könnte. Wenn man in die Fußstapfen des Vaters tritt, möchte man sich auch abgrenzen und eigene Akzente setzen, die für die Gruppe relevant und sinnvoll sein könnten. Das hat uns auch sehr stark zusammengebracht, weil mein Vater eher der klassische Unternehmer ist und diese Startup-Szene nicht so intensiv kannte. Ich steckte da tief drin und konnte mich mit About You auch ein bisschen austoben.

Mussten Sie Ihren Vater manchmal auf die Seite nehmen, um ihm zu erklären, wie man mit jungen Menschen wie Tarek Müller umgehen sollte?

BO: Er konnte das erstaunlich gut. Es gab vielleicht ein paar kleine Aspekte, die in der heutigen Startup-Welt anders sind und die er durch About You und mich dann besser verstand. Zum Beispiel, dass die Leitung eines Unternehmens für die jüngere Generation, zu der ich mich auch noch zähle, nicht zwingend der Lebensinhalt sein muss, sondern eher Mittel zum Zweck für die eigene Selbstverwirklichung. Ich glaube, für meinen Vater und seine Generation ist die Leitung einer Firma ein ganz zentraler Lebensbestandteil. Aber junge Menschen werden nicht mehr zwingend durch das Geldverdienen motiviert, sondern sie wollen mehr Freiräume haben, um ihr Leben gestalten zu können. Die Motivation, zu einem Unternehmen zu kommen, ist bei jungen Menschen einfach eine andere als es vor 30 Jahren noch der Fall war. Das konnte mein Vater in der Auseinandersetzung mit mir gut nachvollziehen.

Welche Werte Ihres Vaters finden Sie gut und wo setzen Sie Ihre eigenen Akzente?

BO: Mein Vater hat eine sehr moderne Haltung und Kultur. Ich glaube, dass das Thema Agilität auch für ihn eine ganz große Rolle spielt. Da gehört zum einen Geschwindigkeit dazu, zum anderen muss man sich selbst immer wieder neu erfinden und neue Dinge ausprobieren. Außerdem gehört dazu natürlich auch Mut, aber genauso der Veränderungswille, sich immer flexibel an neue Situationen anzupassen. Ich glaube, dass es sehr wichtig ist, noch hierarchiefreier zu arbeiten. Hierarchien sind in gewisser Form notwendig, um eine Struktur zu bieten, aber in der Zukunft wird es auch wichtig sein, diese

Hierarchien teilweise aufzulösen. Auch die Auflösung des klassischen Rollenverständnisses ist für mich sehr wichtig. Bei About You verändern sich die Rollen ständig und man nimmt auch unterschiedliche Rollen ein.

Ist der Kulturwandel der Otto Group dafür relevant, weil die Hierarchien etwas eingeebnet und demokratisiert wurden?
BO: Den Kulturwandel haben mein Vater und ich gemeinsam angestoßen, weil wir gemerkt haben, dass wir uns in der Haltung verändern müssen. Die Kultur ist Grundvoraussetzung für einen Wandel im Unternehmen, um schneller und agiler zu werden.
TM: Bei Michael Otto finde ich es so erstaunlich, dass er seinen eigenen, sehr klaren Stil hat und dadurch im positiven Sinne berechenbar und extrem verlässlich ist. Aber auf der anderen Seite ist er, im Gegensatz zu vielen gestandenen Managern, total aufgeschlossen für andere Konzepte und andere Menschen und kann sich mit einer fast jugendlichen Begeisterung und großem Spaß neue Ideen anhören. Diese Begeisterung und Offenheit für Neues findet man sogar bei ganz jungen Menschen nicht so oft.

Wie hat sich das Verhältnis zum Konzern verändert, als About You das Nest verlassen hat und flügge wurde? Sie standen auf eigenen Füßen und entwickelten sich in einem dramatischen Tempo weiter.
TM: Ich glaube, am Anfang haben wir sehr viel aus dem Konzern gezogen, wie die Logistik oder den Einkauf. Wir wurden dann relativ schnell eigenständig und sind auf eine Größe gewachsen, die signifikant war. Dadurch konnten wir einerseits relativ schnell beweisen, dass gewisse Dinge funktionieren, und konnten andererseits auch wiederum Dinge an den Konzern zurückgeben. Zum Beispiel setzt heute ein relevanter Teil der Otto Group auf die Software von About You, die am Markt unter dem Namen SCAYLE vertrieben wird.

Ab wann hatten Sie denn das Gefühl, dass sich die Investition gelohnt hat?
BO: Das Gefühl hatte ich eigentlich von Anfang an. Genau wie mein Vater glaube ich, dass man nur durch Versuche und Ausprobieren wachsen kann. About You konnte so der Gruppe auch viel zurückgeben, weil sie ganz viel ausprobiert haben und wir aus diesen Erfahrungen lernen konnten. Das Kundenerlebnis konnte viel besser gestaltet werden, zum Beispiel durch andere Dienstleister, durch den schnellen Aufbau eines eigenen Fotostudios oder die Optimierung und das Überdenken von Prozessen, die sich im Konzern seit Jahren verfestigt hatten. Man hat sich überlegt, wie man es eventuell doch noch einen Tick besser machen kann. Man hat die Prozesse optimiert und davon konnte die ganze Gruppe profitieren.

Bei About You ist das digitale Einkaufserlebnis viel besser inszeniert, informativer und nutzerorientierter als bei vielen Wettbewerbern, richtig?

BO: Unsere Vision damals bei About You war, das Einkaufserlebnis wie in einem Magazin zu gestalten, mit unterschiedlichen Inhalten, die nicht zwingend nur mit Fashion zu tun haben, sondern auch mit anderen Bereichen sinnvoll verknüpft sind. Das ist fast schon Edutainment, also auf unterhaltsame Weise Inspiration und Wissen zu vermitteln. Wir haben schon ganz am Anfang einen großen Wert auf die Marke gelegt. Die Marke muss überall verwendbar und auf einem T-Shirt druckbar sein. Wir konnten aus den Fehlern von Zalando lernen, die mehrere Eigenmarken aufbauen mussten, weil der Name nicht clever gewählt war. Wir waren auch von Anfang an sehr von Kennzahlen getrieben, um Themen wie Kundennutzen oder Kundenzufriedenheit abbilden und messen zu können.

Inwiefern spielt Künstliche Intelligenz als Erfolgsfaktor eine Rolle? Hat About You die besseren Algorithmen?
TM: Ja, KI spielt eine große Rolle. Unser Technologieexperte würde aber eher von Machine Learning sprechen. Die Daten werden genutzt, um Menschen Empfehlungen zu geben, die ihrem individuellen Stil entsprechen, genauso wie ein Berater in der Lieblingsboutique, der Kunden mit ihrem Namen willkommen heißt, sich an den letzten Kauf erinnert, die Kleidergröße kennt und passgenaue Vorschläge macht. Das wollen wir mit Hilfe der Datenanalyse auf das Internet übertragen.

Wie geht es denn jetzt weiter? Der Börsengang war das große Ziel und war ja sehr erfolgreich.
TM: Es war immer das Ziel, dass wir uns die Option für einen Börsengang offenhalten wollten. Das hat sich dann im letzten Jahr angeboten. Und die drei größten Gesellschafter, also die Otto Group, Anders Holch Povlsen und Benjamin Otto, haben tatsächlich keine Anteile zum Börsengang an den Markt verkauft. Jetzt werden zwanzig Prozent unserer Firma am Kapitalmarkt frei gehandelt und die weiteren achtzig Prozent sind in den Händen der Alt-Gesellschafter, die auch schon vor dem Börsengang dabei waren.

Das ist wirklich eine Pointe der Geschichte, dass ausgerechnet ein familiengeführtes Unternehmen, das sich dezidiert auch öffentlich immer wieder gegen die kurzfristige Denkweise börsennotierter Unternehmen gewehrt hat, einen so erfolgreichen Börsengang hinlegt. Und plötzlich steht da ein Einhorn auf dem Börsenparkett. Spüren Sie jetzt schon die Peitsche des Kapitalmarktes mit seinem kurzfristigen Denken?
TM: Unser Kontrollgremium ist der Aufsichtsrat und unter den sechs Mitgliedern herrscht auch weiterhin der langfristige Blick. Der Kapitalmarkt denkt deutlich kurzfristiger und schaut meistens nur drei bis maximal zwölf Monate in die Zukunft. Ich glaube, am Ende des Tages bleibt einem nichts anderes übrig, als das Beste zu geben und auch gute Zahlen abzuliefern. Wir haben

die Versprechen, die wir zum Börsengang abgegeben haben, alle übertroffen, sowohl im Wachstum als auch in der Profitabilität.

BO: Auf jeden Fall war dieser Börsengang etwas Neues für die Otto Group und zeigt auch, dass wir bereit sind, neue Wege zu gehen.

Bei About You hat man lange Zeit auf Profitabilität verzichtet, um das Umsatzwachstum zu steigern. Wann gibt es aus Ihrer Sicht den Break-Even?

TM: Unser Ziel ist, dass wir im nächsten Geschäftsjahr die Gewinnschwelle auf Gruppenebene erreichen. Es war nie so, dass uns der Gewinn egal gewesen wäre, sondern wir glauben absolut daran, dass nur ein Geschäftsmodell, das auch Geld verdient, ein gutes Geschäftsmodell ist. Man muss das allerdings auf der Länderebene betrachten. In der deutschsprachigen Region sind wir schon seit mehreren Geschäftsjahren signifikant profitabel. Auch mit unserem Softwaregeschäft haben wir signifikante Gewinne erzielt. Wir haben also zwei profitable Segmente, die weiterhin wachsen. Aber wir haben gleichermaßen auch in die Internationalisierung investiert. In allen Ländern, in denen wir starten, müssen wir nach spätestens drei bis fünf Jahren profitabel sein. Das hat bisher immer geklappt. Allein in den letzten zwei Jahren starteten wir in 16 Ländern mit About You. Und ein Markteintritt in neue Länder ist am Anfang immer kapitalintensiv. Insofern hat dieses Geschäftsmodell eigentlich schon seit Jahren bewiesen, dass es in der Lage ist, Geld zu verdienen. Und im nächsten Jahr wird der Gewinn im deutschsprachigen Raum und im Softwaregeschäft die Investitionen ins internationale Geschäft ausgleichen. Dann werden wir sehr schnell insgesamt die Gewinnschwelle erreichen.

Wie sehen Sie das Wertegerüst von Michael Otto und das Klima im Konzern im Vergleich zu einem Startup? Da werden sich doch sicherlich einige Unterschiede ergeben?

TM: Es ist die Frage, ob es überhaupt eine einheitliche Startup-Kultur gibt. Ich habe Michael und Benjamin Otto mit ihren starken hanseatischen Kaufmannstugenden kennengelernt, die ich sehr sympathisch finde. About You hebt sich auch wohltuend von der typischen Kultur eines Berliner Startups ab. Ich persönlich mag Disziplin, Fleiß, Pünktlichkeit, Aufrichtigkeit, Detailarbeit. Ich mag leistungsorientierte Organisationen, ich mag Zuverlässigkeit. Ich glaube, das sind Werte, die Michael Otto auch von seinen Mitarbeitenden erwartet. Deswegen habe ich nie einen Kultur-Clash mit Michael Otto und der Otto Group empfunden, weil ich immer das Gefühl habe, dass diese Kultur zu hundert Prozent mit meiner Orientierung übereinstimmt. Wir übersetzen diese Prinzipien von Michael Otto nur in eine neue Zeit.

Die Wirtschaft prägt die Gesellschaft

Sie ist eine der erfolgreichsten Unternehmerinnen Deutschlands. Mit der TU München gründete sie das führende Gründer- und Innovationszentrum Europas – 500 Unternehmen entsprangen bisher der UnternehmerTUM, darunter Einhörner wie Celonis oder Flix Mobility. Im Stillen, aber nicht weniger innovativ, wirkt Susanne Klatten mit ihrer Beteiligungsgesellschaft SKion, der Initiative SKala und der Stiftung SKN in die Gesellschaft hinein. Großes, sagt die Unternehmerin, lässt sich nur im Miteinander schaffen. Hier erzählt sie von ihrem Weg.

Vor Michael Ottos Lebensleistung empfinde ich tiefen Respekt. Und so hat es mich sehr gefreut, als er mich bat, in seinem Buch über Unternehmertum zu schreiben: über meine Erfahrungen und Prinzipien; darüber, was ich gelernt habe und mit anderen teilen möchte. Was er selbst wohl schreiben wird? Es gibt so viele unterschiedliche unternehmerische Wege.

Als mein Vater starb, war ich 20 Jahre alt. Ich wusste noch nicht, wohin mich das Leben tragen würde. Familie wollte ich haben, Kinder bekommen. Ich liebte Natur und Pflanzen und war neugierig auf Landschaftsarchitektur. Aber wollte ich Unternehmerin werden? Zum Glück hatte mein Vater vorausschauend die richtigen Menschen gefunden und mir auf diese Weise wertvolle Zeit geschenkt. Sein Vertrauter, Hans Graf von der Goltz, und erfahrene Führungskräfte verwalteten zunächst das unternehmerische Erbe für meinen Bruder und mich. Das gab mir die Möglichkeit, mich zu entwickeln: Ich bereiste die Welt, um Sprachen zu lernen, machte eine kaufmännische Ausbildung und begann mein Studium. Ich hatte mich für ein Studium der Wirtschaft entschieden – die Statik-Kurse des Landschaftsarchitekturstudiums hatten mich abgeschreckt ...

Die Ausbildung war vielfältig, besonders mochte ich die Fächer Strategie, Personalwesen und Produktionsplanung. An der Business School arbeiteten wir in ständig wechselnden Gruppen, die Fallbeispiele analysieren sollten. Mir gelang es, die verschiedenen Perspektiven zusammenzubringen und daraus eine Empfehlung abzuleiten, die ich auch oft präsentierte. Ich entwickelte mich zur Generalistin und lernte damit, was ich als Unternehmerin brauche. Auch heute versammele ich bei wichtigen Fragen Menschen um einen Tisch, erwarte ihre Offenheit und dass sie notfalls meine Sicht korrigieren. Jeder ist Teil des Ganzen. Gemeinsam nähern wir uns der Welt von vielen Seiten, um sie wirklich zu begreifen. Das ist für mich das Schöne am Unternehmerleben. Unternehmerleben heißt aber auch, dass man Antworten auf diese wichtigen Fragen finden muss. Es bedeutet, Entscheidungen zu treffen und dafür einzustehen. Viele Entscheidungen wiegen schwer, sie beeinflussen das Leben von Menschen und erfordern oft hohe Investitionen, deren Erfolg ungewiss ist. Unternehmerin oder Unternehmer zu sein bedeutet, Verantwortung zu tragen.

I.

Mit 30 Jahren übernahm ich Verantwortung als Aufsichtsrätin bei ALTANA, bald darauf bei BMW. Als junge Frau wachte ich über die Arbeit erfahrener Manager. Ich machte es mir schwer: Ich wollte vor allem Erwartungen erfüllen und dachte, ich müsste auf alles eine Antwort wissen. Auch hemmte mich – wie viele jungen Menschen – die Angst vor Fehlern und Momenten der Scham. Vergangenen Sommer hatte ich Gelegenheit, vor Studentinnen und Studenten über diese Gefühle zu sprechen. Ich versuchte, ihre Angst vor Fehlern zu mindern: „Diese Scham hemmt euch in der Entwicklung eures Potenzials. Gerade Fehler lassen uns wachsen, sie machen uns zu einem ganzen Menschen."

Bei der ALTANA AG stellte ich mich solchen Ängsten. Mein Vater hatte das Unternehmen mit seinen damals drei Geschäftsbereichen einst an die Börse gebracht. Neben den Sparten Pharma und Chemie gab es die Tochtergesellschaft Milupa, die mir am Herzen lag – mit Milupa habe ich meine Kinder ernährt. Aber der Markt veränderte sich, die Produktionskosten stiegen und der Einzelhandel setzte Milupa unter Druck. Wir entschieden, sie in kräftigere Hände zu geben. Dies fiel mir sehr schwer, und dann sagte noch der Vorsitzende des Betriebsrates: „Ihr Vater würde sich im Grab umdrehen." Ich empfand Schuld – aber der Verkauf blieb richtig. Etwas in Frage zu stellen, es auch abzugeben, gehört zum Leben einer Unternehmerin. So wie ich auch mich selbst immer in Frage stellen muss: ob ich für ein Unternehmen die beste Eigentümerin bin.

Jede Generation darf mit dem brechen, was geschaffen wurde. Und ich halte es für wichtig, dass man als Unternehmerin das eigene Wesen einbringt. Auch die Mitarbeiter möchten in einem Eigentümer den Menschen erkennen. Nach und nach machte ich ALTANA zu etwas Eigenem. Ich wusste nun, dass ich nicht jede Erwartung erfüllen muss. Und ich hatte verstanden, dass die Aufgabe nicht darin besteht, auf alles eine Antwort zu wissen – wichtiger ist es, die richtigen Fragen zu stellen. Zur Überraschung vieler alteingesessener Manager im Haus stellte ich die Pharma-Sparte in Frage. Der Markt hatte sich gewandelt: Es kostete Milliarden, ein erfolgreiches Arzneimittel auf den Markt zu bringen – insbesondere als Nachfolger für einen Blockbuster. Ich fragte das Management: Können wir das stemmen? Bis heute ist es eine meiner

Grundsatzfragen. Ich stimmte schließlich für den Verkauf der Pharma-Sparte und glaubte an das Potenzial der Spezialchemie. Viele deuteten dies als meine Emanzipation gegenüber den Alteingesessenen, die in mir noch die unsichere Erbin sahen; ich denke, das war es auch. Aber es ging mir nur um die Zukunft, nicht um die Vergangenheit. Und ich vertraute der Geschäftsführung der Spezialchemie. Noch etwas erkannte ich damals: Wie wichtig der Austausch mit dem Betriebsrat ist. Seit dieser Zeit führe ich regelmäßig vertrauliche Gespräche mit Betriebsräten. Sie wissen vieles, was eine Aufsichtsrätin nur über sie erfahren kann. Dabei habe ich immer sehr unternehmerisch denkende Menschen kennengelernt, und die unterschiedlichen Perspektiven oder eine Ideologie waren uns nie im Weg, wenn es darum ging, gute Lösungen für die Mitarbeiter und das Unternehmen zu finden.

Zurück zu ALTANA: Mitten in der Finanzkrise entschieden wir, das Unternehmen von der Börse zu nehmen. Das Schöne war, dass diese Idee zeitgleich auf beiden Seiten entstand: beim Vorstand und bei mir als Aktionärin. Es war ein Wagnis, noch heute bekomme ich Gänsehaut, wenn ich daran denke; aber es wurde zur Erfolgsgeschichte. Und die ALTANA wurde wieder, was sie in ihren Anfängen war: ein Familienunternehmen.

II.

Fahre ich zu ALTANA nach Wesel, ist das auch ein Nach-Hause-Kommen. Die Produktionsgebäude liegen zwischen verklinkerten Wohnhäusern, einige Werkstätten umweht der Charme des Wirtschaftswunders. Die gläsern-durchlässige Hauptverwaltung wirkt offen und für Menschen gebaut, die gemeinsam etwas leisten wollen. Räume zum Austausch gibt es reichlich, und geht man auf die andere Straßenseite, steht man in einem Co-Working-Space, den die Angestellten mitgeplant haben: helles Holz, Pflanzen, Sitzinseln, offene Küchen. BYK, die Keimzelle von ALTANA, wurde vor 150 Jahren gegründet. Es war eine Zeit, in der neue Wissenschaften und Technologien die Welt veränderten. Heinrich Byk stellte anfangs Schlafmittel und Foto-Chemikalien her. Byks Fortschrittsliebe leitet uns noch heute. Jeder fünfte der 2420 BYK-Mitarbeiter arbeitet in der Forschung. Gerade haben wir ein digitales Labor in Betrieb genommen, das die Kapazität in der Anwendungstechnik verdoppelt. Ähnlich innovativ sind wir in allen Geschäftsbereichen ALTANAS. ACTEGA, das unter anderem die Verpackungsindustrie beliefert, hat eine Technologie auf den Markt gebracht, die den Abfall halbiert, der anfällt, wenn Etiketten für Konsumgüter hergestellt werden. Die ALTANA ist weltweit führend in der Spezialchemie. Sie lebt von Innovation und Transformation. Im Neuen steckt die Chance – wer wüsste das besser als Michael Otto? Er ist ein Unternehmer mit Weitblick und Mut. Schon in den 1990er Jahren erkannte er die Chance des E-Commerce und entwickelte die Otto Group zu einer weltweit agierenden Handels- und Dienstleistungsgruppe.

Er weiß aber wie alle Unternehmer, dass Krisen kommen und gehen, gerade die letzten Jahre brachten Ausnahmezustände ohne Pausen. Sie haben das unternehmerische Denken verändert. Lange, noch bis in den vergangenen Sommer hinein, war der Blick in die Zukunft gerichtet. Seit Monaten aber leben wir im Augenblick: Sparen und Kürzen sind die neuen Leitmotive. Das ist vielerorts vernünftig und zum Überleben notwendig; aber diesem Denken fehlt eine entscheidende Dimension. Als Unternehmerin und als Aktionärin habe ich einige Krisen erlebt. Ich erinnere mich an den Fall Rover, erinnere mich an die Weltfinanzkrise, erinnere mich an sorgenvolle Sitzungen und schlaflose Nächte. Drei Dinge habe ich dabei gelernt: Krisen begegnet man am besten im Team, mit einem langen Atem und mit der Bereitschaft zu Veränderung – also auch dem Mut zu Innovation. Man kann auf zwei Arten auf die aktuelle Krise schauen: als Beginn eines Abschwungs oder eben – wie ich es schon als Optimistin tue – als Start einer großen Transformation. Egal welchen Blick man hat, die Erkenntnis ist wohl dieselbe: Wer im *Jetzt* verharrt, wird weder Abschwung noch Transformation meistern. Natürlich lassen sich Innovationsbudgets schnell streichen. Aber eben diese sind es, die ein Unternehmen wieder voranbringen – in der Krise und vor allem danach. Und es gibt immer eine Zeit nach der Krise.

III.

Wer Krisen meistern und seine Firma stetig transformieren möchte, braucht eine Kultur des Vertrauens. Jedes gute Unternehmen lebt für und mit Menschen. Zu den Mitarbeiterinnen und Mitarbeitern bei BMW – und zu dem Betriebsratsvorsitzenden Kurt Golda – hatte mein Vater eine enge Bindung. Bevor es Teil des Tarifvertrags wurde, gab es Urlaubsgeld. Die Altersversorgung galt als vorbildlich, ebenso die Integration ausländischer Mitarbeiter. Schon vor rund 50 Jahren beteiligte BMW die Mitarbeiter mit der Dividende am Erfolg: Leistung lohnt sich – bis heute prägt dieses Prinzip das Unternehmen, und es ist Antrieb ständiger Entwicklung.

Ich glaube an Selbstverantwortung. Ich glaube daran, dass Menschen mit ihren Aufgaben wachsen. Mit meinen Möglichkeiten möchte ich Menschen auch in ihren Fähigkeiten fördern und sie befähigen, ihre vielfältigen Begabungen zu entfalten. Souveränität ist ein großer Begriff. Souveränität erwirbt man im Laufe des Lebens durch Entwicklung des eigenen Könnens und der Persönlichkeit. Souveränität bedeutet persönliche Freiheit. Als Unternehmerin trage ich Verantwortung für die Weiterentwicklung vieler Menschen. Zu sehen, dass Menschen bei ihrer Arbeit Chancen wahrnehmen und damit wachsen, erfüllt mich. Und es macht mich glücklich, wenn die Mitarbeiterinnen und Mitarbeiter meiner Unternehmen bei Befragungen sagen: „Wir arbeiten für eine Familie."

IV.

Erneuern ist das eine – Neues schaffen das andere. Mit dem Verkauf der Pharma-Sparte von ALTANA gründete ich die SKion, eine Beteiligungsgesellschaft, die mir erlaubt, eigene Geschäftsfelder zu erschließen. Innovation und Nachhaltigkeit sind SKions Leitmotive. Neben dem wirtschaftlichen Erfolg spielen die nachhaltige Ausrichtung und soziale Verantwortung der Beteiligungsunternehmen eine wichtige Rolle. So wollen wir positiv auf Wirtschaft, Gesellschaft und Umwelt wirken. Wasser war das erste große Thema der SKion. Wo könnte Unternehmertum sinnvoller sein? Wir brauchen Technologien, die Wasser reinigen, Verschwendung vermeiden und Rohstoffe zurückgewinnen. SKion ist an einer Vielzahl Wasser-Firmen beteiligt, eine Gruppe, die insgesamt rund eine Milliarde Euro umsetzt und mehr als 3.500 Menschen beschäftigt. Jedes Jahr treffen wir diese Unternehmer. Ich höre zu, teile meine Ansichten; viele Mittelständler sind darunter, auch Gründer kleiner Betriebe. Das sind Menschen, die von Wasser beseelt sind und etwas Gutes erreichen wollen. Stellt mir mein Team mögliche Beteiligungen vor, zielt meine erste Frage als Geschäftsführerin nicht auf den Firmenwert. Ich frage: Wo wollen diese Leute hin – und wie können wir sie unterstützen? Wir geben nicht nur Geld, wir geben Smart Money: für eine Kooperation. Ziel ist, diese Unternehmen zu stärken und unabhängig zu machen, auch von einer Übernahme. Wir wollen mit ihnen einen weiten Weg gehen. Das unterscheidet uns von vielen Private-Equity-Firmen. Vergangenen Sommer wurden wir Partner der BMZ Group, einem führenden Hersteller von Batteriesystemen. Für uns war es ein wichtiger Baustein in der Kreislaufwirtschaft. Für den BMZ-Gründer, der viele Optionen aus der Private-Equity-Welt hatte, war es eine Grundsatzentscheidung.

V.

Langer Atem zeigt sich besonders, wenn es nicht gut läuft. Ein Unternehmen, an dem sich die SKion beteiligte, ist SGL Carbon. Mich faszinierte der Werkstoff, seine Stabilität, sein Zukunftsversprechen. Ich traf auf einen Vorstandsvorsitzenden, der lange im Amt war; mir war unklar, wo die Zuständigkeit des Vorstandes endete und wo die des Aufsichtsrates begann. Im größten Produktbereich wandelte sich der Markt durch chinesische Teilnehmer, die Preise verfielen dauerhaft. Ich übernahm den Aufsichtsratsvorsitz, einen Posten, der traditionell in den letzten Generationen meiner Familie aufgrund der Vielfalt der Beteiligungen nur selten besetzt wurde. Wir zogen Linien zwischen Vorstand und Aufsichtsrat, restrukturierten und waren auf einem guten Weg: Die Aufgabe schien erfüllt. Da geriet SGL durch einen Management-Fehler wieder in eine Krise. Hätte ich es vorher erkennen müssen? Ich machte mir Vorwürfe. Manchmal täuscht man sich in Menschen oder freut sich ein wenig zu lange am Erreichten. In Krisen ziehen sich Investoren gerne zurück; ich aber fühlte mich in der Pflicht, einen guten Vorstand zu finden, ihn zu begleiten, bis das Unternehmen wieder sicher in die Zukunft blicken kann. Ich blieb in der exponierten Rolle, setzte noch mehr Zeit und Kraft ein. Gerade mit Sorgenkindern muss man sich ständig beschäftigen, es genügt nicht, nur einen Rat zu geben, man muss dranbleiben, sich informieren, nachjustieren; es ist wie Klavierstimmen, es hört nie auf – bis ein anderer übernimmt.

Nach anstrengenden Jahren haben wir SGL Carbon stabilisiert – trotz Pandemie, trotz der Energiekrise. Das Unternehmen weist wieder gute Ergebnisse vor. Mit den Produkten Carbon und Graphit – bedeutsam in Windkraft, Solarenergie, Halbleiterherstellung und E-Mobilität – bedient SGL Carbon wachstumsstarke Märkte und gestaltet den gesellschaftlichen Wandel mit, den der Green Deal der Europäischen Kommission vorgegeben hat. Das Unternehmen ist also für die Zukunft wieder gut aufgestellt.

VI.

Wirtschaft prägt Gesellschaft. Ich denke, dass unternehmerische Mittel auch außerhalb von Unternehmen Gutes bewirken können. Viele Menschen setzen sich in Deutschland für andere ein. Ihr Wirken hält die Gesellschaft zusammen. 2016 startete ich SKala, eine Initiative, die die Idee verfolgte, gemeinnützige Organisationen doppelt zu fördern: ihre Projekte und ihre Struktur, etwa Organisation, Networking und Finanzierung. Damit Engagement noch mehr Kraft entfalten kann. Dabei ließen wir uns von PHINEO beraten, einem gemeinnützigen Beratungshaus. Dank PHINEO mussten wir keine Strukturen aufbauen und konnten alle Kraft in die Förderung stecken. SKala gab 100 Millionen Euro an 93 Organisationen. Wir förderten Teilhabe, Generationenprojekte und Hilfsprogramme für übersehene oder vergessene Krisen. Wir haben geholfen, dass Kinder lesen lernen konnten, dass Menschen mit Behinderung einen Arbeitsplatz fanden, dass in Dürregebieten Brunnen gebaut wurden und vieles mehr. Gerade haben wir mit den Geförderten ein Fest gefeiert und Bilanz gezogen. Neun von zehn der Geförderten sagen, SKala habe *nachhaltig* ihre Organisation gestärkt. Das entspricht auch dem Michael-Otto-Prinzip *Hilfe zur Selbsthilfe*. Wie wichtig das sein würde, ahnten wir nicht. Keiner dachte 2016 an eine Pandemie oder an den schrecklichen Krieg in der Ukraine. Beim Fest erzählte mir der Gründer der step stiftung, die sich um traumatisierte Kinder kümmert, dass SKala ihnen ermöglichte, die Pandemie zu meistern, sich digital aufzustellen und noch mehr Kinder zu erreichen. Wir haben viel gelernt in diesen Jahren, und dieses Wissen möchten wir mit dem ganzen Sektor teilen. Deshalb haben wir SKala-CAMPUS ins Leben gerufen: eine Plattform für alle, die sozial wirken. Sie können sich auf dieser Plattform verbinden, fortbilden und ihre Strukturen stärken – unternehmerische Werkzeuge im Dienst der Gesellschaft.

VII.

Besondere Kraft entwickelt sich, wenn sich privates und staatliches Wirken verbindet. Vor einem Jahr besuchte ich eine Artenschutz-Veranstaltung im Berliner Naturkundemuseum, wo führende Wissenschaftler über eine Initiative der Bundesregierung sprachen: den Naturerbe-Fonds Legacy Landscapes Fund, der im Dezember 2020 von der *KfW* im Auftrag des Bundesministeriums für wirtschaftliche Zusammenarbeit und Entwicklung gegründet wurde. Er soll dreißig Gebiete auf der Welt schützen, die für Artenschutz strategisch wichtig sind. Es sind große Nationalparks in der Südhalbkugel – ausgewählt und betreut von Einheimischen. Mit 15 Millionen Dollar, so rechnet die mitwirkende Zoologische Gesellschaft Frankfurt vor, ließe sich ein Gebiet für 15 Jahre bewahren; mit einem „Ewigkeits-Fonds" von 30 Millionen Dollar, der jährlich eine Million Dollar generiere, reiche der Betrag dauerhaft. Eine solche Kalkulation ist auch unternehmerisches Denken.

Die Idee, Land zu bewahren, sprach mich an. Vor zehn Jahren stieß ich bei einer Wanderung auf Nantesbuch, ein halb verfallenes, zum Verkauf stehendes Gehöft im bayerischen Voralpenland, nicht weit von München, umgeben von Mooren und Wäldern: 320 Hektar Land. Ich wollte es bewahren – zum Nutzen aller. So entstand die Stiftung Kunst und Natur. Mit *Kunst* stiften wir Gemeinschaft, bringen mit Musik, Lesungen und Festen Menschen zusammen. Der *Natur* nähern wir uns mit Blick auf lebendige Böden: Wir renaturieren Moor, bauen Waldsäume auf und betreiben Permakultur. Dabei arbeiten wir mit Behörden und Wissenschaftseinrichtungen zusammen, laden alle Menschen zum Mitmachen ein und bauen ein Netzwerk aus Experten auf, immer verbunden mit den Fragen: Was fehlt? Was nützt? Wo können wir einen Beitrag leisten? Lebendige Böden sind für uns existenziell. Sie stellen unsere Ernährung sicher, schützen Arten und sind eine wirkmächtige Antwort auf die Klimakrise. Moore bedecken nur drei Prozent der Erde, binden aber mehr CO_2 als alle Wälder. Die Stiftung wird den Böden noch viel Zeit und Kraft widmen, weit über Nantesbuch hinaus.

Darüber hinaus werde ich mich auch an dem gemeinnützigen Naturerbe-Fonds beteiligen. Große Ziele, glaube ich, lassen sich nur im Verbund erreichen. Hier verbinden sich Politik, Wissenschaft, Zivilgesellschaft und die Wirtschaft. Der Fonds bringt Menschen einander näher. Der Artenreichtum auf der Südhalbkugel unseres Planeten ist auch für uns im Norden lebenswichtig. Und ich empfinde es als richtig, dass der Norden sich an den Kosten für seinen Schutz beteiligt. Es ist wichtig, dass die Hoheit über die Nationalparks bei den Menschen im Süden bleibt. Das ist globaler, verbindender Naturschutz. Und das sinnvollste Wirtschaften überhaupt – eines, das in Generationen denkt.

VIII.

Denken in Generationen – zur Jahrtausendwende trug ich den Gedanken in mir, Familienunternehmer zu fördern: Menschen, die sich eine Idee so zu eigen machen, dass sie zur Lebensaufgabe wird. Ihnen erste Schritte zu ermöglichen und sie zu begleiten, bis ihr Unternehmen allein gehen kann – das wäre schön. Unser Land lebt von Familienunternehmen. In dieser Zeit kam Wolfgang Herrmann zu mir, Präsident der Technischen Universität München (TUM) und Mitglied der Leopoldina. Ob wir nicht gemeinsam ein Gründerzentrum starten sollten? Es sei doch faszinierend, was aus dem Zusammenspiel der Stanford University mit dem Silicon Valley erwachsen sei. Einige Wochen später saß Helmut Schönenberger vor mir, frisch diplomiert mit einer Arbeit, die ergründete, was die TUM von Stanford lernen könnte. Seine Vorstellung beschränkte sich nicht darauf, Stanford zu kopieren. Etwas Eigenes sollte es sein. Das gefiel mir. Wir gründeten also die UnternehmerTUM, eine gemeinnützige GmbH. Ich hatte nur eine Bedingung: Wer Gründerinnen und Gründer fördern will, sollte selbst unternehmerisch tätig sein. Die Welt sollte brauchen, was wir anbieten, und Institutionen sollten bereit sein, Geld für die Produkte und Dienstleistungen zu zahlen. Und so zogen im Jahr 2002 eine Mitarbeiterin und zwei Mitarbeiter in ein Büro in Garching. Ich war genauso aufgeregt wie sie: Die UnternehmerTUM war *mein* Startup. Heute sind wir Europas führendes Zentrum für Gründung und Innovation. Aus drei Mitarbeitern wurden mehr als 350 Menschen aus 40 Ländern in zwei Gebäuden, in einem, dem *Munich Urban Colab*, arbeiten sie zusammen mit der Stadt München auch an Lösungen für eine menschenfreundliche, nachhaltige Stadt. Im Schnitt bringt die UnternehmerTUM jede Woche ein skalierbares High-Tech-Startup auf die Welt, viele Unternehmen aus den Zukunftstechnologien. Im Jahr 2021 haben die Gründer der UnternehmerTUM bei Investoren 3,5 Milliarden Dollar eingesammelt. Längst hat sich eine Reihe dieser Startups zu Einhörnern entwickelt: Celonis, Flix Mobility, Lilium, Personio. Ein Ökosystem ist entstanden – von der Idee bis zum gewachsenen Unternehmen findet sich alles unter einem Dach. Dieser Erfolg beruht vor allem auf einem Miteinander. Wissenschaft und Wirtschaft haben ihre Kräfte gebündelt. Hier die TUM mit ihren Talenten und Forschern, dort die Partner aus der Wirtschaft: DAX-Konzerne, Mittelständler und Investoren wie die Familie Strüngmann, die einen sehr wichtigen Beitrag leistet. Entscheidend für den Erfolg ist auch, dass die UnternehmerTUM tatsächlich unternehmerisch handelt – als Mittler, Berater, Geldgeber. Wir fördern nur Ideen, die Wertschöpfung versprechen.

IX.

Als wir die UnternehmerTUM gründeten, hatte ich gedacht, aus unseren Gründerinnen und Gründern würden die Familienunternehmer und Familienunternehmerinnen von morgen. Doch mit wachsendem Erfolg geraten sie oft in den Blick größerer Unternehmen, meist aus China und den USA.

Oder sie verkaufen ihre Anteile an Investoren, die einen Exit im Sinn haben. Natürlich sind uns Partner aus Übersee willkommen, auch brauchen wachstumsstarke Unternehmen Venture Capital – aber uns muss bewusst sein, dass neue Eigentümer auch darüber entscheiden, wo Know-how verwertet, wo Standorte angesiedelt und Arbeitsplätze geschaffen werden. Es ist für unsere Gesellschaft wichtig, dass die Balance stimmt: dass europäisches Wissen auch in Europa verwertet wird, dass unsere Gründer ihre Partner auch in der Nachbarschaft finden, besonders gerne bei etablierten Familienunternehmen. Leider, so höre ich bei meinen Gesprächen mit den Gründern, sind hier viele Etablierte noch zögerlich. Das ist verständlich: Sie wirtschaften mit Sorgfalt – jeder Euro muss verdient werden. Und sie wissen aus Erfahrung, dass stetiger Wandel meist der bessere Weg ist. Aber in einer Zeitenwende kann ein solches Zögern tödlich sein, manchmal braucht es einen Katalysator, der den Wandel beschleunigt. Also haben wir im Herbst 2021 eine Initiative für Familienunternehmer gegründet: die FamilienUnternehmerTUM. Sie möchte Brücken schlagen, sie möchte Gründern vor Augen führen, wie lohnend es sein kann, in Generationen zu denken. Und sie begleitet etablierte Unternehmer bei ihren Innovationsstrategien, eröffnet ihnen mit Hilfe der Gründer neue Technologien. Ein Mittelständler, der wissen will, ob Künstliche Intelligenz in sein Unternehmen passt, kann einfach ein Projekt mit einem unserer Startups beginnen. Oder er kann strategische Partnerschaften aufbauen oder sich an Startups beteiligen. Ein Jahr nach dem Start unserer Initiative sind bereits mehr als einhundert Familienunternehmerinnen und Familienunternehmer dabei. Bis aus den Gründern tatsächlich Familienunternehmer werden, wird es noch dauern. Keiner tritt an, ein Unternehmen für die Ewigkeit zu schaffen. Ein Gründer lebt im Jetzt. Erst wenn die Idee trägt, kommt der Tag, an dem er an das nächste Jahr denken muss, das nächste Jahrzehnt, an die nächste Generation. Die Geschichte der FamilienUnternehmerTUM ist noch lange nicht zu Ende erzählt. Sie wird über meine Geschichte hinaus reichen, hoffentlich weit hinaus.

X.

Das Schöne am Leben als Unternehmerin ist, wie gesagt: sich im Team das ganze Bild zu erschließen und so die Welt besser zu verstehen. Doch was, wenn einem das Bild Sorgen bereitet? Mir zeigt es aktuell einen Wettbewerb der Systeme: zwischen dem chinesischen, dem amerikanischen und dem europäischen Modell. Wir gehen auf eine neue Weltordnung zu.

Als Heinrich Byk vor 150 Jahren seine Firma gründete, mit einem Schlafmittel, dessen Wirkung erst vier Jahre vorher entdeckt worden war, begannen Tausende Unternehmer im ganzen Land ihre Zukunft auf neuen Wissenschaften und Technologien zu erbauen: Chemie und Physik, Elektronik und Medizin, später Automobil- und Maschinenbau. Ihre Pioniertaten und ihr Gründergeist schufen unseren Wohlstand. Deutschland war Gewinner der Transformation. Die Gewinner der heutigen Transformation heißen bisher China und USA. Ihren Erfolg verdanken sie auch ihren Startups, die Zukunftstechnologien gestalten und beherrschen. Wir brauchen Pioniergeist, und wir müssen uns bewusst machen, wie wichtig Souveränität auch für das System ist: Will Europa frei sein, muss es seine technologische Souveränität wahren. Die UnternehmerTUM möchte bis 2030 die Deep-Tech-Ausgründungen verzehnfachen. Wir errichten dafür elf Venture Labs: in Quantum Technologies, Robotics, Künstlicher Intelligenz und vielem mehr. KI wird die Gesellschaft verändern. Eine amerikanische KI „denkt" amerikanisch, eine chinesische KI chinesisch. Gemeinsam mit dem Bildungscampus in Heilbronn arbeiten wir an einer europäischen KI: Es geht um Erfolg – und unsere Werte. Alleine kann die UnternehmerTUM wenig ausrichten. Wir wollen spitze sein, aber nicht einsame Spitze. Nur vereint können wir neben China und den USA bestehen. Nur so wahren wir unsere Identität.

Und so komme ich vom „Ich", von meiner Geschichte, um die mich Michael Otto gebeten hatte, zum „Wir", das mir am Herzen liegt. Jede Unternehmerin, jeder Unternehmer stiftet großen Nutzen, wenn sie Partner eines solchen Ökosystems werden. Wir möchten andere ermuntern, mit der Universität ihres Standorts ein eigenes Zentrum zu gründen. In Deutschland könnten zehn Zentren wie die UnternehmerTUM entstehen, es geschieht zum Glück schon viel, in Berlin, Aachen, Darmstadt, Stuttgart, beim Hasso-Plattner-Institut in Potsdam und dem Bildungscampus in Heilbronn. Und wir Unternehmer sollten nicht nur auf Deutschland, sondern auch auf Europa schauen: auf Paris, Zürich, Kopenhagen. Wir sollten uns vernetzen und zusammenwirken. Das Momentum ist da.

XI.
Technologie löst nicht alles. Wir müssen anders wirtschaften. Die Globalisierung war eine natürliche Entwicklung, heute aber sprechen wir von „Glokalisierung". Kürzere Wege tun dem Planeten gut, wir müssen Ressourcen schonen und in Kreisläufen denken. Unser Bewusstsein sollte sich wandeln. Doch gesellschaftliches Bewusstsein wandelt sich langsam. Technologie und Innovationen vermögen einen Wandel zu beschleunigen, oft eilen sie dem Bewusstsein voraus. Eine Entdeckung oder eine Erfindung machen noch keine Innovationen. Erst wenn sie sich durchsetzen, wenn die Menschen sie also wirklich brauchen, ermöglichen sie Fortschritt. Innovation bedeutet Umsetzung. Es nutzt der Gesellschaft, über Kreisläufe zu sprechen und sie zu erforschen, ihre Kraft entfaltet diese Pionierarbeit aber erst, wenn sie Teil des Alltags wird. Und so hat die UnternehmerTUM zusammen mit der BMW Group eine Initiative gestartet, die ein eigenes Ökosystem für Kreislaufwirtschaft schaffen möchte: *Circular Republic*.

Große Innovationen dienen den Menschen. Sie ersetzen belastende Arbeiten, ermöglichen technologische Souveränität und nutzen der Ökologie. Ökologie ist Ökonomie. Nachhaltigkeit erzeugt Innovation. Nachhaltigkeit ist ein Muss; und alles, was nötig und dringlich ist, weckt Erfindungsgeist. Für uns Europäer ist Nachhaltigkeit auch eine Chance im Wettbewerb der Systeme. In diesem Zukunftsfeld liegen europäische Unternehmer vorn, hier ist die Leidenschaft der Gründer groß. Wer auf diese Menschheitsfragen unternehmerische Antworten findet, hat nachhaltig Erfolg. Und bringt uns zurück in die Zukunft.

KAPITEL II
Globalisierung

MICHAEL OTTO

Globale Kooperation statt neuer Kalter Krieg

Ein Gespenst geht um in Europa – das Gespenst der Deglobalisierung. In den internationalen Beziehungen stehen die Zeichen auf absehbare Zeit weniger auf Kooperation, sondern auf mehr Konfrontation. Diese Entwicklung ist fatal, denn die Globalisierung war bis heute eine einzigartige Erfolgsgeschichte: Sie hat in den letzten Jahrzehnten mit der gewachsenen internationalen Arbeitsteilung und wirtschaftlichen Vernetzung Milliarden Menschen aus der Armut befreit. Doch die Globalisierung hat sich mittlerweile deutlich verlangsamt. Während der Corona-Pandemie hat sich gezeigt, wie verwundbar eng gewobene Lieferketten sind, wenn die weltweiten Warenströme erst einmal außer Takt geraten. Da ist es sehr vernünftig, darüber nachzudenken, die Produktion von kritischen Produkten, zum Beispiel in der Medizin, wieder zu diversifizieren und zu regionalisieren. Gleichzeitig hat der völkerrechtswidrige Angriff Russlands auf die Ukraine offenbart, wie abhängig demokratische Staaten bei ihrer Rohstoffversorgung von autokratischen Staaten sind. Auch hier ist es richtig, die Abhängigkeiten durch Diversifizierung zu reduzieren, neue Handelspartner zu suchen und die Klima-Transformation der Energieversorgung und der Wirtschaft zu beschleunigen, damit man endgültig von fossilen Energieträgern wegkommt. Insofern ist es gut, wenn jetzt die europäischen Staaten ihre Abhängigkeiten überprüfen und reduzieren. Doch das rechtfertigt noch lange nicht Protektionismus und eine Abschottung der Märkte durch Zollschranken. Denn den Preis für neue Handelsschranken bezahlen am Ende die Unternehmen, Arbeitnehmer und Verbraucher.

Doch die Deglobalisierung schreitet immer schneller voran. Die Welt steht deshalb vor einem turbulenten Jahrzehnt. Die Demokratie ist weltweit auf dem Rückzug, selbst in manchen demokratischen Staaten gewinnen antidemokratische Tendenzen die Oberhand. Die Interdependenzen, die sich durch die Liberalisierung in den letzten Jahrzehnten im Handel, in der Industrie bei Technologien und in den Finanzmärkten entwickelt haben, lösen sich im hohen Tempo auf. An ihre Stelle tritt ein eskalierender Teufelskreis von immer schnellerer Entkopplung und wachsendem Misstrauen. Die Wirtschaftspolitik wird teilweise offensiv instrumentalisiert, um den Aufstieg anderer rivalisierender Mächte zu begrenzen oder um eine größere Autarkie für das eigene Land zu erreichen. Bei dem Handelskrieg der USA gegen China, der vom US-Präsidenten Donald Trump mit großer Lautstärke eingeleitet wurde und von seinem Nachfolger Joe Biden zwar mit einer freundlicheren Rhetorik, aber unvermindert fortgeführt wird, droht Europa unter die Räder zu kommen. Eine Reduzierung der Abhängigkeit von China ist sehr erstrebenswert, doch eine plötzliche Entkopplung von China wäre aufgrund seiner Bedeutung als Hersteller, Zulieferer von Vorprodukten und als Zielland für exportorientierte europäische Unternehmen ein sehr schwerer Schlag, der unmittelbar Millionen von Arbeitsplätzen bedrohen würde. Bei der wirtschaftspolitischen Auseinandersetzung zwischen den USA und China geht es nur vordergründig um einen Wettstreit zweier diametraler politischer Systeme, sondern in Wahrheit um einen harten geopolitischen Machtkampf gegebenenfalls auch auf Kosten des Rests der Welt, einschließlich Europas. Durch neue US-Exportkontrollen wird beispielsweise der Verkauf von Halbleitern und Halbleiter-Bestandteilen nach China massiv eingeschränkt, um die Volksrepublik, ihre Wirtschaft und ihr Militär vom technologischen Fortschritt abzukoppeln. Die USA erwarten von ihren Verbündeten, diese verschärften Exportkontrollen mitzutragen. Das wird europäische und auch einige deutsche Unternehmen hart treffen. Gleichzeitig ist diese Strategie sehr riskant, denn 90 Prozent dieser Chips werden in Taiwan gefertigt – eine Insel, die China für sich beansprucht. Könnte dadurch die Kriegsgefahr im Südpazifik nicht deutlich erhöht werden?

Darüber hinaus beklagt die EU-Kommission, dass die USA mit ihrem gigantischen Investitionsprogramm *Inflation Reduction Act* einen Staubsauger in Gang gesetzt haben, der Hersteller von zukunftsträchtigen Technologien wie Elektroautos, Batterien, Windräder und Wärmepumpen mit hohen Steuervorteilen unweigerlich in die USA zieht. Denn das Geld gibt es nur für Produkte, die in den USA produziert werden. Ich teile die wirtschaftlichen Sorgen, aber weise darauf hin, dass dieses wichtigste Klimagesetz in der Geschichte der USA auch einen gewaltigen Transformationsfortschritt bedeutet. Gespräche darüber laufen gegenwärtig.

Trotzdem befürchten viele Experten, dass sich vor diesem Hintergrund die Weltwirtschaft langfristig in zwei Einflusssphären aufteilen könnte. Eine unter US-Führung, die andere unter der Führung Pekings. Und unabhängig davon, wie der schreckliche Krieg Russlands gegen die Ukraine – der nach Schätzungen schon auf jeder Seite bis zu hunderttausend tote Soldaten und Zivilisten gefordert haben soll – ausgehen wird, eines ist klar: Russlands Zivilisationsbruch wird dem Land den Weg zurück in ein gemeinsames Haus Europa für lange Zeit versperren und es noch weiter in die Arme Chinas treiben.

Der aktuelle *Global Risks Report* des Weltwirtschaftsforums in Davos geht sogar davon aus, dass Wirtschaftskriege in diesem Jahrzehnt zur Norm werden und dass das neue Wettrüsten zu kriegswirtschaftlich motivierten staatlichen Eingriffen in die Marktwirtschaft führen könnte. Zudem bündele sich die wachsende Inflation und Verschuldung sowie die weltweite Energieversorgungskrise und Lebensmittelversorgungskrise zu einer allgemeinen „Lebenshaltungskostenkrise", die sich in vielen Ländern zu einer humanitären Krise ausweiten könnte. Die Folgewirkungen werden am stärksten bei den schwächsten Teilen der Gesellschaft und bereits fragilen Staaten zu spüren sein und zu steigender Armut, Hunger, gewalttätigen Protesten, politischer Instabilität bis hin zum Zusammenbruch von Staaten beitragen.

Diese Blockbildung erinnert mich sehr an eine Neuauflage des Kalten Krieges und würde zu großen Wohlfahrtsverlusten in Europa und in Deutschland führen. Eine erneut bipolare Welt zwischen den antagonistischen Mächten USA und China, die sich den Rest der Welt als jeweilige Einflusssphäre unterwerfen wollen, wäre das denkbar schlechteste Szenario für Europa. Da werden manche Länder auf der Südhalbkugel nicht mitmachen, denn sie haben sich zu leistungsfähigen Volkswirtschaften entwickelt, die eine hohe Wertschöpfung mit verlässlichem Wachstum verknüpfen. Deshalb ist die Hoffnung groß, dass sich die Welt vielleicht doch noch in Richtung einer multipolaren Gemeinschaft entwickelt. Statt der wachsenden Konfrontationen braucht unser Planet mehr Kooperation bei der Lösung der tödlichen Konflikte, der Klimakrise und bei der gemeinsamen Arbeit an Zukunftstechnologien, die den Fortschritt für die gesamte Menschheit voranbringen. Deshalb dürfen wir die Globalisierung, deren Erfolg auf den Märkten auch auf einer intelligenten und effizienten Koordination von Wissen, Arbeit, Rohstoffen und Finanzkapital beruhte, nicht aufgeben. Wir brauchen nur eine neue Form der Globalisierung, die mehr Resilienz gegenüber Krisen aufbaut und flexibler auf die ständig wechselnden Herausforderungen einer immer komplexeren Welt reagieren kann. Nur wenn die Globalisierung gerechter ausgestaltet wird und weltweit neue Chancen für eine nachhaltige Entwicklung schafft, bekommt auch die Demokratie wieder eine Chance, sich breiter durchzusetzen.

Hierbei kann und muss Europa mit seinem Wertesystem eine sehr viel stärkere Rolle spielen. Dazu sollten die EU-Staaten zügig eine abgestimmte Strategie entwickeln. Hier müssen vor allem Worten wie der im Februar 2022 erneuerte Partnerschaft zwischen der Europäischen Union und der Afrikanischen Union dann auch spürbar Taten folgen.

Unternehmer können hier einen wichtigen Beitrag leisten. Denn sie beeinflussen indirekt mit ihren Investitionsentscheidungen auch die Entwicklung und Wohlstandsvermehrung in den Weltregionen. Viele deutsche und europäische Unternehmer sind nach mehreren Jahrzehnten Globalisierungserfahrung längst an die Volatilität und das Auf und Ab der Konjunkturen gewöhnt und haben stabile und durchaus auch resiliente Beziehungen geknüpft. Investment, Desinvestment und permanente Restrukturierung der Unternehmen vor Ort sind schon immer notwendig gewesen, um das Geschäftsmodell auf die regionalen Bedürfnisse und kulturellen Besonderheiten anzupassen.

Die Otto Group begann schon sehr früh mit der Globalisierung, weil ein Handelsunternehmen von jeher auf internationale Beschaffungsmärkte angewiesen ist. Gleichzeitig waren wir auch eines der ersten Unternehmen, die sehr erfolgreich den Onlinehandel in zahlreichen Weltregionen etablieren konnten und jahrelang von dieser Pionierrolle profitierten. Wenn sich dann die Voraussetzungen änderten, musste man sich etwas Neues überlegen oder sich aus

Märkten wieder zurückziehen (*siehe Reportage „Das atmende Unternehmen"* *auf den folgenden Seiten*). Es kommt darauf an, Chancen schnell zu erkennen und sie auch beherzt anzugehen. Erfolgsentscheidend ist dabei das **Prinzip der Dezentralisierung und Eigenverantwortung**, mit dem man lokal verankerte Führungskräfte von Anfang an miteinbezieht und ihnen auch die Verantwortung für Strategie und Ergebnis anvertraut. Mit diesem Rüstzeug ausgestattet, wird man als europäisch verankerter Unternehmer auch in Zukunft rund um die Welt neue Märkte kennenlernen und neue Partnerschaften eingehen.

Die Globalisierung war – meiner Erfahrung nach – nie ein linearer Prozess, sondern immer ein abwechslungsreiches Spiel von ganz unterschiedlichen Faktoren, die über Erfolg und Misserfolg von Internationalisierungsstrategien entschieden. Jetzt kommen die neuen Turbulenzen und mächtigen Zentrifugalkräfte der Deglobalisierung hinzu. Diese neue Gemengelage verlangt nach einer neuen Haltung des international engagierten Unternehmers: Die Globalisierung verträgt keine Bonanza-Mentalität mehr, mit der in früheren Zeiten rücksichtslos in aller Welt auf Kosten der Natur und der Menschen groß Kasse gemacht werden konnte. Heute sind Stabilität und langfristige Sicherheit für Investitionen nur dann gewährleistet, wenn eine ausgewogene und faire Win-win-Situation erreicht werden kann.

Für mich ist dieses **Prinzip der Partnerschaft** Grundlage für jeden internationalen Geschäftserfolg. Deshalb habe ich immer noch die Hoffnung, dass die neuen globalen Risiken und beängstigenden Bedrohungsszenarien die handelnden Unternehmer und Politiker doch noch dazu bringen werden, fantasievolle Auswege aus den Konfrontationen zu finden und wieder stärker auf das **Prinzip der Kooperation** zu setzen. Die Globalisierung, so wie wir sie kannten, ist vielleicht am Ende. Aber das eröffnet zugleich auch eine Chance für alle verbliebenen konstruktiven Akteure der Weltgemeinschaft, dem Globalen Süden nun endlich eine Chance auf Teilhabe einzuräumen und die Weltwirtschaftsordnung auf mehr Gerechtigkeit und Klimaschutz auszurichten.

Globalisierung der Otto Group:
Das atmende Unternehmen

Knapp 50 Prozent ihres Umsatzes macht die Otto Group außerhalb von Deutschland. Die Globalisierung der Otto Group begann sehr früh in den Beschaffungsmärkten. Wie viele andere erfolgreiche Familienunternehmer aus Deutschland nutzte Michael Otto die verschiedenen Globalisierungswellen, um Geschäftsmodelle weltweit auszurollen oder sich an international tätigen Unternehmen zu beteiligen. Michael Otto betrachtete dabei die Globalisierung nicht als Einbahnstraße. Einige Beispiele zeigen, wie man einerseits alle Chancen nutzte, um sich über die gesamte Welt auszubreiten, und andererseits einen Markt auch wieder verließ, wenn das Geschäftsmodell nicht mehr funktionierte. Dadurch wurde die Unternehmensgruppe zu einem atmenden Konglomerat, das sich ständig und dynamisch auf die Volatilität und kulturellen Veränderungen in den internationalen Märkten eingestellt hat.

Sehr früh entwickelte Michael Otto den einstigen OTTO Versand in Hamburg konsequent zu einer weltweit agierenden Handels- und Dienstleistungsgruppe mit über 40.000 Mitarbeitenden in 30 wesentlichen Unternehmensgruppen und mehr als 30 Ländern Europas, Nord- und Südamerikas und Asiens. Dabei fokussiert sich die Otto Group bei ihrer Wachstumsstrategie auf profitable Geschäftsmodelle in drei marktrelevanten Segmenten – Multichannel-Einzelhandel, Finanzdienstleistungen und Service, in die gezielt global investiert wird. Gleichzeitig investiert die Otto Group in die Wachstumsmärkte und engagiert sich dort mit Joint Ventures und Kooperationen.

Michael Otto hat schon früh international expandiert und das Unternehmen sehr diversifiziert und breit aufgestellt. Zahlreiche Gründungen und Zukäufe von Wettbewerbern, vielfältige Engagements in Europa, Asien und Amerika sowie der Einstieg in neue Marktsegmente wurden unter seiner Führung umgesetzt. Investment, Desinvestment, Restrukturierung und Fokussierung wechselten sich in den letzten Jahrzehnten in schneller Folge ab oder fanden sogar gleichzeitig statt. Dabei stieg der Anteil der internationalen Geschäfte am Gesamtumsatz der Otto Group bis heute auf knapp 50 Prozent.

Aufbau in asiatischen Beschaffungsmärkten

Bereits in den 1960er Jahren noch zu Zeiten des OTTO Versands gab es die ersten Globalisierungsansätze in der Textilproduktion. Der Handel ist seit jeher aufgrund seiner globalen Beschaffungsmärkte international ausgerichtet. Die Beschaffungsbasis lag vor allem in Südost-Asien und bereits 1966 wurde in Hongkong das erste Einkaufsbüro eröffnet. Das war der Beginn von Otto International, dem globalen Beschaffungsunternehmen. In den 1970er Jahren wurden dann Büros in den Philippinen, in Taiwan, Singapur, Indonesien und Brasilien, später dann in Südkorea, Thailand und Südafrika eröffnet.

Von Hongkong aus baute Michael Dumke, der spätere und langjährige CEO von Otto International, in den 1990er Jahren mit Hongkonger Lieferanten, die in China produzierten, die erste Beschaffungsstruktur in China auf. Dort arbeitete er damals hauptsächlich mit staatlichen Betrieben zusammen. „Das war damals der Anfang des Ganzen. Und nicht immer einfach. War eine Maschine defekt, standen die Produktionsbänder still und man musste lange warten. Bei einer schlechten Qualität der Ware wurde wochenlang verhandelt und wenn man Glück hatte, bekam man am Ende 20 oder 30 Prozent des Warenwertes wieder. Die staatlichen Betriebe verspürten damals keinen großen Druck, etwas zu verkaufen." Als im Laufe der Zeit immer mehr Lieferanten in China entstanden, konnte Otto International auch direkt ohne den Umweg über Hongkong chinesische Waren beziehen. In Shanghai wurde das erste Repräsentanz-Büro eröffnet und Hongkong verlor für den Textilmarkt immer mehr an Bedeutung. Michael Dumke sagt: „Zuerst war Guangzhou die Hauptregion für die Produktion. Das hat sich in all den Jahren immer stärker verändert und es kristallisierten sich viele Produktionsstätten in ganz China heraus. Früher sind aus allen Regionen Chinas Wanderarbeiter in den Süden gezogen, heutzutage finden die Menschen auch in ihren eigenen Kommunen Arbeit. Da hat sich China sehr stark gewandelt." In China konnte man fast alle Textilien beschaffen und die Erstausstattungsmenge platzieren. Aber bei den Nachaufträgen waren die Lieferzeiten häufig so lang, dass die Warenbeschaffung durch die Türkei oder Italien abgesichert werden musste, wo auch eigene Einkaufsbüros vorhanden waren. Die Produktionsmärkte und Fabriken wandelten sich und es wurden Büros in Bangladesch und Vietnam aufgebaut, auch um unabhängiger von China zu werden. Die Produktpalette erweiterte sich um Heimtextilien, Möbel und Hardware. Auch die Lieferketten in Asien wurden effizienter, schneller und zuverlässiger. Otto International gehörte zu den ersten in der Neuzeit, die diese Märkte auf vielerlei Zugangswegen für die Beschaffung nutzten. Teilweise wurden Präsenzen wie in China oder in Indonesien allein über Kontakte aufgebaut, oder es wurden Agenturen, wie zum Beispiel in Südkorea oder Bangladesch, übernommen. Kambodscha oder Myanmar waren reine Offshore-Märkte mit Herstellern aus Thailand oder Hongkong, die dort Fabriken bauten. Diese unterschiedlichen

Ansätze führten dazu, dass Otto International ausgehend vom Hauptsitz in Hongkong heute mit über 20 Büros in den Produktionsmärkten Asien, Europa und Afrika präsent ist.

Auf dem chinesischen Markt ist die Otto Group in großem Umfang als Einkäufer tätig, jedoch nicht vertrieblich als Versandhändler. Auf der vertrieblichen Seite begann die Internationalisierung der Otto Group in den 1970er Jahren, nachdem Michael Otto 1971 als Vorstandsmitglied im Bereich Einkauf Textil in die Unternehmensführung einstieg und 1981 den Vorstandsvorsitz übernahm. Zunächst ging die Otto Group nach Frankreich und in die Niederlande, später dann nach Österreich, in die USA, Schweiz, Japan, Russland und Brasilien, um nur einige Länder zu nennen.

Konsolidierung im deutschen Markt

In Deutschland arbeitete die Einzelgesellschaft OTTO nach dem Grundprinzip, Geschäftsmodelle, die aus ihrer Sicht interessant waren, an das Mutterschiff anzudocken und damit vom Backoffice und den Logistikleistungen der Otto Group zu profitieren. Unternehmen, die eigenständig keinen Erfolg mehr hatten, wurden wie zum Beispiel Schwab und Heine 1976 oder Witt 1987 dazugekauft und übernahmen das erfolgreiche Geschäftsmodell mit den Kompetenzen der Otto Group wie beispielsweise Sortimentsgestaltung, Logistik oder Marketing. Als der deutsche Markt weitgehend konsolidiert war, übertrug man das Geschäftsmodell in andere Länder wie Österreich, Schweiz, Frankreich, USA oder Russland und evaluierte, ob es auch dort funktioniert. Thilo Bendler, langjähriger Vice President Knowledge Management der Otto Group, sagt rückblickend: „Wir hielten immer nach interessanten Märkten Ausschau: Geht man rein? Welches Marktsegment und welche Zielgruppen können wir mit welchem Angebot adressieren? Brauchen wir andere Preisstrukturen und eine andere Positionierung? Können wir in dieser Region noch etwas anderes ausprobieren?" Mit diesem Ansatz wurden verschiedene Gründungen, Übernahmen und Joint Ventures in Europa, Asien und Amerika systematisch vorangetrieben und insbesondere mit Damenoberbekleidung der verschiedenen Vertriebsmarken der Gruppe in andere Länder als *line extensions* multipliziert und an lokale Bedürfnisse angepasst. Das gute und geschmackssichere Sortiment bildete die Basis und man nutzte Synergien aus weiteren Kompetenzen wie Logistik, Einsatz von Finanzierungsinstrumenten und Direktmarketing. Bis weit in die 1990er Jahre war die genaue Analyse der „Renner", wie die Bestseller im Sortiment intern genannt wurden, ein Erfolgsprinzip von OTTO. Die Modewelt war damals schon sehr global: Wenn ein bestimmter Artikel der Damenoberbekleidung in Deutschland erfolgreich war, dann lief er auch in Japan oder Frankreich. Diese „Renner-Multiplikation" sorgte dafür, dass auch andere Länder und Regionen durch Bestseller in den Genuss des Erfolgs kamen.

Der Schritt nach Asien

In Asien startete die Otto Group ihren Vertrieb in Japan. Otto Japan wurde 1986 als Joint Venture mit Sumitomo, einem der größten japanischen Unternehmenskonglomerate gegründet. 2007 übernahm die Otto Group sämtliche Anteile. Auch in Japan wurden die „Renner" anderer Länder übernommen und verkauften sich überraschend gut. Vor allem die ältere weibliche Zielgruppe ab 55 Jahre begeisterte sich für westliche Mode und gab dafür gerne Geld aus. Das Kataloggeschäft war zunächst ein Alleinstellungsmerkmal, denn damals gab es nur wenige westliche Marken im stationären Handel zu kaufen. 25 Jahre funktionierte das Geschäftsmodell in Japan sehr gut und war sehr profitabel.

Aber durch die zunehmende Globalisierung stationärer Handelsmarken gab es in vielen asiatischen Ländern, so auch in Japan, im Laufe der Zeit westliche Mode fast überall in den Städten zu kaufen. Otto hatte nicht mehr Exklusivität, weil sich die Kundinnen und Kunden mittlerweile bei Zara, H&M oder Primark einkleiden konnten. Auch preislich geriet Otto zunehmend unter Druck, da sich in Asien viele lokale Marken wie zum Beispiel Uniqlo etablierten, die eine sehr gute Qualität zugleich sehr preisgünstig anbieten konnten.

Thilo Bendler: „Irgendwann musste man einsehen, dass das Geschäftsmodell ausgedient hatte." Im Herbst 2019 wurde das Unternehmen im Rahmen eines Management Buyouts verkauft. Neuer Eigentümer ist die Firma Legego Inc. von Seiki Maenosono, der Otto Japan bereits seit einigen Jahren als Chief Executive Officer führte und alle Mitarbeiterinnen und Mitarbeiter übernommen hat.

Der internationale Siegeszug von Bonprix

Ein wesentlicher Treiber der Internationalisierung der Otto Group war Bonprix. 1986 wurde das Unternehmen als Startup in einem kleinen Einfamilienhaus am Rande des Otto Campus in Hamburg-Bramfeld gegründet und startete mit zehn Mitarbeitern und einem 32-seitigen Katalog. Am Anfang des Startups stand die Idee, aktuelle Mode frisch vom Laufsteg rasch für sehr preisbewusste Kundinnen verfügbar zu machen. Damit verband Bonprix auch die Mission einer weiteren Demokratisierung von Mode: Auch breite Bevölkerungsschichten sollten die individuellen Ausdrucksformen der Mode zur Inszenierung ihres eigenen Lebensgefühls nutzen können. Die revolutionäre Idee des damaligen Mitgründers Hans-Joachim Mundt, der aus dem Einkaufsbereich von OTTO kam, war dabei, statt dicker Hauptkataloge jeden Monat einen kleineren Katalog herauszubringen, der flexibel die neuen Modetrends aufgriff und die Renner des Vormonats miteinbezog. Diese enorme Beschleunigung der Taktzahl nahm damals im Grunde die spätere Entwicklung der gesamten Modebranche vorweg: Denn damals gab es traditionell nur eine Frühjahr/Sommer- und eine Herbst/Winter-Kollektion, wobei jede Saison etwa sechs Monate umfasste und der Zeitraum von ersten Designideen bis zum Versand durchaus bis zu 12 Monate in Anspruch nehmen konnte. Heute hat sich die Wertschöpfungskette der Mode – auch durch große Fast-Fashion-Anbieter – so stark beschleunigt, dass mittlerweile zwölf Kollektionen im Jahr keine Seltenheit mehr sind. Vor allem die globalisierte Massenkommunikation und -information über Trends und Styles hat den Bedarf nach immer neuen Looks beschleunigt. Und seitdem es Instagram gibt, dauert der Weg eines neuen Trends vom Nachtclub in New York bis zum Onlineshop manchmal nur noch wenige Wochen.

Bei Bonprix nannte man diesen neuen Katalogrhythmus *Wellenkonzept*. Jeden Monat wurden die Sortimente optimiert. Langsam drehende Artikel wurden aussortiert, schnell drehende Bestseller nach vorne gestellt und neue Ideen präsentiert. Diese Mischung aus Bestsellern, „Renner"-Optimierung und ständigen Innovationen kam sehr gut an und entsprach auch dem ***Test and Learn-Prinzip*** von Michael Otto, der zu Beginn das Budget für das neue Konzept zur Verfügung stellte und fortan seine schützende Hand über das Startup hielt. Hans-Joachim Mundt nannte das Konzept auch *Lernende Kollektion*. Als sich Bonprix kurz nach OTTO ebenfalls rasch auf das Internet ausrichtete, wurde daraus die *Learning Collection*, die im Webshop ebenfalls konsequent kuratiert wurde. Mittlerweile kommt dafür immer mehr künstliche Intelligenz zum Einsatz. Dazu erfassen die Systeme für jedes Kleidungsstück rund 300 Attribute. Mit Hilfe von Machine Learning kann ein Algorithmus Erfolgsmuster erkennen, wenn er die Attribute mit dem Einkaufsverhalten der Kundinnen abgleicht.

Ein zweites wichtiges Unterscheidungsmerkmal von Bonprix war von Beginn an, dass der Modeanbieter ausschließlich nur eigene Marken und Textilien in das Sortiment aufnahm. Das erleichterte die Internationalisierung des Geschäftsmodells nach dem Multiplikationsprinzip. Kataloge und Webshops wurden standardisiert und in anderen Ländern einfach vervielfältigt. Das ermöglichte eine sehr schnelle Globalisierung von Bonprix: Schon Anfang der 90er Jahre expandierte das Unternehmen nach Frankreich, Polen und Italien. Im Jahr 2000 ging es mit der Bademodenmarke Venus über den Atlantik in die USA. Ab 2004 expandierte man in die Niederlande und weitere Länder Osteuropas, 2017 gab es Bonprix in Norwegen. Zuletzt kamen Spanien und Finnland hinzu. Ein wichtiger strategischer Eckpfeiler bei der Internationalisierung ist auch das Franchisegeschäft, über das Bonprix in acht Ländern präsent ist. Das Einfamilienhaus, in dem diese Erfolgsgeschichte ihren Ausgang nahm, wurde mittlerweile abgerissen, aber die Bonprix Gruppe ist heute mit etwa 3.700 Mitarbeitenden in 30 Ländern eines der globalsten und mit einem Umsatz von 1,94 Milliarden Euro (Geschäftsjahr 2021/2022) umsatzstärksten Unternehmen der Otto Group und erreicht ca. 15 Millionen aktive Kundinnen im Internet.

Die Expansion in die USA

1998 übernahm die Otto Group die Mehrheit an dem internationalen Einzelhandelsgeschäft für Möbel und Wohnaccessoires Crate and Barrel mit Sitz in Chicago, das 1962 von Gordon und Carol Segal gegründet wurde. Als die beiden ihren ersten Store in einem der Außenbezirke Chicagos eröffneten, fehlte es an Geld für die Ware und die Eheleute Segal stapelten Schiffskisten („crates") aufeinander und füllten die Fässer („barrels") aus Übersee mit Geschenkartikeln. Aus der unkonventionellen Gründungsidee entwickelte sich ein Lifestyle-Specialty-System, das auf einem landesweiten Filialnetz basiert und von 24-Stunden-Shopping per Katalog und Internet flankiert wird. Kunden werden mit hochwertigen Produkten, exklusivem, im wesentlichen europäischem Design und einem zeitlosen Stil begeistert – egal welchen Kanal sie nutzen. Das Multichannel-Konzept wurde kontinuierlich weiterentwickelt. Zielgruppe sind die gebildeten Schichten ab 20 Jahre mit gutem Geschmack und Interesse an schönem Design zu erschwinglichen Preisen. Das Produktportfolio umfasst Möbel, Accessoires, Heimtextilien, Leuchten, GPK (Glas, Porzellan, Keramik), Haushaltswaren, Hand- und Kosmetiktaschen, Kochbücher und ein Gourmet-Food-Sortiment.

Während der Versandhändler Spiegel 2003 Insolvenz anmelden musste (*siehe auch Seite 22*), entwickelte sich Crate and Barrel, das später dann vollständig übernommen wurde, zu einem Juwel der Otto Group: Das Konzept des Händlers von Möbeln und Wohnaccessoires ist einzigartig: Man kann das geschmackvoll eingerichtete Wohnzimmer inklusive der passenden Bilder und Accessoires komplett kaufen. Im Jahre 2000 wurde CB2 als ein moderneres und preiswerteres Einrichtungskonzept für die jüngere Zielgruppe gegründet. 2012 wurde der Schritt von Crate and Barrel und CB2 nach Kanada gemacht und dort mit Stores und online erfolgreich weiterentwickelt. Crate and Barrel entwickelte sich mittlerweile zu einer der größten Einrichtungs- und Lifestyle-Gruppe in den USA und expandierte 2012 mit einem Franchisekonzept in neue Märkte wie Singapur und Mexico City und beliefert mittlerweile mit ihrem Online-Shop Kunden in 90 Ländern. Bei dem Unternehmen legten in den letzten Jahren beide Vertriebskanäle – online wie offline – stark zu. Im Geschäftsjahr 2021/2022 stieg der Umsatz auf 2,31 Milliarden Euro. Das Erfolgsgeheimnis: Die gekonnte Vernetzung der physischen und digitalen Touchpoints bietet wie bei kaum einem anderen Unternehmen ein integriertes Einkaufserlebnis. Mehr als 200 Millionen Kunden besuchen jährlich die Websites und die Stores in den USA, Kanada und Franchise-Standorten in neuen Ländern.

Der stürmische Erfolg im russischen Markt und wie er zu Ende ging

2006 gründete die Otto Group mit der Moskauer PPE Group, dem führenden Katalog- und Online-Händler Russlands, ein Gemeinschaftsunternehmen, um den Versandhandel für Textilien aufzubauen. Russland zählte damals zu den weltweit attraktivsten Wachstumsmärkten im Einzelhandel. In Moskau und anderen russischen Städten wurden fast im Wochenrhythmus neue Filialen großer Supermarktketten eröffnet. Die Otto Group war dort bereits seit den 1990er Jahren mit Bestellshops über Handelspartner vertreten und russische Kunden konnten über Agenten in Geschäften oder Poststellen Katalogwaren bestellen. In den ehemaligen Sowjetrepubliken besaß der OTTO Versand Kultstatus und der OTTO-Katalog war zu Sowjetzeiten ein begehrtes Tauschobjekt. Nun konnten die russischen Kunden endlich direkt bei OTTO ihre Bestellungen aufgeben.

Der Aufbruch nach Russland wurde ganz wesentlich von Alexander Birken gestaltet, der damals für das Russlandgeschäft verantwortlich war. Er baute ein starkes Management aus erfahrenen Geschäftsführern auf, die nicht mit einzelnen Marken an den Markt gingen, sondern mit einer gemeinsamen russischen Plattform für Bonprix, OTTO und Witt. Parallel wurde mit der PPE Group ein wachstumsstarkes und profitables Unternehmen akquiriert. In Russland gab es damals keine ausgeprägte Textilindustrie und kaum Produzenten, die eine gute Qualität liefern konnten. Deshalb wurde die Ware aus der EU mit entsprechenden Umsatzsteuern und Zöllen importiert und mit einer guten Rendite an die stark gewachsene kaufkräftige obere Mittelschicht verkauft. Damals gab es kaum Konkurrenz, und Otto Group Russia wurde Marktführer im russischen Distanzhandel mit den Marken OTTO, Bonprix, Witt, Quelle und den russischen Versendern NaDom und Meggy Mall. Darüber hinaus baute Hermes in zahlreichen Städten Russlands ein Paketshop-Netz zur Paketannahme und -abholung auf.

Russland war ein hochprofitables Geschäft, aber irgendwann konnten die Firmen kaum mehr etwas verdienen, weil sich der Wechselkurs zum Rubel dramatisch verschlechterte. Durch die Finanzkrise stürzten auch die osteuropäischen Währungen teilweise dramatisch ab. Die Annexion der Krim-Halbinsel durch Russland 2014 verstärkte die Währungsturbulenzen und den Verfall des Rubels. Das Geschäftsmodell funktionierte nicht mehr, weil die Beschaffungskosten zum Rubel-Außenwert nicht mehr in kompetitiven Verkaufspreisen an die Endkonsumenten weitergegeben werden konnten. Deshalb zog sich die Otto Group ab 2018 schrittweise aus dem Handels- und Logistikgeschäft komplett zurück und schloss den letzten Webshop nach dem Beginn des Angriffskrieges Russlands gegen die Ukraine.

Globales Portfoliomanagement: Fokussierung und Restrukturierung

Hans-Otto Schrader startete im Oktober 2007 als CEO der Otto Group und knapp 12 Monate später meldete in den USA die Investmentbank Lehman Brothers Konkurs an. Der Vorstand musste sich deswegen dem strategischen Portfoliomanagement widmen. Dabei standen die Fragen im Vordergrund: Wie können die Firmen, die nach langen erfolgreichen Jahren ihre strategische oder ihre finanzielle Aufgabe nicht mehr optimal erfüllen, saniert oder verkauft werden? Hans-Otto Schrader setzte ein Programm auf, das er nach dem Vorbild von Jack Welch, dem damaligen CEO von General Electric, „Fix, sell, or close" nannte. Einige Geschäftskonzepte waren nicht mehr profitabel. OTTO war der einzige Universalversender weltweit, der – getrieben von Michael Otto – früh- und rechtzeitig die Wende in die digitale Welt geschafft und sich auch vom Hauptkatalog losgelöst hatte. Diese Weitsicht gab es in anderen Märkten nicht. Unter Hans-Otto Schrader wurde das Portfolio unter Wettbewerbs- und Renditeaspekten neu ausgerichtet, neue und erfolgreiche Geschäftsmodelle wie Collins (aus dem dann später About You entstand) und über 130 Venture-Capital-Beteiligungen initiiert sowie die IT-Landschaft dezentralisiert und modernisiert. Damit leitete die Otto Group einen grundlegenden Strategiewechsel ein und begann eine fokussierte Wachstumsstrategie, in der man die Zukunftsinvestitionen auf die zukunftsträchtigsten Geschäftsmodelle konzentrierte.

Langfristige Wachstumsstrategie

Als Alexander Birken 2017 den Vorsitz der Otto Group übernahm, setzte er sehr konkret die fokussierte Wachstumsstrategie um. Die Otto Group konzentriert sich seither auf rund 30 Unternehmensgruppen, von denen acht als Fokusunternehmen gelten, die durch neue Sortimente, Marktplätze oder Internationalisierung die Power haben, zu wachsen: OTTO, About You, Bonprix, Crate and Barrel, EOS, Hermes, myToys und die Witt-Gruppe. OTTO ist in drei Ländern Europas aktiv. About You ist eines der am schnellsten wachsenden E-Commerce-Unternehmen Europas und bereits in 26 europäischen Märkten aktiv. Die Witt-Gruppe ist derzeit mit elf Marken in zehn Ländern vertreten. Die EOS Group hat sich sehr früh international aufgestellt, um Abhängigkeiten in einzelnen Märkten zu vermeiden. Mittlerweile hat sich EOS zu einem führenden internationalen und technologiegetriebenen Experten für Forderungsmanagement mit Standorten in 24 Ländern und mehr als 6.000 Mitarbeitenden entwickelt und wurde damit zu einer festen Größe in der Otto Group. Dann gibt es Unternehmen, die zwar über kein so großes Wachstumspotenzial verfügen, aber äußerst rentabel sind und in erster Linie Umsatz bringen.

2021 wurden die seit 1986 festgeschriebenen und praktizierten Werte der Otto Group, die über die Jahre immer wieder ergänzt und erweitert wurden, mit der fokussierten Wachstumsstrategie zu einer weiterentwickelten Zukunftsstrategie, dem „Otto Growth Path" vereint.

Das Grundverständnis der Globalisierung hat sich bei der Otto Group im Laufe der Jahre nicht wesentlich verändert. Im Zeitalter der Digitalisierung können globale Distanzhandelsunternehmen vor allem in zwei oder drei Dimensionen besonders erfolgreich sein: Entweder – wie About You und OTTO – als Platt-form oder als vertikalisierte Marke wie zum Beispiel Witt oder Bonprix. Oder als Händler, der in einem speziellen Segment besonders begehrenswert positioniert ist wie Manufactum. „Das sind die Geschäftsmodelle, denen die Zukunft gehört", fasst Alexander Birken zusammen, „wir haben als Unternehmen die Fähigkeit, uns in vielen Märkten der Welt gut auf kul-turelle Besonderheiten und veränderte Situationen einzustellen und wir haben mit Michael Otto einen Unternehmer als Gesellschafter, der immer seiner Zeit voraus war und auch in Krisenzeiten die Ruhe bewahrte. Das zeichnet ein Familienunternehmen aus – sei es noch so groß und global."

SIMONE BAGEL-TRAH

Wer nur an Gewinne denkt, wird auf Dauer keinen Erfolg haben

Die Aufsichtsratsvorsitzende und Vorsitzende des Gesellschafterausschusses des Henkel-Konzerns beschreibt die Geschichte der Internationalisierung des Unternehmens. Henkel war von Beginn an ein Vorreiter der Globalisierung. Doch die Koordinaten der Globalisierung verändern sich gerade dramatisch: Die Machtverschiebung in Richtung Asien, die Digitalisierung als wichtiger Motor für Produktivitätsfortschritte und die enorme Mobilität von Menschen und Waren führen zu einer neuen Globalkultur, in der die Familienwerte neu interpretiert werden müssen.

Fritz Henkels Forschungsdrang war groß. So entwickelte er als 28-Jähriger ein Pulver-Waschmittel auf Basis von Wasserglas, gründete im September 1876 eine kleine Produktionsfirma, nannte sie Henkel & Cie und verkaufte mit großer Leidenschaft fortan sein „Universal-Waschmittel". Doch damit nicht genug. Eifrig experimentierte er weiter mit leicht löslichen Alkalisilikaten und kalzinierter Soda. Zwei Jahre später kam sein innovatives „Bleich Soda" auf den Markt. Und da Fritz Henkel auch ein unternehmerischer Geist war, wollte er das neue Waschmittel nicht nur in Deutschland verkaufen, sondern schickte auch sogenannte Reisende, also firmeneigene Außendienstmitarbeiter, ins Ausland. Mit Erfolg: 200 Pakete „Henkel's Bleich-Soda" und 200 Pfund Universalwaschmittel gingen als Export in die Schweiz. Es war der Anfang unseres internationalen Geschäfts – und fand in einer Zeit statt, in der die industrielle Revolution die Wirtschaft prägte und die Idee einer weltweiten wirtschaftlichen Verflechtung kaum vorstellbar war. Aber es war auch der Anfang für eine internationale Ausrichtung, die bis in die Gegenwart fortwirkt.

Heute, über 145 Jahre nach Gründung unseres Unternehmens, sind Welt und Wirtschaft dicht miteinander verwoben. Ob Kultur, Handel, Umwelt, Ressourcen, Finanzmärkte, Geldpolitik, Technologien oder Geopolitik – die Globalisierung berührt und gestaltet sämtliche Aspekte unseres Lebens. Auch der Henkel-Konzern ist mit seinen weltweit 52.000 Mitarbeiterinnen und Mitarbeitern Teil des globalen Produktions- und Handelsnetzwerks, in dem Wertschöpfungs- und Lieferketten ein leistungsfähiges System bilden, das aber auch externe Schocks und tiefgreifende Störungen nicht völlig absorbieren kann, sondern in dem die Gefahr besteht, sprichwörtlich „aus dem Takt" zu geraten.

Lange Zeit galt die Globalisierung als segensreicher Garant für wirtschaftliches Wachstum und gesellschaftliche Weiterentwicklung, für globale Sicherheit und zunehmende Demokratisierung über alle Kontinente hinweg. Die große globale Dynamik war insbesondere nach dem Fall des Eisernen Vorhangs ab Anfang der 1990er Jahre, der Öffnung der osteuropäischen Staaten und dem Eintritt Chinas in den Welthandel spürbar: Zwischen 1960 und 2020 stieg der Wert der globalen Exporte um 1783 Prozent. Die weltweite Warenproduktion nahm im gleichen Zeitraum um 613 Prozent zu.

Allerdings wurden von Anfang an die Öffnung nationaler Märkte zum Welthandel, die internationale Arbeitsteilung und der Freihandel auch als Bedrohung empfunden. Schon in den 1970er Jahren ging mit den Fragen nach den *Grenzen des Wachstums*, vor denen der *Club of Rome* in seiner bekannten Studie warnte, auch die Kritik an einer immer stärker globalisierten Wirtschaft einher. Richtig laut wurden die Stimmen der Gegner aber erst Anfang des 21. Jahrhunderts. Die Globalisierungskritiker wendeten sich gegen die Macht multinationaler Konzerne, die Ausbeutung von Arbeitskräften in Billiglohnländern oder auch die steigende Umweltbelastung durch immer mehr Mobilität und gestiegenen Ressourcenverbrauch.

Heute bezweifelt niemand mehr, dass die globalen Lieferketten und Produktionsnetze zwar viele Ökonomien im Westen, in Indien und China wohlhabender gemacht und Millionen, wenn nicht hunderte von Millionen Menschen aus der Armut geholt haben. Im Gegenzug ist aber die Ungleichheit in anderen Teilen der Welt, zum Beispiel Afrika, eher gestiegen. Und auch in vielen Industriestaaten trennt sich die Gesellschaft immer stärker in Gewinner und Verlierer einer zunehmend globalen Wirtschaft.

Die Finanz- und Wirtschaftskrise der Jahre 2007 und 2008, die weltweiten Flüchtlingsströme als Folge von politischen Unruhen und Bürgerkriegen seit 2015, die Jahre der Corona-Pandemie ab 2020 und zuletzt der im Februar 2022 begonnene russische Angriffskrieg in der Ukraine haben zudem sehr deutlich gezeigt, wie verwundbar unsere vernetzte Welt ist. Die Krisen haben nicht nur Verunsicherungen und Ängste geschürt, sondern auch die Weltwirtschaft auf eine harte Probe gestellt: Ob Produktionsausfälle, Lieferketten- oder Liquiditätsprobleme – gerade in Krisenzeiten zeigt sich, wie wir über Länder und Kontinente hinweg aufeinander angewiesen sind. Viele Betriebe sahen sich durch die Pandemie dazu gezwungen, ihre Abhängigkeiten von Rohstofflieferanten zu reduzieren und ihre Lieferketten und Produktionsstandorte zu reorganisieren.

Als schließlich der Krieg in der Ukraine begann, standen viele Unternehmen vor der schweren Entscheidung, wie sie verantwortungsvoll mit ihrer Belegschaft und den Produktionsstandorten in Russland und anderen kriegstreibenden Ländern umgehen sollten. Letztlich war es richtig und notwendig, politisch Stellung zu beziehen, adäquate Maßnahmen einzuleiten und sich aus den Märkten zurückzuziehen.

Wie steht es also heute um die Globalisierung? Ist sie noch auf dem richtigen Weg? Ist sie zu weit gegangen? Sicher ist: So wie sich unsere Welt ständig wandelt, muss sich auch die Globalisierung ändern. Sie braucht eine ständige Anpassung und Transformation. Und dazu gehört nicht nur, dass wir unsere wirtschaftlichen und politischen Abhängigkeiten neu überprüfen und verändern. Wir müssen uns auch dafür einsetzen, dass die Menschen dem globalen Veränderungsprozess wieder mehr Vertrauen schenken. Das werden sie allerdings nur tun, wenn sie die Vorteile, die die Globalisierung einst für alle versprochen hat, nämlich mehr Bildung, Freiheit und Wohlstand, auch erfahren und leben können.

Henkel muss als Unternehmen dazu seinen Beitrag leisten. Das haben wir in der Vergangenheit getan – und werden es in Zukunft auch tun. Dazu verpflichten uns unsere Werte. Und das sind wir der Gesellschaft, unseren Aktionären, Kunden, Konsumenten und allen Mitarbeiterinnen und Mitarbeitern weltweit schuldig.

Phasen der Internationalisierung

Von Anfang an setzte Henkel auf einen Expansionskurs. Neben dem Vertriebsweg über die Reisenden schloss Henkel schon kurz nach seiner Gründung Verträge mit ausländischen Firmen ab, die die Erzeugnisse aus Düsseldorf in ihre Länder importierten. 1886 entstand die erste Filiale in Wien. Nach der Errichtung von Agenturen und eigenen Verkaufsbüros begann unser noch junges Unternehmen schon damit, auch die Produktion ins Ausland zu verlagern. So sollten Transporte und Zollkosten gespart werden. Die erste ausländische Produktion ging 1913 in der Schweiz in Betrieb. 1914 waren in allen wichtigen europäischen Ländern Vertretungen für Henkel aktiv.

Dann kam der Erste Weltkrieg. Viele Auslandsaktivitäten, Auslandsvermögen und Markenrechte gingen dabei verloren. Erst in den 1920er Jahren begann Henkel wieder mit der Internationalisierung des Geschäfts. Exporte wurden durch lokale Produktionen ersetzt. Bis 1937 hatte das Unternehmen elf Produktionsstandorte in Europa aufgebaut. Nach dem Zweiten Weltkrieg enteigneten die Alliierten 1945 im Rahmen der Beschlagnahme des deutschen Industrievermögens Henkels Auslandsbesitz. Doch bereits zehn Jahre später wurden die wichtigsten europäischen Auslandsgeschäfte wieder Teil der Henkel-Gruppe. Zwar baute das Unternehmen in den Folgejahren auch Filialen in Brasilien, Japan, Mexiko und den USA auf, doch blieb die wirtschaftliche Bedeutung der Export- und Auslandsgeschäfte im Vergleich zum Heimatmarkt noch immer gering.

Letztlich war es vor allem Konrad Henkel (1915 bis 1999), der in seiner Zeit als Vorsitzender der Geschäftsführung von 1975 bis 1980 die Internationalisierung systematisch vorantrieb. Bereits 1961 wurden sämtliche Exportaktivitäten in der Henkel International GmbH vereinigt. Zwölf Jahre später, im Jahr 1973, betrug der Umsatz der Auslandsfirmen rund 37 Prozent des Gesamtumsatzes der Henkel-Gruppe. Im weiteren Verlauf der 1970er Jahre kam auch der Begriff der „Globalisierung" immer stärker auf. Er betraf nicht mehr allein den Handel, sondern insbesondere auch die Finanzmärkte. Für die Unternehmen änderte sich vieles. Denn in dieser Zeit begannen auch wichtige Abnehmerindustrien wie die Ledererzeugung und die Textilherstellung, nach Südamerika, Asien und Osteuropa abzuwandern, später die Automobilindustrie und die Kosmetikproduktion. Die Abnehmer verlangten von ihren Lieferanten an allen lokalen Standorten Produkte und technischen Service in weltweit gleicher erprobter und akzeptierter Qualität. Zur Erhaltung der Marktposition und Geschäftsbeziehungen musste Henkel diesen Branchen folgen und seine Internationalisierung weiter vorantreiben.

1977 wurde unser Überseegeschäft in die einzelnen Sparten integriert, die nun weltweit Geschäftsverantwortung trugen. Die Henkel International war damit überflüssig und wurde aufgelöst. Gleichzeitig musste das Know-how weiterentwickelt und ausgebaut werden. In den USA und Japan richtete Henkel neue Forschungs- und Entwicklungszentren ein. Kooperationen wurden verstärkt und die internationalen Geschäfte in unseren Unternehmensbereichen Waschmittel, Klebstoff und Kosmetik immer weiter ausgebaut. Diese Schritte waren eine wichtige Voraussetzung für die weitere Globalisierung. Henkel wurde in den 1980er Jahren eines der internationalsten Unternehmen in Deutschland.

Dennoch haben wir in den 1970er und 1980er Jahren auch manche Marktchancen im Ausland nicht optimal genutzt. Unsere Präsenz in Asien war im Rückblick vor allem im Konsumgütergeschäft lange viel zu gering. Doch diese Erfahrung half später, uns nach Öffnung der Märkte in Osteuropa und China als eines der ersten ausländischen Unternehmen dort zu positionieren.

Global versus lokal

Wie alle global wachsenden Unternehmen wurde auch Henkel in den jeweiligen Ländern mit unterschiedlichen gesetzlichen Anforderungen, mit verschiedenen Produktionsstandards und mit kulturell und historisch bedingtem unterschiedlichen Verbraucherverhalten konfrontiert. Das Unternehmen entwickelte sich erst allmählich von einer „multi-domestic-Position über ein transnationales Unternehmen zu einem globalen Anbieter", wie Ulrich Lehner, Vorsitzender der Henkel-Geschäftsführung von 2000 bis 2008, einst formulierte. Globalisierung war für Henkel nie Gelegenheitsaktivität, sondern sie galt der Zukunftssicherung. Den Management-Entscheidungen waren stets die Ergebnisse strategischer Analysen vorausgegangen. Die grundsätzliche Idee war, den Unternehmenswert, oder Shareholder Value, durch profitables Wachstum zu steigern. Es war aber – wie wir damals sagten – kein „Shareholder Value um jeden Preis", sondern es war eine „Wertsteigerung für die

Firma als Ganzes". Dieser Gedanke zieht sich bis heute durch – mit einer strategischen Agenda für „ganzheitliches Wachstum".

Die sehr unterschiedlichen Märkte verlangten eine unterschiedliche Produktion und differenziertes Marketing. Wer die neuen Zielgruppen in den jeweiligen regionalen und lokalen Märkten mit Produkten und Dienstleistungen erreichen wollte, musste ihren Vorstellungen entsprechen. Auch das mussten wir erst lernen. So waren wir anfänglich der zu dieser Zeit gültigen Maxime gefolgt, die Leitungspositionen in den jeweiligen Ländern mit deutschen „Statthaltern" anstatt mit lokalen und regionalen Managern zu besetzen. Wir erkannten jedoch im weiteren Verlauf, dass wir mehr auf einheimische Führungskräfte setzen mussten, um die erfolgreiche Entwicklung der Auslandsgesellschaften voranzutreiben und die Märkte besser zu verstehen. So global wie möglich, so lokal wie nötig – so lautete die Vorgabe. Denn das sparte aufgrund der hohen Standardisierung eben nicht nur Produktionskosten, sondern ermöglichte auch, die regionalen Bedürfnisse der Menschen besser zu befriedigen. Die Henkel-Strategie berücksichtigte also sowohl globale als auch lokale Elemente. Oder wie Ulrich Lehner es ausdrückte: „Unsere Strategie war ‚glocal'."

Internationalisierung in der Unternehmenszentrale

Um eine wirklich globale Firma zu werden, war es für Henkel wichtig, dass das Unternehmen in allen Bereichen die vielen Facetten aus den Ländern widerspiegelte, in denen es tätig war und ist. Sich einer solchen Vielfalt zu öffnen, ist zweifelsohne bereichernd. Denn die Öffnung für andere Kulturen und andere Standpunkte führt dazu, Bekanntes und Etabliertes immer wieder zu hinterfragen – und für Neues offener zu sein. Vielfalt bezieht sich dabei nicht nur auf das Alter und Geschlecht, sondern auch auf die Herkunft.

Heute ist Henkel sehr international aufgestellt: 85 Prozent aller Mitarbeiterinnen und Mitarbeiter arbeiten außerhalb von Deutschland. Sie stammen aus mehr als 120 Nationen. Diese Vielfalt gilt jedoch nicht nur fürs globale Geschäft, sondern auch für die Unternehmenszentrale. Hier arbeiten heute Menschen aus der ganzen Welt. Kolleginnen und Kollegen aus rund 50 unterschiedlichen Ländern sind in Düsseldorf für Henkel tätig. Das ist uns wichtig, denn Vielfalt ist auch eine Voraussetzung für einen entscheidenden Wettbewerbsvorteil: Innovation. Sie ist das Ergebnis vielfältiger Ausbildungen und Talente, unterschiedlicher Denk- und Sichtweisen sowie vielseitiger beruflicher Wege der Mitarbeiter. Wir müssen weiter dafür sorgen, dass auch zukünftig Nationalität, Alter und Geschlecht keine große Rolle mehr spielen – auch im Management. Natürlich wird die Führung durch interkulturelle Barrieren und Sprachschwierigkeiten nicht einfacher. Aber auch da galt und gilt es, die damit verbundenen Herausforderungen als Chancen für Neues und Wachstum zu begreifen.

Akquisitionen und Joint Venture

Um langfristig erfolgreich zu sein, setzte Henkel neben den zu hundert Prozent eigenen Tochtergesellschaften ab den 1980er Jahren verstärkt auf Unternehmens-Partnerschaften, auf Joint Ventures und strategische Allianzen. Sie sollten den gegenseitigen Austausch von Erfahrungen und das Lernen voneinander fördern. Die Vorteile lagen auf der Hand: verminderter Kapitaleinsatz, mehr Know-how-Transfer und bessere Anpassung an die jeweiligen nationalen und marktwirtschaftlichen Gegebenheiten. Die Standardisierung von Rezepturen sowie die länderübergreifende Vermarktung der Produkte erleichterten es zudem, internationale Marken und Produkte für den globalen Markt zu entwickeln. Um global mitspielen zu können, waren und sind aber vor allem strategische Akquisitionen notwendig. Dabei ist neben der Verfügbarkeit und der finanziellen Attraktivität ein ganz wesentliches Kriterium, dass ein Unternehmen oder eine Marke strategisch zu Henkel passen muss. Kaufdrang ist in diesem Geschäft kein guter Berater. So waren beispielsweise der Zukauf des Klebstoffherstellers Loctite (1997) in den USA oder die Übernahme der Klebstoffgeschäfte von National Starch (2008) für Henkel äußerst wichtige strategische Meilensteine in der Internationalisierung des Geschäfts. Hiermit wurde einerseits der Unternehmensbereich Klebstoffe zum Weltmarktführer und zugleich die Präsenz in Asien und in den USA deutlich ausgebaut.

Kleben ist die Technologie der Zukunft. Alle großen Hersteller in unterschiedlichen Branchen nutzen unsere Klebstoffe. Und Klebstoff bleibt auf lange Sicht der Markt der Zukunft. Doch diese Akquisitionen waren auch nicht ohne Risiko. Denn nach dem Beginn der weltweiten Finanzkrise befand sich die Industrie in einem schwierigen wirtschaftlichen Umfeld. Der Abschwung in den Vereinigten Staaten und in Westeuropa war deutlich zu spüren. Für Henkel waren die Effekte zum damaligen Zeitpunkt zwar deutlich spürbar, aber noch nicht gravierend. Das Unternehmen hatte ein robustes Fundament. Das Geschäft war gut und solide aufgestellt und das Unternehmen gehörte in der Branche weltweit zu den Top-5 der umsatzstärksten Konzerne.

Rund zwanzig Jahre zuvor wäre Henkel weitaus defensiver vorgegangen. Der Schutz des Eigenkapitals und die Kontrolle über mögliche Risiken standen damals über allem – eine in einem Familienunternehmen nachvollziehbare Haltung, die aber möglicherweise auch dazu geführt hat, manche Chancen zu verpassen. Doch als Familienunternehmen war uns immer daran gelegen, sich niemals zu übernehmen.

Für uns als Familie war es wichtig, stets die Kontrolle über das eigene Handeln zu behalten. Das erfordert aber auch, Fehler zu erkennen und zu revidieren. Wer beispielsweise zur falschen Zeit in einen Markt investiert hat, der bereits von einem starken lokalen Anbieter dominiert wird, und erkennt, dass sich die Geschäfte nicht so entwickeln werden wie angestrebt, muss bereit sein, seine Entscheidung zu revidieren: Als wir versucht hatten, auf dem

Waschmittelmarkt in China Fuß zu fassen, gab es dort bereits viele bekannte lokale Marken, die den chinesischen Verbrauchern lange vertraut waren. Wir hatten es daher schwer. Nach mehreren nicht unbedingt erfolgreichen Jahren zogen wir uns dort aus dem lokalen Waschmittelgeschäft wieder zurück.

Auch in Nordamerika hatten wir durch klare Dominanz amerikanischer Waschmittelmarken zunächst keine große Chance. Erst durch die Akquisition der Dial Corporation im Jahr 2004 kam Henkel mit Purex erfolgreich auf den US-Waschmittelmarkt. 2016 kam die Akquisition der Sun Products Corporation mit weiteren starken Marken dazu. Henkel wurde die Nummer zwei auf dem amerikanischen Waschmittelmarkt. Erst dann hatten wir uns tatsächlich etabliert und konnten unsere eigene Flaggschiff-Marke einführen: Persil. Wir hatten gegenüber dem Handel die notwendige Stärke und Größe erreicht, um diesen Schritt erfolgreich zu gehen.

Familienunternehmen und Börsennotierung

Mehr als ein Jahrhundert wurde unser Unternehmen von Mitgliedern der Henkel-Familie geführt. 1980 wechselte Konrad Henkel in den Aufsichtsrat und den Gesellschafterausschuss der Henkel KGaA. Neuer Vorsitzender der Geschäftsführung wurde Helmut Sihler. Damit übernahm zum ersten Mal ein Nicht-Familienmitglied die operative Leitung der Firma. Seitdem ist es so geblieben. Die nächste große Veränderung folgte am 11. Oktober 1985: Henkel ging an die Börse und gab stimmrechtslose Vorzugsaktien aus – 1,5 Millionen Stück zum Nennbetrag von 50 D-Mark pro Aktie. Mit dem Börsengang konnten sich erstmals in der Geschichte des Unternehmens auch Personen außerhalb des Kreises der Familie Henkel am Eigenkapital der Firma beteiligen. Es war die bis dahin größte Neuemission von Vorzugsaktien an deutschen Börsen.

Die mit dem Börsengang verbundene Stärkung unserer Finanzierungsbasis war ein wichtiger Schritt und die notwendige Voraussetzung, um die bereits beschriebene Internationalisierung des Unternehmens voranzutreiben. Sie war und ist für uns auch die Verbindung zweier Welten. Zum einen die Verpflichtungen an Transparenz und Performance, die mit einer Börsennotierung verbunden sind. Zum anderen die Stabilität und Langfristigkeit sowie die starke Wertegebundenheit eines Familienunternehmens.

Doch wie passten damals die Werte eines Familienunternehmens mit den Erwartungen, die an einen börsennotierten Konzern gestellt werden, überein? Unsere Familie hat sich immer durch ihren starken Zusammenhalt und ihre Einigkeit ausgezeichnet. Wir haben immer schon auf langfristige Ziele, auf Werte und Strategien gesetzt, die eine stabile Führungsspitze konsequent umsetzen kann. Die klassischen kaufmännischen Tugenden gelten auch für uns. Sie bedeuten Zurückhaltung, Solidität, Maßhalten, Disziplin und Verantwortung gegenüber Mitarbeitern und Kunden. Und sie verpflichtet zu gesellschaftlichem Engagement. Bei Henkel ging es natürlich um Wachstum, aber nie um die kurzfristige Gewinnmaximierung auf Kosten einer nachhaltigen Entwicklung in der Zukunft. Wirtschaften hatte nie allein die Steigerung des Kapitalertrages zum Ziel. Es musste auch dem Menschen dienen, zum Beispiel in der Bereitstellung von Produkten, Gütern und Dienstleistungen. Und: Seit jeher ging es bei Henkel um verantwortungsvolles Gestalten von Wirtschaft.

Bereits 1972 mahnte unser damaliger Firmenchef Konrad Henkel auf der Hannover Messe: „Unternehmen, die nur in Gewinnen denken, werden bald eine Menge zu verlieren haben." Damit schrieb er allen seinen Nachfolgern in ihr Strategiepapier: Umsatzziele, Wachstum und Gewinnsteigerungen werden nur dann auf Dauer erreicht werden können, wenn ein Unternehmen auch Werte hat und lebt.

Die Bekenntnisse zum Kunden, zum Mitarbeiter, zum wirtschaftlichen Erfolg und zur Nachhaltigkeit gehören zum Leitbild unseres Handelns. Das betrifft auch unsere globalen Lieferketten. Rohstoffe werden oft von vielen verschiedenen Unternehmen verarbeitet und über weite Strecken transportiert, bevor sie ihr endgültiges Ziel erreichen. Dies stellt gerade international aufgestellte Unternehmen vor Herausforderungen, wenn sie versuchen, Nachhaltigkeit auf jeder Stufe ihrer Lieferkette voranzutreiben. Henkel hat Vertragspartner in mehr als 120 Ländern. Gemeinsam versuchen wir, eine zu hundert Prozent verantwortungsvolle Beschaffung zu erreichen. Wir arbeiten mit unseren Lieferanten und Geschäftspartnern zusammen, um Nachhaltigkeit entlang unserer gesamten Lieferkette zu gewährleisten. Denn wir sind uns unserer Verantwortung hinsichtlich des Einkaufs und der Verwendung von Inhaltsstoffen auf Basis nachwachsender Rohstoffe bewusst. So legen wir zum Beispiel großen Wert darauf, dass die Inhaltsstoffe für unsere Produkte aus nachhaltig gewonnem Palm- und Palmkernöl hergestellt werden. Wir benötigen sie zur Herstellung von Tensiden, die wir für unsere Waschmittel, Haushaltsreiniger und Kosmetikprodukte verwenden. Wir arbeiten dazu mit Partnern und Unternehmen, von denen wir unsere Rohstoffe beziehen, eng zusammen, um Einfluss auf die Palmöllieferkette von den Kleinbauern und -bäuerinnen bis hin zu den Verbrauchern zu nehmen.

Die Familie als rationaler Investor und emotionaler Eigentümer

Bei allem unserem Handeln bleibt aber auch das Bekenntnis zur Familie wichtig. In einem Familienunternehmen muss daher dafür gesorgt werden, dass die Balance zwischen rationalem Investor und emotionalen Eigentümern stimmt. Es ist wichtig, dass sich Herkunft und Zukunft nicht im Wege stehen und dass Organisations- und Steuerungsstrukturen rechtzeitig angepasst werden – entsprechend der Größe und Komplexität des Unternehmens. Die Anforderungen an unternehmerisches Handeln und Verantwortung sind heute weit komplexer als zu Zeiten unserer Väter und Großväter. Sie betreffen heute viel stärker als früher zum Beispiel den Umgang mit Mitarbeitern und Kunden, den Fokus auf ressourcenschonendes Wirtschaften, die Erwartungen der Gesellschaft und der breiten Öffentlichkeit oder eben den Wandel der Werte.

Die Globalisierung von morgen

Im Kontext der stabilen Industriegesellschaft waren Unternehmen früher mehr oder weniger verantwortlich für das, was sie in ihrer Heimat taten. Mit der Globalisierung, vor allem Anfang der 1990er Jahre, änderte sich das. Unternehmen gerieten öffentlich unter Druck, die Vorwürfe von schlechten Arbeitsbedingungen in den nach Asien ausgelagerten Produktionsstätten häuften sich. Doch sie lernten daraus, dass ihre Verantwortung nicht erst dann beginnt, wenn die Produkte auf das Firmengelände gelangen, sondern schon im Herkunftsland. Unternehmerisch-ethisches Handeln muss heute in die gesamte Wertschöpfungskette eines Konzerns eingebunden sein. Unternehmen müssen in ihrem Einflussbereich gezielt Verantwortung übernehmen. Das gilt konkret für das Top-Management, aber auch für ihre Führungskräfte und deren Mitarbeiterinnen und Mitarbeiter.

Angesichts der Pandemiejahre 2020 und 2021 sowie des Krieges in Europa im Jahr 2022 häufen sich die Stimmen, dass die Globalisierung am Ende sei. Der weitgehend freie Fluss von Rohstoffen, Vorprodukten und Waren ist durch die Pandemie und den Krieg erheblich gestört worden. Gleichzeitig steht die Globalisierung unter Druck. Immer stärker bedrohen die Auswirkungen des Klimawandels unsere Welt, verwüsten ganze Landstriche und zerstören die Biodiversität. In der Folge wird die Diversifizierung von Beschaffungsquellen oder auch Reintegration von Produktionsschritten diskutiert. Heute stehen nahezu alle Systeme gleichzeitig unter Druck, die in den vergangenen Jahren mehr oder weniger verlässlich funktionierten. Viele Menschen haben das Bedürfnis, sich vor den globalen Bedrohungen lieber wieder in ihre regionalen Schutzzonen zurückzuziehen. In manchen ökonomischen Diskussionen ist schon von Protektionismus die Rede. Ein Gefühl von Zeitenwende ist also deutlich spürbar.

Von einer „Deglobalisierung" lässt sich aber noch nicht sprechen. Doch die Globalisierung ändert sich. Die Machtverschiebung in Richtung Asien, die Digitalisierung als wichtiger Motor für Produktivitätsfortschritte und die enorme Mobilität von Menschen und Waren führen eine „neue Globalkultur" (US-Ökonom Jeremy Rifkin) herbei. Zwar hat die Digitalisierung der weltweiten Arbeitsteilung einen gewaltigen Schub verliehen, doch scheint unsere Abhängigkeit im Netz der globalen Liefer- und Wertschöpfungsketten mittlerweile zu groß. Nicht zuletzt der Krieg in der Ukraine hat gezeigt, dass unsere Fähigkeit zu einer verlässlichen Selbstversorgung, zumindest innerhalb der Europäischen Union, unser nächstes Ziel sein muss. Natürlich kann man darüber nachdenken, Produktionen insbesondere von essenziellen Produkten der Pharma- oder Konsumgüterindustrie zurück nach Europa zu holen. Aber dann muss auch klar sein: Ein Großteil der Konsumgüter würde deutlich teurer werden, wenn wir sie nicht mehr in China, Indien oder Malaysia, sondern in Deutschland zu heutigen Konditionen produzieren. China wird für die globale Produktion vieler Unternehmen sicher erst einmal der zentrale Ort bleiben. Man wird jedoch abwarten müssen, inwieweit sich China in einem neuen großen Ost-West-Konflikt von den USA, Europa oder Japan weiter abkoppelt. Diese Gefahr scheint sehr real.

Die Entwicklung des Welthandels wird auch von der Entwicklung globaler Wertschöpfungsketten beeinflusst. Laut der Organisation für wirtschaftliche Zusammenarbeit und Entwicklung (OECD) finden innerhalb solcher Ketten rund siebzig Prozent des Welthandels statt. Äußere Einflüsse wie Kriege und wirtschaftliche Krisen lassen Handelsketten jedoch ins Stocken kommen oder ganz abbrechen. Außerdem wird auch der globale Warenhandel gebremst. Schon vor der Corona-Pandemie war der Handel in einfachen Wertschöpfungsketten, in denen ein Vorprodukt die Grenze überquert, rückläufig. Der Welthandelsorganisation (WTO) zufolge könnte ein Grund darin liegen, dass mit der fortschreitenden höheren Lohndynamik in den Schwellenländern die Lohnkostenunterschiede zu den Industriestaaten abnehmen. Dies hat zur Folge, dass sich die Kostenersparnis beim Bezug von Vorprodukten aus dem Ausland relativiert und weniger Anreize für internationalen Handel bietet.

Herausforderungen für Unternehmen in einer veränderten Globalisierung

Die Erfahrung der vergangenen Jahre könnte bei den Herstellern dazu führen, sich nicht mehr allein auf wenige Zulieferländer zu konzentrieren. Unternehmen werden überlegen müssen, bei Zulieferern eine geografische Diversifikation anzustreben, um Lieferengpässe oder -ausfälle zu umgehen. Anders als beim Thema Nachhaltigkeit von Lieferketten (Sozial- und Umweltstandards) sollte die Politik hier allerdings nicht eingreifen. In welcher Vielfalt und Flexibilität Unternehmen Lieferketten strategisch entwickeln, sollte von den Firmen unter Berücksichtigung der Kosten und Risiken selbst entschieden werden. Nicht nur Warenströme und Produktion verändern die Globalisierung weiter, auch gesellschaftliche und politische Umbrüche werden eine große Rolle spielen. Die Welt wird also komplexer und möglicherweise unberechenbarer. Wie anpassungsfähig ist dann ein Unternehmen in einer Welt voller Unsicherheiten? Unternehmen müssen sich diesem Wandel stellen, indem sie Entscheidungen immer wieder überprüfen und mit der Realität abgleichen.

Als Unternehmerinnen und Unternehmer gestalten wir die Zukunft jeden Tag mit unseren Innovationen und Technologien, mit unserem Verhalten und den Regeln des Zusammenlebens, die wir uns geben. Internationale Konzerne und Familienunternehmen spielen eine wichtige Rolle für den Prozess der

Globalisierung. Ihnen kommt aufgrund ihres wirtschaftlichen Einflusses und auch ihrer Vorbildfunktion eine enorme Verantwortung zu. Natürlich brauchen Unternehmen von der Politik klare Rahmenvorgaben. Wir benötigen aktive und weitsichtige Politikerinnen und Politiker, die eine zukunftsgerichtete Agenda im Blick haben und auch willens sind, auf den ersten Blick unpopuläre Entscheidungen voranzutreiben. Aber sich als Firma hinter der Politik zu verstecken, wäre verkehrt. Als Unternehmerinnen und Unternehmer nehmen wir im Geflecht aus Gesellschaft, Politik und Staat eine tragende Rolle ein. Wir sind eng an das Wachstum und die Wettbewerbsfähigkeit einer Volkswirtschaft, den Ausbau von Bildung oder die Tragfähigkeit der Sozialsysteme gekoppelt.

Gerade Familienunternehmen haben eine besondere Verantwortung und Vorbildfunktion – nicht nur im regionalen Umfeld, in dem sie beheimatet sind, sondern überall, wo sie produzieren, handeln und verkaufen. Die Wandlungsfähigkeit über einen langen Zeitraum – so wie von Henkel über einen Zeitraum von rund 150 Jahren – ist ein Beleg für das Erfolgsmodell „Familienunternehmen" auch und gerade in Zeiten der Globalisierung. Nun liegt es an uns und den nachfolgenden Generationen, einen aktiven Beitrag dazu zu leisten, dass wir in Zukunft gut und nachhaltig leben und wirtschaften können.

KAPITEL III

Digitale und kulturelle Transformation

MICHAEL OTTO

Ein Unternehmen zu transformieren, ist ungleich schwerer, als ein neues zu gründen

Die digitale Revolution wälzt Wirtschaft und Gesellschaft viel umfassender und in einem deutlich höheren Tempo um als die industrielle Revolution, die im 18. Jahrhundert begann. Die Einführung der Dampfmaschine in Webereien und Spinnereien, in der Kohle-, Eisen- und Stahlproduktion war sicher ein großer Durchbruch – aber kein Vergleich zur Einführung des Mikroprozessors in den Fabriken der modernen Welt. Bis sich die Industrialisierung von England ausgehend auch in Deutschland und dann in Nordamerika durchsetzen konnte, ging sehr viel mehr Zeit ins Land als beim globalen Siegeszug des Internets. Natürlich hat die industrielle Revolution vormals agrarisch strukturierte Gesellschaften stark verändert und die moderne Industriegesellschaft hervorgebracht. Aber die Digitalisierung ist der bislang größte Umbruch in der Geschichte der Menschheit, weil sie alle gesellschaftlichen Bereiche gleichzeitig erfasst und alle sozialen und privaten Interaktionen radikal verändert und erweitert hat. Algorithmen steuern mittlerweile für Milliarden von Menschen ihre privaten und beruflichen Netzwerke, beeinflussen massiv ihre politische Willensbildung und setzen damit Demokratien immer mehr unter Druck.

Die digitale Revolution war darüber hinaus von Anfang an ein globales Phänomen, hat ganzen Weltregionen den Anschluss an die Weltwirtschaft ermöglicht und die Abhängigkeit von Schwellenländern in Asien und den ehemaligen Kolonial-Imperien der Europäer radikal reduziert. Der Siegeszug der Digitalisierung sorgt also in den internationalen Beziehungen für Begegnungen auf Augenhöhe und für ein neues Selbstbewusstsein von stolzen Kulturen und Nationen, die bislang von den führenden Industrienationen des Globalen Nordens nur als Bittsteller wahrgenommen wurden. Wenn es um die Implementierung neuer Technologien in industrielle Fertigungsprozesse, um die Reife digitaler Ökosysteme und die digitale Kultur geht, dann kommen seit fünf Jahren die meisten Champions aus dem asiatisch-pazifischen Raum. Und Indien und Südostasien verfügen im weltweiten Vergleich über ein vielfach größeres Humankapital, das diese Länder immer konsequenter mit digitalen Technologien erschließen.

Die Konvergenz der neuen Technologien, die durch universelle Konnektivität, immer größere Bandbreiten und Speicherkapazitäten, Big Data und mit dem Siegeszug der Künstlichen Intelligenz vorangetrieben wird, setzt in allen Weltregionen, Industrien und Forschungszweigen in einem noch nie dagewesenen Tempo technologische Fortschritte frei. Bestanden Produkte einst aus mechanischen und elektrischen Teilen, so sind sie heute zu *smart and connected products* geworden, die sich im Internet der Dinge immer mehr vernetzen und miteinander interagieren.

Aber es geht nicht nur um Technik: Die neuen Technologien revolutionieren auch fundamental die Kundenbeziehungen. Der Alltag der Konsumenten bietet mehr Mensch-Technik-Interaktionen denn je. Der Schlüssel für diese Entwicklung ist die alles durchdringende Digitalisierung und die Möglichkeit, immer größere Mengen an Daten zu sammeln und zu verarbeiten. Es entstehen dadurch immer reichere digitale Ökosysteme, die die Auswertung des Verhaltens der Kunden und die immer präzisere Berechnung ihrer Bedürfnisse und Wünsche ermöglichen. Und die Erwartungen der Kunden sind hoch: Wir erhalten im Internet in Millisekunden Antworten auf unsere Fragen, Taxis erscheinen in Minuten und Paketlieferungen in wenigen Stunden. Wir tätigen Bestellvorgänge über Handy, Tablet, TV und Smartwatch – sehr einfach und bequem. Wenn wir uns über Callcenter-Mitarbeiter freuen, die schon vor unserem Anruf wissen, was wir brauchen, oder über Autos, die uns beim Einsteigen mit unserem Namen begrüßen, obwohl sie uns gar nicht gehören, haben wir datengetriebene und personalisierte Erlebnisse. Sie zielen darauf ab, uns als Nutzer zu begeistern. Sie sind kein Zufall, sondern das Ergebnis komplexer Daten- und Designprozesse. Auch im digitalen Handel entscheiden kurze Kauf- und Lieferprozesse, persönliche Empfehlungen, detaillierte Produktpräsentationen und aufschlussreiche Bewertungen anderer Kunden längst über das Wohl und Wehe von Handelsunternehmen. Alle Unternehmen, die das Kundenerlebnis erfolgreich in den Mittelpunkt ihrer Aktivitäten stellen, sind erfolgreicher als Anbieter, die nur auf technische Alleinstellungsmerkmale ihrer Produkte und Dienstleistungen vertrauen.

Das *Prinzip der Kundenorientierung* hat mich in einem sehr frühen Stadium bewogen, die digitalen Technologien besser kennenzulernen. In den 1970er und Anfang der 1980er Jahre bestand in unserem Unternehmen das Problem, dass wir mit unserer technischen Ausstattung, die bereits auf Speicherplatten und Magnetbändern in großen Datenschränken beruhte, unsere Kundendaten dennoch nicht schnell genug verarbeiten und schon gar nicht umfassend auswerten konnten. Da mussten regelmäßig Sonderschichten an den Wochenenden gefahren werden, um die Datenverarbeitung überhaupt zu bewältigen. Also beschloss ich, mit meinem IT-Vorstand in bestimmten Abständen in die USA zu reisen, zu den Herstellern der Systeme, die wir damals nutzten. Das war am Anfang Unisys in Virginia an der Ostküste – das Silicon Valley gab es in der heutigen Form noch nicht. Unisys war unter anderem aus dem Vorgängerunternehmen Remington Rand hervorgegangen, das schon in den 1920er Jahren die ersten elektrischen Schreib- und Addiermaschinen erfunden hatte und dann eben die ersten elektronischen Rechenmaschinen, die kommerziell eingesetzt werden konnten. Wir waren Kunde der ersten Stunde und ließen uns zeigen, wie sich die Zukunft des Computers entwickeln wird. Unisys entwickelte damals mit anderen Herstellern, die längst in Vergessenheit geraten sind, in einem Wettlauf mit IBM die ersten Großrechner, die in Unternehmen wie unserem eingesetzt werden konnten. Wir schauten dann selbstverständlich auch bei IBM vorbei, ließen uns alles zeigen und wurden auch dort Kunde.

Mit meinem IT-Vorstand fuhr ich dann immer regelmäßiger in die USA, denn dort war die Entwicklung viel weiter fortgeschritten als bei uns in Deutschland, wo es nur Nixdorf als nennenswerten Hersteller gab. In den USA gab es auch bei der Software die größten Fortschritte. Das *Prinzip der Neugierde* führte uns – als die ersten Personal Computer auf den Markt kamen – sehr oft zu Microsoft und dadurch lernte ich Bill Gates schon in sehr jungen Jahren kennen, der uns seine Software-Visionen damals noch persönlich und sehr überzeugend präsentierte. Und wir besuchten Oracle, die gerade im Bereich der Unternehmenssoftware bis heute ein wichtiger Anbieter sind. Damals faszinierte mich vor allem Thinking Machines, die im Umfeld des MIT in Cambridge Mitte der 1980er Jahre den ersten Supercomputer herstellten, der zwar aus relativ einfachen Mikroprozessoren bestand, die aber in unerhörter Stückzahl von 64.000 und später in noch höheren Potenzen nicht seriell hintereinander, sondern parallelgeschaltet wurden. Das hatte die Zahl der Rechenoperationen enorm vervielfacht. Dieser Supercomputer konnte nun auch Muster in der Kryptologie und in der Bilderkennung berechnen. Das war die Geburtsstunde der Künstlichen Intelligenz auf der Hardwareebene. Dieser Rechner – dessen Entwicklung zu großen Teilen von der Defense Advanced Research Projects Agency (DARPA) des amerikanischen Verteidigungsministeriums finanziert wurde – konnte anhand der typischen Muster der Silhouette einer Fregatte, einer Rakete oder eines Panzers in Sekundenbruchteilen erkennen, ob das Kriegsgerät zum Freund oder Feind gehörte. Mich hat das fasziniert. Diese Bilderkennung von Thinking Machines, so dachte ich, könnte man doch genauso gut im Versandhandel nutzen, wenn Kunden mit Bildern nach vergleichbaren Kleidern oder Möbeln suchen. Deshalb schlug ich ein Pilotprojekt vor, um diesen Supercomputer auch für OTTO zu nutzen. Als wir nach einer Kooperation fragten, war Thinking Machines sehr interessiert, musste aber absagen, weil ein Exklusivvertrag mit dem US-amerikanischen Verteidigungsministerium erfüllt werden musste und die weitere kommerzielle Verwertung verboten war. So dauerte es dann noch zwei Jahrzehnte, bis die Bilderkennung im Versandhandel Einzug hielt. Dem Unternehmen selbst ist das auch nicht gut bekommen: Es ging pleite, als der Kalte Krieg zu Ende ging.

Viele der US-amerikanischen Startups wurden in ihrer Startphase vom US-amerikanischen Verteidigungsministerium oder von den Geheimdiensten finanziert. Und wenn man einmal genau hinsieht, dann waren die berühmten Garagen auch nie Ein-Mann-Unternehmen, sondern immer auch Spinoffs von Universitäten und Instituten. Der Mythos, dass viele Geschäftsideen in einer Garage entstanden seien, erzählt nur die halbe Wahrheit. Den Grundstein für das Silicon Valley legten Bill Hewlett und David Packard 1939 tatsächlich in ihrer legendären Garage in Kalifornien mit Unterstützung ihrer Stanford University. 1946 wurde das Stanford Research Institute gegründet, fünf Jahre später der Stanford Industrial Park, der mit der Ansiedlung von Elektronikunternehmen zur Keimzelle des heutigen Silicon Valley wurde. Aber es stimmt schon, auch Apple wurde in einer Garage gegründet. Und die Erfinder von Google mieteten sich ebenfalls eine Garage in Menlo Park, um diesen Mythos zu bedienen. In dieser Garage arbeiteten sie aber nur fünf Monate und verbrachten angeblich die meiste Zeit im Pool des Hausbesitzers.

Als in den 1980er Jahren das Silicon Valley aufblühte, führten unsere regelmäßigen Inspirationsreisen auch zu vielen Startups, die wir dadurch schon in ihren frühen Gründungsphasen kennenlernten. Sie zeigten die Möglichkeit, mit relativ kleinen Investitionen neue Ideen schnell auszuprobieren und auf ihre Markttauglichkeit zu überprüfen. Das entsprach auch meinem **Prinzip des kalkulierten Risikos**. Es ging uns dabei in erster Linie darum, möglichst früh aktuelle Entwicklungen bei digitalen Geschäftsmodellen wahrzunehmen. Und man bekam schon sehr früh sehr tiefe Einblicke in die digitalen Technologien, die dort entwickelt wurden. Die so gewonnenen Erkenntnisse haben wir dann in den Konzern eingebracht, um sie selbst zu nutzen, oder wir haben entsprechende Abnahme- oder Kooperationsverträge abgeschlossen.

Von Deutschland aus haben wir Jahre später dann begonnen, uns an digitalen Startups zu beteiligen. Nicht alles hat funktioniert, aber wir haben sehr viele Erfahrungen gesammelt, auf deren Grundlage wir später unsere eigenen Venture-Capital-Fonds sehr gut strukturieren konnten. Erst bei eVentures (heute Headline) und dann bei Project A. Wir haben dann auch sehr gute Beteiligungsprofis geholt, die nicht nur als Manager das Portfolio aufgebaut, sondern entweder selbst mitgegründet haben oder unternehmerisch beteiligt waren – eine Grundvoraussetzung für Erfolge in der Startup-Szene.

Unser Engagement in Venture Capital erlebte einen großen Rückschlag, als im Jahre 2001 die New-Economy-Blase und in Deutschland der Neue Markt zusammenbrachen. Viele der Unternehmen, die in der Interneteuphorie hochgejazzt wurden, stellten sich plötzlich als Potemkinsche Dörfer heraus. Und die Schadenfreude war groß bei all jenen, die sich zuvor dem Wandel verweigert hatten und beim Siegeszug der Digitalisierung lieber abwartend an der Seitenlinie standen. Da gab es viel Häme in den Medien – auch gegen uns. Wir erlitten ebenfalls einige Verluste, aber wir ließen uns davon nicht beirren. Heute sind wir an mehr als 300 Startups beteiligt und verdienen auch richtig Geld. Aber viel wichtiger: Die Lernfortschritte, die wir mit unseren Engagements erzielten, waren die Voraussetzung für den Know-how-Transfer in die digitale und kulturelle Transformation der Otto Group.

Dabei lassen sich aber nicht alle Startup-Erfahrungen übertragen. In einem Startup arbeiten in der Regel von Anfang an Digital Natives, die mit der digitalen Kultur aufgewachsen sind und die die passenden Skills haben, ein digitales Geschäftsmodell aufzubauen. Die Zielgruppe steht ebenfalls bereits fest und die Vertriebswege sind mit diversen Onlineplattformen und sozialen Medien auch vorgegeben. Ein traditionelles Unternehmen mit einem etablierten und renditestarken Geschäftsmodell in ein digitales Unternehmen zu transformieren, ist ungleich schwerer, als ein neues zu gründen. Das braucht einfach Zeit, man braucht dafür zehn bis zwanzig Jahre. Und das hört auch nicht auf, das ist ein ständiger Prozess des Wandels. All die Wettbewerber, die vor 15 Jahren glaubten, die Digitalisierung des Versandhandels könne man auch in ein bis zwei Jahren bewerkstelligen, gibt es heute nicht mehr. Und viele mittelständische Unternehmen warten bis heute auf den günstigsten Zeitpunkt, mit der Digitalisierung zu beginnen. Wer jetzt noch nicht angefangen hat, aber in zehn Jahren noch existieren will, sollte nicht länger damit warten, sonst bauen sich immer höhere Hürden auf. Zum Beispiel wird ein Unternehmen, das heute keine attraktiven Arbeitsumfelder für digitale Talente anbietet, auch keine mehr bekommen, denn der *War of Talents* hat schon lange begonnen.

Der große Vorteil der Otto Group war, dass wir mit unseren Inspirationsreisen und unseren Startup-Aktivitäten bereits sehr früh begonnen haben. Wir haben mit interaktivem Fernsehen in Orlando experimentiert, zuvor in Frankreich Minitel und in Deutschland den Bildschirmtext BTX ausprobiert. Wir verschickten an viele Kunden eine CD-ROM mit dem Katalogangebot. Minitel, BTX, CD-ROM: alles technische Kürzel, mit denen junge Menschen heute überhaupt nichts mehr anfangen können. Aber als das Internet dann geöffnet wurde, konnten wir die Erfahrungen aus all diesen Experimenten sofort nutzen und hatten dadurch einen erheblichen Zeitvorsprung. Deshalb präsentierte das Unternehmen OTTO sein gesamtes Sortiment bereits 1995 im Internet. Zu dem Zeitpunkt hatten nur rund 250.000 Menschen in Deutschland überhaupt Zugang zum World Wide Web. Trotzdem war das keineswegs zu früh – „zu früh" gibt es im Zusammenhang der Digitalisierung gar nicht. Und das war ja nur der Anfang. Es wurde zunächst nur der Katalog quasi Seite für Seite in das Internet gestellt. Das war noch nicht richtig lebendig, aber immerhin online. Wir haben das Internet zunächst als zusätzlichen Vertriebskanal betrachtet, also war es logisch, den damaligen Marketingverantwortlichen Rainer Hillebrand mit der Digitalisierung und der Weiterentwicklung der Homepage und des Onlineshops zu betrauen sowie mit dem damit verbundenen Onlinemarketing, einer noch sehr jungen Disziplin, die aber völlig neue Möglichkeiten bot. Das brachte damals noch nicht viel ein – das Geld verdienten wir nach wie vor mit unseren Katalogkunden. Und am Katalog hingen nach wie vor unsere ganze Denkweise, alle Beschaffungsprozesse und der Verkauf.

Mir war damals sehr wichtig, dass wir diesen Ergebnisstrom aus dem traditionellen Geschäft nicht einfach abbrechen, sondern mit den Gewinnen die Digitalisierung vorantreiben, neue Käuferschichten gewinnen und Bestandskunden davon überzeugen, auch einmal online einzukaufen. Wir haben uns seitdem nach dem *Test and Learn-Prinzip* immer weiter empor-gearbeitet. Aber es war richtig und wichtig, einfach mal anzufangen, zu versuchen und zu testen. Gerade im digitalen Zeitalter ist es falsch, ein Geschäftsmodell bis in das letzte Detail durchzuplanen. Da sind immer viel zu viele Unbekannte in der Gleichung. Man muss einfach mal loslegen und dann versuchen, es zu verbessern und gegebenenfalls schnell zu korrigieren.

Dieser Transformationsprozess benötigte viel Zeit. Und der wichtigste Faktor waren dabei die Mitarbeiterinnen und Mitarbeiter. Das wird bei aller Technikbegeisterung gerne vergessen. Wir haben natürlich viele Leute eingestellt, die bereits über eine digitale Affinität verfügten, aber im Zentrum stand der Versuch, alle Mitarbeitenden von der Digitalisierung zu überzeu-gen, die ja auch Auswirkungen auf den Einkauf, auf das gesamte Warenwirt-schaftssystem und auf die gesamte Organisation innerhalb des Unternehmens hatte. Es mussten viele interne Prozesse umgestellt oder neu entwickelt werden. Die Aufgabenprofile und ganze Berufsbilder änderten sich dadurch teilweise dramatisch. Deshalb haben wir sehr viel Geld in die Umschulung investiert, denn wir wollten alle Kompetenzen und das Erfahrungswissen der Mitarbeitenden behalten. Als sich das Kataloggeschäft reduzierte, konnte man nicht einfach die Mitarbeiterinnen und Mitarbeiter im Katalogmarketing entlassen, die ja unsere Produkte und Kunden sehr gut kannten, und durch Onlinemarketingexperten von außen ersetzen, die ja noch gar nicht über die Kernkompetenzen unserer Marken verfügten und deshalb gerade auf diese Erfahrungen angewiesen waren. Das war von Anfang an meine Bedingung: das *Prinzip der Anschlussfähigkeit*. Es ist gleichermaßen die Verantwortung der Mitarbeitenden und des Arbeitgebers, auf Veränderungen der Märkte und der Technologien zu reagieren und gemeinsam die Fähigkeit zu entwi-ckeln, einen Anschluss herzustellen. Einen Anschluss, der wirklich wie ein Schlüssel zum Schloss passt: zwischen den neuen Anforderungen und dem individuellen Menschen. Kein Mensch ist gleich und nicht jeder findet sofort einen Anschluss an die wirklich komplexe neue digitale Welt. Aber wenn Wandel Erfolg haben soll, dann geht es nur mit den Menschen, nicht ohne sie – und schon gar nicht gegen sie.

Der Aufbruch in das digitale Zeitalter gelang in der gesamten Otto Group. In den Unternehmen begannen die Silos aufzubrechen, indem sich viele Abteilungen vernetzten und interdisziplinäre Teams entstanden. Plötzlich arbeitete die IT mit dem Einkauf zusammen und die Produktverantwort-lichen mit dem Onlinemarketing. Damit änderte sich auch allmählich die Führungskultur, denn die Führungskräfte gaben nur noch die Ziele und die Milestones vor und die agilen Teams, die die Digitalisierung vorantreiben sollten, entschieden selbst, wie sie die gewünschten Ergebnisse in Eigenverantwortung erreichen und umsetzen werden. Dabei half auch das *Prinzip der Dezentralisierung und Eigenverantwortung,* das in der Unternehmenskultur bereits verankert war. Doch nach einiger Zeit stellte sich Mitte der 2010er Jahre heraus, dass die neue Führungskultur gerade im mittleren Management sich bei vielen Führungskräften nicht vollständig durchsetzen konnte, weil sie Schwierigkeiten hatten, diese neue Rolle anzunehmen. Gerade älteren Führungskräften fiel es schwer, mit der traditionellen Haltung zu brechen, alle Projekte mit Vorgaben selbst zu steuern und die Umsetzung bis ins Detail zu kontrollieren. Dadurch verlor die Digitalisierung an Geschwindigkeit, obwohl sich die reale Welt unserer Kunden immer rasanter veränderte. Mit dieser Entwicklung musste die Otto Group aber Schritt halten, ohne dass die Mannschaft den Anschluss verliert.

Ich habe das damals auch mit meinem Sohn Benjamin diskutiert – und wir reden bis heute immer wieder über das richtige Tempo der Transformation. Er ist ja viel intensiver in die Digitalisierung involviert. Schon als 16-Jähriger hat er selbst programmiert und gecodet und dann später auch einige Startups gegründet. Ihm ging die Digitalisierung der Otto Group nicht schnell genug. Ich sagte ihm, dass ein Jockey im Rennen nicht vor seinem eigenen Pferd reiten kann und wir alle mitnehmen müssen. Da hat er mir zwar recht gegeben, aber uns war klar, dass wir das Tempo erhöhen müssen. Das Tempo ist ganz entscheidend für den Erfolg einer Transformation: Es darf nicht zu schnell sein, aber auch nicht zu langsam. Und innerhalb der Otto Group gibt es viele Gesellschaften, die ein sehr hohes Transformationstempo entwickelt haben, und einige andere Unternehmen, die ihr Geschäftsmodell nicht so schnell oder so radikal verändern können. Das *Prinzip der Dezentralisierung und Eigenverantwortung* setzt vor diesem Hintergrund zentralistischen Zeitvorgaben enge Grenzen. Aber insgesamt waren wir definitiv zu langsam. Also entschlossen sich mein Sohn und ich im Jahre 2015 nach konstruktiver Diskussion mit einem überzeugten Vorstand der Otto Group, gemeinsam einen konzernweiten Kulturwandel einzuleiten, der das traditionelle Führungsverständnis endgültig beenden und mehr Freiräume, mehr Vielfalt, Kreativität und Eigenverantwortung und damit eine höhere Agilität in der Unternehmensgruppe ermöglichen sollte.

Das setzt natürlich auch eine hohe Fehlertoleranz voraus. Das *Prinzip der Fehlertoleranz* bedeutet, dass Fehler dazugehören. Sie sind Teil des Innovationsmanagements. Sie dürfen gemacht werden, wenn sie schnell korrigiert werden. Deshalb sollten Führungskräfte völlig angstfrei lernen, mehr Kontrolle abzugeben – auch wenn das manchem bis heute schwerfällt. Deshalb war es wichtig, dass die Eigentümerfamilie und der Vorstand gemeinsam diesen Kulturwandel 4.0 angestoßen haben, um dem gesamten Konzern glaubwürdig zu signalisieren, dass es uns ernst ist. Und wenn es nicht von der Spitze kommt, dann wird es nicht ernst genommen. Der Vorstand fing auch bei sich selbst sichtbar an, Entscheidungen und Budgets zu delegieren und kooperative agile Arbeitsweisen vorzuleben. Die Ersten waren Hans-Otto Schrader und Rainer Hillebrand, dann aber hat vor allem Alexander Birken mit hohem persönlichen Einsatz gemeinsam mit dem Vorstand den Kulturwandel erfolgreich durchgesetzt, und wir sehen, dass der gesamte Konzern mittlerweile viel besser und enger zusammenarbeitet und damit die Kraft gewonnen hat, die digitale Revolution aktiv zu gestalten und nicht – wie viele andere Unternehmen – sie nur zu durchleiden.

Der Kulturwandel in der Otto Group ist kein Selbstzweck. Es geht nicht nur darum, die Zusammenarbeit und das Arbeitsklima zu optimieren. Mitarbeiterinnen und Mitarbeiter benötigen ein digitales Mindset, um ihre Kunden und die Veränderungen in den Märkten besser zu verstehen. Und diese Veränderungen beruhen auf den Innovationssprüngen bei den Technologien und den tiefgreifenden gesellschaftlichen und kulturellen Veränderungen, die von der digitalen Revolution ausgehen. Wenn das *Prinzip der Kundenorientierung* in einem marktorientierten Unternehmen an erster Stelle steht, dann sollten digitale Technologien dafür eingesetzt werden, um mit Kunden noch engere und persönlichere Beziehungen zu entwickeln. Dazu gehört auch in einem E-Commerce-Unternehmen nach wie vor die persönliche und kompetente Beratung. Das wird sicher in Zukunft zunehmend von Spracherkennung und Chatbots unterstützt und teilweise automatisiert, aber im Zweifel ist immer eine echte Person zur Stelle, wenn ein Kundenproblem gelöst werden muss. Diese persönliche Zugewandtheit unterscheidet uns auch von anderen bedeutenden Wettbewerbern.

Aber auch die Onlinezugänge müssen noch viel stärker personalisiert werden, damit Produkte und Dienstleistungen auf den einzelnen Kunden noch individueller ausgerichtet werden können. Dabei kann die Künstliche Intelligenz immer wertvollere Beiträge liefern und auch dabei helfen, mit Bilderkennung, Virtual und Augmented Reality nicht nur die Kundenzufriedenheit, sondern auch das digitale Einkaufserlebnis deutlich zu verbessern. Vielleicht ist ja die Metaverse-Vision des Mark Zuckerberg das nächste große Ding, an dem auch viele andere Großkonzerne wie Microsoft arbeiten. Vielleicht wird eines nicht allzu fernen Tages unser persönlicher digitaler Zwilling durch diese aufregende neue virtuelle Welt schlendern und Produkte an- und ausprobieren, Freunde treffen, Spiele spielen und aufregende Abenteuer erleben. Wir testen Metaverse in jedem Fall bereits.

Ich bin sehr optimistisch, dass die digitale Revolution noch viele technologische Möglichkeiten eröffnen wird. Die Digitalisierung ist ein immer weiter fortschreitender Prozess. Die Corona-Pandemie hat die Digitalisierung in vielen Unternehmen deutlich beschleunigt. Nicht nur neue Arbeitsformen mit New Work und Mobile Office sind das Ergebnis, sondern auch die intensivierte digitale Kommunikation mit den Kunden hat gezeigt, wie viel Potenzial sich hier noch entfalten wird. Unternehmen digitalisieren sich ja nicht nur, um effizienter zu arbeiten, sondern weil die Digitalisierung die Gesellschaft immer stärker durchdringt und das Leben unserer Kunden bewegt. Ein marktorientiertes Unternehmen muss – wenn es überleben will – diese digitale und kulturelle Transformation der Gesellschaft mit allen Sinnen nachvollziehen, um auf der Höhe der Zeit zu sein.

Als sich ein altes Schlachtross auf die digitale Reise machte

Rainer Hillebrand war der Digitalisierungspionier im Vorstand der Otto Group und ist heute im Aufsichtsrat tätig. Als die digitale Journey begann, sorgte er gemeinsam mit Michael Otto dafür, dass auch alle Mitarbeiter und Kunden mit auf die Reise gingen. So transformierte sich der weltgrößte Katalogversender zu einem führenden E-Commerce-Unternehmen mit menschlichem Antlitz.

Sie fingen 1990 bei der Otto Group an. Viele Themen wie Strategieentwicklung, Marketing und Business Intelligence werden mit Ihrem Namen verbunden. Aber Ihr wichtigster Beitrag war die Digitalisierung des damals weltgrößten Versand-händlers. Wie hat das für Sie angefangen?

1998 erklärte mir Michael Otto, dass ich Vorstand werden sollte, um den Konzern onlinefähig zu machen. Ich war damals Anfang 40. Das war zu einer Zeit, als der Vorstand aus elf – wie man heute sagen würde – „alten weißen Männern" mit ihm als Vorsitzenden bestand. Damals standen nur auf zwei Schreibtischen PCs. Als wir unsere digitale Reise begannen, musste ich also erst einmal im Vorstand Computer- und Online-Schulungen durchführen. Ich werde nie vergessen, wie ich bei meiner Vorstellung der E-Commerce-Strategie mit neun erbitterten Gegnern konfrontiert war. Einerseits stellten sie meine Zukunftsprognosen grundlegend in Frage. Sie konnten sich nicht vorstellen, dass Kunden zukünftig nicht mehr über Kataloge, sondern nur noch am Bildschirm bestellen würden. Andererseits hatten wir auch sehr leiden-schaftliche Diskussionen mit den Unternehmensberatungen, die wir im Hause hatten. Diese schlugen vor, das alte Geschäft sofort sterben zu lassen und das Online-Business komplett neu aufzubauen. Mir leuchtete nicht ein, warum ich die Millionen Kunden, mit denen wir seinerzeit über zehn Milliarden D-Mark Umsatz machten, links liegen lassen sollte. Die Prozesskette beim Versand ist prinzipiell die gleiche, nur über andere Kanäle. Dafür habe ich im Vorstand geworben, aber meine Kollegen gaben den Unternehmensberatungen recht. Wenn man schon an den digitalen Wandel glaube, dann solle man wirklich disruptiv vorgehen.

Auf welcher Seite stand Michael Otto damals?
Er hielt sich sehr zurück und ließ uns stundenlang diskutieren. Dann machte er seinen Standpunkt als Unternehmer klar und entschied sich für die Strategie, die ich vorgeschlagen hatte, die Bestandskunden behutsam in die digitale Zukunft zu transformieren. So hält er es immer. Michael Otto ist am Anfang einer Diskussion sehr offen für die unterschiedlichsten Perspektiven, aber am Ende einer Diskussion formuliert er sehr klar seine Position.

Wie haben Sie dann diese E-Commerce-Strategie umgesetzt?
Der wichtigste Grundsatz unserer *digital journey* war, alle Mitarbeiter und Kunden auf diese Reise mitzunehmen. Ziel war es, die bestehenden Geschäfte in die digitale Welt zu überführen und die bisherigen Gesellschaften und ihre Kunden ohne Verluste in das Online-Business zu transformieren. Die Kunden, die bisher im Katalog gekauft hatten, sollten künftig immer mehr und mehr und irgendwann ausschließlich online bestellen. Gleichzeitig sollten aber auch durch ein attraktives Online-Shopping neue Kunden gewonnen werden. Deswegen kauften wir parallel auch Unternehmen, um die technische Infrastruktur und die digitalen Prozesse besser zu verstehen. Dabei wurde klar, dass es in der digitalen Welt vor allem um Schnelligkeit geht. Das wollten wir auf unser bestehendes Business übertragen und es entsprechend verändern. Wir investierten mit Ventures auch in Startups und neue digitale Geschäftsmodelle, einfach nur, um frühzeitiger neue digitale Trends zu erfahren. Wir hatten damit die Hand am Puls der Zeit und erkannten früher als alle, was im Online-Markt eigentlich passiert und welche neuen Geschäftsmodelle sich entwickeln. Wir haben dann viele Funktionalitäten auf unserer Website ausprobiert, wohl wissend, dass das bei uns immer etwas länger dauert.

Michael Otto war selten First Mover, er war meist Fast Follower und ging nur klar kalkulierte Risiken ein. Wenn bei einem Startup etwas gut funktionierte, dann haben Sie diese Idee auch mit aller Macht zur Marktreife gepusht?
So ist es. Wir starteten keine riskanten Innovationen. Das unterscheidet die Otto Group auch fundamental von vielen Unternehmen, die die Digitalisierung überwiegend kapitalmarktorientiert vorangetrieben haben. Die Otto Group ist immer noch ein Familienunternehmen und hat die Transformation ohne Finanzkapital geschafft. Wir haben mittlerweile auch mehrere hundert Millionen in Venture Capital eingesetzt, zum Beispiel mit eVentures, heute Headline und Project A. Es gibt in der europäischen Unternehmensgeschichte einige Unternehmen, die in Venture Capital investiert haben, aber nur wenige, die so erfolgreich waren.

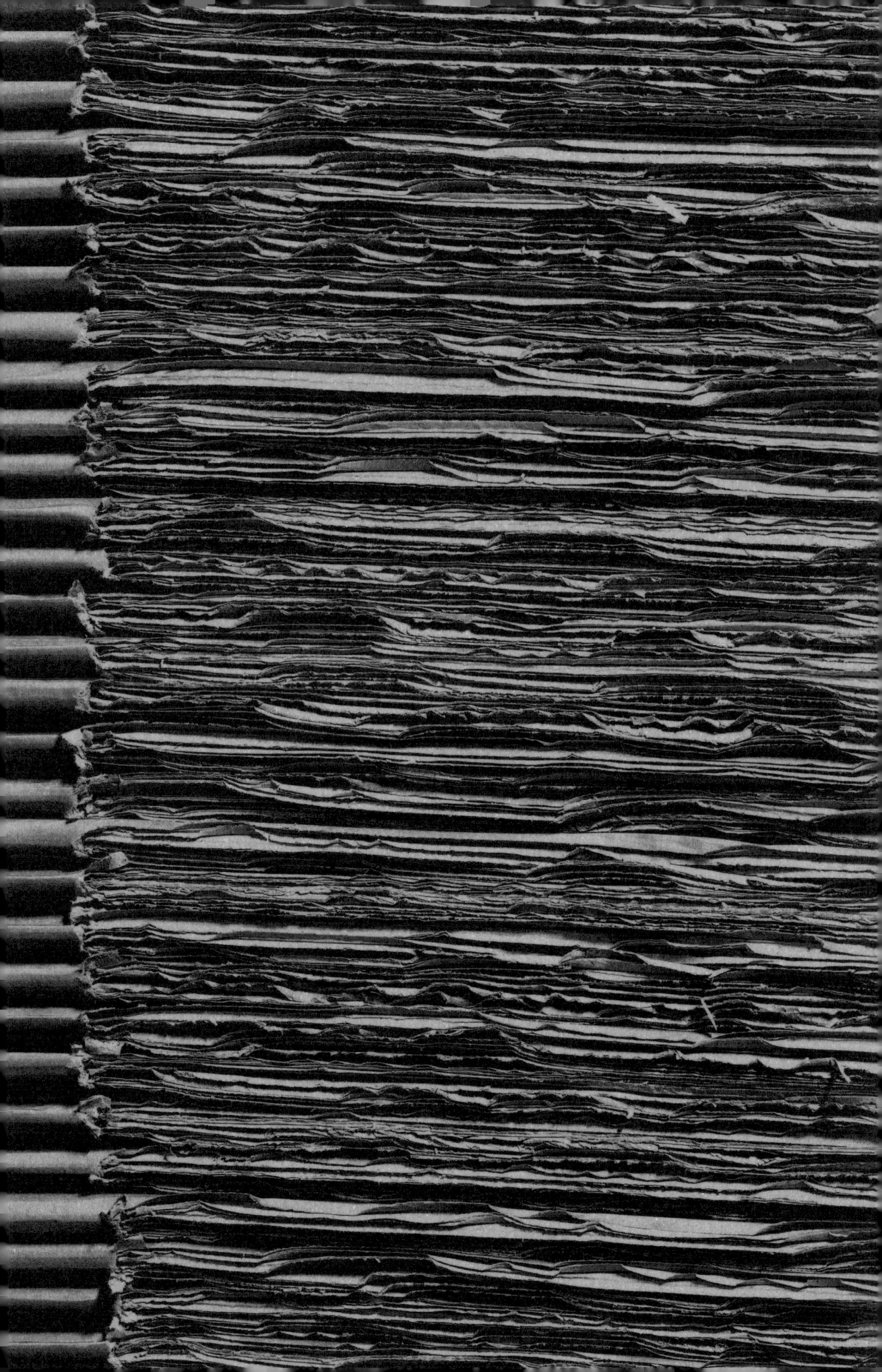

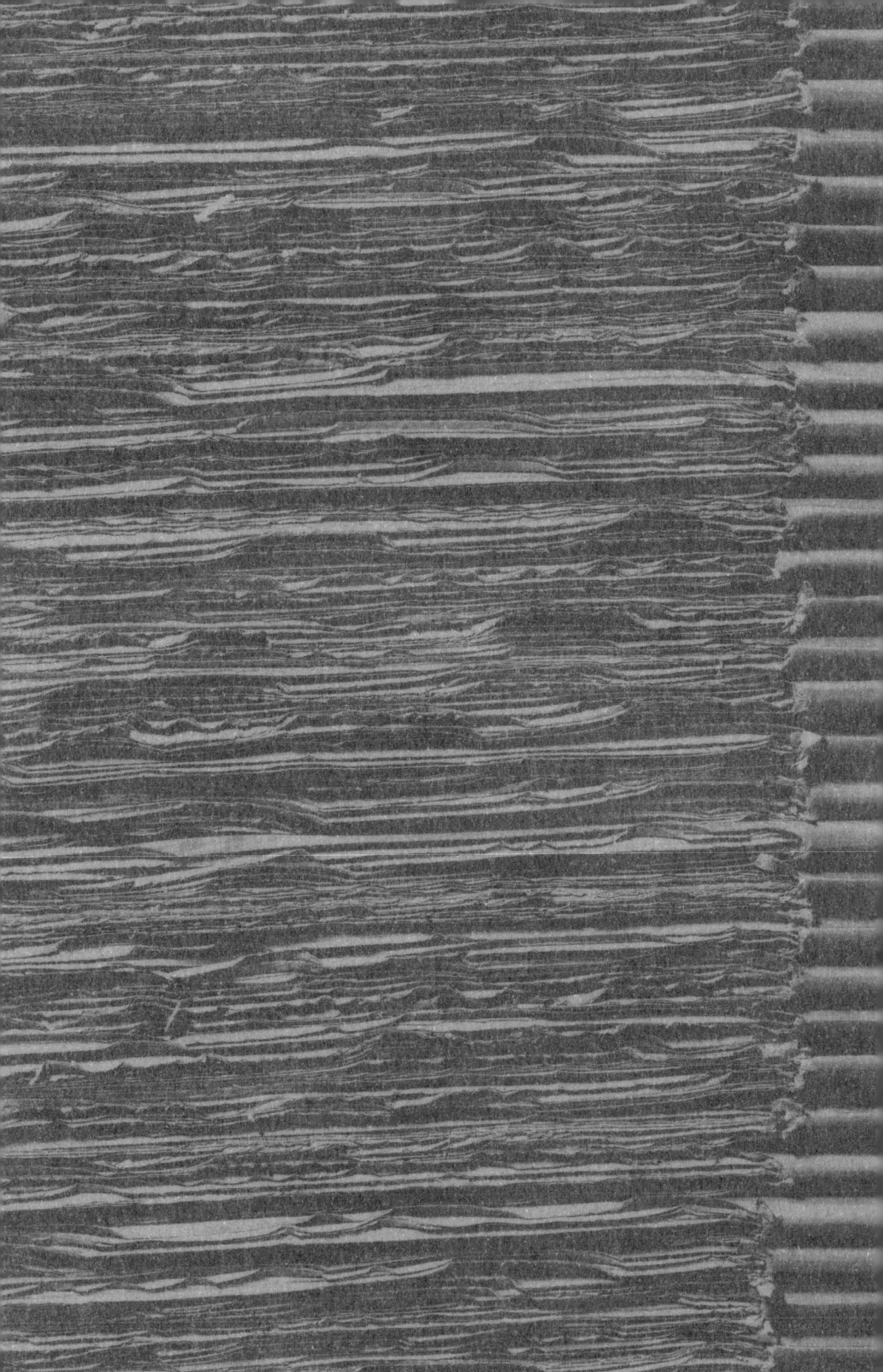

Bei der Digitalisierung des Handels haben Sie also wahlweise Geschäftsmodelle oder die Infrastruktur von außen übernommen. Nach welchen Kriterien haben Sie diese Unternehmen geführt oder in die Otto Group integriert?

Man muss zwei Fälle unterscheiden. Der eine sind die Beteiligungsunternehmen der Venture-Capital-Gesellschaften, die völlig eigenständig waren. Andere Unternehmen wie myToys oder Mirapodo hatten insbesondere in der IT eine hohe Selbstständigkeit. Hier haben wir vor allem versucht, Synergien zum Beispiel in der Lagerlogistik oder Letzte-Meile-Logistik zu nutzen. Beim Forderungsmanagement, Zahlungsverkehr oder Kreditscoring sind unsere Systeme weit überlegen, weil wir wesentlich mehr Erfahrung und Daten mitbringen. Damit haben wir dann Startups unterstützt. Es galt immer der zentrale Grundsatz: so viel Dezentralität wie möglich und so viel Zentralität wie nötig. Und so haben wir dann auch gearbeitet. Als sich Mirapodo im Vergleich zum finanzstarken Zalando nicht so gut entwickeln konnte, integrierten wir Mirapodo auf die Plattform von myToys und hatten eine deutlich bessere Struktur.

Wie haben Sie dann das alte Schlachtross OTTO transformieren können? 70 Prozent aller Kunden waren im Kataloggeschäft. Heutzutage ist OTTO ein reines E-Commerce-Unternehmen. Das ist eine beispiellose Transformationsleistung.

Wir haben immer versucht, im Internet *state-of-the-art* zu sein. Unsere Kunden sollten immer eine sehr gute Customer Experience erleben, was die Funktionalität der Website angeht, wie zum Beispiel bei den Ladezeiten. Darauf haben wir sehr intensiv hingearbeitet. Wir haben Kunden, die online bestellten, mit einer ganzen Reihe Incentives belohnt, um Anreize zu schaffen, auch zukünftig im Internet einzukaufen. Die Kunden machten im Laufe der Zeit auch die Erfahrung, dass Online-Bestellungen wesentlich einfacher und fehlerfreier abliefen. Wir haben auch im Marketing sehr viel verändert. Vor etwa drei Jahren konnten die Kollegen dann den Hauptkatalog abschaffen.

Der Hauptkatalog spielte eine wichtige Rolle, weil er auch eine Entlastung im Kaufentscheidungsprozess war. Wenn mir im Katalog ein T-Shirt gefiel, konnte ich auch die abgebildete Hose und die Schuhe, die das Fotomodell in der Kombination trug, bestellen, weil OTTO die Modekompetenz und Geschmackssicherheit hat – das war ein USP, den man online noch nicht ganz erreicht hat.

Das ist ein wichtiger Punkt. Kataloge waren immer so erfolgreich, weil sie vielen Menschen, die sich modisch und geschmacklich orientieren wollten, eine Referenz für Stil und Mode boten. Wir versuchen, auch auf den Onlineseiten diesen kuratorischen Aspekt abzubilden. Aus meiner Sicht gestaltet About You diese Erlebnissituation und die Shoppingatmosphäre mit Abstand am besten. Davon kann OTTO noch einiges lernen. Auf der anderen Seite haben sich aber auch die Kunden in ihrem Such- und Kaufverhalten verändert.

Sie sind mittlerweile mutiger beim Kombinieren von Kleidung und erhalten auch durchaus viele Anregungen über Social Media. Das hat sich aus der Katalogwelt wegverlagert ...

... zu Instagram ...
... und heutzutage übernehmen die Influencer letztendlich die frühere Funktion der OTTO-Kataloge. Sie zeigen, wie die Kleidung an ihnen aussieht und woher sie die Kleidung bekommen haben.

Die junge Generation bezieht ja ihr ganzes Mode- und kulturelles Wissen aus Instagram.
Diese Generation ist natürlich mit den sozialen Medien ganz anders groß geworden. Das geht ja schon bei der Suche los. Die finden das gewünschte Ergebnis bereits nach 30 Sekunden, während meine Generation vielleicht drei Minuten braucht.

Aber wie haben Sie es geschafft, auch die ältere Generation bei der Transformation der Katalogkundschaft mitzunehmen?
Das allgemeine Kundenverhalten hat sich durch den digitalen Wandel grundlegend verändert. Die Welt wurde zunehmend digitaler und die Entwicklung von mobilen Endgeräten war ein weiterer wesentlicher Hebel. Wir haben sehr früh und konsequent den „Mobile First"-Ansatz verfolgt. Dank der einfachen Bedienung von iPads oder Smartphones konnten auch digital nicht so affine Menschen mit den Endgeräten gut umgehen. Plötzlich fingen auch die Großeltern an, mit ihren Enkelkindern über das iPad zu kommunizieren, sich in WhatsApp-Gruppen zu treffen und voller Stolz auf Instagram Bilder zu posten. Die Digitalisierung ist also auch in das tägliche Leben der älteren Menschen ganz selbstverständlich eingezogen. Auf der einen Seite haben wir digitales Verhalten durch Incentives belohnt und unsere Kunden motiviert, unsere E-Commerce-Channel zu nutzen, auf der anderen Seite hat uns die Digitalisierung als gesellschaftlicher Megatrend sehr geholfen. Natürlich haben wir auch bitterböse Briefe erhalten, als wir das Katalogangebot reduzierten. Menschen fühlten sich plötzlich alleine gelassen. Aber irgendwann kamen wir an den Punkt, dass es wirtschaftlich in keinem Verhältnis stand, zwei Prozessketten aufrechtzuerhalten. Wir hatten ja eine Papier- und eine Online-Prozesskette und standen im Wettbewerb mit Unternehmen, die nur eine Prozesskette haben.

Aber wäre es nicht möglich gewesen, dass Kundenbetreuer die Postbestellung einfach in den Computer eintippen? Dann wäre der Rest wieder digital.
Oh nein, das läuft ganz anders. Wenn ich zum Beispiel unseren Kunden ein schönes Produkt aus Fernost anbieten möchte, dann kann ich es einen Tag später mit Foto und Produktbeschreibung ins Internet stellen. Wenn ich das Produkt aber in den Hauptkatalog bringen möchte, dann kann es passieren, dass ich fünf

Monate warten muss, bis er erscheint. Es sind ganz andere Prozessketten – auch in der zeitlichen Abfolge. Der Papier-Prozess dauert länger und ist wesentlich aufwendiger als der Online-Prozess. Im Katalog gibt es nur eine begrenzte Fläche, das Internet ist grenzenlos. Also das ist schon eine völlig andere Welt.

Aber durch die begrenzte Papierfläche kommt die kuratorische Kompetenz zur Geltung, die im Internet nur sehr schwer herzustellen ist.
Im Internet ist aber eine individuelle User Experience möglich. Durch schlaue Algorithmen können wir aus dem Nutzerverhalten sehr viel über die Interessen und Bedürfnisse der Kunden lernen und auf dieser Grundlage Orientierung und präzise Empfehlungen geben.

Sind die Algorithmen bei OTTO teilweise sogar noch besser als bei Amazon?
Wir sind in vielen Bereichen wirklich gut, in Teilprozessen sind wir aufgrund unserer langjährigen Erfahrung tatsächlich auch besser. Auch in der Gestaltung der Website und in der User Experience sind wir mit Sicherheit besser. Amazon ist ja sehr funktional und unemotional.

Rein digitale Plattformen sind anonyme und seelenlose Serverkathedralen, OTTO dagegen will der E-Commerce mit menschlichem Antlitz sein. OTTO hat immer eine menschliche Dimension, man kann OTTO besuchen oder einfach anrufen. Wie menschlich ist otto.de heutzutage?
Ich würde sagen, das gilt auch heute noch. Wenn Sie ein technisches Gerät kaufen wollen, dann rufen Sie die technische Fachberatung an oder gehen in einen entsprechenden Chat. Bei Problemen mit einer Lieferung kann man immer anrufen und hat in maximal 15 Sekunden einen echten Menschen und keinen Roboter am Telefon.

Was ist aus Ihrer Sicht das Michael-Otto-Prinzip bei der Digitalisierung?
Er hat bereits sehr früh auf das Thema Digitalisierung gesetzt und es immer konsequent unterstützt. Ich kann mich wirklich an keinen einzigen Fall erinnern, wo er digitale Ideen oder Budgetanforderungen ablehnte. Bei der digitalen Transformation ist es ganz entscheidend, dass ganz oben im Unternehmen jemand ist, der an das Thema glaubt, es längerfristig unterstützt und auch denjenigen im Unternehmen den Rücken stärkt, die den Wandel intern vorantreiben. Und Michael Otto hat genau das getan, sonst hätten wir die digitale Transformation nicht geschafft. Als der neue Markt zusammenbrach, gewannen in der Wirtschaft und in den Medien die Zweifel an der Digitalisierung wieder stark die Oberhand. Aber Michael Otto hat trotzdem weitergemacht und in dieser Zeit zum Beispiel die eVentures Fonds gegründet. Er blieb immer am Ball, und diese erfolgreiche digitale Journey ist der Grund, warum es die Otto Group als Familienunternehmen noch gibt. Denn Neckermann, Quelle und alle anderen sind untergegangen.

ALEXANDER BIRKEN

Die Transformation lebt nicht von der Technologie allein

Die Otto Group ist weltweit der einzige der einst großen Versandhändler, der die digitale Revolution genutzt hat und sich vom traditionellen Katalog-Geschäft in ein komplett digitales E-Commerce-Business transformieren konnte. Die Otto Group ist zwar kleiner als die ganz großen chinesischen und US-amerikanischen Onlinehändler, hat es aber geschafft, nicht aus der globalen Arena gedrängt zu werden. Jetzt ist das Unternehmen dabei, sich mit otto.de von einem reinen Online-Händler zu einem Online-Händler plus Marktplatz und Servicezentrum zu verwandeln. Ich kenne weltweit kein Unternehmen, das diese doppelte Transformation mit Tausenden von Mitarbeitern erfolgreich leisten konnte – am ehesten vielleicht noch Netflix, das sich von einem DVD-Verleih zum größten Streamingdienst der Welt entwickelte.

Ein wichtiger Erfolgsfaktor war dabei, dass die Otto Group sehr früh begonnen hat, neue Technologien und Medien auszuprobieren. Ohne Michael Otto, der in seiner unternehmerischen Wissbegier ständig Innovationen aufspürte und in der Gruppe international vorantrieb, und Rainer Hillebrand, der Digital First und Data Analytics auf breiter Front im Unternehmen durchgesetzt hat, hätte die Otto Group nie diesen erfolgreichen Wachstumskurs eingeschlagen. Aber neben der Innovationsfreude und der Schnelligkeit hatte Michael Otto auch einen langen Atem und nahm auch mit Langmut das Scheitern von vielen digitalen Projekten in Kauf. Er gab immer wieder die Freiheit und immer wieder auch viel Geld, damit das für uns passende Vehikel gefunden und entwickelt werden konnte, das weiteres digitales Wachstum möglich machte. Für ein börsennotiertes Unternehmen ist die digitale Transformation ungleich schwieriger, weil der Kapitalmarkt und die Medien jedes Quartal ungeduldig auf neue Buzzwords und Erfolgsgeschichten warten.

In Familienunternehmen wie der Otto Group ist die Perspektive immer langfristig. Michael Otto verstand von Anfang an, dass eine erfolgreiche Transformation vor allem Zeit beansprucht. Er unterstützte uns als Vorstand und Führungskräfte, vertraute uns und ließ uns den Wandel gestalten.

Im Markt und in der Öffentlichkeit wurde damals immer wieder gefordert, dass wir uns doch noch radikaler und schneller wandeln müssten. Aber die Wettbewerber, die diesen Weg gingen, existieren heute alle nicht mehr. Sie haben Mitarbeitende und Kunden auf diese Reise nicht mitgenommen, sondern radikal das Bestandsgeschäft abgebrochen. Ein traditioneller Kundenstamm kann aber nicht schnell genug durch Neukunden-Akquise ersetzt werden. Dadurch entsteht ein großes Umsatz- und Cashflow-Problem. Und ohne Cash kann kein Unternehmen überleben. Ganz einfach.

Die Otto Group hat dagegen im digitalen Wandel stets die Nerven behalten und eine ruhige Hand. Es war klar, dass der Umsatz aus dem traditionellen Kataloggeschäft jedes Jahr weiter sinken würde, und wir arbeiteten mit dem Aufbau unseres digitalen Geschäfts dagegen an. Das Ziel war, dass sich unsere digitale Wachstumskurve irgendwann mit dem sinkenden Umsatz aus dem Katalog kreuzt. Und tatsächlich konnte der E-Commerce-Umsatz den Verlust im tradierten Geschäft mehr als kompensieren: Vor zwölf Jahren durchbrachen wir bei otto.de mit einem digitalen Umsatzplus diese Schwelle. Das zeigt, dass bei der digitalen Transformation das richtige Tempo erfolgsentscheidend ist.

Transformation lebt nicht von der Technologie allein. Das Timing ist entscheidend. Und die Veränderungsgeschwindigkeit wird vor allem von der Veränderungsbereitschaft der Mitarbeitenden definiert. Digitalisierung erfordert nicht nur technologischen Wandel, sondern auch ein anderes Mindset in der Organisation. Denn das Anspruchsvolle der digitalen Zukunft ist ihre mangelnde Vorhersagbarkeit. Man kann nicht mehr die Vergangenheit einfach linear verlängern, um zuverlässige Aussagen darüber zu bekommen, wie sich die Digitalisierung und die neuen Technologien tatsächlich auf das Leben und die Märkte auswirken werden. Unternehmen müssen in Szenarien denken, unterschiedliche technologische Entwicklungspfade verfolgen und bis zu einem prototypischen Ergebnis weiterentwickeln, in der Hoffnung, dass eines der verschiedenen Szenarien tatsächlich eintreffen wird.

Man kann deshalb die digitale Transformation vereinfacht als mathematische Funktion mit zwei Variablen ausdrücken. Die eine Variable ist die Technologie, die die Qualität und auch die Quantität von Ressourcen und Investitionen beschreibt. Die zweite Variable ist die Unternehmenskultur. Diese Variable ist ungleich schwerer zu messen und zu berechnen. Aber die Kultur ist der entscheidende Hebel in dieser Gleichung, denn der technologische Vorsprung lässt sich aus ihr mit viel Geld schnell rauskürzen. Kultur hingegen ist ein komplexes, feingesponnenes, wertvolles und verletzliches soziales Kapital zwischenmenschlicher Beziehungen, eingebettet in Tradition und Institution eines Unternehmens. Technologische Fehlinvestitionen kann man abhaken und abschreiben – Fehler in der kulturellen Transformation gefährden dagegen existenziell das Fundament eines Unternehmens.

Trotz der großen Etappenerfolge, die die Otto Group in der digitalen Transformation der Unternehmensgruppe erreichen konnte, wurde uns Mitte der 2010er Jahre klar, dass wir bestimmte intrinsische Limits nicht überwinden konnten. Die harte Erkenntnis im Vorstand und bei Michael und Benjamin Otto war: Mit der damals gelebten Kultur werden wir in der digitalen

Transformation nicht überlebensfähig sein. Es ging uns also nicht darum, einen Kulturwandel voranzutreiben, damit sich alle Menschen im Unternehmen wohler fühlen, sondern damit das Unternehmen überhaupt dauerhaft überleben kann. Wir sind in der Wettbewerbsarena mit mächtigen Konzernen aus Amerika und China konfrontiert, die innerhalb eines Jahres so viel Kapital in Forschung und Entwicklung investieren können, wie wir insgesamt an Umsatz erzielen.

Deswegen brauchen wir eine andere Agilität, eine sehr schnelle Anpassungs- und Adaptionsfähigkeit. Wir sind vielleicht nicht die Frontrunner, die den Wettbewerb mit den neuesten Innovationen anführen, aber wir müssen in der Lage sein, uns Trends und neue Technologien schnell anzueignen und ebenso schnell aus den Erfahrungen zu lernen. Dazu müssen wir die Kraft der Gruppe umfassend nutzen. Wir können aber die Stärken, wo auch immer sie in der Gruppe vorhanden sind, nur für den ganzen Konzern vollständig nutzbar machen, wenn wir besser zusammenarbeiten. Uns wurde klar: Um zu überleben, benötigen wir deutlich mehr Agilität und Kollaboration.

Gleichzeitig verflüssigen sich durch die Digitalisierung alle Gewissheiten und Institutionen und die Grenzen zwischen dem Virtuellen und Materiellen lösen sich immer weiter auf. Für Unternehmen bedeutet das Arbeiten in liquiden Umgebungen den Abschied von der traditionellen Innovations- und Produktplanung und Unternehmensstrategie. Künftig geht es nicht nur um Flexibilität und Geschwindigkeit, sondern verstärkt auch um Kreativität und Agilität. Um ein Denken in Szenarien und Prototypen. Und um eine interdisziplinäre Teamarbeit an der Betaversion der Betaversion. Agilität stellt die Unternehmenskultur vor große Herausforderungen, weil das Arbeiten in liquiden Umgebungen zu schnellen Änderungen im Geschäftsmodell und in der Unternehmensstruktur führt. Um die Otto Group noch effizienter und kundenorientierter auf die digitale Zukunft des Handels auszurichten, brauchen wir vielfältige Persönlichkeiten, die unerschrocken und unkonventionell sind, die den Mut haben, neue Ideen auszuprobieren und Verantwortung zu übernehmen. Das bedeutet auch, dass klassische Führung immer weniger den Anforderungen der digitalen Welt genügt. An ihre Stelle treten größere Freiräume, mehr Verantwortung für den Einzelnen, kürzere Entscheidungswege, die Abschaffung von Herrschaftswissen und eine Akzeptanz des kontrollierten Kontrollverlustes.

Doch gleichzeitig gilt, dass Unternehmen, die sich verändern wollen, zunächst einmal verstehen müssen, dass die Digitalisierung für die Menschen nicht erst am Arbeitsplatz beginnt. Die Digitalisierung ist in erster Linie eine Revolution der zwischenmenschlichen Kommunikation und Interaktion mit der sozialen Welt. Gerade deshalb wird die Veränderung von vielen Menschen als so tiefgreifend und dynamisch empfunden. Für den Menschen bedeutet das, dass der beschleunigte Wandel zur neuen Normalität wird. Bereits heute haben sich unser Alltagsleben und unsere Denk- und Handlungsweisen aufgrund der Digitalisierung rasant gewandelt, ebenso unser kommunikatives, soziales und privates Verhalten. So wie in der Digitalisierung die physische Realität mit der virtuellen Welt zusammenwächst, so verschmelzen auch Leben und Arbeit der Menschen miteinander.

Als Unternehmen müssen wir deshalb das ganze Bild in den Blick nehmen, sonst produzieren wir am Arbeitsplatz nur eine „Insellösung", die nicht mit dem restlichen Alltag korrespondiert. Es geht darum, die wachsende Entgrenzung von Arbeit und Alltag positiv zu gestalten und sie lebbar zu machen. Deshalb sollte man die Diskussion über die digitale und kulturelle Transformation nicht nur technologisch oder betriebswirtschaftlich führen, sondern gemeinsam darüber nachdenken, wie wir Menschen künftig leben und arbeiten wollen – und zwar innerhalb und außerhalb der Entität „Unternehmen", die ja durch Homeoffice und gewachsene Ansprüche an die Lebensbalance auch immer durchlässiger wird.

Wir starteten in der Otto Group deshalb bereits vor einigen Jahren unternehmensübergreifend den Kulturwandel 4.0. Im Dezember 2015 traten die Konzernvorstände sowie die Gesellschafter des Konzerns vor alle Kolleginnen und Kollegen, um die entscheidenden Fragen der heutigen Zeit zu stellen: Warum soll es unser Unternehmen jetzt und in 20 Jahren geben? Wie wollen wir wirklich sein und was bestimmt unser Handeln? Wie wollen wir zusammenarbeiten und unsere Zukunft gestalten? Der an diesem Tag angestoßene offene Prozess verfolgt differenzierte Vorhaben: tradierte Denkweisen auflösen, Silos einreißen, Vernetzung und Wissenstransfer stärken, den Kunden stets in den Mittelpunkt jeglicher Aktivitäten stellen. Im Zentrum des Kulturwandels 4.0 stehen damit die Veränderungen nicht nur von extrinsisch motivierten Verhaltensweisen, sondern auch die von intrinsischem Verhalten.

Ein solcher Prozess lässt sich nicht einfach verordnen. Deshalb haben wir beim Kulturwandel 4.0 einen Top-Down- und Bottom-Up-Ansatz zugleich verankert. Top-Down, indem sich der Vorstand entschloss, selbst verordnete, lieb gewonnene Verhaltens- und insbesondere Entscheidungsweisen radikal zu hinterfragen, das eigene Silodenken zu beenden, Entscheidungen und Budgets nach unten zu delegieren, Kontrolle abzugeben und Freiräume zu schaffen. Kurzum: sich zu verändern, und zwar sichtbar. Und Bottom-Up, indem die Mitarbeitenden direkt mit den Themen konfrontiert und zur aktiven Teilnahme aufgefordert wurden. Sie sollten den Change gestalten, selbstbestimmt und intrinsisch motiviert. Nur wenn Mitarbeitende ernsthaft merken, dass sie Realitäten verändern können, wird Kulturwandel echt, authentisch und wirksam. In interdisziplinären, hierarchie- und firmenübergreifenden Arbeitsgruppen wurden die großen inhaltlichen Veränderungsthemen gemeinsam angegangen.

Zu Beginn des Prozesses muss sich die Unternehmensführung öffentlich und glaubwürdig für eine sogenannte Erkundungsphase aussprechen und entsprechend Mitarbeitende für deren Durchführung legitimieren. Die Phase kann sehr unangenehm sein, denn hier geht es darum, sich der Wahrheit der Situation zu stellen. Gleichzeitig ist sie sehr wertvoll, denn endlich werden hier Verhaltensweisen sichtbar oder sogar in Worte gefasst, die in der Vergangenheit nie ausgesprochen wurden. Die Führungskräfte sind herausgefordert, traditionelle Führungs- und Zusammenarbeitsmuster dort, wo noch vorhanden, in eine neue Offenheit zu verwandeln. Damit ist ein Kontrollverlust verbunden, den es als Gewinn anzunehmen gilt. Das setzt die Fähigkeit voraus, sich selbst neu zu definieren, Ängste und Sorgen auszuhalten.

Das bedeutet harte Arbeit, die bei einem selbst anfängt. Schließlich geht es darum, nicht nur sein Verhalten, sondern auch seine Haltung zu ändern. Dabei ist es wichtig, immer wieder zu prüfen, ob man nicht doch wieder in lange gelebte Verhaltensmuster zurückgefallen ist. Nur wenn jede Führungskraft wirklich bereit dazu ist, sich ganz neu zu definieren, und dies auch vorlebt, können alte Strukturen und Silodenken wirklich überwunden werden. Dazu gehört, frühere Kontrollmechanismen ernsthaft infrage zu stellen. Schließlich haben diese auch nicht immer vor Misserfolg geschützt. Und echte Delegation von Verantwortung inklusive Budgets kann auch eine echte Befreiung sein und führt in der Regel immer zu mehr Effizienz in der Organisation.

Zur Mitwirkung am Kulturwandel wurden alle Mitarbeitenden eingeladen. Gleichzeitig musste man aber auch die Personen finden, die bereit sind, persönlich am Wandel mitzuarbeiten und ihre Energie und Lebenszeit in die komplexen Veränderungsprozesse zu investieren. Diese *change agents* sind extrem wichtig, um auf allen Ebenen die Themen des Kulturwandels anzugehen. Zusätzlich braucht der Kulturwandel auch strategische Unterstützer beispielsweise aus den Bereichen Personalentwicklung, Organisationsentwicklung, Betriebsrat, interne Kommunikation und anderen Schlüsselfunktionen. Nur so können wertvolle Impulse nachhaltig verankert werden, neue Methoden und agile Prozesse institutionalisiert werden. Darüber hinaus sorgen alle Schlüsselfunktionen und -personen, die frühzeitig eingebunden werden und an ersten Erfolgen des Kulturwandels teilhaben, für den gewünschten Multiplikatoreffekt.

Ein Kulturwandel ist also auch mit sehr detailliertem Aufwand verbunden, und deutsche Unternehmen neigen selbstverständlich dazu, selbst den Kulturwandel zu bürokratisieren. Deshalb geht es auch darum, immer wieder auch den Blick auf das höhere Ziel, auf den Sinn des Ganzen zu richten, nach dem die Menschen in einer Organisation heute mehr denn je suchen. Die Otto Group ist einen besonderen Weg gegangen, um dieses Ziel zu formulieren. Zusammen mit Tausenden von Mitarbeitern haben wir unser Leitbild „Gemeinsam setzen wir Maßstäbe" erarbeitet. In den vergangenen Jahren kam ein gemeinsam entwickelter Code of Ethics dazu, der die Gesellschaftervision „Responsible commerce that inspires" in Werte zu fassen sucht. Seitdem leben wir in ganz unterschiedlichen Formaten den ständigen Dialog miteinander über Ränge und Positionen hinweg und immer mehr natürlich auch über digitale Plattformen.

Hierarchiefreie Kommunikation ist der wichtigste Motor der Veränderung und damit das wichtigste Führungsinstrument. Denn Führung braucht es auch im Kulturwandel. Es muss weiterhin auf jeder Ebene Menschen geben, die Dinge entscheiden und eine übergeordnete Verantwortung für Teilbereiche übernehmen – auch disziplinarisch. In diesem Rahmen geben sie Visionen, Leitlinien und Strukturen, in denen sich die Kolleginnen und Kollegen erst richtig entfalten können. Doch die Rolle der Führungskräfte hat sich stark verändert: Heute sind sie Challenger, Enabler und Visionäre.

Die notwendigen Veränderungen in Unternehmen können nur mit intensiver Kommunikation und über den Austausch mit anderen erreicht werden. Es braucht eine Kultur der Offenheit, Kollaboration und Transparenz. Eine Kultur, die uns weiterbringt, lernen lässt und anderen hilft, weil sich vieles nur im Schulterschluss bewegen lässt. Kooperation ist das, was uns über uns selbst hinauswachsen lässt. Die Notwendigkeit und den Sinn von Kollaboration hat uns die digitale Transformation der letzten Jahre bereits deutlich vor Augen geführt. Wie für so vieles, so sind die Folgen der Corona-Pandemie auch hier ein Katalysator. Wir sollten erkennen, dass die Herausforderungen der Zukunft nur gemeinsam zu meistern sind. Wir müssen voneinander lernen, um miteinander zu lernen. Weg vom Ego-System, hin zum Öko-System. Das bedeutet aber auch: Wir müssen uns mehr Fehler erlauben. Uns selbst und gegenseitig.

Als Otto Group haben wir schon seit einiger Zeit die Öffnung nach innen und außen als Erfolgsfaktor erkannt und die Umsetzung auf vielfältige Weise geübt: mit unserem Kulturwandel, mit unserem Bekenntnis zu Diversität, mit der strategischen Ausrichtung auf konkrete Partnerschaften und Allianzen. Wir öffnen uns intern über Bereichs- und Unternehmensgrenzen des gesamten Konzerns hinweg. Wir öffnen uns auch noch mehr nach außen gegenüber Stakeholdern, Meinungsbildnern, Investoren und Gleichgesinnten. Das tun wir in der festen Überzeugung, dass wir dadurch nachhaltig besser und erfolgreicher werden. Gleichzeitig treten wir klar und offensiv dafür ein, die Vernetzung als Grundprinzip und Lösungsansatz in die Welt zu tragen. Als Impulsgeber, Diskussionspartner, Mitstreiter.

Nur so können wir den kulturellen Wandel in der Bevölkerung in unserer Unternehmensgruppe reflektieren und die kulturellen Trends einer immer digitaleren Gesellschaft verstehen, die wir nicht nur mit kundenorientierten Angeboten und Services unternehmerisch beantworten, sondern auch verantwortungsvoll mitgestalten wollen.

»Der digitale Dritte Weg Europas beruht auf Werten, Wachstum und Teilhabe«

Er hat die erste deutsche Social-Media-Agentur TLGG gegründet, hat sie zu einem Schrittmacher der digitalen Wirtschaft ausgebaut und ist mittlerweile selbst zum Digital-Guru der deutschen Industrie avanciert. Er berät viele DAX-Unternehmen bei der digitalen Transformation und kommentiert pointiert die politischen Irrwege einer Industrienation, die immer noch kein digitales Narrativ findet, um ihre beispiellose Erfolgsgeschichte in die Zukunft fortzuschreiben. Christoph Bornschein erwartet keine nennenswerte Transformationsenergie von den großen Konzernen, die nur ihre erfolgreichen Business-Modelle aus dem vergangenen Industrialisierungszeitalter zu Tode reiten. Seine Hoffnungen ruhen auf den wertebasierten, innovativen und risikobereiten Familienunternehmern.

Herr Bornschein, Sie beraten viele Unternehmen bei der strategischen Nutzung digitaler Technologien. Wie beurteilen Sie als Experte die Entwicklung der Otto Group? Der ehemalige Katalogversand OTTO ist heute zu 95 Prozent E-Commerce-Händler, der sich gerade zu einer Plattform entwickelt, die schon 5.000 Händler und Marken präsentiert.
Von diesen Händlern höre ich allerdings, dass es noch relativ schlecht funktioniert. Die europäische Alternative zu Amazon wird ja nicht nur im Handel, in Plattformen und in der Logistik gesucht, sondern auch in der Cloud. Einerseits ist Amazon ein Monopolist, der persönliche Daten kommerzialisiert, andererseits verfügen sie aber auch über ein sehr gutes Leistungsangebot. Dagegen muss man erst einmal inhaltlich konkurrenzfähig sein. OTTO hat noch einen weiten Weg vor sich, dieses Qualitätsniveau zu erreichen. Wobei ich positiv finde, dass das Unternehmen nicht diesen grundsätzlichen Topos der Kommerzialisierung und Monopolisierung wie Amazon hat. Auch durch seine Größe ist Otto ist ein Partner auf Augenhöhe.

Während Quelle und Neckermann verschwunden sind, hat sich die Otto Group digital transformiert und besteht nun aus vielen unterschiedlichen internationalen Unternehmen, Marken und Plattformen.
Das liegt natürlich auch daran, dass sich die Otto Group schon sehr früh diversifiziert und global aufgestellt hat. Auch die EOS-Holding trägt durch das internationale Forderungsmanagement ihren Teil dazu bei.

About You ist eines der wenigen Einhörner, die ein Konzern aus eigener Kraft ohne Fremdfinanzierung entwickelt hat.

Ich finde sehr beeindruckend, wie die Otto Group es verstanden hat, als Investor mit einem anderen strategischen Zugang zu agieren. Sie haben sehr früh in Venture Capital investiert und About You unter dem Dach des Konzerns aufgebaut. About You ist inzwischen auch besser als Zalando und überträgt das Einkaufserlebnis sehr schön ins Digitale: Wir verkaufen dir ein ganzes Outfit, dann musst du keine Entscheidung mehr treffen. About You hat das sehr gut umgesetzt. Bei otto.de dagegen ist es wieder dieses typisch breite deutsche Einkaufserleben – das ist nicht so meins.

Aber wenn man eine Waschmaschine bei OTTO bestellt, wird sie von Hermes geliefert und sogar zuverlässig angeschlossen.

Das macht Amazon aber mittlerweile auch. Für fünf Euro schließen sie die neue Waschmaschine an und nehmen die alte wieder mit. Dadurch wird allerdings auch die menschliche Arbeitsleistung weiter entwertet. Aus einer Kundenperspektive spricht die Qualität der Auftragsabwicklung nicht gegen Amazon. Vielleicht stellt man sich aber irgendwann die Frage, ob man ein Geschäftsmodell unterstützen will, das den eigenen Werten nicht entspricht. Ich glaube nicht, dass auf der Produkt- und Erfahrungsseite noch großartig Innovationen möglich sind, aber eine Orientierung auf Werte könnte irgendwann entscheidungsrelevant und handlungsleitend sein. Deswegen macht das OTTO auch sehr richtig. Beim Thema Cloud ist es ähnlich. Man kann die Amazon-, Google- oder Microsoft-Clouds nicht inhaltlich, aber vielleicht mit einem anderen Wertegerüst schlagen.

Also eine Unterscheidung in Gut und Böse? Als Kunde ist man dann sozusagen auf der richtigen Seite?

Darüber kann Abgrenzung auf jeden Fall funktionieren. Eine europäische Digitalökonomie könnte eine wertegetriebene Digitalökonomie sein, die dem Konsumenten klarmacht, dass es relevant ist, ob man sich für die Werte dieses oder jenes Unternehmens entscheidet. Man kann zwar alles bei Amazon bequem kaufen, aber es entspricht möglicherweise nicht dem eigenen Wertesystem. Bisher haben wir dieses Bewusstsein bei den Konsumenten noch nicht weit genug entwickelt.

Sie haben vor drei Jahren in dem von Alexander Birken angestoßenen Diskussionsprozess „Initiative Zukunftswerte" die These formuliert, dass man einen europäischen Weg einschlagen muss, zwischen einerseits der raubtierhaften amerikanischen Datenökonomie, die die totale Verwertung unserer Daten vorantreibt, und andererseits dem chinesischen Datenstaat, der Daten vor allem zur Kontrolle und Überwachung der Menschen einsetzt. Es müsste also darum gehen, europäische Werte zu formulieren, die der Sozialen Marktwirtschaft entsprechen.

Die Soziale Marktwirtschaft war auch nichts anderes als ein sogenannter „Dritter Weg" zwischen dirigistischer Planwirtschaft und unreguliertem Kapitalismus.
Die Griechen haben auf ihrem Delphi Economy Congress einen sehr guten Begriff geprägt: Inclusive Growth. Tatsächlich geht es darum, die Balance zwischen Wachstum und Teilhabe durch digitale Wertschöpfung zu schaffen. Was macht die Soziale Marktwirtschaft und warum ist dieses Prinzip auf die digitale Ökonomie übertragbar? Sie setzt gleichermaßen den Fokus auf Wachstum und auf Partizipation an dem entstandenen Wachstum. Der digitale „Dritte Weg" Europas beruht auf Werten, Wachstum und Teilhabe.

Hat sich aus Ihrer Sicht in den letzten Jahren die Gewichtung zwischen USA und China verändert?
Beide Seiten haben sich noch stärker manifestiert. In den USA hat die demokratiefeindliche Wirkung sozialer Medien und ihrer Algorithmen eine neue Qualität bekommen: Der kommerzielle Nutzen wird im Zweifel auch über die Existenz der Demokratie gestellt. In den USA kann man mittlerweile auch von einem Überwachungskapitalismus sprechen. Es gibt inzwischen eine Regulierungsdiskussion, die ich auch für absolut richtig halte und die mit Elon Musks ungelenkem Spagat zwischen Monetarisierung und totaler Laissez-faire-Meinungsfreiheit noch einmal eine neue Aktualität bekommt. Konglomerate wie Twitter und Facebook können ja sehr stark dazu missbraucht werden, die Demokratie auszuhöhlen. Aber ich bin mir nicht sicher, ob diese Diskussion in der amerikanischen Öffentlichkeit wirklich in eine Regulierung mündet, weil die Gesellschaft tief gespalten ist. Und auf der chinesischen Seite, und das ist auch eine Corona-Erkenntnis, kann jetzt keiner mehr leugnen, dass Daten zum Machtinstrument geworden sind. Spätestens der Shanghai-Lockdown hat bewiesen, dass es bei der Digitalisierung in China vor allen Dingen um Kontrolle und autoritäre Staatsdurchsetzung geht.

In der Großwetterlage, die wir gerade erleben, zeichnet sich der große Endkampf USA gegen China ab. Wie soll sich da Europa behaupten, wenn sich dieser ökonomische Großkonflikt auch irgendwann militärisch entzündet? Früher gab es die Triade Europa, Asien und Amerika. Aber durch den zunehmenden Dualismus USA und China werden wir gezwungen, uns für eine Seite zu entscheiden: hier unser wichtigster Bündnispartner – dort unser wichtigster Handelspartner.
Zunächst geht es aber noch um eine ganz andere Frage. Wir sprechen immer von „wir" und meinen damit Europa. Aber momentan gibt es noch kein geeintes und integriertes Europa als starkes Gegengewicht. Wir haben immer noch keinen digital integrierten Binnenmarkt oder eine angeglichene Gesetzeslage in den verschiedensten Geschäftsmodellen. Wir müssen also erst einmal die Frage beantworten, wie viel „wir" wollen wir und wie stellen wir dieses „wir" sicher. Erst wenn wir diese Fragestellung der europäischen Wettbewerbsfähigkeit beantwortet haben, können wir uns damit auseinandersetzen,

wie sich das auf unser Verhältnis zu den USA, zu China oder anderen Blockbildungen wie zum Beispiel den BRICS-Staaten auswirken wird. Da sind wir wieder bei der Digitalisierung. Durch das Schrems II-Urteil des Europäischen Gerichtshofs gibt es kein transatlantisches Abkommen für den Datenaustausch zwischen Europa und den USA. Unsere frühere unilaterale Welt, die auf demselben Tech-Stack von Windows oder Intel basierte, zerfällt in Lager. Wir waren durch unsere exportgetriebene Wirtschaft immer sehr auf diese Offenheit angewiesen, damit unsere Produkte überall funktionieren. Das wird jetzt erst einmal nicht mehr so sein. Also müssen wir unseren eigenen Tech-Stack entwickeln, mit dem wir die europäische Wirtschaftszone erschließen, um Produkte und Lösungen wachsen zu lassen, die auf dem Weltmarkt wettbewerbsfähig sind. Im digitalen Raum ist da bisher nichts vorhanden.

2020 legte die EU ihr „Weißbuch zur Künstlichen Intelligenz" vor. Gibt es denn da Fortschritte?
Europa war immer schon gut darin, intellektuell überzeugende Konzepte zu entwickeln. Allerdings gibt es auf der Umsetzungsebene keine digitalen europäischen Champions, die auf dem Weltmarkt bestehen könnten. Und das ist genau das Problem. Die EU hat gute Konzepte, um ein Level Playing Field, also einen fairen Wettbewerb auf Augenhöhe, herzustellen. Aber wir sind nie von der Ebene der Gesetzgebung in die tatsächliche Umsetzung gekommen. Und das fehlt. Apple ist ein schönes Beispiel: Als wir Europäer anfingen, über Privacy zu reden, hat Tim Cook das Privacy-Thema verstanden und geschickt in seinen Produkten vermarktet. Wir dagegen haben bis heute keine Produkte entwickelt, die das wirklich können.

Wir haben es lediglich geschafft, die Datenschutzgrundverordnung zu europäisieren, die eigentlich Innovationen hemmt.
Das müsste nicht zwangsläufig innovationshemmend sein. Aber wir verstehen nicht, was wir daraus entwickeln können. Es gab einmal die schöne Schlagzeile in der *New York Times*: „Europa – Exporteur von Regulierungen". Und tatsächlich knüpft das brasilianische oder kalifornische Datenschutzgesetz an die DSGVO an. Weite Teile des Prinzips der Selbstbestimmung über die persönlichen Daten werden berücksichtigt. Aber Recht zu haben macht Europa nicht wettbewerbsfähiger. Wir haben nie verstanden, dass in diesen Werten auch ein Produktversprechen steckt. Wenn wir daran glauben, dass mehr Privatsphäre und mehr Kontrolle über die persönlichen Daten sinnvoll sind, dann ist ein Gesetzestext die schlechteste Möglichkeit, um wettbewerbsfähig zu werden. Man muss ein Produkt mit diesem Werteversprechen bauen und gewährleisten, dass diese Produkte dann auch weltweit konkurrenzfähig sind. Solange wir da nicht hinkommen, wird sich nichts ändern. Letztlich geht es auch um die Frage der technologischen Souveränität. Wir sind aber in Europa

nicht in der Lage, ohne externe Hilfe und ohne externe Produkte eine Wertschöpfung im digitalen Raum aufzubauen.

Wie können wir unsere Werte auch in attraktive Technologien übersetzen?
Im digitalen Raum kann man das sehr einfach zusammenfassen: Ein Code exportiert Werte. Wer auch immer einen Code schreibt oder eine Software-Plattform baut, der fügt automatisch seine Wertvorstellungen mit ein. Das bedeutet dann zum Beispiel bei Facebook, dass Brustwarzen zwar illegal, dafür aber Hakenkreuze legal sind.

„Code" ist ein sehr schönes Wort. Es kommt von Code civil, der nach dem Vorbild eines vernunftrechtlich-liberalen Kodifikationsmodells verfasst wurde und von Napoléon Bonaparte als Code Napoléon eingeführt wurde, um das Zivilrecht zu regeln.
Ja. Wir müssen es schaffen, unsere Wertvorstellung zu kodifizieren – und kodifizieren bedeutet heute eben nicht nur Gesetzgebung wie noch bei Napoléon, sondern Softwareentwicklung. Kodifizierung bedeutet dann, eine Software mit den entsprechenden Werten zu schreiben. Solange dieser Übersetzungsprozess von Werten nicht erfolgt und die Software unsere Werte nicht transportiert, werden wir einfach nur Recht behalten.

Dabei haben wir doch sehr viele Patente. Die Forschungslandschaft gerade auch in Deutschland ist vorbildlich mit den Ökosystemen von Forschungseinrichtungen, technischen Universitäten, Unternehmen und Startups. Aber 2020 hat China zum ersten Mal mehr Patente als Europa angemeldet …
… und sie bilden daraus sofort Unternehmen, weil sie die Sphären zwischen Forschung und Wirtschaft nicht so stark trennen wie wir. Im Kern haben wir in Deutschland das industrielle Zeitalter nie verlassen. Wir schaffen keine postindustrielle Wertschöpfung oder postindustriellen Organisationssysteme, weil wir zu erfolgreich in der Industrialisierung waren. Wir haben zu viele Meriten erworben und eine Meritokratie errichtet. Alle blicken sehnsuchtsvoll auf die Gewinne der Industrialisierung und es fällt schwer, den Postindustrialisierungsschalter einzuschalten. Bei der maschinellen Produktion war vieles richtig. Das kann aber bei allem, was auf Software-Plattformen basiert, vollständig falsch sein.

Aber aufgrund unserer Industriekompetenz können wir doch mit Industrie 4.0 die große digitale Brücke zwischen dem industriellen und dem postindustriellen Zeitalter bauen.
Das Problem ist, dass Industrie 4.0 die Industrie nie verlassen hat, sondern lediglich die Produktion mit Sensoren verbindet. Das Ergebnis ist eine effizientere Produktion, aber kein Amalgam aus Hardware- und Softwareprodukt. Die Software wirkt nicht auf das ein, was man mit der Hardware macht.

Industrie 4.0 ist ein großer Hoax und nur eine weitere lebensverlängernde Maßnahme für die traditionelle Industrie. Wir integrieren Sensoren in die Maschinen, aber niemand fragt sich, was das für die Wertschöpfungsketten oder die Supply Chains bedeutet, wenn man sie in einer Software-Plattform End-to-End betrachten kann. Welche Applikationen sind da noch möglich?

Aber Siemens ist Weltmarktführer in Factory Automation. Die Wettbewerbsfähigkeit der deutschen Maschinenbauindustrie wie Festo oder Bosch …
… hat das Industriezeitalter noch einmal verlängert, statt einen Übergang zu schaffen. Der Industrie ist es vollständig fremd, den notwendigen Gangwechsel einzulegen. Das Rückzugsgefecht der Industrialisierungsgewinner zeigt, dass sie sich nicht aus einer rationalen Erkenntnis heraus mit dem Neuen beschäftigen, den Gang wechseln und mit Software versuchen, Geld zu verdienen. Wir waren zwar der Gewinner der Industrialisierung, aber das hilft uns nicht bei der nächsten Runde, die nicht mehr auf industrieller Wertschöpfung beruht. Deswegen hatte die Otto Group einen riesigen Vorteil, weil sie nie mit der Industrialisierung ihr Geld verdiente, sondern durch die Konzentration auf den Handel bis heute jeglichem Wertschöpfungsmodell neutral gegenübersteht. Das ist auch ein Grund, warum die Otto Group im Verhältnis zu anderen Unternehmen weiter ist. Sie hatte mit dem Brechen der eigenen Traditionen keine so großen Schwierigkeiten. Das sieht dagegen etwa bei den Energieversorgern ganz anders aus: 80 Prozent der Deutschen wechseln nie ihren Stromvertrag – und das ist bis heute für die Anbieter sehr profitabel: Der Betrieb von Stromnetzen bringt sechs Prozent Garantiezinsen. Sie werden daran nicht rütteln, weil man damit sehr komfortabel Geld verdient. Dadurch fallen sie als Treiber eines neuen Wertschöpfungsmodells aus, weil sie im alten Wertschöpfungsmodell verharren und nur hoffen, dass es nicht so schnell kannibalisiert wird.

Auch bei der Telekom hätte man die Revenue Streams, die sich aus den noch 20 Millionen alten Telefonverträgen mit grünen Tastentelefonen speisen, für einen Gangwechsel nutzen und in die Digitalisierung stecken können.
Das gilt für sehr viele Unternehmen. Man sollte annehmen, dass Unternehmen in Zeiten, wo das Geld üppig fließt, in die Zukunft investieren, also das Dach decken, wenn die Sonne scheint. Aber das passiert viel zu selten. Auch Volkswagen ist sehr profitabel, hat aber mit der Softwareentwicklung große Schwierigkeiten. Es ist fraglich, ob es da irgendwann eine User Experience gibt, die nur annähernd mit dem restlichen digitalen Leben mithalten kann.

Dagegen ist Tesla ein furchtbares Plastikauto. Das käme bei uns nicht vom Band. Das ist ein Tablet mit Software, um das herum ein bisschen Plastik gepresst wurde.
Natürlich entspricht Tesla nicht unseren Qualitätsstandards. Aber Qualität zeichnet Wettbewerbsfähigkeit nicht mehr aus. Es ist ein sehr deutsches

Phänomen, dass Ingenieure die Software-Einheit führen. Bei Bosch oder bei Volkswagen haben auf der obersten Führungsebene alle beim selben Doktorvater promoviert. Wie soll jemand, der sein Leben lang Motoren entwickelt hat, verstehen, wie Software funktioniert? Wie soll da der Gedanke kommen, dass Software gar nicht so entwickelt wird wie ein Motor?

Aber es liegt doch eigentlich in der Natur der Sache, aus der Kernkompetenz heraus die digitalen Möglichkeiten weiterzuentwickeln. Soll man mit der Tradition brechen und auf der grünen Wiese neu anfangen?
Ich bin dafür, dass man echte Diversität anstrebt. Wenn sich ein Vorstand aus Maschinenbauern ein Software-Unternehmen hält, dann werden die Maschinenbauer maschinenbauerische Entscheidungen treffen. Es braucht also eine Diversität bei Entscheidungen, weil es eine andere Kernkompetenz ist, nativ Software zu verstehen. Tesla ist um die Software herum gebaut. Aber der Kernprozess eines deutschen Automobilunternehmens heißt PEP – Produkt-Entwicklungs-Prozess, der eine Hardwareentwicklung beschreibt. Alle Prozesse inklusive Marketing werden daraus abgeleitet und führen immer zu der Produktion einer Hardware. Das Besondere an Softwareentwicklung ist, dass Software in einer Hardware funktioniert, aber diese nicht genuin braucht. Volvo hat mit Polestar das erste Google-Auto auf Android entwickelt. Dass ein Auto vier Räder hat und gelenkt werden muss, das weiß auch ein Software-Ingenieur. Viel mehr muss er aber auch nicht wissen. Irgendwann ist das Auto einfach gut genug. Auch ein windschiefer Tesla ist gut genug, um von A nach B zu fahren. Die Software macht den Unterschied.

Die ganzen Vorbehalte, die wir gegen Elektromobilität haben, hat Tesla bereits ausgeräumt.
In der Automobilindustrie ist die Hardware-Seite aus-innoviert oder zumindest *good enough*. Die nächsten Sprünge wird man nur noch über die Software hinbekommen. Aber das entspricht nicht unseren Ingenieursvorstellungen. Weil wir in einem Wertschöpfungsmodell, das den Wert woanders setzt, nur wenig Erfahrung haben, innovieren wir die Hardware aus und können den inkrementellen Mehrwert nicht mehr in Zahlungsbereitschaft konvertieren. Wir werden erleben, dass sehr viele Menschen chinesische Elektroautos fahren werden. Am Ende ist jeder Volvo, den sich heute jemand kauft, ein chinesisches Elektroauto.

Aber wir haben noch eine industrielle Basis. In den USA ist die Plattform-Ökonomie nur deswegen so stark, weil sie keine industriellen Kerne mehr hat.
Ich sage ja nicht, dass man den industriellen Kern beseitigen muss, aber wir müssen in einem diversen Führungsmodell den Wert des Industriellen mit dem Zusatzwert des Digitalen ergänzen. Aber das schafft niemand.

Gibt es denn kein gutes Beispiel in Deutschland?
Bei Bosch funktioniert die E-Bike-Sparte mit Connected Bikes nur, weil sie nicht zu den Kern-Wertschöpfungsbereichen gehört und vieles ausprobiert werden konnte. Man hat dort verstanden, dass ein Fahrradcomputer mit Navi und Batterieanzeige eine feine Sache ist. Die E-Fahrräder sind in den letzten sieben Jahren von 40 Millionen auf eine Milliarde Umsatz gewachsen. Das ist inzwischen ein relevanter Wertbeitrag. Aber in ihrem Kerngeschäft haben sie es noch nicht geschafft. Es wird nicht reichen, wenn alle mit kleinen Insellösungen anfangen, sondern man muss sich die Frage stellen, wie eine fundamentale Transformation aussehen soll. Das heißt zum Beispiel, dass es für Software ein Vorstandsressort geben muss.

Aber Diversität allein wird auch nicht reichen, dass der Schalter umgelegt wird. Welcher Manager wird denn sein erfolgreiches Geschäftsmodell, das mittelfristig immer noch gut läuft, einfach aufgeben?
Wir müssen auf den breiten Mittelstand und auf die familiengeführten Unternehmen hoffen, weil es dort eine andere Art von Verantwortung dem Unternehmen gegenüber gibt. Die Otto Group hat zwei Rahmenbedingungen, die eine Transformation einfacher machen. Zum einen hatte sie nie eine Fabrik und musste nicht von Hardware auf Software transformieren. Sie war immer neutral und es war egal, wie und was gehandelt wird. Zum anderen ist die Ownership maximal in diesem Unternehmen verankert. Da steht am Ende jemand in der Verantwortung, der Otto heißt und dem das Unternehmen gehört. Deswegen kann man auch ein bisschen auf Deutschland hoffen. Ein gutes Beispiel ist das Unternehmen Goldbeck aus Bielefeld, das beim softwaregetriebenen Bauen sehr gut vorankommt. Diese Verantwortungsunternehmen sind in der Lage, sich schneller umzudrehen als zum Beispiel eine Lufthansa.

Weil bei diesen Familienunternehmen der Inhaber alles auf eine Karte setzen und den großen U-Turn machen kann?
Wir haben zum Glück auch sehr große Familienunternehmen. Dieter Schwarz – der Eigentümer von Lidl – hat zum Beispiel über drei Milliarden investiert, um Cloud-Anbieter zu werden, und hat sich ein Cyber-Security-Unternehmen in Israel gekauft. Er geht da voll rein. Ein börsengelisteter Konzern würde sich das nicht trauen. Dieter Schwarz ist jetzt Digitalunternehmer, mit 82 Jahren. Er versteht, dass da der Opportunitätsraum ist und dass dieses Pendel einfach umschwingt. Aber auch hier kommt wieder die Marktneutralität eines Händlers dazu: Das Vermitteln von Dingen ist das Geschäftsmodell. Und Software vermittelt auch Dinge. Ich bin sehr begeistert, mit welcher Entschlossenheit Dieter Schwarz agiert. Natürlich gibt es auch Familienunternehmen, die glauben, dass sie sich nicht ändern müssen oder die an das Falsche glauben und darin eine unfassbare Stabilität entwickeln. Aber grundsätzlich denke ich, dass in Deutschland und Europa von diesen Familienunternehmern die

Energie für Transformationen herkommt. Das hat wieder etwas mit Werten zu tun.

Von den großen Konzernen erwarten Sie also keine besonderen Innovationen und setzen dagegen große Hoffnungen in den Mittelstand. Welche Rolle spielen denn Startups? Die digitalen Champions der USA haben alle einmal als Startup angefangen.
Das ist stark mit den Rahmenbedingungen der Finanzierung verknüpft. Wenn nicht genug Geld verfügbar ist, holen sich europäische Gründer irgendwann eine amerikanische Finanzierung oder verkaufen an ein amerikanisches oder chinesisches Unternehmen. Solange das attraktiver ist, als mit lokalem Geld richtig groß zu werden, wird es keine fundamental regionale Digitalindustrie geben, von den seltenen Ausnahmen eines Pizzalieferservices abgesehen.

Aber wie können wir die Industriegesellschaft in Deutschland oder in Europa tatsächlich so weit transformieren, dass die Software die Oberhand gewinnt?
Ich glaube, dass drei Dimensionen wichtig sind: Zunächst brauchen wir die richtigen Rahmenbedingungen in Europa, die durch einen integrierten digitalen Binnenmarkt eine stärkere Wettbewerbsfähigkeit ermöglichen. Die zweite Dimension sind die Förderpolitik und der Kapitalzugang. Da gibt es inzwischen mit der KfW Capital und dem European Green Deal eine enorme Bewegung. Das Thema Bildung und die Entwicklung der besten Talente bilden die dritte Dimension. Uns würde gut zu Gesicht stehen, wenn wir endlich anerkennen würden, dass Deutschland ein Einwanderungsland ist und wir uns im Wettbewerb um die besten Talente der Welt befinden. Unsere gesamte Gesellschaft könnte davon profitieren, ein Amalgam aus unterschiedlichen Kulturen mit einer positiven Haltung zu werden. Wir können es uns auch nicht weiter leisten, dass Menschen von der ersten bis zur zwölften oder dreizehnten Klasse nichts mit digitaler Technologie zu tun haben und eher zu Anwendern statt zu Entwicklern von neuen Technologien ausgebildet werden. Auch die Organisation von berufsbegleitender Weiterbildung ist relevant, um eine Bevölkerung auszubilden, die für ein digitales Zeitalter optimal aufgestellt ist. Wenn wir Bewegung in diese drei Dimensionen bekommen könnten, dann würde das schon laufen. Allerdings kann ich momentan im politischen Raum keine kohärente Strategie zu einer digitalen Demokratie erkennen. Wir sind eine Gesellschaft, die glaubt, dass sie mehr zu verlieren als zu gewinnen hat. In einem positiven Fortschrittsnarrativ könnte sehr viel Kraft stecken. Unser Land braucht ein positives Narrativ, das unsere Erfolgssträhne fortschreibt. Der Fortschritt hat dieses Land immer vorangetrieben; wir müssen dringend einen digitalen Anschluss an diese Fortschrittsgeschichte finden, denn es reicht für unsere Volkswirtschaft nicht aus, einfach weiter zu innovieren, was vor über hundert Jahren erfunden wurde. Das trägt uns nicht ins 22. Jahrhundert.

»Gesellschaften transformieren sich immer nur unter Zwang«

Der streitbare Sozialpsychologe und Gründungsdirektor der Stiftung Futurzwei warnte öffentlichkeitswirksam vor einer Eskalationsdynamik der Gewalt im Ukraine-Krieg und kritisierte die Medien für den Herdentrieb der Journalisten, die eine regierungsnahe Meinungshegemonie in der Öffentlichkeit herstellen und abweichenden Positionen zu wenig Raum geben würden. Doch um die Nachhaltigkeit und die digitale und kulturelle Transformation durchzusetzen, müssten Medien und Politik neue alternative Narrative entwickeln, die die Bevölkerung von der Notwendigkeit des Wandels überzeugen.

Herr Professor, Sie sind Soziologe und Experte für gesellschaftliche Transformation. Wie nehmen Sie die Otto Group im Bereich Digitalisierung und kulturelle Transformation wahr?

Ich fange erst einmal auf einer ganz anderen Ebene an, nämlich als Kind der Bundesrepublik. Im Grunde genommen hat die Marke OTTO Menschen meiner Generation ein Leben lang begleitet. Das Image von OTTO wurde mit dem Slogan „Otto ... find' ich gut" später auf den Punkt gebracht und zum geflügelten Wort. Der OTTO-Katalog gehörte wie der VW-Käfer zur Lebensgeschichte in Westdeutschland dazu. Durch die Nachhaltigkeitsthemen und die Person Michael Otto, der den Typus des gemeinwohlorientierten, ehrbaren Kaufmanns verkörpert, ist es dem Unternehmen gelungen, sich auch kulturell in einer Sozialen Marktwirtschaft zu verorten. Von diesem Markenimage profitiert das Unternehmen noch heute. Und dass es diesem Unternehmen gelungen ist, die digitale Transformation erfolgreich zu bewältigen, ist bemerkenswert. Amazon ist das genaue Gegenteil. Jeff Bezos ist der libertäre Unternehmertypus in einer hoch individualisierten Gesellschaft. Kontrastiver könnte das kaum sein. Umso bemerkenswerter ist, dass das Geschäftsmodell von OTTO trotzdem funktioniert, auch wenn es notwendigerweise mit vielen Zielkonflikten verbunden ist. Und jetzt stehen wir mit der Deglobalisierung und den energiepolitischen Problemlagen vor einem noch viel tiefer greifenden Wandel, als wir noch vor wenigen Jahren vermutet hätten. Es ist interessant, wie volatil tatsächlich die Gegenwart geworden ist. Wenn man es kulturpessimistisch betrachtet, könnte man vermuten, unsere wunderbaren westlichen, liberalen Rechtsstaaten sind ein Auslaufmodell, weil das Krisenaufkommen zu vielfältig und zu groß geworden ist.

Auch Deutschland ist als Exportweltmeister am Ende. Die niedrigen Energie-
preise, die das Geschäftsmodell der Deutschland AG erst ermöglicht haben, fallen
weg. Und gleichzeitig sorgt die Deglobalisierung dafür, dass wichtige Absatz-
märkte, vor allem in China, wegbrechen.

Die Einschläge kommen nicht nur näher, sondern sind bereits „all over the place". Aber gleichzeitig sind wir vom Lebensstandard her eine Insel der Glückseligkeit. Zu Nachkriegszeiten, als der OTTO Versand gegründet wurde, waren diese Form des Lebensstandards und die Weltreichweite unvorstellbar. Jetzt blubbern wie in einem Teich überall die Blasen hoch und man fragt sich, was als nächstes kommt. Von Familienunternehmen und anderen Traditionen abgesehen, ist die kapitalistische Kultur sehr kurzsichtig, während Geschichte dagegen in langen Wellen verläuft. Es ist ein naiver Glaube, dass unser Spiel einfach so weitergehen könnte und wir es nur mit guten Argumenten ein bisschen transformieren müssten. Tatsächlich verändern sich Gesellschaften, insbesondere erfolgreiche, nie aus Einsicht, sondern immer nur unter Zwang. Das muss man sich wieder vergegenwärtigen. Die nachhaltige Wirkung von erratischen Ereignissen, wie zum Beispiel dem Ukraine-Krieg, ist ungeheuer groß. Aus der Geschichte wissen wir, dass die Pest die moderne Verwaltung erst hervorgebracht hat und was die Kriegsfolgen des Ersten Weltkriegs waren – bis hin zur Entzivilisierung im Nationalsozialismus. Aber wir sind nach wie vor in der Hochphase der Globalisierung in dem Modus Operandi, dass alles so bleiben könne und sich durch Steigerung noch weiter verbessere. Aber durch die Renaissance des Imperialismus und aus ökologischen Gründen funktioniert dieses Modell nicht mehr. Ich habe die verwegene Theorie, dass es einen Zusammenhang zwischen dem Imperialismus und den Problemen des 21. Jahrhunderts gibt.

Imperialismus verstehen Sie nicht im militärischen Sinne, sondern in dem Sinne,
dass der Kapitalismus alle Lebenswelten imperialistisch kolonialisiert und auch
Wasser und Luft finanzialisiert?

Nicht nur das. Durch die Folgen der Erderhitzung haben wir Bodenverluste, Artensterben, Wasser- und Überfischungsprobleme. Wenn man nationalistisch denkt, dann ist es unter Überlebensgesichtspunkten notwendig, genug Land und Ressourcen für seine eigenen Leute zu haben. Das ist dann kein universalistisches Konzept, sondern ein partikulares. Dafür steht der radikale Nationalismus. Der klassische Topos der chinesischen und der russischen Politik ist seit vielen Jahren die Landnahme. Man nimmt sich das, was man braucht, und Machtüberlegenheit und militärische Stärke werden plötzlich wieder sehr interessant – besonders dann, wenn durch Klimawandel und andere ökologische Probleme die Überlebensräume schwinden. Geschichte funktioniert ja nicht so, dass den handelnden Subjekten immer bewusst ist, was der größere Rahmen ihres Handelns ist. Putin führt den Krieg nicht wegen der Erderhitzung, und natürlich ist Russland auch vorher schon ein räuberisches System gewesen. Aber wenn die Überlebensressourcen weniger werden, wird eine Gesellschaft, die die Modernisierung verpasst hat, räuberischer und trachtet nach mehr Einflusssphäre, die man berauben kann.

Aber der westliche Kapitalismus ist auch räuberisch. Deshalb nennt man ihn auch manchmal „Raubtierkapitalismus".

Ja, natürlich ist er räuberisch und so kurzsichtig, dass er anfängt, seine eigenen Voraussetzungen zu konsumieren. Das Ergebnis ist eine geopolitische Umfiguration, die alle völlig irritiert und mit einem Affekt einhergeht, der nichts mit politischer Souveränität zu tun hat. Man ist empört über Putin, weil er bestimmte Karten spielt, gegen die man keine Trümpfe hat. Das sind alles Elemente, die dieses 21. Jahrhundert entgegen allen Selbstverständlichkeitserwartungen sehr stark prägen und wo es ernsthaft noch kein Konzept gibt, wie wir unser zivilisatorisches Modell aufrechterhalten können, wenn diese Druckfaktoren immer größer werden. Für internationale Handelsunternehmen ist das auch eine riesige Herausforderung.

Wir sind jetzt mitten im 19. Jahrhundert aufgewacht und werden plötzlich von all den Klima- und Genderdiskussionen auf ganz materielle Fragen, wie zum Beispiel die Höhe des Benzinpreises, zurückgeworfen. Auch die kalifornische Ideologie der Hightech-Gurus aus dem Silicon Valley ist von einem Tag zum anderen in eine existenzielle Krise gerutscht. Wie können wir jetzt noch über Digitalisierung reden, wenn wir überhaupt nicht wissen, ob wir morgen noch mit China Geschäfte machen? Dadurch werden doch die Prioritäten enorm verschoben.

Die technologische Transformation, die alle gesellschaftlichen Bereiche durchdringt, wird sich nicht fundamental verändern. Es sei denn, der Strom bleibt komplett weg, denn ohne Strom ist digitale Technologie gar nichts. Was sich eher verändern wird, sind die Geschäftsmodelle. Als Bewohner dieser glücklichen Insel haben wir bei allem kritischen Bewusstsein gerne in Kauf genommen, dass wir in einer Externalisierungsgesellschaft leben. Wir leben nicht über unsere Verhältnisse, sondern über die Verhältnisse anderer. Aber eine Externalisierungsgesellschaft ist, wie wir gerade merken, eine höchst verwundbare Gesellschaft. Wir haben kein vernünftiges Konzept, wie wir ökonomisch, ökologisch, sozial-, gesellschafts- und geopolitisch mit den Folgen des Ukraine-Krieges umgehen sollen. Wir haben uns darüber nie den Kopf zerbrochen, weil es in den letzten 70 Jahren so wunderbar funktioniert hat.

Deswegen bleibt die Bevölkerung gerade in Westeuropa und in Deutschland sehr gelassen. Im Grunde will hier niemand in irgendetwas hineingezogen werden.

Auch die Amerikaner werden bei einem aussichtslosen Krieg einen Teufel tun, an ihren Zielen festzuhalten. Nachdem die Republikaner jetzt die Mehrheit im Repräsentantenhaus erobert haben, wird es für Präsident Biden sehr viel

schwieriger, die Ukraine weiter vorbehaltlos und mit viel Waffen und Geld zu unterstützen.

Aber die USA treiben Russland in die Arme von China und erhöhen zugleich die Rhetorik gegen China in der Taiwanfrage. Das bedeutet einen Zweifrontenkrieg – wo soll das enden?
Nach dem G20-Gipfel auf Bali konnte man schon deutliche Absetzbewegungen von China gegenüber Russland erkennen. Aber die Politik der USA und des Westens ist überheblich. Es ist nicht das erste Mal in der Geschichte, dass man in grenzenloser Selbstüberschätzung agiert. Man wiegt sich in der falschen Gewissheit, dass das kulturelle Konzept des Westens noch trägt, obwohl es doch schon längst erodiert. Das erinnert an den Zusammenbruch der Sowjetunion. Wir hätten damals nie damit gerechnet, dass die Sowjetunion ohne Krieg und Gewalt von der Weltbühne abtritt. Aber der Erosionsprozess hatte schon zwanzig Jahre lang in der Tiefe gewirkt und das System als solches war nicht mehr tragfähig – wie ein Haus, das von Termiten befallen wurde. Es steht noch lange da, als sei gar nichts – und dann bricht es einfach in sich zusammen. Es könnte sein, dass das mit uns nicht viel anders ist. Die Erfolgsfalle ist unser großes Problem, weil wir – eigentlich lächerlich – glaubten, dass durch den von Francis Fukuyama propagierten Siegeszug der liberalen Demokratie die Geschichte der Menschheit schon entschieden wäre. Deshalb haben wir keine Antworten auf die heutigen Fragen. Die Unsicherheit der Menschen wird größer und sie spüren, dass das System zunehmend vibriert.

Das ist eine soziale Verunsicherung auf sehr hohem Niveau. Mit diesen Erdbeben kommen jetzt auch tektonische Verschiebungen, die die letzten Gewissheiten der Sozialen Marktwirtschaft in Frage stellen.
Wir haben diese Erfahrung noch nicht gemacht. Wir haben den Zusammenbruch des Ostblocks und die Wiedervereinigung erlebt. Das war eine relativ sanfte Erfahrung. Wir haben im gesellschaftlichen Normalbewusstsein zwei komplette Generationen ohne existenzielle Krisenerfahrung, von den Armen einmal abgesehen. Kein Mensch kann sich vorstellen, dass es keinen Sprit mehr gibt, das Licht nicht mehr angeht oder Bomber über Deutschland fliegen. Im mentalen Haushalt hat das keinen Platz. Der Lockdown in der Pandemie war auch für meine Generation die erste Nichtnormalitätserfahrung. Dann kommt der Ukraine-Krieg zwei Jahre später dazu und plötzlich stehen auch die vorherigen Krisen nicht mehr als vereinzelte Ereignisse da. Da weiß man nicht, wie die Menschen reagieren. Auch dem Ersten Weltkrieg ist eine lange Stabilitäts- und Globalisierungsphase vorausgegangen.

Die globale wirtschaftliche Verflechtung war damals sogar noch höher als heute. Wenn man die damalige Kriegsbegeisterung und den Nationalismus der

Intellektuellen betrachtet, die diese Eruption von Gewalt abfeierten, dann fragt man sich, wie würde das denn heute aussehen? Insofern glaube ich, dass die nichtlinearen Ereignisse in der Geschichte jederzeit möglich sind. Wir hatten das Glück, dass sie bei uns bisher nicht geschehen sind, im Unterschied zu vielen anderen Teilen der Welt. Wir sind verinselt und hoffen, es wird schon irgendwie gutgehen. Es ist eine interessante Frage, was die Deglobalisierung für einen entwickelten Kapitalismus bedeutet.

Die internationale Arbeitsteilung hat ja nicht nur die Exportländer reich gemacht, sondern auch zum Beispiel 700 Millionen Chinesen aus der absoluten Armut befreit. Es ist also nicht nur so, dass unser kapitalistisches Modell des Westens in Frage gestellt wird, sondern dass auch Schwellenländer wie China und Latein-amerika vom Weltmarkt abgeschnitten werden, wenn die internationale Arbeits-teilung beendet wird.
Vielleicht entstehen dort die zukunftsfähigen Modelle. Das durchschnittliche Bildungsniveau ist global angewachsen. Die internationale Arbeitsteilung ist auch im Sinne der Spezialisierung dort angekommen. Kompetenzen haben sich entwickelt, es gibt ein anderes Ressourcenbewusstsein, die absolute Armut ist deutlich gesunken und vieles andere hat sich verbessert. Insofern kann man die Welt von 2022 nicht mehr mit der von 1914 vergleichen. Heute haben wir eine andere Konstellation und wir wissen nicht, was daraus entsteht und welche Formen von neodemokratischen oder barbarischen Gesellschaften sich durch-setzen werden. Das ist alles offen.

Wenn sich Gesellschaften nur unter Zwang verändern, was bedeutet das denn für all unsere Transformationsvorhaben?
Die sind erst einmal eine große Illusion. Die Urschrift der großen Illusion ist das Gutachten des *Wissenschaftlichen Beirats der Bundesregierung Globale Umweltveränderungen* von 2011, der *Gesellschaftsvertrag für eine große Trans-formation*, der nach der neolithischen und der industriellen Revolution den Wandel von der fossilen zur postfossilen Gesellschaft verkündete. Man kann durch Diskurse und damit auch politisches Handeln Gesellschaften moderat beeinflussen. Aber wenn es materiell nicht funktioniert, dann erweisen sie sich als Scheingefechte. In so einer Situation befinden wir uns gerade. Und wenn man jetzt darauf zurückkommt, was sowohl vonseiten des Staates als auch vonseiten der Unternehmen rational wäre, fällt einem nicht viel mehr als Resilienz ein. Man muss auf Gewinne verzichten, um Robustheit herzustellen. Und Gewinne meint dann nicht nur Geld, sondern auch Zuwächse an Welt-reichweite oder gefühlter Lebensqualität. Wenn man es positiv formuliert, geht die Exaltiertheit flöten, aber dafür kommt vielleicht ein Kernelement von Nachhaltigkeit ins Spiel, nämlich Robustheit, Gelassenheit, Verlässlichkeit. Ich habe es immer für einen Irrtum gehalten, Nachhaltigkeit mit Effizienz-erhöhung zu verwechseln.

Effizienz ist aber der Begriff, auf den sich der Ingenieur, der Umweltschützer und der Controller einigen können.
Ja, darauf können sich alle verständigen. Aber das halte ich für einen Irrtum. Der Kölner Dom zum Beispiel ist nicht effizient. Der Bau dauerte hunderte Jahre. Aber er ist extrem nachhaltig. Der Nachhaltigkeitsdiskurs wird sehr verkürzt, wenn man ihn auf Effizienzerhöhung zu reduzieren versucht. Stattdessen braucht es ein neues Kulturkonzept, dem andere Parameter wie zum Beispiel Robustheit zugrunde liegen.

Es geht also um eine kulturelle Verankerung und nicht um eine technologische oder bürokratische Sichtweise?
Wir können zwar Technologien und Künstliche Intelligenz als Instrumente einsetzen, um Nachhaltigkeitsziele zu unterstützen. Aber das kulturelle Konzept ist viel entscheidender. Der Begriff „Abfall" ist eine Innovation des 20. Jahrhunderts, vorher gab es keinen Abfall. In Zunftordnungen aus der Neuzeit findet man ausdifferenzierte Profile von Lumpensammlerberufen und hochspezialisierte Professionen, die nur gebrauchte Materialien bearbeiten. Es gibt Formen von Produktionsgemeinschaften, die über Jahrhunderte hinweg wunderbar funktionierten. Vielleicht muss man dem Ganzen tatsächlich eine viel größere Robustheit zugrunde legen. Und diese Robustheit ist keine, die technologisch von Ingenieuren bereitgestellt wird, sondern ein Kulturkonzept, an dem man sich orientieren kann. Selbst eine westdeutsche Gesellschaft der 1960er Jahre war nachhaltiger als die heutige, einfach weil man viel weniger Energie verbrauchte und viel weniger Abfall produzierte. Es gibt heute keine kulturell verankerte Praxis der Nachhaltigkeit.

Aber diese ständisch organisierte Subsistenzwirtschaft, die es damals im Mittelalter und bis weit in das 19. Jahrhundert auch in Deutschland noch gab, war ein komplett anderes Wirtschaftsmodell, bevor der Kapitalismus alle Lebensverhältnisse durcheinanderwirbelte, wie Karl Marx es so schön beschrieben hat. Diese Subsistenzwirtschaft war rückständig, weil sie gar nicht in der Lage war, den Mehrwert zu produzieren, den man dann verteilen konnte. Das kann doch nicht unser Vorbild sein?
Nein, aber wenn wir die kulturelle Praxis einer nachhaltigen Gesellschaft entwickeln wollen, sollten wir erfolgreiche Praktiken für den Bestand einer Gesellschaft betrachten. Wir brauchen eine Archäologie nachhaltiger Praktiken.

Der Kapitalismus ist kein fester Kristall, sondern extrem wandlungsfähig. Er saugt flexibel alle kulturellen Trends auf, er macht aus allem ein Geschäft, er finanzialisiert jetzt sogar das Wasser und die Luft. Die Emissionszertifikate sind nichts weiter als die Finanzialisierung von Atemluft. Warten Sie auf den endgültigen Zusammenbruch des Kapitalismus?

Nein, ich habe ja nicht gesagt, dass der Kapitalismus zusammenbricht, sondern möglicherweise der westlich-liberale Typus von Gesellschaft, was noch viel schlimmer wäre. Den Kapitalismus halte auch ich für grandios geschmeidig. Deshalb verfolge ich die möglicherweise illusionäre Vorstellung, dass es einen nicht-zerstörerischen Kapitalismus geben könnte, zum Beispiel indem man Kosten internalisiert oder stärker auf das Gemeinwohl orientiert.

Der Schlüssel zur Transformation liegt also in den kulturellen Parametern und Werten. Welche Instrumente stehen einem in der heutigen Mediengesellschaft zur Verfügung? Wie können wir eine kulturelle Transformation ermöglichen? Sie sagen, Diskurse kann man beeinflussen, sie sind aber dann doch nicht so geschichtsmächtig …
… und man kann sehr lange reden und das mit Handeln verwechseln. Erst ein starkes Momentum von außen kann die Verhältnisse zum Tanzen bringen. Ich glaube, dass der Nachhaltigkeitsdiskurs relativ früh falsch abgebogen ist und die gesellschaftliche Modernisierung insgesamt aus dem Blick verloren hat. Die Entwicklung der ganzen Nachhaltigkeitsbewegung reduziert das Problem auf CO_2. Und wundersamerweise haben wir genau dafür auch die technologischen Möglichkeiten. Das ist eine Entpolitisierung und Entkulturalisierung des Nachhaltigkeitsthemas.

Aber wie kann man in unserer Medienlandschaft Diskurse organisieren und gleichzeitig mitbedenken, dass Diskurse auch nur eine begrenzte Reichweite haben?
Indem man beharrlich versucht, andere Geschichten zu erzählen. Das ist die Konsequenz, die ich aus dieser Entpolitisierung und Entkulturalisierung des Nachhaltigkeitsdiskurses gezogen habe.

Interessieren sich die Medien überhaupt dafür, andere Geschichten zu erzählen? Sie haben in Ihrem gemeinsamen Buch mit Richard David Precht den Herdentrieb der Journalisten kritisiert, die eine regierungsnahe Meinungshegemonie in der Öffentlichkeit herstellten. Medien machten Politik, statt sie kritisch zu analysieren, übten Erregung statt Reflexion in Anpassung an „Direktmedien" wie Twitter, sie personalisierten, polarisierten, moralisierten, vereinfachten. Und sie bildeten die Weltsicht eines wesentlichen Teils der Bevölkerung nicht mehr ab. Wie sollen sich da alternative Narrative kraftvoll entfalten?
Wir müssen andere Geschichten erzählen und dort ansetzen, wo die vitalen Interessen der Menschen berührt sind. Momentan fehlt das Format, weil ihnen nur Verzicht gepredigt wird. Man muss den Leuten auch sozialpsychologisch eine Perspektive geben und Gestaltungsmöglichkeiten aufzeigen. Zum Beispiel hat die Bewegung *Fridays for Future* ein sehr großes Potenzial und es hat mich sehr fasziniert, wie viele unglaublich kluge Leute sich da engagieren. Und diesen Menschen muss man weitaus mehr anbieten als die Nachhaltigkeitskommunikation der letzten fünfzig Jahre.

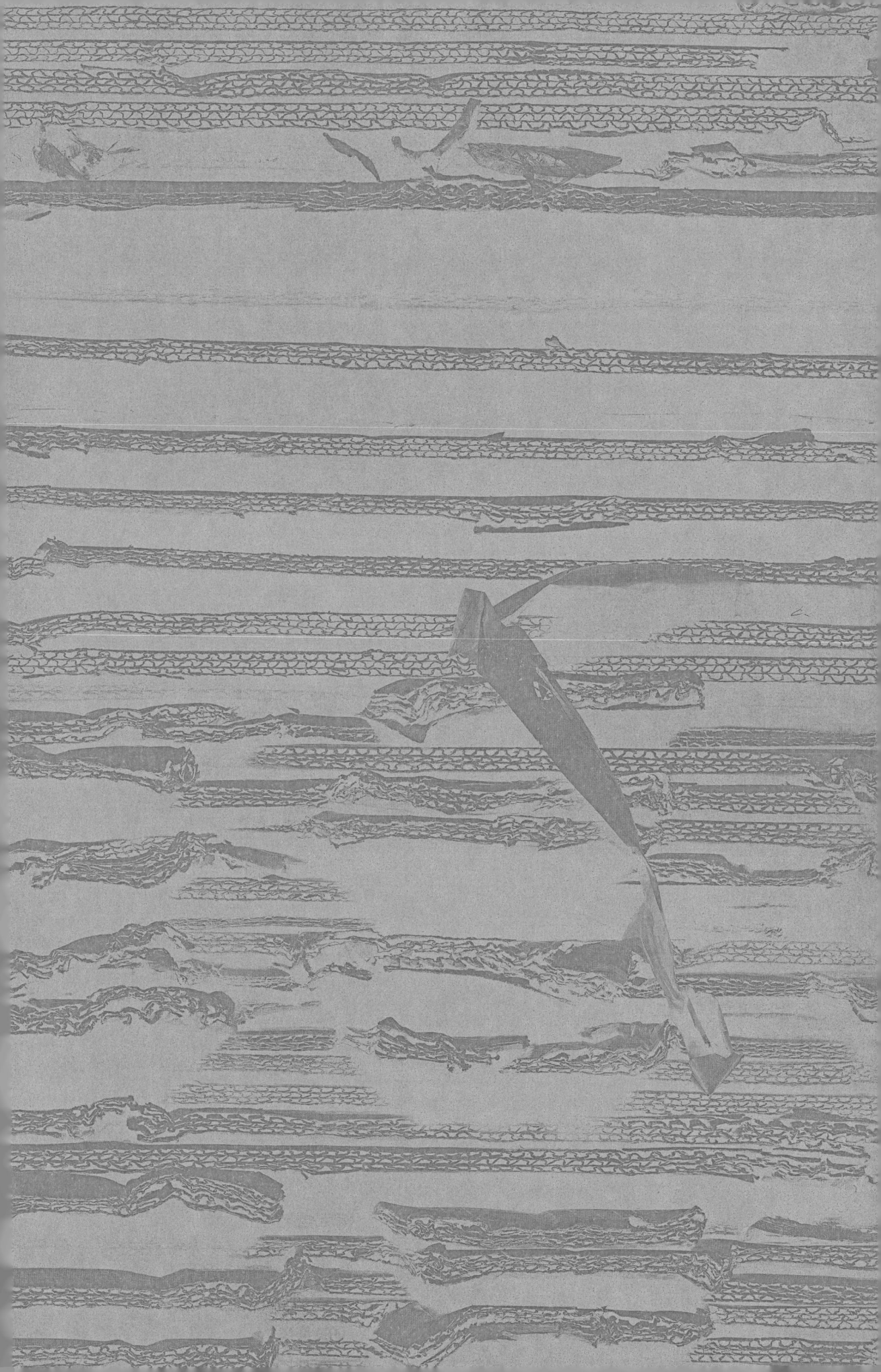

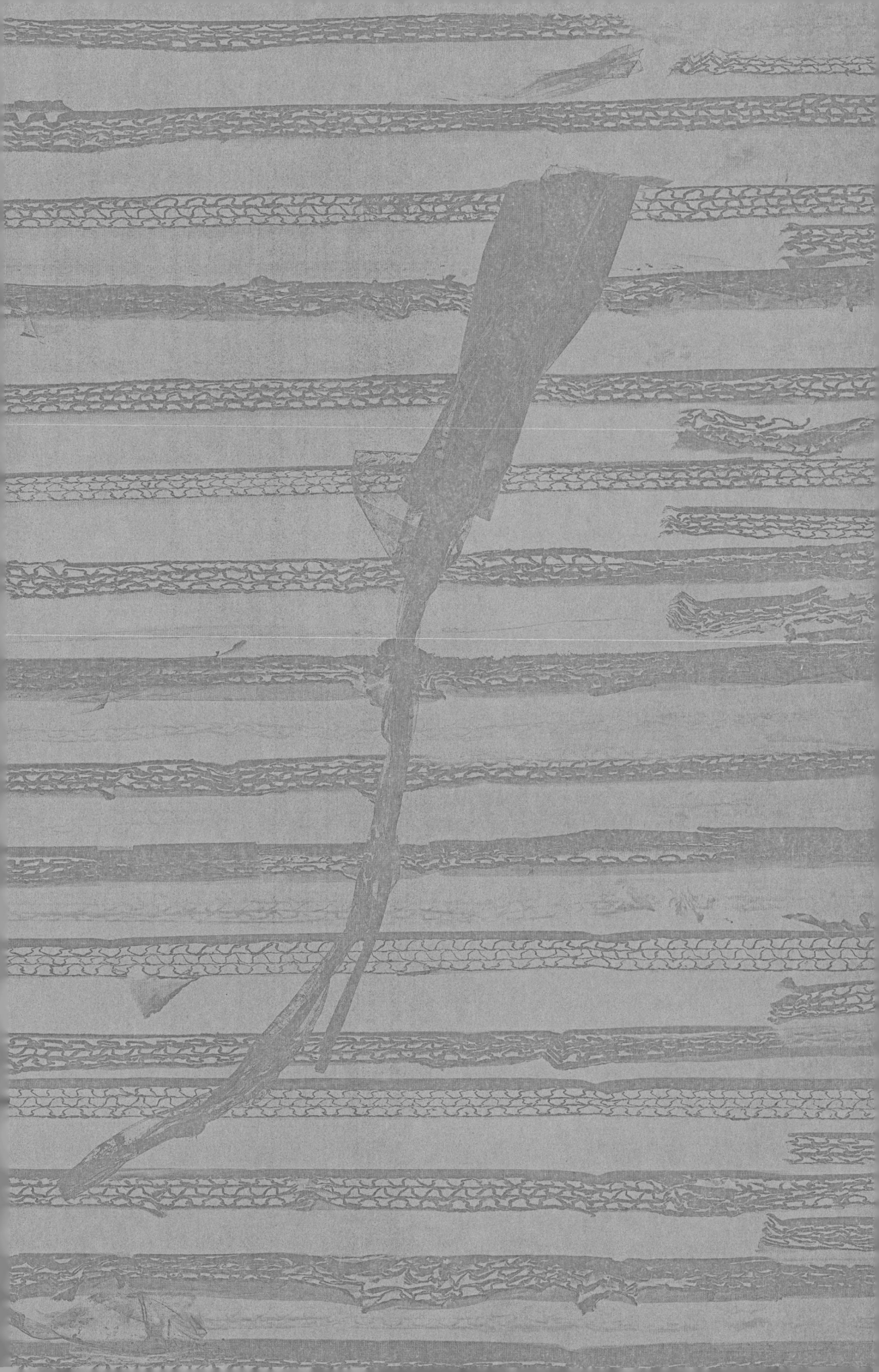

Es geht also darum, Narrative neu zu begründen und Geschichten zu erzählen, um kulturelle Werte im Hinblick auf Nachhaltigkeit und Digitalisierung zu verankern.
Ich würde es noch schärfer sagen. Der kulturelle Faktor ist entscheidend. Der Kapitalismus ist letztlich auch nur ein Kulturmodell, aber leider eins, das systemisch unverantwortlich und zerstörerisch mit der Welt umgeht. Es konnte deswegen so erfolgreich sein, weil der individuelle Nutzen, der auf dieser Zerstörung basiert, sehr groß ist. Die Zerstörung muss allein schon im Interesse des Kapitalismus aufhören. Aber das kann man nicht durch Wertepredigten erzielen, sondern durch faszinierende Geschichten. Warum ist Elon Musk so erfolgreich? Weil er eine tolle 1950er-Jahre-Geschichte erzählt.

Seine Narrative mobilisieren Milliarden, genauso wie Raymond Kurzweil mit seinem Narrativ der Künstlichen Intelligenz und der technologischen Singularität. Es sind tradierte Geschichten ...

... die den Menschen auch ins Verhältnis zu den Maschinen setzen.
Das sind Fantasien einer utopischen technoiden Moderne. Das ist Walt Disney. Aber das wirkt durch Storytelling, eine Art Nostalgie-Futurismus. Alles, was Musk entwickelt, vom Hyperloop bis zur Marsrakete, entstand als Utopie in den 1950er Jahren. Da sehen wir die Kraft von Geschichten. Unser Versagen in Sachen Nachhaltigkeit liegt darin, dass wir keine besseren Geschichten entwickelt und erzählt haben.

Plädieren Sie für einen aufgeklärten Populismus, weil die Menschen keinen rationalen Argumenten folgen?
Nein, das ist doch kein Populismus. Ich meine, auch die allgemeine Erklärung der Menschenrechte ist eine Geschichte. Alle Segnungen der Moderne sind eine Geschichte. Wir verstehen uns selbst und wir verstehen die andern im Modus von Geschichten. Und deshalb ist das nicht Populismus, sondern es ist die Frage, welche Geschichte ist eine populäre und damit wirkmächtige Story, die man erzählen kann.

Und was wäre eine wirkmächtige Story?
Eine Geschichte mit handelnden Personen. Greta Thunberg ist eine richtig starke Geschichte. Das Mädchen, das sich mit einem Pappschild vor das Parlament setzt und eine weltweite Bewegung auslöst, das ist eine tolle Geschichte. Die ist so unwahrscheinlich, dass sie überhaupt niemand hätte erfinden können. Und deshalb sind diese Kids, die die Schule schwänzten, ein Teil einer sehr wirkmächtigen Story. Und so werden soziale Bewegungen wirkmächtig.

Was heißt das denn jetzt für die kulturelle Transformation im Hinblick auf die Digitalisierung? Wie können wir denn das Thema Digitalisierung, das mit so vielen Ängsten verbunden ist, verankern? Auch am Arbeitsplatz wird die Maschine als *übergriffig erlebt, als Bedrohung, sowohl als Algorithmus, aber auch als Roboter in der Fabrik. Solange die Menschen das Gefühl haben, dass die Maschinen uns überlegen sind, werden sie da nicht mitmachen.*

Wenn man beginnt zu verstehen, dass Digitalisierung nichts anderes ist als ein Werkzeug – Kultur, Gesellschaft oder ein politisches System sind jeweils die unabhängige Variable, und Digitalisierung ist die davon abhängige Variable. Dann kommt man auch aus dem Dilemma heraus, die Digitalisierung und ihre Folgen entweder zu dramatisieren oder sie als alleinseligmachend abzufeiern. Ich kann mit mehr oder weniger demselben Algorithmus eine Gesichts- oder eine Tumorerkennung machen. Was ich aus der Technologie mache, ist eine kulturelle und gesellschaftliche Entscheidung.

Und wie müsste ein Narrativ aussehen, das die Menschen dazu motiviert, die Chancen der Digitalisierung zu nutzen, aber die Risiken zu vermeiden?

Risiken vermeiden kann man nicht. Technologie ist immer mit Risiken verbunden. Man muss damit rational und realistisch umgehen. Aber man kann den Technikeinsatz an normative Zwecke binden, ob man also von schlechter Arbeit entlastet wird, ob Arbeitszeit reduziert werden kann oder ob man wie zum Beispiel in der Medizin unglaubliche Fortschritte erzielen kann. Das ist dann eben nicht mehr Elon Musk und seine 1950er-Jahre-Erzählung, sondern eine zivilisatorische Erzählung. Wie benutzen wir dieses Instrument, um übergeordnete Ziele zu erreichen? Weniger Krankheit, weniger Tote, weniger Gewalt, weniger Arbeitsmühe. Wir brauchen ein europäisches Gegenmodell zum raubtierhaften amerikanischen Datenkapitalismus auf der einen Seite und der chinesischen Kontrolldatendiktatur auf der anderen Seite. Der europäische Weg muss an die Werte der Sozialen Marktwirtschaft geknüpft werden. Das wäre ein erfolgversprechendes Narrativ. Die muss aber sitzen, diese Erzählung. Das darf keine Ja-Aber-Erzählung sein.

KAPITEL IV
Soziale Verantwortung

MICHAEL OTTO

Die Wirtschaft muss den Menschen dienen und nicht umgekehrt

Unternehmen sind elementarer Teil der Gesellschaft. Folglich haben jedes Unternehmen und jeder Unternehmer neben der wirtschaftlichen auch eine soziale Verantwortung. Ich bin – nicht zuletzt als Hanseat – ein Anhänger des in Europa über Jahrhunderte gewachsenen Leitbilds vom ehrbaren Kaufmann, der redlich, aufrichtig, anständig und vertrauensvoll agiert. Dabei ist das *Prinzip der sozialen Verantwortung* kein Luxus, den man sich in guten Zeiten leisten und in schlechten abwählen kann, sondern der Kern jedes Geschäftsmodells, das den Kunden in den Mittelpunkt stellt.

Das *Prinzip der sozialen Verantwortung* ist die andere Seite der Medaille des *Prinzips der Kundenorientierung.* Denn Kunden werden nur dann zufrieden und begeistert sein, wenn hochmotivierte und qualifizierte Mitarbeitende ihre beste Leistung erbringen. Es ist deshalb kein von Gnaden gewährtes Almosen, sondern entspricht dem Eigeninteresse eines kundenorientierten Unternehmens, dass es seine Mitarbeitenden wertschätzt, die hervorragende Leistungen und damit die Erfolge im Markt erbringen. Gute Bezahlung für gute Arbeit, faire Bedingungen und Aufstiegschancen für alle und eine inklusive Umgebung, die einen sicheren und diskriminierungsfreien Raum für vielfältige Lebensentwürfe bietet, und vieles mehr sollte nicht im Gegensatz von Kapital und Arbeit mühsam errungen sein, sondern muss ganz selbstverständlich gemeinsam entwickelt werden, um die besten Talente an das Unternehmen zu binden und weitere zur Mitarbeit zu überzeugen.

Das gilt nicht nur für das eigene Unternehmen, sondern für alle Unternehmen, die in einer Lieferkette für dieses Unternehmen arbeiten. Man muss auch von seinen Lieferanten und Partnern erwarten und es gegebenenfalls auch durchsetzen und kontrollieren, dass sie gleichermaßen sozial mit ihren Mitarbeiterinnen und Mitarbeitern umgehen. Für mich persönlich kommt hinzu, dass jeder Unternehmer tagtäglich die Wirkung seines unternehmerischen Handelns nicht nur auf den Menschen, sondern auch auf die Natur überprüfen muss. Das ist eben auch soziale Verantwortung, denn ohne die natürlichen Lebensgrundlagen ist die soziale Gemeinschaft nicht lebensfähig. Und wir glauben, dass unsere Kunden es schätzen, wenn wir unsere Mitarbeitenden fair bezahlen, uns dafür verantwortlich fühlen, woher die Waren kommen, und dass die Umwelt nicht mehr als nötig beansprucht wird. Deshalb ist ein fester Bestandteil unserer Unternehmenskultur der Respekt vor Mensch und Natur (*siehe auch Kapitel „Ökologische Verantwortung", Seite 221*).

Das *Prinzip der sozialen Verantwortung* ist also gar nicht so uneigennützig, wie es scheint, sondern eine elementare Voraussetzung, denn ohne exzellente Mitarbeiterinnen und Mitarbeiter wird kein Unternehmen auf Dauer am Markt erfolgreich sein. Um Höchstleistungen zu erbringen, brauchen Mitarbeiterinnen und Mitarbeiter das Gefühl, dass verantwortungsvoll mit ihnen umgegangen wird. Gerade angesichts des unwahrscheinlichen Tempos, mit dem sich die Märkte ständig verändern, gilt das *Prinzip der sozialen Verantwortung* in der Otto Group, auch wenn es schwierig wird. Die Geschichte der Otto Group ist keine lineare Aufwärtsbewegung, sondern war immer wieder mit tiefen Einschnitten in einzelnen Ländern und Branchen verbunden. Im Zuge der Globalisierung (*siehe Reportage „Globalisierung",
Seite 77*) wurden viele Geschäftsmodelle, die in dem einen Land gut funktioniert haben, auch in anderen Ländern ausprobiert und scheiterten dann manchmal an kulturellen Unterschieden oder wegen Managementfehlern. Wir haben immer wieder in neue Unternehmen investiert, Wettbewerber gekauft und in den Phasen der intensiven Restrukturierung unser gruppenweites Portfolio auch immer wieder bereinigt und neu ausgerichtet. Wenn sich der Fokus der Geschäftstätigkeit strategisch verändert, müssen sich Unternehmen auch wieder von einzelnen Aktivitäten trennen. Die Otto Group ist ein atmender Organismus, der ständig wächst, aber dann auch wieder zurechtgestutzt werden muss. Wichtig ist dabei immer, die Mitarbeitenden einzubinden und eine tragfähige Lösung zu finden, die niemanden ins Bodenlose fallen lässt. Man sollte als Unternehmer immer versuchen, die Belegschaft möglichst an Bord zu behalten und sie weiterzubilden oder umzuschulen, soweit das einzelne Crewmitglied bereit ist, sich zu verändern. Falls es dann doch zu Entlassungen kommt, haben wir im Rahmen der Sozialpartnerschaft mit den Betriebsräten stets großzügige Sozialpläne ausgearbeitet. Zum Glück hatten wir in den Unternehmen der Otto Group und auch im Gesamtbetriebsrat eigentlich immer sehr vernünftige Kolleginnen und Kollegen. Jeder Unternehmer sollte sich um eine gute Zusammenarbeit mit den Gremien bemühen. Denn die Betriebsräte haben das Ohr an der Belegschaft. Wenn sie auf Missstände hinweisen, sollte man sehr genau zuhören, denn in der Regel ist dann tatsächlich ein Problem vorhanden. Und ohne eine enge Zusammenarbeit mit den Betriebsräten wäre ein Kulturwandel im Unternehmen auch nie möglich gewesen.

Natürlich lösten die Digitalisierung und die damit verbundenen Veränderungen in der Otto Group auch Verunsicherung und Ängste aus, aber die Botschaft war immer klar: Die Digitalisierung geht nicht einfach wieder vorbei. Sie wird bleiben und unser Leben und unsere Arbeit unwiderruflich verändern. Deshalb ist unser *Prinzip der Anschlussfähigkeit* so wichtig: gemeinsam die Fähigkeit zu entwickeln, einen Anschluss herzustellen, zwischen den neuen Anforderungen und den Bedürfnissen der Menschen. Das ist gleichzeitig ein Signal der Stabilität und Sicherheit. Und erst mit dieser Sicherheit im Rücken entsteht auch echte Veränderungsbereitschaft und der gemeinsame Wille, nach vorne zu gehen und in eine noch relativ unbekannte Zukunft aufzubrechen. Dazu gehört auch, dass wir alle Mitarbeitenden bei der digitalen Weiterbildung unterstützen. Denn nur wenn sie sich auch permanent weiterbilden können, haben sie einen sicheren Arbeitsplatz. Für die Grundausbildung hat der Staat die Verantwortung, leistungsfähige Schulen und Universitäten bereitzustellen. Aber für die lebenslange Weiterbildung tragen die Unternehmen eine wesentliche Verantwortung. Die Otto Group bietet mit TechUcation zahlreiche Videos, Tutorials und Module des E-Learning. Hier können alle 43.000 Mitarbeitenden via Computer oder über eine mobile App auf differenzierte Angebote zugreifen, vom Lagerarbeiter bis zur Führungskraft. So haben alle die Chance, zu erfahren, in welche Richtung sich ihr Arbeitsfeld entwickeln wird, was sie können sollten, um weiter am Ball zu bleiben, und welche neuen Möglichkeiten sich eröffnen, um für sich selbst Freude an neuen Aufgaben zu gewinnen.

Verantwortliches Handeln der Wirtschaft für die Gesellschaft beginnt zuallererst mit einem fairen Umgang mit Mitarbeiterinnen und Mitarbeitern. Ein Unternehmer muss ein soziales und ökologisches Gewissen haben und sein unternehmerisches Handeln immer wieder darauf überprüfen, ob es dieser Maxime entspricht. Gleichzeitig sollte jeder Unternehmer, der erfolgreich wirtschaftet und damit ein Vermögen aufgebaut hat, versuchen, auch außerhalb des eigenen Unternehmens etwas für die Gesellschaft zu tun. Aber auch jeder Bürger sollte versuchen, sich in der Gesellschaft zu engagieren, sei es durch eine ehrenamtliche Aufgabe oder praktische Hilfeleistung. Ich unterstütze das sehr, wenn sich Mitarbeitende der Otto Group privat engagieren. Denn jeder muss bei sich anfangen. Und ein Unternehmer hat natürlich viel mehr Möglichkeiten und deshalb auch eine größere Verantwortung.

Nicht umsonst heißt es im deutschen Grundgesetz in Artikel 14: „Eigentum verpflichtet. Sein Gebrauch soll zugleich dem Wohle der Allgemeinheit dienen." Das sollte eigentlich in einer Sozialen Marktwirtschaft selbstverständlich sein. Denn der wirtschaftliche Erfolg eines Unternehmers beruht auch auf dem Rahmen, in dem er wirtschaftlich tätig ist: Gute Bildungsinstitutionen, ein leistungsfähiges Gesundheitssystem, sozialer Friede und eine funktionierende öffentliche Infrastruktur und Verwaltung zeichnen die Soziale Marktwirtschaft aus. Und davon profitieren erfolgreiche Unternehmer, deshalb sollten sie der Gesellschaft auch etwas zurückgeben. Soziale Verantwortung bedeutet nicht, dass sich ein Tech-Milliardär mit einer Milliardenspende freikaufen kann, wenn er vorher fast keinen Cent Steuern bezahlt hat. Nein, wer Geschäfte macht, muss auch zur Finanzierung des Gemeinwesens beitragen und ordentlich seine Steuern bezahlen, damit der Staat seinen Aufgaben nachkommen kann. Für mich ist nicht nachvollziehbar, dass es weiterhin möglich ist, sich einer Unternehmensbesteuerung rechtlich einwandfrei zu entziehen. Das verzerrt nicht nur den Wettbewerb, sondern zeigt auch ein hohes Maß an sozialer Verantwortungslosigkeit, denn soziale Verantwortung beginnt erst nach den Steuern.

Ich kenne viele Unternehmer, die sich gesellschaftlich engagieren. Viele übernehmen Verantwortung, indem sie Stiftungen gründen. Allein in Deutschland haben im Jahre 2020 über 23.000 Stiftungen 5,4 Milliarden Euro allein für steuervergünstigte Ausgaben gemäß ihren Stiftungszwecken aufgewendet. Auch ich habe 2014 in Übereinstimmung mit meinen Kindern die Mehrheit der Gesellschafteranteile an der Otto Group in die Michael Otto Stiftung eingebracht, die neben gemeinnützigen Aufgaben auch die Zukunft unseres Unternehmens sichern soll. Nicht nur für die nächste Generation, sondern auch für viele weitere. Mir war dabei wichtig, dass die Familie immer das Sagen hat und der Hauptsitz unseres Unternehmens in Hamburg bleibt und beispielsweise nicht in irgendeine Steueroase verlagert werden kann. Dafür haben wir als Familie der Freien und Hansestadt viel zu verdanken. Ausschüttungen kommen dem Stiftungszweck zugute, soziale, umweltorientierte und kulturelle Projekte zu unterstützen. Aber im Mittelpunkt steht nach wie vor das Unternehmen. Wenn das Unternehmen die Gewinne benötigt, um wichtige Investitionen zu tätigen, dann gibt es eben keine oder nur sehr geringe Ausschüttungen an die Stiftung. Denn der Erhalt und der Ausbau der Arbeitsplätze in den Weltregionen, in denen wir tätig sind, ist und bleibt die vornehmste Aufgabe eines sozial verantwortlichen Unternehmers und hat gegenüber gesellschaftlichem Engagement die Priorität.

Aber ich unterstütze nicht nur mit der Michael Otto Stiftung, sondern auch mit weiteren privaten Stiftungen zahlreiche Projekte: mit der Umweltstiftung Michael Otto etwa den Schutz der Natur und Bildungsprojekte zur Nachhaltigkeit. Aus dieser Stiftungsaktivität entstand auch die Stiftung KlimaWirtschaft mit der Zielsetzung, die Transformation zu einer klimaneutralen Wirtschaft zu fördern. Mit der Aid by Trade Foundation (AbTF) unterstützen wir in marktorientierter Form Armutsbekämpfung und Umweltschutz durch die Förderung des nachhaltigen Anbaus in der Landwirtschaft. Hinzu kommen zahlreiche Projekte zur Förderung der Jugend und Kultur wie das Jugendmusik-Projekt Young ClassX oder das Hamburger Hauptschulmodell HanZ! (*siehe Seite 339*). Dabei wird der Stiftungsgedanke auch von meinen Kindern weitergetragen. So unterstützt die Holistic Foundation meines Sohns Benjamin bereits zahlreiche Projekte in der Hamburger Region und mit Life Hamburg entwickelt er ein neues zukunftsfähiges Lernmodell für Kitas und Schulen. Meine Tochter Janina arbeitete bei verschiedenen Organisationen in afrikanischen Ländern in Umwelt- und Sozialprojekten, zuletzt einige Jahre bei einem Straßenkinderprojekt in den Slums von Nairobi. Dann gründete sie die ANA KWA ANA Foundation und die JUA Foundation, die sich besonders der Förderung von Frauen- und Kinderprojekten widmen.

Der Stiftungsgedanke ist eine sehr wirksame Möglichkeit, soziale Verantwortung über den Tellerrand eines Unternehmens hinaus zu übernehmen.

Dabei machen vor allem Projekte Sinn, die dort ansetzen, wo der Staat selbst die Mittel nicht mehr aufbringen kann. Stiftungen sollten sich immer als ergänzende und flankierende Begleiter verstehen und sich nicht selbst an die Stelle des demokratischen Gemeinwesens setzen.

Die Soziale Marktwirtschaft gerät seit einigen Jahren unter Druck: von oben wie von unten. Von oben, indem neo-feudalistische Eliten die Soziale Marktwirtschaft als ineffizientes und antiquiertes Auslaufmodell delegitimieren, und von unten durch den enormen Vertrauensverlust, den sie in breiten Bevölkerungsschichten nicht nur durch die Finanzkrise erlitten hat. Aber die Soziale Marktwirtschaft ist die größte Errungenschaft Europas – und es lohnt sich, für sie einzutreten. Ein Blick zurück in die Geschichte unseres europäischen Erfolgsmodells zeigt: Erst die Transformation der europäischen kapitalistischen Industriegesellschaft im späten 19. und im 20. Jahrhundert zum modernen Wohlfahrtsstaat führte zur Durchsetzung von Wohlstand und Sicherheit für die breite Masse der Bevölkerung, verringerte Ungleichheit und eröffnete in der modernen Industriegesellschaft vielfältige Entfaltungsmöglichkeiten und Lebenschancen. Dieses Modell entstand, als die Industrialisierung im Verlauf des 19. Jahrhunderts ein bis dahin ungekanntes Ausmaß an sozialen Verwerfungen produziert hatte. Arbeitszeiten bis zu 17 Stunden am Tag, Kinderarbeit, klägliche Wohnverhältnisse und Hungersnöte gingen in die Geschichtsbücher als „soziale Frage" ein. Beantwortet wurde diese Frage mit einer Sozialreform von oben, erreicht durch eine früh beginnende Zusammenarbeit zwischen Staat, Unternehmen und Gewerkschaften jenseits des Klassenkampfes, allerdings aber auch durch einen gewissen Druck. In den 1880er Jahren wurde Deutschland so zum Pionier erster wichtiger Maßnahmen staatlicher Sozialpolitik. Nach den bitteren Erfahrungen der gescheiterten Weimarer Republik und des nationalsozialistischen Dritten Reiches galt es dann in der Nachkriegszeit, Demokratie und soziale Wohlfahrt zu verknüpfen, um ein erneutes Ausbrechen von Hass und Gewalt zu verhindern. Auf der Grundlage der Sozialen Marktwirtschaft entfaltete sich nach dem Zweiten Weltkrieg ein Sozialstaatsverständnis, das dem Markt einen Rahmen setzte. Die Bürgerinnen und Bürger wurden mit den großen Lebensrisiken nicht mehr alleingelassen. *Wohlstand für Alle*, so der programmatische Titel von Ludwig Erhards Buch, wurde weitgehend Wirklichkeit. Die Kunst des sogenannten „Rheinischen Modells" bestand von Anfang an darin, dass es gesellschaftliche, soziale und wirtschaftliche Teilhabe für alle ermöglichte und die freie Marktwirtschaft eng mit dem Konsensprinzip und der tarifpartnerschaftlichen Mitgestaltung durch Gewerkschaften verband. Und gleichzeitig einen funktionsfähigen Wettbewerb ermöglichte, der die produktiven Kräfte der Gesellschaft entfesselte. Zusammen mit der sozialstaatlichen Ausgestaltung und dem beruflichen Bildungssystem hat sich ein Modell der Sozialen Marktwirtschaft herausgebildet, das auf den schöpferischen Potenzialen der Gesellschaft, die immer vielfältiger, toleranter und weltoffener geworden

ist, sowie auf den kreativen Talenten in unseren Universitäten, Forschungs-
laboren und Unternehmen beruht. Diese Innovationskraft ist die Grundlage
für den mittlerweile 70-jährigen Erfolg der export- und wissensorientierten
bundesdeutschen Wirtschaft.

Die Soziale Marktwirtschaft funktioniert vor allem deshalb so gut, weil sie
weit mehr ist als ein gesetzlicher Rahmen. Sie stellt auch eine spezifische
Kultur der sozialen und wirtschaftlichen Beziehungen dar, das heißt, sie geht
einher mit bestimmten Unternehmens- und Handlungskulturen. Diese fördern
auch den Leistungsgedanken innerhalb der Gesellschaft. Für die Unternehmen und Arbeitnehmer bringt eine solche Handlungskultur gleichermaßen
mehr Kalkulationssicherheit. Freie Märkte können nur funktionieren, wenn
sie nicht nur vom Staat, sondern auch von der Gesellschaft angenommen,
reguliert und eingebettet werden. Kulturelle Faktoren, also Werte, Normen,
Gewohnheiten und soziale Verhaltensweisen, wirken sich auf die konkreten wirtschaftlichen Entscheidungen erheblich aus. Das wiederum trägt zur
Partizipation der Bürger an Wachstumsgewinnen und zur Chancengleichheit
durch kostenlose Bildung bei, auch wenn hier permanent an Verbesserungen
gearbeitet werden muss.

Heutzutage erfährt die Soziale Marktwirtschaft nach den Verwerfungen
durch die Finanzkrise 2008 und vor dem Hintergrund des Ukraine-Kriegs
eine gewisse Renaissance und wird zunehmend weltweit als nachahmens-
wertes Modell und als Gegenentwurf zu dem unregulierten Kapitalismus
US-amerikanischer Prägung und dem dirigistischen, undemokratischen
Kontrollkapitalismus chinesischer Prägung wahrgenommen.

Für die Zukunft Europas wird es ganz entscheidend sein, dass sich unser Modell in der zunehmend verschärften Systemauseinandersetzung zwischen den
USA und China behaupten kann. Beide Großmächte ringen um die militärische
und ökonomische Vorherrschaft und werden im Zweifel keine Rücksicht
auf Europa nehmen. Deshalb ist es sehr ratsam, dass sich die europäische
Wirtschaft unabhängiger macht, damit wir unsere Prosperitätskonstellation
nicht verlieren. Um die Soziale Marktwirtschaft zukunftsfest zu machen, muss
sie darüber hinaus ganz eng mit den Zielen der Nachhaltigkeit verknüpft werden. Die Soziale Marktwirtschaft hat nur eine Zukunft als Ökosoziale Marktwirtschaft, die das nachhaltige Wirtschaften und den Klima-, Umwelt- und
Artenschutz als gleichberechtigte Zielsetzungen mit einbezieht und auch mit
marktwirtschaftlichen Mitteln durchsetzt.

Die Ökosoziale Marktwirtschaft ist ein verlässlicher regulatorischer und
wertebasierter Rahmen. Wir Unternehmer können in diesem Rahmen
arbeiten und handeln. Gleichzeitig müssen die Rahmenbedingungen auch
eine wirtschaftliche Entwicklung ermöglichen, die Arbeitsplätze schafft und
Innovationen und Transformationen fördert. Regulation und unternehmerische Freiheit sollten sich deshalb in einer gesunden Balance befinden. Deshalb
müssen Unternehmer auch kontinuierlich darauf hinweisen, dass der Staat

nicht immer mehr Aufgaben an sich zieht und nicht immer mehr Subventionen nach dem Gießkannenprinzip verteilt. In den letzten Jahren hat der Staat das Subsidiaritätsprinzip zunehmend aus den Augen verloren. Dabei sind die Bürgerinnen und Bürger selbstständig genug und brauchen den Staat nur, damit er die Voraussetzungen schafft, ein selbstbestimmtes Leben führen zu können. Es sollte in erster Linie darum gehen, die Schwachen der Gesellschaft, die das aus eigener Kraft nicht können, sozial abzusichern. Denn die Soziale Marktwirtschaft ist eben keine freie Marktwirtschaft, in der sich nur der Stärkste durchsetzt. Und die Wirtschaft ist die wesentliche Grundlage in der Sozialen Marktwirtschaft und hat deshalb auch eine Verantwortung für die Gesellschaft. Die Wirtschaft muss den Menschen dienen und nicht umgekehrt.

»Soziale Verantwortung ist eine Frage der Haltung!«

Gerade in Zeiten des Umbruchs ist das Prinzip der sozialen Verantwortung der Lackmustest für die Glaubwürdigkeit und Konsequenz des unternehmerischen Handelns. Mitarbeiterinnen und Mitarbeiter lassen sich auf tiefgreifende Veränderungen und einen Kulturwandel nur ein, wenn sie gleichzeitig eine klare und sichere Perspektive bekommen. Konzern-Vorständin Petra Scharner-Wolff, Sandra Widmaier-Gebauer (Vice President Human Resources) und die Konzernbetriebsratsvorsitzende Birgit Rössig versuchen aus unterschiedlichen Perspektiven, die soziale Haltung der Otto Group in die moderne digitale Zeit zu übertragen.

Michael Otto versteht sich als Unternehmer, der sich dem Gemeinwohl verpflichtet fühlt und sich sehr für die Soziale Marktwirtschaft einsetzt. Wie erleben Sie sein Prinzip der sozialen Verantwortung im unternehmerischen Alltag? Zum Beispiel entstand 2021 bei der Schließung des Retouren-Lagers in Hamburg der Eindruck in der Öffentlichkeit, dass das eine sehr unsoziale Aktion gewesen sei, obwohl man aus Gründen der sozialen Verantwortung diese längst überfällige Entscheidung um 15 Jahre hinausgezögert hatte. Was ist da schiefgelaufen?
Petra Scharner-Wolff: Immerhin hatten die betroffenen Mitarbeiter noch 15 Jahre lang ihren Job, obwohl man die Retouren aus betriebswirtschaftlichen Gründen längst auch woanders hätte bearbeiten können. Die Kritik war natürlich sehr unangenehm, vor allem weil sie so personifiziert auf Michael Otto zugespitzt war. Aber das ist dann ein Teil dessen, was man aushalten muss, als Geschäftsführer und auch als Eigentümer. Trotzdem wurde 15 Jahre lang etwas Vernünftiges gemacht.

Aber war das Motiv „soziale Verantwortung" oder eher „Konfliktvermeidung"?
Sandra Widmaier-Gebauer: Ich finde schon, dass es soziale Verantwortung war. Die Arbeit in Deutschland ist für diese Tätigkeiten unverhältnismäßig teuer. Unsere Wettbewerber hatten schon lange keine Retourenlager mehr in Deutschland, sondern in Osteuropa nahe den deutschen Grenzen. Die Entscheidung, die Schließung zu verzögern, erfolgte tatsächlich aus einer sozialen Verantwortung heraus. Sie wird einem dann aber im Zweifel in der

Öffentlichkeit nicht gedankt. Ich selbst habe den Sozialplan mitverhandelt. Wir haben uns besonders die Mitarbeiter angeschaut, die beispielsweise nahe am Rentenalter waren, und einen Sozialplan entwickelt, der ihnen ermöglichte, mit Transferleistungen nahtlos in Rente zu gehen.

Es gab ja auch eine Transfergesellschaft. Wie wurde diese angenommen und was hat sie bewirkt?
SWG: Es sind weit mehr als zwei Drittel der Menschen in die Transfergesellschaft gegangen. Leider haben sich nicht so viele weiterqualifiziert, obwohl die Transfergesellschaft mit einem sehr hohen Weiterbildungsbudget ausgestattet war. Das ist nicht so abgerufen worden.

Aber was soll denn eine Lagerarbeiterin machen? Wo soll sie sich denn hin entwickeln?
SWG: Zum Beispiel in die Altenpflege oder zum Hamburger Verkehrsverbund, der damals Busfahrer suchte. Wir hatten gemeinsam mit der Transfergesellschaft konkrete Berufsbilder ausgearbeitet, die realistisch waren. Jeder Mensch entscheidet am Ende für sich persönlich. Irgendwann muss man das als Arbeitgeber akzeptieren. Aber die Angebote gab es. Auch unsere Betriebsräte, mit denen wir es damals verhandelten, haben sehr dafür gekämpft und sich mehr Teilnahme erhofft.
Birgit Rössig: Auch ich würde das Verhalten von Michael Otto unter keinen Umständen als Konfliktvermeidung bezeichnen. Ich bin jetzt seit 30 Jahren hier und ich habe ihn immer, wenn er sich für Menschen oder Dinge einmal entschieden hat, als sehr treu erlebt.

Seine soziale Verantwortung ist also intrinsisch motiviert?
BR: Absolut. Das ist ein ganz starkes intrinsisches Motiv, an der sozialen Verantwortung festzuhalten, auch wenn es einen Euro mehr kostet oder wenn Menschen eine neue Chance benötigen. Manches wäre vielleicht leichter gewesen, wenn er sich früher von Menschen oder Projekten hätte trennen können. Aber seine soziale Verantwortung als Unternehmer ist menschlich ein sehr hohes Gut und auch einer der Gründe, warum ich hier so lange dabei bin.
PSW: Die soziale Verantwortung ist eine Haltung, die durch seine gesamte Persönlichkeit zum Ausdruck kommt. Damit war auch für uns klar, dass wir nicht allein um die Maximierung von Gewinnen ringen, sondern wesentliche soziale Rahmenbedingungen in unserem unternehmerischen Handeln einhalten. Die meisten Menschen arbeiten hier nicht des Geldes wegen …

Zahlt das Unternehmen so schlecht?
BR: Wir bewegen uns im Bereich des Einzelhandels. Hier werden keine Metaller- oder Chemiegehälter gezahlt.
PSW: … die meisten sind hier, weil sie mit der Gesamtausrichtung des

Unternehmens, dem Wertesystem, der sozialen Verantwortung und dem Engagement zufrieden sind und in Summe gerne in diesem Kontext arbeiten.

Die Reputation des Unternehmens ist also auch wichtig für die Attraktivität als Arbeitgeber?
PSW: Ja, aber Reputation ist nicht nur nach außen gerichtet. Es geht auch um den Zusammenhalt nach innen.
SWG: Wir haben eine sehr geringe Fluktuation und eine wirklich lange Betriebszugehörigkeit. Auch das Commitment der Mitarbeiter ist sehr stark. Die Beteiligung an den Mitarbeiterbefragungen liegt zwischen 60 und 80 Prozent. Wir haben einen ungewöhnlich hohen Anteil an Mitarbeiterinnen und Mitarbeitern, die ihre Meinung sagen und ihren Beitrag zu Veränderungen leisten. Das würden sie nicht machen, wenn ihnen das Unternehmen egal wäre.
PSW: Die Mitarbeiter lassen die Führungskräfte nicht einfach mal machen, sondern sie kämpfen auch um andere und bessere Wege. Das macht man ja nur, wenn es sich auszahlt, dass man sich mit viel Herzblut für die Themen einsetzt.

Zur Reputation als sozialer Arbeitgeber gehört auch, dass die Arbeitsbedingungen gerade bei prekären Beschäftigungsverhältnissen wie in der Distributionslogistik bei Hermes deutlich verbessert und Missstände beseitigt werden. Das kann dann auch sehr teuer werden.
BR: Dafür braucht es Führungskräfte, die sich die Ziele und die Haltung des Unternehmens und des Eigentümers auch zu eigen machen. Das hat in der Vergangenheit nur unzureichend funktioniert. Als Unternehmen ist man immer für die gesamte Kette verantwortlich. Bei Hermes stellte sich heraus, dass es eben nicht reicht, zu sagen, wir haben hier auf dem Feld alles getan, unsere ganzen Verträge abgeschlossen, jeden Subunternehmer in die Pflicht genommen und das mit Blut unterschrieben, aber was dann am Ende rauskommt, das entzieht sich unserer Kenntnis oder unseren Möglichkeiten. Man muss sich dann weitergehend in die Pflicht nehmen lassen und auch bis zum letzten Fahrer überprüfen, ob die Standards eingehalten werden.

Aber hat sich da nicht Grundlegendes geändert?
PSW: Da haben sich verschiedene Sachen geändert. Es gab eine klare Ansage von Michael Otto, dass es nicht ausreichend ist, nur die Voraussetzungen zu schaffen, sondern man muss auch die Kontrolle übernehmen. Wir haben auch formale Strukturen, die das sicherstellen sollen. Ich leite zum Beispiel das Compliance Committee. Das bestärkt uns wiederum, Kontrollschritte einzufordern, um Missstände aufzudecken und sie zu beseitigen, selbst wenn eine Region oder ein Bereich dadurch instabil wird. Aber das halten wir als Netzwerk aus. Die operativen Probleme dahinter entstanden ja nicht, weil die Menschen böse sind, sondern weil sie das System am Laufen halten wollten. Der Auslöser war die klare Erkenntnis, dass wir hier anscheinend

Petra Scharner-Wolff, Konzern-Vorständin für Finanzen, Controlling und Personal

Birgit Rössig, Konzernbetriebsratsvorsitzende

Sandra Widmaier-Gebauer, Vice President Human Resources

eine Grenze überschritten hatten, die so nicht geht, und wir müssen es besser machen.

BR: Es gab ja zwei Versuche des Aufräumens, einen noch unter dem alten Vorstand, der dann nicht funktioniert hat, und als das Thema wieder hochkam, wurde dann richtig aufgeräumt.

Es gibt aber einfach auch Bereiche in der Wirtschaft, die wie die Zustellerbranche brutal kapitalistisch organisiert sind. Wenn man in diese Bereiche als Wettbewerber reingeht, dann unterwirft man sich zwangsläufig diesen Regeln, um überhaupt konkurrenzfähig zu sein.

BR: Das würde ich nicht unterschreiben. Man hat immer eine Wahl bei der Entscheidung. Das ist eine verdammte Frage der Haltung, die ich dazu habe. Wenn ich diese Haltung nicht habe, dann wird die soziale Verantwortung zu einem Feigenblatt.

Jetzt befindet sich die Otto Group bereits seit mehr als einem Jahrzehnt in einem digitalen und kulturellen Transformationsprozess. Wie kann in einem solchen Umbruch das Prinzip der sozialen Verantwortung weiterhin hochgehalten werden?

PSW: Wenn ich auf meine über zwanzigjährige Historie bei der Otto Group zurückblicke, war sie in all den Jahren von Transformationen geprägt. Ein Vorteil eines Familienunternehmens ist, dass man diese Transformationen behutsam angegangen ist und nicht mit brachialen Umbrüchen. Und trotzdem, muss man fairerweise sagen, ist es uns nicht überall gelungen. Wir mussten immer wieder auch in größeren Sprüngen anpassen. Es gab in einigen Firmen größere Restrukturierungswellen, bei denen es nicht immer einfach war, alle Mitarbeiterinnen und Mitarbeiter für neue Aufgaben zu qualifizieren. Wir haben auch im größeren Stil Mitarbeitende verloren oder entlassen. Allerdings spürte man in diesen Situationen immer die Handschrift von Michael Otto: Wir haben immer ausgewogene Sozialpläne aufgestellt, mit Weiterbildungsmaßnahmen und Umschulungen geholfen. Gerade in der digitalen Transformation des Unternehmens haben wir in den letzten zehn Jahren sehr aktiv alle Mitarbeitergruppen und auch die Interessenvertreter auf diese Reise mitgenommen.

BR: Das ist vor allen Dingen auch den Teams von Sandra zu verdanken, die sich bereits vor der Einführung der systematischen Lernplattform „TechUcation" überlegten, wie wir die breite Mitarbeiterschaft fitter für die digitale Zukunft machen können. Die Historie in diesem Punkt reicht weit zurück. Wir waren in den 1990ern IT-mäßig mit Systemen wie Teradata und dem Eintritt in das Online-Geschäft nach außen gut aufgestellt, haben als Mitarbeitende aber immer noch mit Terminals an Com-Servern gearbeitet. Bis wir PCs auf den Tisch bekamen und unsere IT damit begann, sich auch im Binnenverhältnis als Dienstleister statt als hoheitliche Instanz zu verstehen, verging wertvolle Zeit …

PSW: ... und man nicht mehr der IT eine Flasche Cognac vorbeibringen musste, wenn man ein dringendes Problem gelöst haben wollte. *(alle lachen)*
BR: ... und als das Tempo für Tech-Themen in den letzten fünfzehn Jahren dann stark anzog, wurde immer sichtbarer, dass die Belegschaften in den Konzernunternehmen viel schneller mitziehen müssen und dass in diesem Bereich mehr investiert werden muss.

Digitalisierung braucht ein verändertes Mindset. Wie wurde das angegangen?
SWG: Wir erhielten 2014 als HR-Abteilung den Auftrag, das Mindset in der Organisation zu verändern. Und wo beginnt man damit? Man beginnt von oben nach unten. Wir führten deshalb mit den Führungskräften mehrtägige Digitalisierungstage in Berlin durch und besuchten dort viele Startups. Mit Birgit zusammen organisierten wir ähnliche Veranstaltungen für den Konzernbetriebsrat. So durchliefen die Arbeitnehmervertreter das gleiche Programm wie die Geschäftsführer. Diese Programme wurden dann auch in abgespeckter Form in die Nachwuchsprogramme aufgenommen.

Sie haben als Betriebsrätin gute Einblicke in die Mentalität und in die Gefühlswelt der Mitarbeitenden. Können Sie die Vorbehalte beschreiben, die am Anfang existierten? War es eher die Angst vor Überforderung oder gab es die Befürchtung, dass man wegrationalisiert wird oder den Anforderungen nicht mehr genügt, weil man nicht flexibel genug ist?
BR: Wir hatten tatsächlich das gesamte Spektrum unterschiedlicher Meinungen. Viele waren froh, dass endlich mal was losging in Richtung Digitalisierung. Es gab aber auch Mitarbeiter, die lieber in Ruhe gelassen werden wollten. Als wir mit der Digitalisierung begannen, glaubten auch viele nicht, dass diese Initiative tatsächlich ernst gemeint sei und auf Dauer die Strukturen verändern würde. Viele hatten noch in schlechter Erinnerung, dass in den Jahren zuvor zahlreiche Projekte angekündigt wurden, aber dann ergebnislos im Sande verliefen. Es wurden Projekte gestartet, die wie ein Riesenballon aussahen, und nach einigen Monaten wusste man schon nicht mehr, wer denn eigentlich die Luft rausgelassen hatte. Also gab es auch viel Achselzucken und eine stark abwartende und skeptische Haltung. Aber es gab eine weitverbreitete Einsicht in die Notwendigkeit der Digitalisierung. Alle wussten ja, dass wir nicht einfach so weitermachen konnten. Die Welt war schon vor zehn Jahren so komplex, dass man vieles auf Sicht steuern musste. Aber es gab kein richtiges Zutrauen, dass das wirklich in Angriff genommen werden würde. Wir hatten damals noch klare Hierarchien und Verkrustungen im Haus, so dass sich viele eine echte Veränderung nicht vorstellen konnten.

Gab es irgendwann ein Damaskus-Erlebnis, das allen die Augen geöffnet hat?
PSW: Ich glaube, ein gravierender Einschnitt war, als in unserem französischen Firmencluster die Transformation erst sehr spät startete und dann

scheiterte. Zum ersten Mal in der Firmengeschichte mussten dort nach Jahren mit Gewinnen und einer insgesamt guten Bilanz Verluste ausgewiesen werden. Es war eine schwere Situation. Darüber hinaus hatten wir noch ein paar mehr Baustellen, die zeitgleich in der Transformation nicht richtig gut liefen. Daraus ist dann der gemeinsame Wille entstanden, dass wir uns grundsätzlicher verändern und einen konzernweiten Kulturwandel brauchen.

Hat Michael Otto die Transformation rigoros vorangetrieben oder auch immer wieder aus sozialer Verantwortung Rücksicht genommen?
PSW: In Frankreich war er eigentlich der Treiber für mehr Veränderung und ist durch seine soziale Verantwortung ausgebremst worden. Für ein renommiertes Familienunternehmen und größten Arbeitgeber der Region ist es schon in Deutschland schwer, harte Einschnitte zu machen, und in Frankreich ist es durch eine hohe Streikbereitschaft und eine hohe Emotionalität nochmals schwieriger.

Warum war die Transformation mit Arbeitsplatzabbau verbunden?
PSW: Wenn man es nicht sukzessive schafft, die Vertriebswege auf digital umzustellen, dann ist man irgendwann so in der Defensive, dass man keine Zeit mehr hat, so viele Mitarbeiterprofile umzustellen und auf neue Jobs zu qualifizieren.
SWG: Ist es denn nicht unrealistisch, dass man immer alle mitnehmen kann?
BR: Ich denke, dass dieses Bestreben, die Mitarbeitenden mitzunehmen und sich darum zu kümmern, noch nicht so lange auf diese Weise in den Köpfen verankert ist. Dafür braucht es offensichtlich eine genauere Betrachtung der demografischen Entwicklung, um zu erkennen, dass Mitarbeiter demnächst nicht mehr von Bäumen fallen. Es war durchaus auch in den HR-Abteilungen nicht so, dass dort Hurra gerufen wurde, wenn wir als Betriebsräte gesagt haben: Kümmert euch um die Leute! Qualifiziert die Mitarbeiter frühzeitig, damit wir für morgen gerüstet sind! Aus unserer Wahrnehmung wurde das sehr restriktiv gehandhabt. Es gab dann immer Bedenken: Wenn jemand jahrelang einen Job ausgeübt hat, dann kann man ihn doch nicht mehr für neue Tätigkeitsfelder weiterbilden oder umschulen. Das war so ein Glaubenssatz, wie eine selbstverordnete Verdummung. Auf der anderen Seite hat das Unternehmen aufgrund seiner sozialen Verantwortung Mitarbeiter nicht unnötig in Angst und Schrecken versetzt. Das ist etwas, was ich sehr schätze. Aber das hat gleichzeitig auch dazu geführt, dass viele keinen Druck verspürt haben, sich selbst zu überlegen, was sie denn in Zukunft machen könnten.
SWG: Ich habe als Personalverantwortliche naturgemäß eine etwas andere Sichtweise. Aus unserer Erfahrung sind die Menschen nicht so veränderungs- und weiterbildungsbereit, wie wir uns das in der Theorie wünschen. Es gehört schon Energie und Anstrengung dazu, zu lernen und sich auf Neues

einzulassen. Der Mensch ist ein Gewohnheitstier – und es ist sehr anstrengend, ihn davon abzubringen. Die HR-Abteilungen waren nicht unwillig, aber wir haben auch erkannt, dass es sehr schwierig ist. Ich denke schon, dass man bei den Sozialplänen die soziale Handschrift von Michael Otto erkennen kann. Wenn ich das mit anderen Konzernen in Deutschland vergleiche, dann sind unsere Sozialpläne üppig ausgestattet. In unserem Marktumfeld oder in der Startup-Szene geht es ganz anders zu. Wir bemühen uns da wirklich sehr.

BR: Ja, das stimmt.

SWG: Transfergesellschaften, Weiterbildungsbudgets und Sozialpläne sind gut ausgestattet. Da schauen wir nicht auf den letzten Euro. Das könnte man auch anders machen.

Wie haben Sie es dann gemanagt, Hunderte Mitarbeiter in diese Berufsfelder hinein zu entwickeln?

SWG: Wir unterstützen das mit Weiterqualifizierungsmaßnahmen. Heute heißt ja das neue Wort „Re-Skilling". Gerade mit unserer Online-Plattform der Weiterbildung geben wir uns sehr viel Mühe. Aber ich will nicht behaupten, dass wir da am Ende unserer Möglichkeiten sind. Ich glaube, wir müssen noch stärker konkrete Zielgruppen definieren, mit denen wir uns beschäftigen. Es geht ja von A bis Z, vom kaufmännischen bis zum gewerblichen Mitarbeiter, und die kann man nicht alle über einen Kamm scheren.

BR: Der große Treiber ist hier vor allem die digitale Automatisierung. Das bedeutet auch einen möglichen Verzicht auf menschliche Arbeitskraft und verbunden mit dem Plattform-Gedanken auch andere Zuschnitte von Tätigkeitsfeldern – und zwar deutlich andere Zuschnitte. Aus unserer Sicht ist dieses Projekt zurzeit suboptimal.

Warum? Ist der Sprung in diese neuen Tätigkeitsfelder zu weit?

BR: Nein. Wir haben aus meiner Sicht in den letzten zwanzig Jahren eine gute Evolution in der Bearbeitung von Projekten hingelegt. Wir haben immer wieder auch unterschiedliche Beteiligungsgrade von Mitarbeitergruppen erlebt. Wir haben da gute Ansätze gefunden, so dass auch Mitarbeiterinnen und Mitarbeiter an Projekten gearbeitet haben, die im Prinzip ihren eigenen Arbeitsplatz wegrationalisiert haben. Wenn man ihnen erklärt, dass wir in diesem Bereich nicht mehr viel machen können, aber gerade etwas Neues aufbauen, wo man sich einbringen und qualifizieren kann, dann gibt man den Kolleginnen und Kollegen eine Perspektive. Dadurch sind ganz viele auch in der Lage, sich durch Qualifikation und Weiterbildung auf den Weg zu machen. Das könnten natürlich mehr Menschen sein – das wünschen wir uns auch –, aber wir haben damit schon einen guten Weg beschritten.

Ist der Kulturwandel materiell ausreichend fundiert? Ist es denn wirklich so, dass ich, wenn ich springe und etwas riskiere, auch eine Perspektive habe?

PSW: Der Kulturwandel 4.0 ist aus meiner Sicht die grundsätzlichste Veränderung, die wir in der Breite der Belegschaft in den letzten 25 Jahren sehr kontinuierlich hinbekommen haben. Der Ansatz ist sehr partizipativ und integrativ und nicht klassisch hierarchisch. Und der Kulturwandel ist generell substanzieller als das, was wir vorher gemacht haben.

BR: Es gab auch von Anfang an ganz klare Botschaften im Kulturwandel. Es war zum ersten Mal so, dass die Gesellschafter sich hinstellten und sagten: „Wir wollen das. Das ist kein vorübergehendes Projekt, sondern das bleibt für immer." Und unser CEO ergänzte, dass wir das nicht machen, damit sich hier alle mit Wattebäuschen bewerfen und sich besonders wohlfühlen. Sondern wir machen das, damit wir als Unternehmensgruppe morgen und übermorgen noch eine Chance am Markt haben. Der Kulturwandel entwickelte sich also auch aus wirtschaftlichen Erwägungen heraus. Die Botschaften waren von Anfang an sehr klar und sehr geerdet. Aber mit all den Verwerfungen, die natürlich entstanden und auch notwendig sind, gibt es keine Abkürzungen auf dem Weg.

SWG: Als der Kulturwandel begonnen hat, habe ich mich extrem schwer damit getan, weil die oberen Hierarchie-Ebenen, zu denen ich gehöre, ausgeblendet wurden. Es war ein Bottom-Up-Ansatz. Und die Ansage war recht hart, dass man die lähmende Schicht erstmal außen vorlässt. Das fand ich nicht besonders integrativ. Auch die Initiative, dass wir uns mit dem Vornamen ansprechen, irritierte mich am Anfang. Betriebsräte sagten damals zu mir, dass sie das nicht könnten: „Wir verhandeln mit Ihnen Sozialpläne und Tarifabschlüsse. Da können wir uns doch nicht duzen." Das hat sich dann im Laufe der Zeit gelöst und wir machen das natürlich jetzt mit großer Selbstverständlichkeit. Heute glaube ich auch, dass es uns zu einer besseren Zusammenarbeit geführt hat, die es vorher nicht gegeben hat. Diese Zusammenarbeit über die Hierarchie-Ebenen hinweg und zwischen den Bereichen trägt uns heute ganz, ganz weit. Das ist für mich persönlich der Kern des Kulturwandels.

KIRSTEN FEHRS

Unternehmerische Freiheit lässt den Menschen das Gute selbst erschaffen

Die Bischöfin der evangelisch-lutherischen Kirche in Norddeutschland im Sprengel Hamburg und Lübeck und Stellvertretende Vorsitzende des Rates der Evangelischen Kirche in Deutschland (EKD) plädiert gerade in Zeiten multipler Krisen für eine Wiederentdeckung des klassischen Unternehmertums, um Wohlstand zu sichern und den gesellschaftlichen Zusammenhalt zu fördern. Gerade jetzt kommt es auch auf Unternehmerinnen und Unternehmer an, die soziale Verantwortung übernehmen.

I.

Lydia aus Thyatira muss eine tatkräftige und aufgeschlossene Frau gewesen sein. In Philippi lebte sie als Purpurhändlerin, was keineswegs nur die kaufmännische, sondern auch die handwerkliche Seite des im wahrsten Sinne stinkenden Geschäfts einschloss. Nach Windrichtung wählte man die Orte aus, an denen Textilien mit dem Farbstoff der Purpurschnecke gefärbt werden durften. Schmutzige Arbeit, mit der man sich keine Ehre erwarb, dafür aber offenbar zu ein wenig Geld kommen konnte. Jedenfalls scheint Lydia es zu etwas gebracht zu haben. Sie mag ursprünglich eine Sklavin gewesen sein, ihr Name deutet darauf hin. Als sie Paulus in Philippi traf, war sie als selbstständige Purpurhändlerin zum Haushaltsvorstand mit einigem Personal geworden und reich genug, um großzügig Gäste aufzunehmen und die entstehende christliche Bewegung zu unterstützen.

Als „Gottesfürchtige" interessierte Lydia sich für den jüdischen Glauben, ohne selbst Jüdin zu sein. Sie traf sich regelmäßig vor dem Stadttor an einem Flussufer mit anderen Frauen, vermutlich zu Austausch und Gebet. Sie hörte Paulus zu und ließ sich von seiner Botschaft anrühren. Dass demnach mit Jesus Christus dem Gekreuzigten die Rettung der Welt beginnt, scheint sie fasziniert zu haben. Sie ließ sich samt allen, die zu ihrem Haus gehörten, taufen und wurde Europas erste Christin. Es gibt Hinweise darauf, dass sie als einflussreiche Frau die Gemeinde von Philippi geprägt haben könnte. In Philippi fand Paulus fortan wichtige Unterstützung für seine Mission. Als er in der mazedonischen Stadt nach einer Haftzeit aus dem Gefängnis freikam, war Lydias Haus seine erste Anlaufstelle. Lydia wird im Neuen Testament nur mit sehr wenigen Strichen skizziert. Ein offenes Herz habe sie gehabt, so erzählt die Bibel, und schüchtern scheint sie nicht gewesen zu sein: „Sie nötigte uns", stellen die Missionsreisenden um Paulus fest, nachdem sie Lydias offenbar eindringliche Einladung zum Bleiben angenommen hatten. Anscheinend war sie eine Frau, die Menschen um sich zu scharen und Dinge zu bewegen verstand. Nicht nur für Handel und Handwerk, auch für die Menschen in ihrem Haus, die von ihr abhängig waren, hat Lydia Verantwortung übernommen. Darüber hinaus – und deswegen ist sie in diesem Zusammenhang erwähnenswert – hatte sie offene Augen und Ohren für das soziale Zusammenleben um sie herum. Sie interessierte sich für religiöse Fragen und engagierte sich mit einiger Energie für die neue christliche Bewegung. Mit der von Paulus verbreiteten Jesusbotschaft hatten ihre Tatkraft und ihr Unternehmergeist eine neue Richtung und einen neuen Inhalt bekommen.

II.

Zum 80. Geburtstag von Michael Otto bin ich gebeten worden, Gedanken zur sozialen Verantwortung von Unternehmerinnen und Unternehmern beizutragen. Dabei habe ich zunächst Lydia vor Augen. Das Engagement dieser ersten europäischen Christin fällt nicht dadurch auf, dass sie sich in besonderer Weise um Arme und Bedürftige gekümmert hätte, jedenfalls wissen wir darüber nichts. Für besonders vorbildlichen sozialdiakonischen Einsatz gab es nach ihr prominentere Beispiele. Lydia gehört vielmehr für mich deswegen an den Anfang dieser Überlegungen, weil sie verkörpert, was eine Unternehmerin, einen Unternehmer schon vom Wortsinn her auszeichnet: Sie unternimmt etwas. Das heißt: Sie tut etwas, sie nutzt die ihr gegebenen Handlungsmöglichkeiten und gestaltet die Welt. Zugleich gibt sie dabei ihrem eigenen Leben ein Gesicht, sie entwickelt Selbstwirksamkeit, wie die moderne Psychologie sagen würde. Als Sinnsucherin ist sie aktiv und handelt. Es mag zunächst banal wirken, aber so elementar beginnt soziale Verantwortung. Sie fängt damit an, dass ich aktiv Beziehung aufnehme mit der Welt um mich herum, der Welt der Dinge genauso wie der Welt der Menschen, und mir zutraue, darauf Einfluss zu nehmen. Diese Erinnerung an frühkindliches Entwicklungs-Einmaleins ist deswegen angebracht, weil die ökonomisierte, globalisierte Welt mit ihren hochkomplexen Systemen so viele Ohnmachtsgefühle auslöst. Immer mehr Menschen haben den Eindruck, keinen Einfluss mehr zu haben auf gesellschaftliche, wirtschaftliche und politische Zusammenhänge. Selbst der Einfluss auf das *eigene* Leben scheint manchen verloren zu gehen. Rückzug, innere Kündigung und mancherorts die damit verbundene enorme Wut sind zu gesellschaftsprägenden Phänomenen geworden. Glücklicherweise sind längst auch Gegenstimmen hörbar und Gegenbewegungen erkennbar. Eine solche Gegenbewegung könnte durchaus die Wiederentdeckung des klassischen Unternehmertums sein. Der Grundgedanke ist ja dabei so einfach wie genial: Der Unternehmer riskiert persönliche Ressourcen und setzt darauf, dass er am Markt auf Resonanz stößt. Im dynamischen Marktgeschehen wird das Verhältnis zwischen dem Eigennutz der Unternehmerin und dem Eigennutz anderer stets neu ausgehandelt. Die Idee, die andere voranbringt, verschafft dem eigenen Unternehmen Erfolg. Eine Idee, die nicht auf irgendeine Weise anderen nützt, wird erfolglos bleiben. Unternehmertum im eigentlichen Sinne lebt vom Einsatz und vom Risiko. Es lebt davon, dass ich gestaltender Teil meiner Welt werden will, mich im Wortsinn dafür einsetze und in Beziehung gehe. Es lebt umgekehrt von dem Vertrauen, dass dieser Einsatz – die Investition – eine verdiente Antwort – den Ertrag – zeitigen wird.

Soziale Verantwortung beginnt also mit einem aktiven Weltverhältnis, wie die Gegenwartssoziologie im Anschluss an Hartmut Rosa sagen würde. Sie will etwas bewirken und gestalten, und dafür investiert sie Ressourcen: innere Energie, Ideen, Zeit, Kapital. Soziale Verantwortung ist ein energisches Plädoyer gegen alle Formen von Rückzug in Wohlstands- oder Armutsblasen, in Depression oder Wutbürgertum. Soziale Verantwortung sucht einen gangbaren Weg zwischen Allmachtswahn und Ohnmachtsgefühlen. Sie stellt sich der Welt, wie sie ist, und bewegt sie zum Besseren.

III.

Der Bonner Sozialethiker Hartmut Kreß hat darauf aufmerksam gemacht, dass der Begriff der Verantwortung besonders in Krisen- und Umbruchszeiten betont worden ist. Die großen verantwortungsethischen Entwürfe von Albert Schweitzer, Max Weber oder Hans Jonas, auch die ethische Reflexion politischen Handelns etwa durch Helmut Schmidt sind jeweils als Reaktion auf verunsichernde Rahmenbedingungen zu verstehen. Das *Evangelische Soziallexikon* definiert Verantwortung wie folgt: „Kulturgeschichtlich lässt sich Verantwortungsethik als Krisenethik deuten. Im 20. Jahrhundert rückte der Begriff der Verantwortung immer wieder dann in den Vordergrund, wenn Umbruchserfahrungen aufzuarbeiten waren." Auch der Ökumenische Rat der Kirchen hat 1948 in Amsterdam mit seinem Leitbild einer „verantwortlichen Gesellschaft" auf die Erfahrungen der nationalsozialistischen Diktatur und des Zweiten Weltkriegs reagiert. Übernahme von Verantwortung ist ganz offensichtlich eine angemessene Reaktion auf Verunsicherung. Sie führt ins Handeln und ermöglicht, die Kontrolle zurückzugewinnen.

In einer multiplen Krise, wie wir sie derzeit erleben, halte ich das für einen hilfreichen Impuls. Während dieser Text entsteht, tobt in der Ukraine ein verbrecherischer Angriffskrieg, der Menschen- und Völkerrecht verletzt und verlässliche Grundstrukturen der Weltordnung schmerzhaft und beängstigend in Frage stellt. Unerträglich sind schon die unmittelbaren Folgen der russischen Invasion mit ihren Kriegsverbrechen für die betroffene Bevölkerung. Geopolitisch noch nachhaltiger könnte der Vertrauensverlust sein. Die Verantwortungslosigkeit des Diktators in Moskau stellt die Frage radikal neu, wie verantwortliches Handeln in Reaktion darauf aussehen könnte und sollte.

Angetrieben durch den Krieg gegen die Ukraine, gerät die Weltwirtschaft ins Ungleichgewicht. Im reichen Westen stellen Inflation und Energieknappheit die Frage nach gerechter Verteilung der Risiken und nach gesellschaftlichem Zusammenhalt. An den Ausgabestellen der Tafeln und in der Begleitung obdachloser Menschen wird deutlich, wie viele Menschen akut in Armut geraten. Dabei ist noch nicht berücksichtigt, dass das Armutsrisiko oder jedenfalls ein absehbarer Wohlstandsverlust und die damit verbundene Unsicherheit auch breite Teile der besser abgesicherten Bevölkerung betreffen. Weltweit gesehen sind die Folgen möglicherweise noch dramatischer. Die Versorgung mit elementaren Lebens- und Nahrungsmitteln ist in vielen Regionen der Welt unsicher geworden. Wieder zunehmende Flüchtlingszahlen können sicher auch als Reaktion darauf verstanden werden.

Die mit dem 24. Februar 2022 ausgelöste dramatische Veränderung der Weltlage trifft in eine ohnehin schon kritische Situation, in der die Auswirkungen der Corona-Pandemie noch längst nicht bewältigt sind. Lieferketten sind unsicher geworden, Rhythmen durcheinandergeraten und einzelne Menschen ebenso wie ökonomische und politische Systeme von den Anstrengungen der Pandemie noch belastet. Gerade bei jungen Menschen warnen Fachleute, dass die langfristigen psychischen und sozialen Auswirkungen der Coronazeit gravierend sind. Ressourcen zur Lebens- und Zukunftsgestaltung wurden in einer entscheidenden Lebensphase radikal eingeschränkt. In einer Zeit, in der der Klimawandel mit all seinen bedrohlichen Zukunftsszenarien die nachwachsenden Generationen ohnehin belastet, hat die Pandemie das Krisengefühl rasant verschärft. Wenn Verantwortung, gerade auch soziale Verantwortung, eine passende Reaktion auf Krisenerfahrungen ist, dann ist sie jetzt gefragt.

IV.

Aus evangelischer Sicht hat sich der Theologe Dietrich Bonhoeffer (1906–1945) mit dem Begriff der Verantwortung beschäftigt und wichtige Grundsätze zum Verständnis entwickelt. Verantwortliches Leben ist für ihn durch zweierlei bestimmt: durch *Bindung* und durch *Freiheit*. Gebunden sieht Bonhoeffer den Menschen zum einen dadurch, dass er schlicht Geschöpf Gottes und insofern nicht voraussetzungslos unterwegs ist. Die Vorstellung, „als sei das Subjekt alles ethischen Verhaltens der isolierte Einzelne", hält er für eine „Fiktion". In paternalistischen Bildern des frühen 20. Jahrhunderts hält er den Gedanken fest, dass Menschen immer auch *stellvertretend* für andere handeln und insofern verantwortlich sind: „Der Vater handelt an der Stelle der Kinder, indem er für sie arbeitet, für sie sorgt, eintritt, kämpft, leidet. Er tritt damit real an ihre Stelle. Er ist nicht ein isolierter Einzelner, sondern er vereinigt in sich das Ich mehrerer Menschen. Jeder Versuch zu leben, als wäre er allein, ist eine Leugnung der Tatsächlichkeit seiner Verantwortung." Mit dem Begriff der Freiheit betont Bonhoeffer dagegen gewissermaßen die unternehmerische Seite von Verantwortung. Freiheit „wagt zu handeln", stellt er fest, sie ist schöpferisch und „lässt den Menschen das Gute selbst erschaffen". In dieser doppelten Bestimmung zwischen Bindung und Freiheit ist der Begriff der sozialen Verantwortung gewissermaßen schon angelegt. Für unseren Kontext bedeutet er: Unternehmerisches Handeln kann nicht abgegrenzt und als „isoliertes Einzelnes" verstanden werden. Es ist immer eingebunden in größere Zusammenhänge, unter anderem in die gesellschaftlichen. Die Verantwortung umfasst eben nicht nur das persönliche Wohlergehen und das der eigenen Familie, auch nicht nur das des eigenen Unternehmens und der damit verbundenen Menschen. Unternehmerisches Handeln geschieht immer „stellvertretend" für ein Ganzes. Es ist Ausdruck allgemein menschlicher Verantwortung – oder eben Verantwortungslosigkeit. Darin liegt seine *Bindung* und zugleich ein wichtiger Gegenakzent gegenüber allzu radikal betriebswirtschaftlich abgegrenztem Denken und Handeln, das in eigenen Systemlogiken verfangen bleibt.

Die *Freiheit* sozial verantwortlichen Handelns repräsentiert Lydia aus Thyatira. Sie weiß um ihre Geschichte, die vermutlich die Geschichte einer freigelassenen Sklavin ist, und um ihre durch Geschäftstüchtigkeit erarbeiteten Möglichkeiten. Sie nimmt ihr Lebensumfeld, in das sie eingebunden ist, aufmerksam wahr – und handelt. In autonomer Entscheidung gibt sie ihrem Leben eine Richtung und engagiert sich sowohl für – in ihrem Fall religiös begründete – Werte als auch für die Gemeinschaft, in der sie lebt. Soziale Verantwortung traut also nicht nur der eigenen Selbstwirksamkeit und wirkt damit jeder Resignation oder gar Depression entgegen. Sie weiß auch um die Abhängigkeiten und Bindungen des eigenen Lebens, auch des eigenen Erfolgs, und wirkt insofern sozialer Isolation und Desintegration entgegen.

V.

Die Evangelische Kirche in Deutschland hat sich mehrfach mit den ethischen Fragen beschäftigt, die sich mit wirtschaftlichem und unternehmerischem Handeln verbinden. In ihrer Denkschrift *Gemeinwohl und Eigennutz* von 1991 wird schon im Untertitel die Verantwortung zum zentralen Leitbegriff: „Wirtschaftliches Handeln in Verantwortung für die Zukunft". Sie differenziert verschiedene Verantwortungsebenen und beschreibt als eine von ihnen „die persönliche Verantwortung und Lebensführung von Christen in den Organisationen und Prozessen der Wirtschaft". Zu dieser persönlichen Verantwortung betont die Denkschrift, dass damit nicht nur die „individuelle moralische Integrität und Anstand" der Unternehmerpersönlichkeit umfasst werde, also gewissermaßen eine private Seite des Verhaltens, vielmehr geht es der EKD um die soziale Verantwortung im unternehmerischen Handeln selbst: „Im Rahmen organisierten wirtschaftlichen Handelns, seiner Notwendigkeiten und Gesetzmäßigkeiten, bestehen Spielräume, die dem wirtschaftlich Handelnden Entscheidungsfreiraum gewähren und zumuten. In der Wahrnehmung und Gestaltung solcher Freiräume in Organisationen und Institutionen sind persönliche Verantwortung und eigenes Gewissen gefordert."

Diese verantwortungsethische Einordnung wirtschaftlichen Handelns spitzt das *Gemeinsame Wort der Kirchen zur sozialen und wirtschaftlichen Lage in Deutschland* von 1997 noch weiter zu. Es greift aus der ökumenischen Diskussion die sogenannte Option für die Armen auf und stellt fest: „In der Perspektive einer christlichen Ethik muss alles Handeln und Entscheiden in Gesellschaft, Politik und Wirtschaft an der Frage gemessen werden, inwiefern es die Armen betrifft, ihnen nützt und sie zu eigenverantwortlichem Handeln befähigt. Dabei zielt die biblische Option für die Armen darauf, Ausgrenzungen zu überwinden und alle am gesellschaftlichen Leben zu beteiligen. Sie hält an, die Perspektive der Menschen einzunehmen, die im Schatten des Wohlstands leben und weder sich selbst als gesellschaftliche Gruppe bemerkbar machen können noch eine Lobby haben. Sie lenkt den Blick auf die Empfindungen der Menschen, auf Kränkungen und Demütigungen von Benachteiligten, auf das Unzumutbare, das Menschenunwürdige, auf strukturelle Ungerechtigkeit. Sie verpflichtet die Wohlhabenden zum Teilen und zu wirkungsvollen Allianzen der Solidarität." Folgerichtig stellt wieder einige Jahre später die EKD-Denkschrift *Gerechte Teilhabe* von 2006 die persönliche Verantwortung noch einmal heraus. Der Wirtschaft und den unternehmerisch Handelnden komme eine entscheidende Bedeutung zu: „Der Mut und die Leistung von Unternehmerinnen und Unternehmern ist ausdrücklich zu würdigen. Ihr Handeln ist in besonderer Weise ethisch gefordert. Daher sind Personen in leitender und in unternehmerischer Verantwortung dazu zu ermutigen, bei ihrem Engagement die von Ausgrenzung betroffenen und bedrohten Menschen stets im Blick zu behalten und wo immer möglich Angebote zur Integration zu machen." Doch damit nicht genug – nur zwei Jahre später ergänzt die just während der Finanzkrise erschienene EKD-Denkschrift *Unternehmerisches Handeln in evangelischer Perspektive* von 2008 die globale Perspektive der Sozialen Marktwirtschaft und fordert gerechte Entwicklungs- und Beteiligungschancen für alle. Demnach macht die soziale Verantwortung an nationalen Grenzen nicht halt und muss in besonderer Weise die Ressource „Vertrauen" stärken. „Unser Land braucht überzeugende, glaubwürdige und tatkräftige Unternehmer und ein positives Leitbild für unternehmerisches Handeln, wenn das Vertrauen der Menschen in die Wirtschaft wieder gewonnen werden soll."

VI.
Mit seinem Engagement für umweltethische Themen und für eine lebenswerte Zukunft auf unserem Planeten hat Michael Otto in beeindruckender

Weise zu diesem Vertrauen beigetragen und seine soziale Verantwortung als Unternehmer akzentuiert. Angesichts der drängenden Zukunftsfragen, die insbesondere der Klimawandel stellt, ist dieser Aspekt unternehmerischer Verantwortung noch einige Überlegungen wert. Soziale Verantwortung hat nicht nur das Schicksal *gegenwärtiger* Mitmenschen im Blick. In bester verantwortungsethischer Manier fragt sie nach den Folgen eigenen Tuns auch im Blick auf die langfristigen Auswirkungen für das menschliche Leben auf dieser Erde, die Christinnen und Christen als Gottes Schöpfung verstehen. Unabhängig davon, ob Natur und Umwelt einen Eigenwert in sich tragen und daher schon um ihrer selbst zu schützen sind: Selbst mit bleibend anthropozentrischer Weltsicht ist der Erhalt lebenswerter Bedingungen auf diesem Planeten um der künftigen Generationen willen ein ethisches Gebot. Die Verbesserung gegenwärtiger Lebensverhältnisse rechtfertigt nicht die Zerstörung der Lebensgrundlagen für nachwachsende Generationen. In seinen epocheprägenden Überlegungen zum *Prinzip Verantwortung* hat Hans Jonas das als imperative Handlungsmaxime auf den Punkt gebracht: „Handle so, dass die Wirkungen deiner Handlung verträglich sind mit der Permanenz echten menschlichen Lebens auf Erden." Die soziale Verantwortung von Unternehmerinnen und Unternehmern umfasst also nicht nur das gesellschaftliche Zusammenleben und die Fragen zur gerechten Teilhabe aller. Sie mahnt auch, nicht nachzulassen im energischen Bemühen um die Bekämpfung des Klimawandels und den Erhalt natürlicher Ressourcen. Lydia als sehr frühe Unternehmerin der Chemiebranche hätte auf diese Herausforderungen sicher ihre tatkräftige Antwort gefunden.

VII.

Vor dem Stadttor Philippis an einem Flussufer begegnete Lydia regelmäßig anderen aus ihrer Stadt. Sie sprachen über Gott und die Welt, beteten vermutlich auch und hörten Menschen wie Paulus zu, die ihnen interessante Dinge erzählten. Wie sehr Lydia bereit war, sich ernsthaft mit Lebensfragen auseinanderzusetzen, zeigt ihr Entschluss, sich taufen zu lassen. Auch das ist ein Aspekt sozialer Verantwortung: Das ehrliche Interesse an größeren Zusammenhängen, an Fragen „über den Tellerrand hinaus". Dazu gehört der Austausch mit anderen, die engagierte Diskussion, der Perspektivwechsel. Für diesen Aspekt der gemeinsamen Verantwortung für Stadt und Gesellschaft gibt es seit 2013 in Hamburg den Dialog *Kirche und Wirtschaft*, der seine Initialzündung eben durch einen Vortrag Michael Ottos auf dem Deutschen Evangelischen Kirchentag 2013 in Hamburg erhalten hat und der bis heute besteht. „Von wertvollen Waren und wahren Werten" hieß der Titel, und Michael Otto wandelte das damalige Kirchentagsmotto auf einprägsame Weise um. Aus „Soviel du brauchst" wurde sein Appell „an jeden Einzelnen in der Wirtschaft", sich für ethisches Verhalten in der Wirtschaft einzusetzen „so viel du kannst!". Im Dialog *Kirche und Wirtschaft* sprechen Vertreterinnen und

Vertreter aus der Wirtschaft und aus der Kirche auf Einladung des Kirchlichen Dienstes in der Arbeitswelt über ihre gemeinsame Verantwortung. Es liegt in der Natur der Sache, dass manche sich beiden Seiten zugehörig fühlen: der Wirtschaft wie der Kirche. Und so entstehen in freundlicher Atmosphäre lebendige, durchaus auch kontroverse Diskussionen um Themen zwischen sozialer Gerechtigkeit, Klimawandel und rasanten Veränderungsprozessen in der Arbeitswelt. Die Belastungen der Corona-Pandemie besprechen wir ebenso intensiv wie die Sorge um gesellschaftlichen Zusammenhalt in kritischer Zeit. Wir kennen uns und können uns daher gerade in schwierigen Situationen vertrauensvoll begegnen. Das ist ein großer Schatz für beide Seiten. Ich bin froh darüber, dass es so viele verantwortungsbewusste und engagierte Unternehmerinnen und Unternehmer gibt, die sich aufgeschlossen dem Gespräch stellen. Aus dem offenen Austausch mit seinen verschiedenen Perspektiven auf die Stadt und auf unser Zusammenleben entstehen ein gemeinsames Verantwortungsgefühl und eine zuversichtliche Grundhaltung. Das ist eine gute Basis, wie schon Hans Jonas feststellte: „Hoffnung ist eine Bedingung jeden Handelns, da es voraussetzt, etwas ausrichten zu können."

KAPITEL V

Soziale und ökologische Standards in der Lieferkette

MICHAEL OTTO

Menschen in Ketten

Das Lieferkettengesetz, das Anfang des Jahres 2023 in Kraft getreten ist, ist auch ein Höhepunkt meiner eigenen Lernreise, die ich in den letzten drei Jahrzehnten zurückgelegt habe. Denn es beruht teilweise auf dem *Textil-bündnis* und der *Business Social Compliance Initiative*, die beide durch die Otto Group wesentlich mitgeprägt wurden. Das neue Gesetz verpflichtet Unternehmen mit mehr als 3.000 Mitarbeitenden in Deutschland, Menschen-rechte, Arbeitsbedingungen und Umweltstandards entlang ihrer Lieferkette zu analysieren und zu kontrollieren, um Menschenrechts- und Umweltverletzun-gen zu verhindern oder zumindest zu minimieren. Zu den menschenrechtlichen Aspekten gehören zum Beispiel das Verbot von Kinder- und Zwangsarbeit und moderner Sklaverei, Pflicht des Arbeitsschutzes, Verbot der Missachtung der Koalitionsfreiheit, Verbot von Diskriminierung oder des Vorenthaltens eines angemessenen Lohns. Umweltbezogene Aspekte beziehen sich beispielsweise auf das Verbot der Produktion und Verwendung bestimmter Chemikalien oder der nicht umweltgerechten Handhabung und Entsorgung von Abfällen. Durch das Lieferkettensorgfaltspflichtengesetz müssen Unternehmen den menschen- und umweltrechtlichen Sorgfaltspflichten verstärkt nachkommen. Ab 2024 gilt das auch für Unternehmen mit mindestens 1.000 Mitarbeitenden. Durch eine entsprechende EU-Regelung wird es 2025 erneut erweitert.

Generell bringt das neue Gesetz weitreichende Veränderungen für betroffene Unternehmen mit sich, die auch mit erheblichem bürokratischen Aufwand ver-bunden sind. Aber insgesamt betrachtet ist das neue Gesetz ein Fortschritt, da es alle Unternehmen zur Sorgfaltspflicht verpflichtet. Das Textilbündnis be-ruhte nur auf Freiwilligkeit und auf der Selbstverpflichtung der beteiligten Un-ternehmen und umfasste immerhin die Hälfte des Volumens der in Deutschland gehandelten Textilien. Künftig müssen alle, die bisher noch nicht freiwillig mitgemacht haben, auch diese Regeln einhalten. Das ist im Sinne eines fairen Wettbewerbs nur zu begrüßen. Und der wichtigste Fortschritt ist, dass das Textilbündnis zwar teilweise ein Vorbild für das Gesetz war, dieses jetzt aber für alle Branchen der gesamten Wirtschaft gilt, also auch beispielsweise für die Automobilindustrie. Es ist aus Sicht der Wirtschaft natürlich nicht optimal, dass der Gesetzgeber sich genötigt sieht, verbindliche Regeln zu erlassen, weil die Selbstverpflichtung und die Selbstorganisation der Wirtschaft nicht zu den erwünschten Ergebnissen geführt haben. Durch das Gesetz ändert sich aber auch die Perspektive: Der Blick ist nicht mehr nur auf die finanziellen oder reputativen Risiken gerichtet, sondern auf die Betroffenen. Künftig wird bei Verstößen abgewogen, wie viele Menschen in ihren Rechten potenziell verletzt wurden und wie schwerwiegend die Folgen eines möglichen Verstoßes sind. Grundsätzlich betrifft das Lieferkettengesetz aber nicht nur die Lieferketten in den Produktionsländern, sondern beinhaltet beispielsweise auch die Geschäftsbeziehungen zu Transport- und Logistik-Dienstleistern, die vielleicht gegen gesetzliche Arbeitszeiten verstoßen. Es geht also um mehr als nur um die Lieferketten im Ausland.

Seit mehr als dreißig Jahren gehört die Verankerung von sozialen und ökologischen Standards in den Lieferketten zu meinen Herzensanliegen. Unser *Prinzip der sozialen Verantwortung* gilt nicht nur im eigenen Unternehmen, sondern muss auch für alle Unternehmen gelten, die in einer Lieferkette für unsere Unternehmen arbeiten. Man muss auch von seinen Lieferanten und Partnern erwarten und es gegebenenfalls auch durchsetzen und kontrollieren, dass sie gleichermaßen sozial mit ihren Mitarbeitenden umgehen. Das gleiche resultiert aus unserem *Prinzip der ökologischen Verantwortung*: Immer mehr Kundinnen und Kunden fordern zu Recht Produkte, deren Rohstoffe möglichst im Einklang mit der Natur hergestellt wurden.

Für mich entwickelte sich die Notwendigkeit des nachhaltigen Wirtschaftens schon sehr früh: Nicht als Vision der Weltverbesserung, sondern ganz praktisch auf den Reisen, die ich nach Asien und Afrika unternommen hatte. Zunächst auf ausgedehnten Privatreisen in jungen Jahren; aber als ich zwischen 1971 und 1981 im Vorstand für den Einkauf Textilhandel verantwortlich war, bereiste ich die Länder unserer Lieferanten sehr systematisch. Und da sah ich dann in den 1970er Jahren mit eigenen Augen in Indien oder auch in China, wie sich die Flüsse unterhalb der Textilfabriken grün oder rot färbten, je nachdem, welche Textilfarbe gerade in der Produktion dran war. Das war natürlich mit vielen schädlichen Chemikalien verbunden und die Auswirkungen wie Fischesterben ließen sich unmittelbar beobachten. Aber auch die gesundheitsschädlichen Folgen für die Menschen, die dort lebten, waren erheblich. Teilweise haben Kinder fröhlich und nichtsahnend in diesen gefärbten Flüssen gebadet – das war wirklich schlimm mitanzusehen.

Meine persönlichen Reiseeindrücke systematisierten sich dann, als Anfang der 1980er Jahre immer mehr Berichte und Studien veröffentlicht wurden, die ich im Kuratorium des World Wildlife Fund (WWF) auch aus erster Hand bekam. Je mehr Informationen sich verdichteten, desto mehr wuchs bei mir die Entschlossenheit, die Lieferketten unseres Unternehmens systematisch zu überprüfen. Zu meiner großen Überraschung gab es damals aber kaum Daten zu den ökologischen Auswirkungen in der Lieferkette, weder für die gesamte Branche der Bekleidungsproduktion noch in unserem eigenen Unternehmen. Dann haben wir das selbst in die Hand genommen und gemeinsam mit zwei Hochschulen die Lieferkette vom Anbau der Baumwolle bis zum Endprodukt untersucht. Dabei stellten wir fest, dass sich fast in jeder Stufe umweltschädliche Chemikalien durch weniger schädliche ersetzen lassen konnten, um damit in einem ersten Schritt die negativen Auswirkungen deutlich zu reduzieren.

Wir begannen mit dem Anbau von Baumwolle in der Türkei erste Erfahrungen zu sammeln, wie man Baumwolle vom konventionellen auf den biologischen Anbau umstellen konnte. Darüber hinaus konnte man in der Produktion biologisch abbaubare statt schwermetallhaltige Farben verwenden, Ozonbleiche statt Chlorbleiche und Schrumpfmaschinen statt Formaldehydausrüstung. Um diese ersten Schritte umzusetzen, brauchten wir aber erst einmal Lieferanten, die bereit waren, mitzumachen. Denn die Umstellung von Anbau und Produktion war vor allem in der Anfangsphase mit hohen Kosten verbunden. Deshalb entschieden wir, dass OTTO diese Zusatzkosten übernimmt und sie nicht über den Preis an die Kunden weitergibt, da wir uns dann im Wettbewerb nicht hätten behaupten können. Wir griffen sozusagen in die Trickkiste und haben diese Zusatzkosten schlicht als Marketingkosten verbucht und damit aus der Kostenkalkulation der Produkte rausgenommen. Da es sich zu Beginn nur um einige Pilotprojekte handelte, die nur wenige Textilien in unserem Sortiment umfassten, waren diese Anlaufkosten überschaubar. Je mehr Artikel wir allerdings über die Jahre in dieses Nachhaltigkeitsprogamm aufnahmen, desto höher waren die Skaleneffekte und so niedriger entwickelten sich die Zusatzkosten. Das war der Anfang unserer ökologischen Verbesserung der Lieferkette. Da wir keine Vorbilder kannten, haben wir viel improvisiert und dabei nach dem *Test and Learn-Prinzip* auch einige Fehler gemacht, Strategien neu ausgedacht und wieder verworfen, bis wir dann nach und nach eine belastbare Systematik entwickeln konnten, mit dem wir auch im Sinne des *Prinzips der Kooperation* auf andere Partner in der Branche zugehen konnten, um schlagkräftige Bündnisse zu schmieden und erste Zertifikate auf den Weg zu bringen.

Mir ging es aber nicht nur um die Verbesserung des Umweltschutzes entlang unserer Lieferkette, sondern auch um die Einhaltung der Menschenrechte und um bessere Arbeitsbedingungen. Denn bei meinen Reisen sah ich auch entsetzliche Szenen in den sogenannten *sweatshops*, in denen Kinder wie Sklaven gehalten wurden. Sie arbeiteten dort von früh bis spät und schliefen teilweise sogar an ihrem Arbeitsplatz. Die bittere Armut bringt einige Eltern dazu, ihre Kinder für einige Jahre als billige Arbeitskraft an *sweatshops* zu verkaufen, um mit diesem Geld ihre übrigen Kinder durchzubringen. Vor allem in Indien gibt es diese Missstände teilweise nach wie vor. Indien hat zwar die umfangreichste Gesetzgebung gegen Kinderarbeit, aber es gibt nirgends so viel Kinderarbeit wie in Indien. So verbietet das Gesetz zwar Kinderarbeit unter 14 Jahren, erlaubt aber zugleich, dass unter 14-Jährige in Familienbetrieben arbeiten. Viele sehen dies als Schlupfloch, das das allgemeine Verbot von Kinderarbeit untergräbt. Als 2007 von den Medien ein solcher Fall bei einem Sublieferanten eines unserer Lieferanten aufgedeckt wurde, haben wir unseren Lieferanten gemeinsam mit dem Sublieferanten wegen dieses Verstoßes sofort von unserem Einkauf ausgeschlossen. Aber was sollten wir mit den betroffenen Kindern tun? Wir haben sie bei dem

Sublieferanten freigekauft und zusammen mit einer NGO ein Schulprojekt umgesetzt, damit diese Kinder zur Schule gehen konnten. Aber damit begannen die Probleme erst: Denn keine Schule wollte diese Kinder aus der Kaste der Unberührbaren in den Unterricht aufnehmen. Die Lehrer sagten uns: „Die sind nicht zum Lernen geboren." Da musste die beteiligte NGO enormen Druck in der zuständigen Gemeindeverwaltung machen, damit die Kinder dort zur Schule gehen konnten. Diese Kinder wurden vor und nach dem Unterricht beim Lernen und bei den Hausaufgaben von Pädagogen unterstützt und nach einem halben Jahr waren sie die besten in der Klasse. Dieses Schulprojekt gibt es bis heute und für mich war klar, dass wir wo immer wir können gegen Kinderarbeit vorgehen müssen. Kinder sind unsere Zukunft – deshalb haben wir in vielen Ländern Programme für Kinder und Jugendliche aufgelegt, damit diese eines Tages ein besseres Leben als ihre Eltern haben können.

Um die Verletzung von Menschenrechten und Kinderarbeit innerhalb unserer Lieferketten wirksam auszuschließen, haben wir 1996 einen Code of Conduct verabschiedet, der seitdem für alle Lieferanten der Otto Group verpflichtend ist. Er basiert auf den Kernarbeitsnormen der International Labour Organization (ILO) und der UN-Kinderrechtskonvention. Dieser Code of Conduct wurde dann auch zur Grundlage eines breiten Bündnisses, das sich 2003 im Rahmen der Business Social Compliance Initiative (heutiger Name: amfori BSCI) formierte (*siehe auch „Ganzheitliches Denken und Handeln"*, *Seite 231*).

Die Otto Group hat viel erreicht bei der Verankerung von sozialen und ökologischen Kriterien in der Lieferkette. Auch das neue Gesetz ist – bei aller berechtigten Kritik – ein Fortschritt. Wir müssen hinschauen, immer und immer wieder. Jeder von uns muss wachsam sein, denn die Rechte eines Menschen zu wahren, ist immer die Aufgabe der Anderen, also der Gemeinschaft und der Gesellschaft. Nur so können wir unseren Anspruch, menschenwürdige Standards einzuhalten, auch wirklich umsetzen. Wirtschaft und Werte gehören zusammen. Ich habe kein Verständnis für Unternehmer, die einfach wegschauen oder dies sogar zynisch einkalkulieren, wenn ihnen in ihrer Lieferkette Menschen in unwürdigen Zuständen begegnen. Die Menschenwürde ist unantastbar und damit nicht verhandelbar.

INTERVIEW MIT MICHAEL ARRETZ

Nachhaltigkeit durch die Hintertür

In Bangkok geboren und in Asien aufgewachsen, war er ein kultureller Insider und die Idealbesetzung für die Pionierrolle, die er bei der Verankerung von sozialen und ökologischen Standards in den internationalen Lieferketten für die Otto Group spielte. Schwierig waren dabei nicht die Lieferanten, sondern eher die Kunden, die sich erst mit ein paar Tricks von nachhaltigen Produkten überzeugen ließen. Erste Lektion im Fashion-Bereich war dabei: Ökoklamotten dürfen nicht wie Öko aussehen.

Herr Arretz, Sie sind promovierter Biologe, waren von 1993 bis 1999 als Umweltreferent beim OTTO Versand tätig und gründeten 1999 das Tochterunternehmen UmweltManagementPartner, aus dem 2002 die Systain Consulting GmbH entstand, die Sie bis 2010 leiteten und in der Sie Kunden aus dem Distanz- und Stationärhandel betreuten. Wie fing damals das ganze Thema einer nachhaltigen Lieferkette an?
Ich kam vor dreißig Jahren zu OTTO, als Michael Otto anlässlich seines 50. Geburtstages die Umweltstiftung Michael Otto gründete. Für mich als Biologen war das ideal, um in der Wirtschaft an Umwelt- und Naturthemen zu arbeiten. 1993 stand die Lieferkette noch nicht im Mittelpunkt, sondern aufgrund der damaligen öffentlichen Diskussion um FCKW und ihre zerstörerischen Auswirkungen auf die Ozonschicht der produktbezogene Umweltschutz. Nach und nach sollte das ganze Sortiment zum Besseren verändert werden. Bei OTTO gab es noch Möbel mit Tropenholz im Sortiment und das Thema „Gift im Kleiderschrank" bei den Textilien. Wir haben mit Hansecontrol 1994 zehn Millionen D-Mark in ein eigenes Prüflabor zum Testen von Textilien und sogenannten Hartwaren (u. a. Möbel, Elektrogeräte) investiert und damit Know-how im produktbezogenen Umweltschutz aufgebaut. So ergaben sich dann Veränderungen in den Lieferketten, die wir durch Hansecontrol auch kontrollieren konnten.

Geschah das damals auf öffentlichen Druck oder war das eine freiwillige Entscheidung eines weitsichtigen Unternehmers?
Es war ganz bestimmt ein öffentliches Thema, aber es bestand kein Druck, etwas Eigenes aufzubauen. Es gab das Institut Hohenstein oder den TÜV, die die Produktqualität prüften und schadstoffgeprüfte Textilien zertifizierten. Es war schon die Weitsicht des Unternehmers, so viel Geld für ein eigenes Prüflabor in die Hand zu nehmen. Das haben andere Handelsunternehmen damals nicht gemacht.

Und was wurde da genau getestet?

Es ging um die ganze Schadstoffpalette, angefangen bei den Schwermetallen über Formaldehyd, das damals sowohl bei Möbeln als auch in der Kleidung ein wichtiges Thema war, bis hin zu Azofarbstoffen, die die größte Gruppe der synthetischen Farbstoffe bilden. Wir tauschten uns einerseits mit anderen Experten aus und bauten andererseits intern Kompetenzen auf. Man denkt immer, dass man bei der ganzen Lieferkette zurück nach Asien gehen muss, um soziale und ökologische Standards zu verankern, aber es ist genauso wichtig, hier in Deutschland etwas aufzubauen. Heute hat beispielsweise sogar Lidl einen Rahmenvertrag mit den Hohenstein-Instituten, um seine Produkte zu testen. Was OTTO Mitte der 1990er Jahre angefangen hat, machen nun alle großen Unternehmen in Partnerschaft mit Prüfinstituten. Damals gab es auch eine Kooperation mit der Designerin und Unternehmerin Britta Steilmann, die 1992 ihr erstes Öko-Modelabel gründete und 1993 als Öko-Managerin des Jahres ausgezeichnet wurde. Mit ihr entwickelten wir basierend auf dem *Cradle to Cradle*-Ansatz von Michael Braungart, dass sämtliche Materialien in Kreisläufe zurückgeführt werden sollten, erste Ideen für eine durchgängige Kreislaufwirtschaft. Wir hatten auf einmal ecrufarbene Jeans im Sortiment, obwohl ich persönlich so helle Jeans uncool fand. Doch so musste man den Denimstoff nicht färben. Das war das erste Wertschöpfungsketten-Projekt, bei dem wir das Produkt in den Mittelpunkt stellten. Das ist damals krachend gescheitert. Britta Steilmann war ihrer Zeit zu weit voraus. Ökologische Produkte gab es damals fast nur in Reformhäusern. Es gab noch keinen Markt dafür, schon gar nicht für Jeans, die überhaupt nicht wie Blue Jeans aussahen. Aber wir konnten daraus lernen und starteten 1996 ein großes Biobaumwollprojekt, um 1.000 Tonnen Öko-Baumwolle aus der Türkei zu verarbeiten. Wir haben viele Gespräche mit Michael Otto geführt, der natürlich viele Fragen und Anregungen hatte und sich intensiv damit auseinandersetzte. Auf einmal sollte der OTTO Versand, der vorher beim Textileinkauf um jeden Cent gefeilscht hat, relativ teure Biobaumwolle kaufen. Wir hatten damit das erste Projekt, das die Lieferkette genau unter die Lupe nahm. Die Baumwolle musste eingekauft und gelagert werden, wir haben eine Spinnerei organisiert, um die richtigen Garne für die Stoffherstellung zu bekommen, die anschließend gefärbt wurden und dann zu den OTTO-Lieferanten gingen. 1996 hatten wir eine großartige und bunte Kollektion aus Biobaumwolle für die ganze Familie mit Hoodies, T-Shirts, Hosen, Shorts und Taschen, die auf einer wunderbaren Doppelseite im Hauptkatalog promotet wurde. Unser Hoodie kostete damals 49 DM, aber zwanzig Seiten davor wurde ein Hoodie von den Philippinen in knalligeren Farben für 39 DM angeboten. So gab es Wettbewerb im eigenen OTTO-Sortiment und die Kunden hatten sich dann mehrheitlich für das günstigere Angebot entschieden. Ökoklamotten, die wie Ökoklamotten aussehen, waren nicht sehr erfolgreich und Klimaschutz darf auch nicht viel mehr kosten. Die Kollektion ist durchaus gelaufen, aber nicht so gut. Aber auch daraus konnten wir wieder lernen und weitermachen. Wichtig war, dass damit ein erster Schritt aus der Nische in den Massenmarkt gelang.

Was haben Sie aus diesem ersten Projekt gelernt und dann verbessert?
Wir haben gelernt, dass wir die Arbeit am Produkt nicht allein den Lieferanten überlassen können. Wir haben zwar tolle Muster bekommen, aber die gelieferten Produkte sahen dann ein bisschen anders aus. Wir mussten diesen Prozess gemeinsam mit den Kolleginnen aus dem OTTO-Büro und den Einkäuferinnen sehr eng begleiten. Ich war dafür sehr oft in der Türkei, um die Kooperationen mit den Produzenten zu intensivieren und dabei auch immer wieder Überzeugungsarbeit zu leisten. Es war ja ganz neu, gleichzeitig auf Nachhaltigkeit, Qualität und den Preis zu achten. Bei den Bademänteln war es beinahe umgedreht: Die flauschigen Bademäntel aus Biobaumwolle waren ein großer Renner und hatten die anderen Bademäntel fast verdrängt. Wir konnten das Preisniveau angleichen und wurden damit sehr erfolgreich.

Aber die Textileinkäufer von OTTO waren doch zunächst sicher sehr zurückhaltend?
(lacht) Ja, die Einkäufer vor allem im Fashion-Bereich waren sehr kritisch. Fashion ist sehr schnelllebig, da wird immer auf den letzten Schrei gewartet und dann noch schnell etwas geändert. Im Heimtextilien-Bereich war alles ein bisschen gemütlicher und langfristiger. Dort standen die Einkäufer nicht so stark unter Druck. Das war auch ein wichtiges Learning. Es war ein Fehler, mit Fashion anzufangen, ohne vorher eine klare Sortimentsanalyse zu machen und gemeinsam mit den Akteuren zu erarbeiten, mit wem wir das umsetzen könnten. Wir hatten vor allem türkische Lieferanten, die wirklich sehr kooperationswillig und in ihrer Bereitschaft und Flexibilität unschlagbar waren. Da war auch sehr viel Herzblut dabei. Aber das brauchte auch seine Zeit und dann hatten wir wirklich das erste gute Biobaumwoll-Sortiment für den Massenmarkt.

Und wie haben Sie den Sprung ins Massensortiment geschafft? Sie mussten dann wirklich zu den Produzenten hinfahren und ihnen klarmachen, dass es so nicht weitergeht und sie nachhaltiger produzieren müssen. Das war ja nur mit Lieferanten möglich, die sehr viel für OTTO hergestellt haben. Wenn Sie dort nur drei Unterhosen bestellten, konnten Sie denen ja keine Vorschriften machen.
Genau. Ich war damals wirklich sehr häufig in Istanbul und habe sowohl mit unseren Kollegen als auch mit den ausgewählten Lieferanten viele Gespräche geführt, um das Sortiment neu zu gestalten. Da ging es auch um Garnqualitäten, und wir haben den Lieferanten mit dem Besitzer der Spinnerei zusammengebracht. Diese Koordination war sehr zeitaufwendig. Die Meetings liefen dann oft zu zwei Dritteln auf Türkisch ab, damit die Produzenten sich besser kennenlernen und austauschen, wie sie es gemeinsam umsetzen können. Ich war

ja nur der Botschafter. Wir begannen dann auch mit dem Thema „Schadstoffe in Textilien" und haben das ganze normale Sortiment durchgetestet.

Saßen Sie dann da mit Reagenzgläschen und schauten, ob die sich türkis färben?
Ich habe Sortimentsmuster gezogen und in Hamburg in unserem Prüflabor die Biobaumwolltextilien auf Hautfreundlichkeit und Schadstoffe testen lassen. Die Ergebnisse habe ich bei meinem nächsten Besuch in Istanbul und Izmir mit den Lieferanten diskutiert.

Den Konsumenten war es damals sicher völlig egal, ob die Kleidung umweltfreundlich war. Aber Hautfreundlichkeit und „Gift im Kleiderschrank" waren sehr wichtige Themen. Es ging damals noch gar nicht um den Umweltschutz.
Genau. Das war auch der wirklich smarte Move von Michael Otto: Er war enttäuscht, dass die Öko-Produkte damals im Markt noch nicht so gut ankamen, weil sich für den Umweltschutz kaum jemand interessiert hat. Deshalb kam er auf die geniale Idee, die Nachhaltigkeit durch die Hintertür in das Sortiment einzuführen, indem wir das Label *hautfreundlich, weil schadstoffgeprüft* erfanden.

Gab es damals schon das Bio-Label?
Nein, das gab es noch nicht. Wir haben ein eigenes, damals sehr hässliches Baumwoll-Logo entwickelt, wie man es aus den Wäschekennzeichen kennt: *kontrolliert-biologischer Anbau (kbA)*. Nach diesen Richtlinien wurde die Biobaumwolle angebaut.

Es war Ihr eigenes Label nach eigenen Kriterien?
Es war ein eigenes Label, aber die Kriterien entsprachen schon damals dem EU-Standard 2092/91 für biologischen Anbau. Damals gab es nur das Rapunzel-Siegel für fair gehandelte Bio-Produkte des gleichnamigen Naturkostherstellers. Aber es gab noch nicht das klassische Bio-Siegel. Dem Kunden war es, wie Sie sagen, egal, ob das jetzt Biobaumwolle ist oder nicht. Hauptsache, die Kleidung ist *hautfreundlich, weil schadstoffgeprüft*, damit man selbst keinen Ausschlag oder keine Allergie entwickelt. Aber diese Hautfreundlichkeit entfaltete eine sehr starke Wirkung für den Umweltschutz, weil alle Färbereien gezwungen waren, Farbstoffe und Textilhilfsmittel einzusetzen, die schadstoffreduziert und nach dem *Öko-Tex Standard 100* geprüft wurden. Das hatte einen riesigen Impact, weil die Menge der Stoffe und Fasern sehr viel größer war als der Anteil der Biobaumwolle. Wir haben so schnell wie möglich das gesamte OTTO-Sortiment auf *hautfreundlich, weil schadstoffgeprüft* umgestellt. Darüber hinaus wollten wir die Lieferanten dazu bringen, dass ihre Färbereien das Anforderungsprofil einhalten.

Haben Sie eine schwarze Liste von Chemikalien an die Lieferanten gegeben oder wie haben Sie das gemacht?

Nein, es gab ein Anforderungsprofil, mit dem die Lieferanten zu ihrem Färber gehen mussten, um die Stoffe entsprechend zu färben. Der Färber wusste dann genau, welche Farbstoffe er verwenden konnte und welche nicht. Wir haben uns mit deutschen Farbstoffherstellern wie Ciba-Geigy zusammengesetzt und sie befragt, was und wie man es machen kann. Das ist auch ein Michael-Otto-Prinzip, immer erst die Machbarkeit zu prüfen, bevor man es dann breit in die Märkte einführt und alle Lieferanten zu Informationsveranstaltungen einlädt.

Das ist interessant. Sie haben also keine Auditoren zu den Textilbetrieben in der Türkei geschickt, sondern eine Liste mit den Vorgaben, und testeten dann im Nachhinein, ob die Schadstoffe auch wirklich unter den Grenzwerten liegen?

Richtig. Es waren klare Anforderungen und Vorgaben. Aber auch nach der Lieferung machten wir immer Stichproben, ob alles im Sinne der Sorgfaltspflicht und des Verbraucherschutzes korrekt eingehalten wurde. All das wurde – Jahrzehnte später – erst jetzt im Lieferkettengesetz für alle Marktteilnehmer vorgeschrieben. Es ging also immer wieder um Information, Training, Testen, Kontrolle, Verbesserungen und dann Freigabe. Alle mussten sich genau daran halten.

Und wie viel Prozent des Gesamtsortiments haben Sie dann in die Nachhaltigkeit gedreht?

Ende der 1990er Jahre, also nach fünf Jahren, erreichten wir vielleicht 50 Prozent. Den Bereich Wäsche haben wir bewusst ausgewählt, weil Wäsche ja direkt auf der Haut liegt und der damalige Einkaufsleiter sehr erfolgreich arbeitete. So konnten wir mit dem beschlossenen Maßnahmenpaket und durch den stabilen Lieferantenrahmen relativ zügig auf bis zu 80 Prozent kommen. Aber ich glaube, dass es schon zehn Jahre gedauert hat, bis wir die 100 Prozent Absicherung im Gesamtsortiment erreichten.

Sie haben zunächst regional mit Lieferanten in der Türkei angefangen. Wie wurde das dann global über die gesamte Lieferketten hinweg ausgebaut?

Von Hongkong aus steuerten wir das Schadstoffthema im Hauptmarkt China. Gemeinsam mit der Qualitätssicherung führten wir in Hongkong ab 1996 Workshops zur Schadstoffprüfung nach dem *Öko-Tex Standard 100* durch. Das Thema Biobaumwolle konzentrierte sich weiterhin auf die Türkei. Wir versuchten zwar, auch in Indien Biobaumwolle zu etablieren, aber das war mit den dortigen Lieferanten und über diese große Distanz gar nicht möglich. Wir entwickelten 2000 mit dem *PURE WEAR*-Label eine Sonderkollektion aus Biobaumwolle, überarbeiteten die Schadstoffparameter weiter und konnten zum Beispiel Schwermetalle vollständig ausschließen. Aber ab 1997 stand auch das Thema der Arbeitsbedingungen auf der öffentlichen Agenda, als OTTO mit

Fällen von Kinderarbeit ausgerechnet bei Lieferanten in der Türkei konfrontiert wurde. Das war für die Medien ein Spektakel und für uns eine wirklich turbulente Zeit. Ich war nach den Medienberichten auch in der kritisierten Fabrik und traf dort tatsächlich Kinder an. Sie saßen zwar nicht an den Nähmaschinen, aber sie waren in der Fabrik, wo sie natürlich nichts zu suchen hatten. Aber ich habe mich damals nur um die Biobaumwolle und deren Verarbeitung gekümmert. Wir haben dann mit Auditierungen begonnen und gemeinsam mit dem Qualitätsbereich einen Anforderungskatalog für Feuerlöscher, Notausgänge, Arbeitsplatzsicherheit, Löhne und Arbeitszeiten und vielem mehr entwickelt.

Sie haben neben den ökologischen Kriterien dann auch die sozialen Aspekte begutachtet?
Ja, ich war der erste sogenannte Social Officer bei OTTO, weil ich sowieso die Lieferkette überprüfte, bis Johannes Merck als Director Corporate Responsibility dafür eine eigene Abteilung aufbaute. Mit den Auditoren der Qualitätssicherung wurden die Prüfungen mit Stift und Papier durchgeführt. Das war sehr aufwendig. Michael Otto traf dann 1999 zwei sehr wichtige Entscheidungen: Er schaute sich zum einen an, was auf internationaler Ebene in den USA passierte. Da gab es den Social Accountability International (SAI), der den SA 8000-Standard entwickelte, eine Initiative von Unternehmen und NGOs. Zum anderen forderte er unsere Mitbewerber Karstadt, Quelle, Metro, Peek & Cloppenburg und andere auf, die Fabrik-Auditierungen zu vereinheitlichen. Da wir als Handelsunternehmen nicht über eigene Fabriken verfügten und zu Anlagen der Geschäftspartner keinen direkten Zugang hatten, konnte die Otto Group allein nur schwer soziale und ökologische Standards in der Lieferkette durchsetzen. Deshalb ist die Kooperation mit Geschäftspartnern, anderen Marktteilnehmern und mit den Produzenten und Fabriken und unternehmensübergreifenden Initiativen zur Entwicklung von allgemeingültigen Branchenstandards erfolgsentscheidend. Sonst haben ja diejenigen Marktteilnehmer einen Kostenvorteil, die sich nicht um soziale und ökologische Standards in der Lieferkette scheren.

Da ging es um die Anerkennung der Zertifikate?
Mit der Außenhandelsvereinigung des Deutschen Einzelhandels (AVE) entwickelte die Otto Group 2000 das AVE-Sektorenmodell Sozialverantwortung, um die Arbeitsbedingungen in Zulieferbetrieben in Schwellen- und Entwicklungsländern nachhaltig zu verbessern.

Das war sozusagen ein Meisterstück von Johannes Merck. Was bedeutete das Sektorenmodell?
Es beinhaltet die Parameter, nach denen Audits durchgeführt werden sollen: Mitarbeiter, Löhne, Hygiene- und Sicherheitsstandards wie Lagerung der

Ware, Fluchtwege, Feuerschutz. Im AVE-Sektorenmodell Sozialverantwortung wurden alle Anforderungen aus den verschiedensten Unternehmen aufgenommen und zusammengeführt. Das wurde in Indien und China bei verschiedenen Produzenten erprobt und dann in alle Märkte ausgerollt. Daraus ist dann die *Business Social Compliance Initiative (BSCI)* mit Sitz in Brüssel entstanden, die auch offen für andere Unternehmen ist, die mit einem Verhaltenskodex und einem systematischen Überwachungs- und Qualifikationssystem die sozialen Standards in ihrer weltweiten Wertschöpfungskette verbessern wollen. Die ursprüngliche Idee von Michael Otto hatte damit eine sehr große Wirkung auf die gesamte europäische Branche entfaltet und dadurch ganz weitreichende Verbesserungen im Umweltschutz und bei Millionen von Arbeitsverhältnissen erreicht.

Das Modell von Michael Otto, Initiativen immer mit maximaler Bündnisfähigkeit anzulegen, war auch in diesem Fall erfolgreich.
Ende der 1990er Jahre waren sehr viele Unternehmen dabei: Unter anderem Karstadt, Peek & Cloppenburg, Breuninger und die Metro-Gruppe mit Kaufhof. Die AVE war insgesamt ein kleiner Club mit vielleicht sechzig Mitgliedern. Michael Otto hatte immer die Fähigkeit, die anderen davon zu überzeugen, dass man sich zusammensetzen, Vereinbarungen treffen und gemeinsam handeln muss. Das war wirklich ganz entscheidend in Deutschland. H&M, Zara und die Discounter gab es damals noch nicht in dieser Breite. Und international sah die Welt auch noch anders aus: China trat erst 2001 der Welthandelsorganisation bei, die Türkei war ein dominierender Markt und Bangladesch noch gar nicht relevant.

Sie sind ja in Bangkok geboren, haben Sie es dort hautnah miterlebt, wie die damals unterentwickelten Länder sich mit viel Fleiß und Ausdauer ihren Platz in der internationalen Arbeitsteilung und damit einen gewissen Wohlstand erarbeitet haben?
Ich denke schon, dass ich in einem völlig anderen kulturellen Kontext aufgewachsen bin. Ich wurde von einer Nanny großgezogen und habe mit ihr thailändische Lieder gesungen. Wenn ich nach Asien komme, fühle ich mich einfach sofort wohl, habe keine Berührungsängste, kann auf die Menschen zugehen und gemeinsam mit ihnen etwas entwickeln. Das spielt natürlich eine wichtige Rolle, wenn man mit Freude in diese fernen Länder reist und dort arbeitet.

Warum haben Sie dann 1999 die Otto Group verlassen?
Ich wollte einfach etwas Neues machen. Johannes Merck hatte die Idee, mit unseren Erfahrungen auch andere Unternehmen zu beraten. Deshalb gründeten wir die Tochterfirma UmweltManagementPartner, bei der Johannes Merck und ich Geschäftsführer wurden. Zunächst fand Michael Otto das nicht

so gut und ich war ziemlich frustriert. Aber dann bekamen wir plötzlich den Auftrag, Birgit Breuel für die Expo 2000 zu beraten. Michael Otto war darüber hoch erfreut und ich konnte dann auch Markenlieferanten wie Tom Tailor oder s.Oliver bei der Schadstoffprüfung und Auditierung von Produzenten beraten. Es hat mir großen Spaß gemacht, unser Know-how auch bei anderen Unternehmen anzuwenden.

Hat es die neuen Kunden nicht gestört, sich ausgerechnet von einer Tochterfirma der Otto Group beraten zu lassen?
Die Unternehmen schätzten uns und konnten von unseren Erfahrungen profitieren. Wir haben auch immer eine Chinese Wall zwischen den Kunden und der OTTO-Welt gezogen und den Marken zugesichert, dass wir ihnen nicht die Lieferanten abspenstig machen. Das ist ja auch ganz wichtig, dass wir für alle Marktteilnehmer gleichermaßen unabhängig waren. Wirklich spannend wurde es dann, als auch Aldi, Lidl und sogar KiK in unser Kunden-Portfolio kamen. Das fand Michael Otto zunächst nicht so gut, aber wir konnten damit Geld verdienen. Und sein Credo war doch auch immer, dass Umweltschutz nicht am Wettbewerb scheitern darf. Bei der Nachhaltigkeit müssen auch die schärfsten Wettbewerber, die sonst um den letzten Cent feilschen, gemeinsam am gleichen Strang ziehen. Damit die beste Lösung zum Zuge kommt, die den wirtschaftlichen Erfolg mit sozialer und ökologischer Verantwortung gegenüber Mensch und Natur verbindet.

The Good Shepherd

The Good Cashmere Standard (GCS) wurde von der Aid by Trade Foundation (AbTF) entwickelt und 2020 eingeführt, um Tierwohl sowie ökologische und soziale Standards in der Kaschmirproduktion zu verankern und globale Lieferketten transparenter zu machen. Für die Geschäftsführerin der AbTF steht die artgerechte Haltung von Kaschmirziegen in der Inneren Mongolei im Mittelpunkt. In kürzester Zeit hat dieser Standard erstaunliche Fortschritte erzielt: 2022 wurden bereits 9.400 Farmen, über vier Millionen Ziegen und 1.400 Tonnen Kaschmir zertifiziert.

Frau Stridde, wie kann man sich eine Zertifizierung von Kaschmirwolle vorstellen? Wie läuft das ab? Sind das Nomaden, die mit ihrer Herde umherziehen oder leben die mit ihren Tieren auf einem Bauernhof?
Zurzeit sind wir nur in der Inneren Mongolei tätig. Dort leben die Ziegen auf Höfen unterschiedlichster Größe. Wir haben sehr große Betriebe mit mehr als tausend Tieren, dort wird teilweise geforscht und dort werden auch Ziegen gezüchtet. Aber genauso gibt es auch kleine Familienbetriebe, die nur hundert Ziegen oder weniger halten und davon leben.

Wie ist die Idee für ein nachhaltiges Kaschmirsiegel entstanden? Kam der Druck von den Verbrauchern, die sich eine möglichst tiergerechte Haltung wünschten oder spielten auch wirtschaftliche Erwägungen eine Rolle?
Wir wurden als bekannter Siegelgeber für *Cotton made in Africa* von einem chinesischen Hersteller von Kaschmirprodukten angesprochen, der sicherstellen wollte, dass Kaschmir nachvollziehbar und transparent hergestellt wird. Kaschmir ist ein sehr wertvoller Rohstoff, deshalb kommt es vor, dass Fasern als Kaschmir deklariert werden, die gar kein Kaschmir sind. Dem Hersteller ging es bei seiner Anfrage also zunächst um Fälschungssicherheit.

Was ist dem Kaschmir so ähnlich, dass man es einfach untermischen kann?
Man kann zum Beispiel Schafswolle chemisch so verändern, dass sie sich wie Kaschmir anfühlt.

Der Verbraucher kann das dann gar nicht erkennen?
Auf den ersten Griff kann man es nicht erkennen und auf den ersten Blick schon gar nicht. Aber natürlich ist es nachprüfbar. Für uns war die Entwicklung eines Standards auf jeden Fall sehr interessant. Aber wir wollten natürlich einen deutlichen Fokus auf die Nachhaltigkeit legen, Transparenz wird bei

einem Rohstoff-Siegel dann ohnehin hergestellt. Und so haben wir den Good Cashmere Standard gemeinsam mit Tierwohlexperten und dem Kaschmir-produzenten entwickelt. Das ist ein sehr engagierter Partner, der mit vielen Farmern gut und intensiv zusammenarbeitet.

Übt das Siegel einen starken Druck auf die Farmer aus? Wenn sie nicht mitmachen, wird der Kaschmir nicht mehr gekauft?
Ich glaube schon, dass die Einführung des Siegels einen gewissen Druck ausgelöst hat. Aber wir haben auch von vielen Farmern gehört, dass sie den neuen Standard begrüßen, weil sie sich für ihren Rohstoff einen nachhaltigeren Pfad in die Zukunft wünschen. Die Kampagnen der Tierschutzorganisation PETA gegen Kaschmir sind auch in der Inneren Mongolei bekannt und die Partner dort waren besorgt, dass Kaschmir vor allem in Europa in Zukunft weniger nachgefragt werden könnte. Man war uns und unserer Idee gegen-über also sehr offen. Wir haben uns zunächst gemeinsam mit einer Tierwohl-expertin ein Bild von der Lage vor Ort gemacht und dann die Kriterien des Standards festgelegt.

Kam der chinesische Partner direkt auf Michael Otto zu oder auf Ihre Stiftung?
Der Kontakt wurde zunächst über einen deutschen Journalisten, der in China lebt, hergestellt. Er kam mit dieser Idee zu uns, weil er uns kannte und wusste, dass wir uns mit Textilien und mit Nachhaltigkeit auskennen. Wir waren für einen neuen Nachhaltigkeitsstandard für einen textilen Rohstoff der ideale Partner, der die formalen Prozesse, die dafür nötig sind, kennt und die nötige Expertise mitbringt.

Er muss nachprüfbar und transparent sein. Auch die Betroffenen müssen nach-vollziehen können, warum sie diese oder jene Bewertung erhalten.
Genau, der Standard muss belastbar sein und natürlich muss er sich eines bestehenden Problems annehmen und diesen Zustand nachhaltig verbessern. Wir haben zunächst das Tierwohl-Kapitel geschrieben. Aber die Aid by Trade Foundation steht auch für Sozial- und Umweltkriterien, also fanden die ent-sprechenden Kriterien ebenfalls Eingang in den Good Cashmere Standard. Das Gesamtwerk ging dann in diverse Konsultationsrunden mit Experten, unseren chinesischen Partnern und Nichtregierungsorganisationen aus ver-schiedenen Bereichen und anschließend in die öffentliche Konsultation. Dabei wird der finale Entwurf des Standards im Internet veröffentlicht und kann von jedem kommentiert werden. Die gesamte Konsultationsphase zieht sich über mehrere Monate hin.

Haben sich daran auch Laien beteiligt? Es ist ja doch eher eine Expertendiskussion.
Laien haben sich nicht beteiligt, obwohl es theoretisch möglich gewesen wäre. Stattdessen haben aber die Kaschmirproduzenten vor Ort und Tier-

wohlorganisationen wichtige Punkte eingebracht, die wir diskutiert haben und die dann in den Kriterien berücksichtigt wurden. Aktuell stehen wir vor einer Revision des Standards, das heißt einer recht umfangreichen Weiterentwicklung der Kriterien. Es ist wichtig, die Anforderungen im Standard zum Beispiel an die neuesten Erkenntnisse in der Forschung anzupassen und ambitioniert, aber gleichzeitig nicht unrealistisch und damit unerreichbar zu sein. Durch die Audits auf den Farmen und den kontinuierlichen Austausch mit unseren Stakeholdern haben wir viele praktische Erfahrungen gesammelt, die auch Berücksichtigung in der Revision finden werden.

Warum haben denn die Chinesen nicht selbst den Standard entwickelt? Wollte man ganz gezielt auch die Reputation nutzen, die die AbTF in der westlichen Welt genießt?
Das ist bestimmt ein Grund. Die Aid by Trade Foundation ist eine unabhängige Organisation und setzt sich schon seit langem mit Nachhaltigkeitsthemen auseinander. Als wir den Kaschmirstandard vor zwei Jahren gelauncht haben, hatten wir bereits 15 Jahre Erfahrung mit unserem ersten Standard *Cotton made in Africa* gesammelt und uns in den Bereichen, Umweltschutz, Biodiversität und nachhaltige Rohstoffe eine gute Reputation erarbeitet.

Aber es ist ja auch kulturell schwierig, wenn die Europäer kommen und den Chinesen erklären, wie man nachhaltigen Kaschmir herstellt. Das hat bestimmt auch zu Widerständen geführt?
Sicher, vieles, was der Good Cashmere Standard fordert, ist neu, erfordert unter Umständen mehr Aufwand und das erzeugt erst einmal Widerstand. Zum Beispiel verlangen wir Einstreu in den Ställen für die Ziegen. Die Tiere leben zwar überwiegend draußen, aber wenn die Witterung dies nicht erlaubt, müssen sie drinnen untergebracht werden und die Möglichkeit haben, weich und vor allem trocken zu liegen. Und da gab es zwei Kritikpunkte: Zum einen bemängelten die Farmer und Produzenten, dass durch die Einstreu die sowieso schon aufwendigen Verarbeitungsschritte beim Säubern des Kaschmirs nochmals erschwert werden. Nun könnten wir sagen, das ist erst einmal zweitrangig, weil es vor allem um das Wohl der Ziege geht. Aber der zweite Punkt war, dass es in manchen Regionen in der Inneren Mongolei schlicht keine Einstreu gibt. Es gibt kein Stroh und auch keinen Landhandel in der Nähe, bei dem man Einstreu kaufen könnte. Wir überlegten also gemeinsam, wie die Anforderung trotzdem erfüllt werden könnte, zum Beispiel mit Sand. Dazu setzen wir uns dann mit den Produzenten und den Tierwohl-NGOs an einen Tisch und diskutieren, was ambitioniert, aber trotzdem noch umsetzbar ist. Es macht keinen Sinn, etwas zu fordern, das auch noch nach drei Jahren nicht umgesetzt wird, weil die Farmer keine Möglichkeit haben, die Vorgaben zu erfüllen. Hier müssen wir zuhören, das Problem verstehen und nach einer guten alternativen Lösung suchen.

Aber haben die Chinesen beim Tierwohl nicht einfach gesagt: „Ach, hört doch auf mit Eurem eurozentristischen Blick"?

Nein, gar nicht. Wir haben festgestellt, dass die Farmerfamilien räumlich sehr eng mit den Ziegen zusammenleben, gerade auf den kleineren Höfen. Sie verbringen ihren ganzen Tag mit den Tieren und der Verkauf von Kaschmir sichert ihre Lebensgrundlage. Sie sind durchaus daran interessiert, dass es den Ziegen gut geht. Ich glaube auch nicht, dass der Blick eurozentristisch ist. Es geht vielmehr darum, zu vermitteln, welche Denkrichtung des Tierwohls unserem ganzen Standardkatalog zugrunde liegt. Er fußt auf dem international anerkannten Konzept der „Five Domains", das wissenschaftlich als Goldstandard des Tierschutzes bewertet wird. Darin geht man davon aus, dass jeder physische Aspekt im Leben eines Tieres mit einer Emotion einhergeht und sich somit auf das Wohlergehen auswirkt. Die emotionalen Bedürfnisse der Tiere sind hierbei ebenso wichtig wie körperliche. Im Grundsatz geht es also darum, den Tieren ein lebenswertes Leben (a live worth living) zu ermöglichen. Wir versuchen, diese Prinzipien anschaulich und verständlich in den praktischen Alltag der Farmer umzusetzen – und ich denke, das gelingt uns auch.

Haben die europäischen Auditoren überall freien Zugang in der Inneren Mongolei?

Wir arbeiten mit einem großen, international agierenden Audit-Unternehmen zusammen. Für die Audits auf den Farmen der Inneren Mongolei sind ausschließlich lokale Mitarbeiter im Einsatz. Diese konnten aber wegen der Corona-Pandemie nicht immer in die Regionen reisen. Daher haben wir im vergangenen Jahr auch Remote-Audits durchgeführt, dies hat sehr gut funktioniert.

Haben die Farmer ein Smartphone und übertragen dann direkt aus dem Stall?

Ja, so ähnlich muss man sich das tatsächlich vorstellen. Der Farmer zeigt per Handykamera die Bereiche der Farm, die der Auditor zu sehen wünscht. Dabei werden Geo-Daten abgeglichen, um sicherzustellen, dass den Auditoren nicht immer wieder die gleiche Farm gezeigt wird. Diese Audits funktionierten sehr gut, fast alle Farmer verfügen über ein Smartphone und es gibt eine gute Netzabdeckung. So etwas wäre in vielen Regionen, in denen wir mit *Cotton made in Africa* aktiv sind, sicherlich schwieriger gewesen.

PETA hat ja immer wieder Filme veröffentlicht, die zeigen, wie Ziegen auf Schlachthöfen gequält werden. Wie steht der Standard hierzu?

Die Grenze des Good Cashmere Standards ist die Kaschmirfarm, auf der die Ziegen leben; der Schlachthof befindet sich also außerhalb unseres „Systems". Anders verhält es sich beim Schlachten der Ziegen auf den Farmen, was allerdings nicht sehr häufig vorkommt, höchstens dann, wenn eine Ziege für den

Eigenbedarf der Familien geschlachtet wird oder wenn ein Tier sehr krank ist und euthanasiert werden muss. Hierfür gibt es klare Vorgaben im Standard.

PETA prangert auch das Scheren und Auskämmen von Kaschmirziegen an. Das ist bei den Schafen im bayerischen Oberland doch auch nicht anders: Irgendjemand muss das Tier festhalten, wenn es zappelt. Beim Kaschmir kniet sich einer auf die Ziege, damit sie liegen bleibt. Dann schreit das arme Tier – und schon sind die aufwühlenden Fernsehbilder fertig. Gibt es tiergerechtere Methoden, wie man das Haar auskämmen sollte?

Es gibt im GCS sehr viele Vorgaben zum Scheren und Kämmen der Ziegen. Es ist für uns sehr wichtig, dass dies so schonend wie möglich für das Tier geschieht. Tatsächlich konnte uns bisher noch kein Experte die Frage beantworten, ob das Scheren oder das Kämmen für das Tier die bessere, stressärmere Methode ist. Beim Scheren der Ziegen verwendet man eine kleine Rasiermaschine, die wie ein Barttrimmer aussieht. Diese Prozedur geht schnell, aber das Problem beim Scheren ist, dass die Tiere anschließend keine Haare mehr haben und somit vor Sonneneinstrahlung oder Kälte nicht mehr geschützt sind. Das kann ein Problem sein, wenn es keinen Unterstand oder Stall gibt, der die Ziegen vor Regen, Kälte oder zu starker Sonne schützt. Unser Standard schreibt einen solchen Schutz für die Ziegen vor.

Dann ist das Auskämmen eigentlich die bessere Methode?

Beim Kämmen wird nur das feine Unterhaar ausgekämmt und so behalten die Ziegen noch einen Teil ihre Haare und damit ihren Schutz vor Witterung. Beim Kämmen kann es dann zu Problemen kommen, wenn es nicht fachgerecht gemacht wird und zu lange dauert. Auch hier macht der GCS klare Vorgaben. Wichtig ist, dass derjenige, der kämmt – und das sind in der Regel Saisonarbeiter –, genügend Zeit dafür hat. Es darf nicht hektisch zugehen, aber gleichzeitig sollen die Tiere auch nicht zu lange festgehalten werden. Die Tiere dürfen nur dann gekämmt werden, wenn sie im Fellwechsel sind, also auf natürliche Weise ihr Winterfell verlieren, dies geschieht meist in den Monaten April und Mai. Für beide Methoden gilt, dass diejenigen, die kämmen oder scheren, gut ausgebildet sein müssen und mit ordentlichem, sauberem Werkzeug arbeiten. Wenn das Tier verletzt wird, muss es selbstverständlich behandelt werden.

Wird im Audit überprüft, wie eine Ziege geschoren oder ausgekämmt wird?

Bisher wurden die Audits sehr früh im Jahr durchgeführt, meist zu der Zeit, wenn die Kitze geboren werden. Wir werden die Besuche auf den Farmen jetzt über das Jahr verteilen, damit wir über die unterschiedlichen Lebensphasen der Ziegen einen noch besseren Eindruck bekommen.

Wie läuft denn ein Audit ab? Wie stellt man sich das vor? Ein Familienbetrieb, eine kleine Farm mit vielleicht 50 Ziegen wird nach einem Zufallsprinzip ausgewählt?
Der Kaschmirproduzent, der an dem Programm teilnehmen will, schickt uns eine Liste der Farmen, von denen er Kaschmir bezieht und die er für die Zertifizierung anmelden möchte. Wir überprüfen zunächst, ob wir weitere Farmen aufnehmen können und wenn ja, ob wichtige Grundvoraussetzungen wie z.B. täglicher Weidegang für die Tiere erfüllt sind. Wenn alles geklärt ist, erhalten alle Farmen einen Selbstauskunft-Fragebogen über WeChat. Hierüber bekommen wir bereits viele wichtige Informationen: Wie viele Ziegen werden gehalten? Wo genau liegt die Farm? Wie oft haben die Ziegen Zugang zum Wasser? Die Auditoren bewerten dann diese Informationen und entscheiden auf dieser Basis, welche Farm einen Audit-Besuch erhält.

Gibt es nicht auch viele Analphabeten, die das vielleicht gar nicht ausfüllen können?
Teilweise. Dann unterstützt ein Mitarbeiter des Kaschmirproduzenten, der ohnehin in einem sehr engen Austausch mit den Farmern steht und häufig vor Ort ist. Sie helfen den Farmern auch bei den schriftlichen Dokumentationen, die der Standard vorschreibt, zum Beispiel darüber, wie viele Tiere geboren wurden, welche Medikamente verabreicht wurden, wie viele gestorben sind, wie viele Tiere gekämmt oder geschoren wurden, ob es dabei Verletzungen gab usw.

Der Auditor überprüft die Angaben: die Anzahl der Ziegen pro Quadratmeter im Stall, die Auslaufmöglichkeiten, die Ausstattung des Stalls und so weiter. Reicht die Weide für die Ziegen aus oder müssen sie zum Beispiel im Winter auch extra gefüttert werden?
Es wird in der Regel zugefüttert, mit Mais, Heupellets oder Luzerne – das ist ganz unterschiedlich. Wir haben beispielsweise einen Bauern besucht, der eine unglaubliche Auswahl an Pellets für unterschiedliche Lebensphasen der Ziege selbst hergestellt hat: für Ziegenkitze, trächtige Ziegen, ältere Ziegen. Das war beeindruckend.

Es wird alles erfasst und mögliche Missstände werden aufgedeckt, die dann abgestellt werden müssen. Kommt der Auditor ein halbes Jahr später wieder vorbei und prüft das nach?
Die Auditoren stellen die nötigen Korrekturmaßnahmen zusammen. Bei kleineren Missständen reicht oft ein Foto, das die Verbesserung zeigt, oder ein fehlendes Dokument wird nachgereicht. Es kann aber auch sein, dass ein Auditor erneut vorbeikommen muss und vor Ort überprüft, ob die erforderliche Maßnahme auch umgesetzt wurde. Aber ein reines Überprüfen reicht nicht aus, weil damit noch kein Wissen vermittelt, sondern ja nur der Status quo dokumentiert wird. Wir wollen aber, dass alle Farmer, die Teil des Good

Cashmere Standards sind, über Trainings ihre Kenntnisse über Tierwohl und soziale und ökologische Nachhaltigkeit erweitern. Dazu bauen wir aktuell nach dem Vorbild von TechUcation der Otto Group eine digitale Lernplattform mit Wissensinhalten für die Farmer auf. Diese können sich damit dann online zu verschiedenen Themen weiterbilden. Zusätzlich dazu wollen wir sogenannte Model Farms etablieren, das sind Betriebe, die bereits sehr gut sind und das meiste, was der Standard fordert, schon umsetzen. Die Farmer aus der Umgebung können diese Betriebe besuchen und dort dann vor Ort sehen und erleben, wie der ideale Stall aussieht oder wie der Farmer die Anforderungen des Standards zum Wasserzugang für die Ziegen umgesetzt hat.

Das ist eigentlich ein Top-Down-Prozess. Die Betriebe, die Sie überprüfen, verkaufen ihren Kaschmir an eine Buying Station, die wiederum verkauft den Kaschmir an einen Produzenten für fertige Produkte, der den Rohkaschmir erst einmal in den nächsten Verarbeitungsprozess bringt.
Die Bauern verkaufen zwar häufig die Kaschmirwolle an die gleiche Buying Station und arbeiten mit demselben Produzenten zusammen, aber die Farmen gehören ihm nicht. Die Farmer können frei entscheiden, an wen sie ihren Kaschmir verkaufen wollen.

Aber besteht nicht die Gefahr, dass die Kaschmirproduzenten nur die guten Betriebe in das Programm aufnehmen? Wenn ein Betrieb die Kriterien nicht erfüllt oder die Fehler nicht korrigiert werden, sanktioniert der Kaschmirproduzent diesen Betrieb oder wird der Kaschmir dann einfach ohne das Zertifikat verkauft?
In diesem Fall würde der Kaschmir dann ohne GCS-Zertifikat verkauft werden. Daher überprüfen wir auch die Buying Stations, ob sie den zertifizierten Kaschmir tatsächlich separieren. Dabei gibt es keine Auswahl per Stichprobe, sondern es werden alle Buying Stations begutachtet, ob sie dazu in der Lage sind.

Die Buying Station ist also die Plattform, auf der alles zusammenkommt. Es gibt aber noch die Dehairing Stations.
Dort wird der gekämmte oder geschorene Kaschmir gereinigt. Die feinen Fasern werden von den groben getrennt, farblich vorsortiert und dann wird der Kaschmir gewaschen.

Das ist also schon der nächste Schritt im Produktionsprozess. Werden dafür Schüttelsiebe verwendet?
Viele der Arbeiterinnen und Arbeiter sitzen dafür im ersten Schritt an einer Art Leuchttisch, ziehen den Kaschmir darüber und schauen nach groben Verschmutzungen, die manuell entfernt werden. Im nächsten Schritt wird der vorsortierte Kaschmir in den sogenannten Blow-Room transportiert, wo der Kaschmir aufgelockert wird und weiterer Schmutz aus dem Kaschmir gefiltert wird. Zuletzt kommt dann das eigentliche Waschen, wo der Kaschmir durch

Waschstraßen läuft und immer feinteiliger gereinigt wird. Wie viel Aufwand betrieben werden muss, um die Fasern zu reinigen, das ist schon unglaublich. Es ist sehr viel Handarbeit.

Wie wird das dann weiterverarbeitet? Kommen dann noch viele Arbeitsschritte? Kontrollieren Sie auch noch weitere Prozesse wie das Färben?
Der Good Cashmere Standard kontrolliert den Rohstoff bis zum Dehairing, also bis zu dem Verarbeitungsschritt, der nach dem Kämmen bzw. Scheren folgt. Danach greifen für die Weiterverarbeitung wie z.B. Spinnen, Färben, Stricken oder Nähen andere Standards oder Vorgaben, für soziale Kriterien (z.B. Fairwear, amfori, SAI etc.) oder für die Nass- und Färbeprozesse (z.B. ZDHC). Bislang war der Rohstoff für den Retailer eine Blackbox. Er wusste nicht, woher die Fasern kommen und wie sie erzeugt wurden. Das ist mit dem GCS nun anders.

Es gibt eine große Diskussion über die Lieferkette, dass man diese mit einer Blockchain verknüpft, um auch die Echtheit zu garantieren. Dann ist unfälschbar ein mathematisches Zeichen in der Blockchain verankert, das man im Zweifel auch immer zur Quelle zurückverfolgen kann. Denken Sie über so etwas auch nach?
Wir diskutieren das Thema physische Nachverfolgbarkeit gerade mit zwei Anbietern. Beide verfolgen unterschiedliche Ansätze, aber es geht immer darum, dass der Rohstoff entweder durch Zumischung von Mikropartikeln oder durch das Besprühen der Fasern mit einer Flüssigkeit markiert und anschließend durch einen Scanner oder einen Labortest eindeutig identifizierbar wird.

Das ist dann ein spezielles Label?
Genau, Kaschmir, der so markiert wurde und der darüber hinaus noch weitere Qualitätsanforderungen z.B. an den Micron, also die Feinheit der Faser erfüllt, kann das „Premium"-Label tragen. Wenn der Retailer eine Markierung wünscht, kann mit den oben beschriebenen Methoden bei einem fertigen Produkt, also zum Beispiel bei einem Pullover, eindeutig nachgewiesen werden, dass es sich bei dem darin eingesetzten Rohstoff um zertifizierten, markierten Kaschmir handelt.

So ein echter Kaschmir-Pullover kostet auch richtig viel Geld. Was war das für ein Gefühl, als Sie in Ihrer Lieblingsboutique zum ersten Mal einen Kaschmir-Pullover mit Ihrem Label gefunden haben?
Das war schon etwas Besonderes, erstmals das Etikett an der Ware im Laden zu sehen, damit war unsere Idee von nachhaltigem Kaschmir tatsächlich Wirklichkeit geworden. Ich glaube, das war aber nicht in einer Boutique, sondern das erste Mal habe ich die Ware live bei Aldi gesehen. Das war schon toll!

Rechtfertigt das auch höhere Preise? Der bewusste und verantwortungsvolle Konsument ist doch durchaus bereit, ein bisschen mehr Geld zu bezahlen, wenn er sicher sein kann, dass ökologische und soziale Standards in der Lieferkette eingehalten werden. Ist das ein Verkaufsargument?

Für die Retailer sind nachhaltige Rohstoffe nicht daher wichtig, weil sie sich damit eine Prämie erhoffen, sondern weil sie einen Nachteil befürchten müssen, wenn sie sie nicht anbieten. Die Kunden erwarten nachhaltige Angebote von den Händlern. Außerdem können Siegel wie GCS oder CmiA Transparenz über ihre Lieferketten herstellen, was ja inzwischen mit dem Lieferkettensorgfaltspflichtengesetz auch eingefordert wird. Der GCS-zertifizierte Kaschmir wurde von Anfang an sehr gut von den Unternehmen nachgefragt und mittlerweile sind viele internationale Kunden mit dabei. Peter Hahn war ein Partner der ersten Stunde, H&M mit COS, Peek & Cloppenburg, Carrefour, Zadig & Voltaire, Gap, die Kering Gruppe sind ebenfalls mit dabei, Bonprix hat eine Kaschmir-Kapselkollektion gelauncht, OTTO, Witt Weiden, Aldi, Tchibo, Bestseller etc. nutzen GCS für ihre Kollektionen.

Bei der Baumwolle gibt es das System der Massenbilanz, bei der es einen Ausgleich auf Ebene der Spinnerei zwischen eingekaufter CmiA-Baumwolle und den als CmiA verkauften Garnen geben muss.

Das ist bei vielen Nachhaltigkeitssiegeln für Commodities wie z.B. Baumwolle gängige Praxis. Auch bei *Cotton made in Africa* wird dieses System noch häufig angewendet, aber wir sehen auch hier einen deutlichen Trend hin zu mehr Transparenz. Bei CmiA können wir das mit unserem „Hard Identity Preserved"-System sicherstellen, das eine vollständige Rückverfolgbarkeit über die gesamte textile Wertschöpfungskette hinweg bis zum Ursprung ermöglicht. Die Baumwolle kann auf ihrem Weg vom Feld bis zum fertigen Produkt komplett zurückverfolgt werden und darf auf keiner Produktionsstufe mit nicht CmiA-zertifizierter Baumwolle gemischt werden. Bei GCS arbeiten wir ausschließlich nach dem „Hard Identity"-Prinzip, einen Ausgleich im Sinne der „Massenbilanz" gibt es hier nicht. Viele Unternehmen wollen mittlerweile genau wissen, woher das Material kommt, und mit GCS und CmiA können wir das auch sicherstellen.

Und beim Kaschmir ist die Rückverfolgung von vornherein schon gegeben. Die Buying Station verpackt den Kaschmir mit dem GCS-Standard in einem Extraballen, der dann gekennzeichnet an die Weiterverarbeitung geht.

Genau. Wenn die Buying Stations den Kaschmir einkaufen, wird er separiert gelagert und eindeutig gekennzeichnet.

Kann die Buying Station dann einen höheren Preis verlangen, damit es auch Anreize gibt, oder regt das zur Fälschung an?

Grundsätzlich würden wir es begrüßen, wenn der Farmer für den zusätzlichen Aufwand, den er sicherlich durch die Vorgaben aus dem Good Cashmere Standard hat, auch mehr für seine Ware erhält. Wir sind nicht an der Preisbildung beteiligt, aber ich würde mir wünschen, dass man GCS-Kaschmir mit einem Aufpreis versehen könnte, von dem der Farmer profitiert.

Das Tierwohl ist ja im weitesten Sinne ein ökologisches Kriterium. Aber welche sozialen Kriterien sind denn beim GCS verankert?
Bei Kaschmir haben wir im Unterschied zur Baumwolle auch Farmen mit angestellten Arbeitern, hier schreiben die Kriterien faire Arbeitsbedingungen vor wie zum Beispiel: Gleichberechtigung, Arbeits- und Gesundheitsschutz, Schutz vor Diskriminierung, Versammlungsfreiheit und so weiter. Kinderarbeit ist ein Ausschlusskriterium, das heißt, würden hier Verstöße festgestellt, würde die Farm sofort ausgeschlossen werden. Die Kriterien gelten auch für Saisonarbeiter, die auf den Farmen eingesetzt werden.

Aber übernehmen Kinder nicht auch in vielen familiengeführten Kaschmirbetrieben bestimmte Aufgaben?
Wir sind dort noch nie auf Kinderarbeit gestoßen. In China gibt es eine Schulpflicht und eine gute Schulinfrastruktur. Das ist nicht vergleichbar mit den ländlichen Baumwollanbaugebieten in Subsahara-Afrika.

Reagieren die chinesischen Behörden nicht empfindlich, wenn es nicht nur um das Wohl der Ziegen geht, sondern mit Mindestlöhnen auch in das Arbeitnehmerverhältnis eingegriffen wird?
Bisher haben wir die staatlichen Behörden nicht involviert, sondern wir arbeiten direkt mit den Kaschmirunternehmen und den Hirten zusammen. Es ist aber angedacht, für die Trainings auch auf staatliche Stellen zuzugehen. Die lokalen Behörden haben gute Kontakte zu den Farmen, hiervon können wir sicherlich profitieren.

Gibt es auch ein chinesisches Veterinäramt, das die Höfe überprüft?
Wir wissen, dass der Impfstatus der Ziege mit Hilfe eines staatlich ausgegebenen Impfbuches, das alle Farmer für ihre Bestände haben, überprüft wird. Weitere staatliche Regelungen, die sinnvolle Tierschutzmaßnahmen durchsetzen, würden wir begrüßen. Um die Grasslands zu schützen, gibt es beispielsweise staatliche Vorgaben, wann wie viele Tiere wo weiden dürfen. So wird der Überweidung und damit der Versteppung vorgebeugt. Diese staatlichen Maßnahmen helfen uns dabei, die Vorgaben für ökologische Nachhaltigkeit einzuhalten.

Kann man also bereits nach zwei Jahren feststellen, dass sich sowohl das Tierwohl als auch die menschlichen Arbeitsbedingungen durch den GCS spürbar verbessert haben?

Eine spürbare Veränderung braucht Zeit, wir müssen hier schon etwas Geduld aufbringen und die Menschen vor Ort von unseren Konzepten überzeugen, für die Themen sensibilisieren und Wissen vermitteln. Aber klar ist auch, wenn es schwere Verstöße gibt, werden Farmen ausgeschlossen, das sendet auch ein Signal an die anderen, die bei GCS beteiligt sind.

Michael Otto gestaltet ja seine Stiftungskonzepte immer auch als Geschäftsmodell. Er macht die Anschubfinanzierung, dann laufen die Projekte von allein und verdienen sogar richtig Geld – so wie der Kaschmir-Standard. Sie haben auch sehr hohe Einnahmen durch die Lizenzvergabe und können damit die ganzen Audits, Trainingsmaßnahmen oder Studien bezahlen. Da muss Michael Otto gar kein Geld nachschießen.

Das stimmt. Der GCS trägt sich schon jetzt komplett selbst. Wir nehmen auch keine öffentlichen Fördermittel dafür in Anspruch. Alles, was wir einnehmen, kommt aus dem Markt, also von den Unternehmen. Sie zahlen eine Partnerschafts- und Lizenzgebühr je nach abgenommenem Volumen und diese Einnahmen werden wieder in den Standard reinvestiert.

Es ist sehr faszinierend, dass „the Good Shepherd", der gute Hirte Michael Otto, diese Projekte von Anfang an so unternehmerisch gestaltet, dass sie sich selbst tragen und breite Bündnisse mit vielen anderen Unternehmen ermöglichen. Wenn er etwas in die Hand nimmt, will jeder, der Rang und Namen hat, auch dabei sein. Das war ja schon beim Textilbündnis so.

Michael Otto hat eine ganz starke Leadership-Funktion – er zeigt, dass erfolgreiches Unternehmertum bei gleichzeitiger Berücksichtigung von sozialen und ökologischen Kriterien möglich ist. Seine Authentizität und Überzeugungskraft sind einzigartig. Von dieser Reputation profitiert auch die Aid by Trade Foundation. Wir sind uns dessen sehr bewusst und tragen deshalb auch eine große Verantwortung. Denn letztlich ist bei einem Textilstandard die wichtigste Währung das Vertrauen.

TOBIAS WOLLERMANN

Unternehmen mit einer transparenten Lieferkette haben einen entscheidenden Wettbewerbsvorteil

Die Otto Group ist ein Pionier bei der Durchsetzung sozialer und ökologischer Kriterien in der globalen Lieferkette. Der Group Vice President Corporate Responsibility Tobias Wollermann will mit einer erneuerten Corporate Responsibility-Strategie diesen Ansatz verbreitern und vertiefen und ambitioniertere Ziele erreichen. Es geht um ein neues Verständnis des Wirtschaftens im digitalen Zeitalter, in dem auch Mitarbeitende und Kunden eine aktivere Rolle spielen können, um selbst aktiv den Bewusstseinswandel in der Gesellschaft voranzutreiben.

Die Corporate Responsibility-Strategie der Otto Group ist fest in der Unternehmensstrategie und der Vision „Responsible commerce that inspires" verankert. Unsere CR-Strategie befasst sich mit sieben Themenfeldern, die wir im Rahmen einer Wesentlichkeitsanalyse identifiziert haben. Diese sieben Themenfelder fassen wir in drei Kategorien zusammen: Business Shift (Lieferkette, digitale Verantwortung, Kreislaufwirtschaft), Mind Shift (Empowered Employees, Conscious Customers) und Eco Shift (nachhaltige Materialien, Klima). Innerhalb dieser Themenfelder verpflichten wir uns zu langfristigen Transformationszielen, die es uns ermöglichen, unser tägliches Handeln auf die langfristigen Ziele der Otto Group auszurichten. Die langfristigen Transformationsziele werden jeweils durch kurzfristigere Ziele („Core Priorities") mit klar definierten Zeithorizonten konkretisiert. Die „Core Priorities" helfen dabei, den Fortschritt auf dem Weg zur langfristigen Veränderung zu messen. Sie sind dynamisch, werden regelmäßig überprüft und können inhaltlich oder zeitlich angepasst werden, falls veränderte Rahmenbedingungen und neue Handlungsoptionen dies erfordern. Unsere Transformationsziele im Einzelnen: *Supply Chain* – wir verbessern zusammen mit unseren Produzenten kontinuierlich die soziale und ökologische Performance entlang unserer gesamten Lieferkette. *Digital Responsibility* – wir gestalten eine werteorientierte Digitalisierung für Mensch und Gesellschaft. *Circularity* – wir wenden Prinzipien und Lösungen der Kreislaufwirtschaft in unseren Geschäftsmodellen an. *Empowered Employees* – wir befähigen unsere Mitarbeitenden, Nachhaltigkeit zu erleben und aktiv mitzugestalten. *Conscious Customers* – wir inspirieren und befähigen unsere Kundinnen und Kunden zu bewussten und nachhaltigen Entscheidungen. *Sustainable Materials* – wir setzen nachhaltige Materialien in all unseren Produkten ein. *Climate* – wir erreichen Klimaneutralität in unserer gesamten Wertschöpfungskette.

Wie bereits in den Vorjahren spielen soziale und ökologische Aspekte in der Lieferkette eine besonders wichtige Rolle. Insbesondere Menschenrechtsaspekte wie Diskriminierung, Arbeitszeiten, Arbeitssicherheit sowie Kinder- und Zwangsarbeit haben mit Blick auf die Handlungsrelevanz an Bedeutung gewonnen. Auch die Corona-Pandemie hat zu steigender Armut in den Produktionsländern geführt und damit Menschenrechtsrisiken erhöht. Hinzu kommen ökologische Aspekte, wie zum Beispiel Treibhausgasemissionen in der Lieferkette. Wir überprüfen regelmäßig, ob sich in dieser Hinsicht Änderungen ergeben und ob wir mit unserer CR-Strategie die richtigen Schwerpunkte setzen.

Im Themenfeld „Lieferkette" streben wir in unserem Transformationsziel danach, die soziale und ökologische Performance zusammen mit unseren Produzenten entlang unserer gesamten Lieferkette kontinuierlich zu verbessern. Mit unserer CR-Strategie haben wir uns das Ziel gesetzt, weit über gesetzliche Pflichten hinaus Verantwortung für Mensch und Umwelt in der Lieferkette zu übernehmen und Menschenrechts- und Umweltstandards zu garantieren. Die bisherige CR-Strategie setzte vorrangig auf die Verbesserung von Sozialstandards bei den Endfertigungsproduzenten, unter anderem durch die Auditierung von Produktionsstätten. Diese Aktivitäten führen wir fort und erweitern sie im Rahmen der neuen CR-Strategie erheblich: So wollen wir über die Endfertigungsstätten hinaus Kenntnis über die Produzenten der gesamten Lieferkette erlangen, um dort messbare soziale und ökologische Verbesserungen zu erzielen. Um das langfristige Transformationsziel zu erreichen, legten wir drei Kernprioritäten fest: Transparenz, Kommunikation und Verbesserung der sozialen und ökologischen Performance.

Unser Supply-Chain-Ansatz verfolgt das Ziel, die Produktions- und Arbeitsbedingungen in den Lieferketten zu verbessern und noch mehr Transparenz und einen besseren Überblick über die Bedingungen auch in der tieferen Lieferkette zu erhalten. In unsere Analyse fließen alle volkswirtschaftlichen Daten des Produktionslandes ein und wir betrachten die möglichen Probleme entlang der Lieferketten, wie zum Beispiel die fehlende Arbeitssicherheit an einigen Produktionsorten. Wir evaluieren daraufhin die Situation einzelner Fabriken. Welche Produkte werden hergestellt? Welche Produktionsschritte werden dort durchgeführt? Welche konkreten Risiken resultieren daraus? Welche Lücken gibt es zum Beispiel bei der Schutzbekleidung oder bei Sicherheitstrainings? Wir verfeinern also immer mehr unsere Grundannahmen bezüglich der Risiken und ergreifen dann die notwendigen Maßnahmen, um die Probleme vor Ort zu lösen.

Als ersten Schritt und wichtige Grundlage setzen wir dabei auf die Schaffung von Transparenz: Unsere Informationen über soziale und ökologische Produktionsbedingungen, auch in der tieferen Lieferkette und in Nicht-Risikoländern, wollen wir fortlaufend ausbauen. Transparenz bedeutet, dass wir alle Lieferanten und Produktionsstätten unserer Eigen- und Lizenzmarken identifizieren und kennen, damit wir in Zusammenarbeit mit unseren Geschäftspartnern messbare Verbesserungen der Produktionsbedingungen vor Ort erreichen. In der Endfertigung kennen wir 100 Prozent der Produzenten. Im Jahr 2021 konnten wir darüber hinaus rund 3.000 uns bis dahin unbekannte Produzenten in der tieferen Lieferkette identifizieren und somit die Transparenz deutlich steigern.

Transparentere Lieferketten ermöglichen eine schnelle Reaktion, um negative soziale und ökologische Auswirkungen entlang der Wertschöpfungskette abzumildern, und erhöhen die Chancen, eine positive Wirkung zu erzielen. Transparente Lieferketten sind widerstandsfähiger und werden für unsere Kunden immer wichtiger. Sie verlangen zunehmend umwelt- und sozialverträgliche Produkte, einschließlich der Transparenz, wo sie hergestellt wurden. Unternehmen, die sich um eine transparente Lieferkette bemühen, werden in Zukunft einen entscheidenden Wettbewerbsvorteil haben. Immer mehr Initiativen zielen darauf ab, die Lieferkette auch über die Endproduktion hinaus transparent zu machen (z.B. *amfori BSCI, SAC, Open Apparel Registry*), und immer mehr Unternehmen entschließen sich, Informationen über ihre Lieferketten zu veröffentlichen.

Die zweite Priorität ist die verstärkte Kommunikation mit den Geschäftspartnern, die uns intensiver über ihre Arbeitsbedingungen und Performance informieren, damit wir die Situation vor Ort besser verstehen und nach Lösungen suchen können, um letztlich als unsere dritte Priorität die soziale und ökologische Performance entlang der Lieferkette zu verbessern. Dabei konzentrieren wir uns auf sechs soziale Schwerpunktthemen (existenzsichernde Löhne, sichere Arbeitsumgebung, frei gewählte Beschäftigung, kinderarbeitsfreie Produktion, Vereinigungsfreiheit, Tarifverhandlungen und angemessene Arbeitszeiten) und vier ökologische (Klima- und Energieeffizienz, Wassereffizienz, ungefährliche Chemikalien und Ressourceneffizienz).

Darüber hinaus stellen wir vor allem die Interessen unserer Produzenten in den Fokus, um sicherzustellen, dass die von uns formulierten Ziele nicht top-down weitergegeben werden, sondern damit die Produzenten selbst ein Interesse an der Verbesserung der ausgewählten ökologischen und sozialen Themen entwickeln. Zusammen mit den Geschäftspartnern will die Otto Group messbare Fortschritte der sozialen und ökologischen Produktionsbedingungen vor Ort erreichen. Um Fortschritte sichtbar machen zu können, hinterlegen wir die Anforderungen in den Fokusthemen mit messbaren Indikatoren. Wir konzentrieren uns voll und ganz auf die tatsächlichen Auswirkungen und Verbesserungen entlang der gesamten Lieferkette. Bei einem global verzweigten Liefernetzwerk mit Tausenden von Akteuren ist das nicht einfach. Wir gehen dabei schon seit vielen Jahren datenbasiert vor und ermitteln anhand konkreter Informationen über die Produktionsbedingungen sowie anhand externer Daten, wo die größten Bedarfe und Hebel sind, um die Standards entlang der Lieferkette zu kontrollieren und zu verbessern.

Durch das neue Lieferkettengesetz müssen wir aber noch stärker die Aufbereitung der Informationen mit unseren bisherigen etablierten Prozessen verzahnen und nicht nur die Lieferkette in den Produktionsländern, sondern auch die Logistikbranche, viele weitere Dienstleistungen in Deutschland und im Ausland und unterschiedlichste Produktgruppen wie Möbel oder Elektronik mitdenken.

Eine der Herausforderungen der CR-Strategie ist gleichzeitig auch ein Erfolgsfaktor: Die unterschiedlichen Geschäftsmodelle der Konzerngesellschaften müssen optimal berücksichtigt werden. Jede Konzerngesellschaft verfügt über ein interdisziplinäres CR-Team, das sich aus einem Sustainability Officer und Experten für die Themenfelder der CR-Strategie zusammensetzt. Die CR-Teams treiben Nachhaltigkeitsthemen voran und stellen Synergien in der Unternehmensgruppe her. Wie die CR-Strategie durch die Konzerngesellschaften umgesetzt wird, entscheiden diese im von der Otto Group vorgegebenen Handlungsrahmen jeweils selbst und entwickeln zu ihrem Geschäftsmodell passende individuelle Schwerpunkte, Ziele und Maßnahmen. Diese werden in jährlichen Handlungsplänen festgehalten. So wird sichergestellt, dass alle Konzerngesellschaften gemeinsam zu den ambitionierten Zielen der Otto Group beitragen.

Die CR-Strategie setzt auf den Prinzipien des Kulturwandel 4.0-Prozesses der Otto Group auf: Sie erhöht die Sichtbarkeit des Themas Nachhaltigkeit in der Unternehmensgruppe („Visibility"), befähigt die Konzerngesellschaften, Eigenverantwortung zu übernehmen („Empowerment"), und stärkt die Netzwerke zwischen den Konzerngesellschaften („Collaboration"). So legt die Strategie das Fundament, um Nachhaltigkeit noch stärker in der gesamten Otto Group und ihren Geschäftsprozessen zu verankern und das Zusammenwirken der Konzerngesellschaften im Sinne von Mensch und Natur zu gestalten.

GERD MÜLLER

Verantwortung übernehmen für eine gerechte Globalisierung

Als Bundesentwicklungsminister kämpfte Gerd Müller energisch und besonnen für das staatliche Textilsiegel *Grüner Knopf* und war maßgeblich an der Vorbereitung des Lieferkettengesetzes der Bundesregierung beteiligt, das im Januar 2023 in Kraft getreten ist. Auch in seiner neuen Funktion als Generaldirektor der Organisation der Vereinten Nationen für industrielle Entwicklung (UNIDO) engagiert er sich dafür, dass Menschen weltweit in Würde leben können und Natur und Umwelt geschützt werden.

Papst Franziskus ruft uns in der Enzyklika *Laudato si'* dazu auf: „Übernehmt Verantwortung für das eigene Leben, aber auch für die Zukunft der Schöpfung und für kommende Generationen." Für Christen in Politik, Wirtschaft und Gesellschaft gilt das Leitmotiv: Der Starke hilft dem Schwachen, in der Familie wie in der Nachbarschaft, im Staat und in der Völkergemeinschaft.

Michael Otto ist eine Persönlichkeit, ein Unternehmer, der Maßstäbe gesetzt hat für verantwortliches Handeln, in seinem Einsatz für Gerechtigkeit und den Erhalt der Lebensgrundlagen des Planeten. Sehr früh hat er erkannt, dass ein Umdenken stattfinden muss. Mit der Gründung der Michael Otto Stiftung für Umweltschutz im Jahr 1993 hat er diesen Weg kraftvoll beschritten und war seiner Zeit weit voraus. Heute ist die Stiftung unter dem Namen Umweltstiftung Michael Otto zur festen Größe und Institution geworden, wenn es um die Bewahrung der Lebensgrundlage künftiger Generationen geht. Durch einen Dreiklang von Dialog, Bildungsangebot und Fördermaßnahmen unterstützt die Stiftung seit ihrer Gründung viele innovative und wirksame Projekte weltweit für eine nachhaltige Entwicklung. Beispielhaft zeigte Michael Otto darüber hinaus mit der Gründung der Stiftung Klima-Wirtschaft schon vor 15 Jahren auf, dass wir beim Klimaschutz vom Reden zum Handeln kommen müssen.

Diese Stiftung unterstützt Unternehmen bei der Umsetzung der Klimaziele von Paris. Ferner hilft sie, Klimaschutz in Unternehmen zu operationalisieren, und zwar ganz konkret an deren Standorten und in den erforderlichen Prozessen. Ein weiteres Ziel ist es, den Klimaschutz export- und wettbewerbsfähig zu gestalten. Die Stiftung KlimaWirtschaft versteht sich als Treiber eines industriellen und gesellschaftlichen Modernisierungsprozesses, der Arbeitsplätze, Wohlstand und unsere Zukunft nachhaltig und resilient absichert.

Für mich war die fürchterliche Katastrophe von Rana Plaza, das schwerste Unglück in der Geschichte der Textilindustrie, bei dem 1.136 Menschen, vornehmlich Frauen, starben, der Auslöser, politisch zu handeln und die katastrophalen Verhältnisse globaler Lieferketten zu ändern. 14 Stunden täglich am Webstuhl arbeiten bis zur Erschöpfung, für einen Hungerlohn. Auch die Kinder müssen mit anpacken, damit die Familie überlebt. Dennoch herrschen Not und Hunger. Nachzulesen ist das alles bei Gerhart Hauptmann in seinem Drama *Die Weber* von 1892. Zuvor, 1844, war es zum Weberaufstand gekommen, wenig später zur Revolution. Arbeitervereine wurden gegründet, nach und nach soziale Absicherungen entwickelt. Arbeitsbedingungen wie bei den Webern sind bei uns Vergangenheit. Aber für Hunderte Millionen Menschen in den Entwicklungsländern sind sie immer noch Alltag.

Viele unserer täglichen Produkte werden dort unter ausbeuterischen Bedingungen hergestellt. In unseren Mobiltelefonen und Autos stecken Kobalt und Coltan. Zwangsarbeit und Umweltzerstörung sind in den vielen illegalen Minen im Kongo an der Tagesordnung. Für unsere T-Shirts werden in vielen Textilfabriken manchmal nur Hungerlöhne von 15 Cent pro Stunde gezahlt, oft werden bis zu 16 Stunden am Tag gearbeitet. In unserer Schokolade oder der Tasse Kaffee steckt immer wieder Kinderarbeit. Und mehr als 70 Millionen Kinder arbeiten unter gefährlichen Bedingungen. Wir dürfen nicht weiter zulassen, dass unser Wohlstand mit der Armut der anderen erkauft ist. Weltweit arbeiten etwa 500 Millionen Menschen in globalen Wertschöpfungsketten. Ihre Rechte dürfen im Kampf um Profite und billige Rohstoffe nicht auf der Strecke bleiben. Menschenwürdige Arbeit weltweit durchzusetzen, das ist die soziale Frage des 21. Jahrhunderts. Dazu müssen aber alle ihren Beitrag leisten, Politik, Unternehmen und Konsumenten. Wir brauchen weltweit verwirklichte Sozial- und Umweltstandards.

Für den *Grünen Knopf*, ein staatliches Siegel für nachhaltige Textilien, und für das deutsche Lieferkettengesetz haben wir hart gekämpft. Zusammen mit Bundesminister Hubertus Heil, der Zivilgesellschaft und Persönlichkeiten wie Michael Otto ist es gelungen, in Deutschland ein wichtiges Signal für die Einhaltung der Menschenrechte in globalen Lieferketten zu setzen. „Das ist nicht möglich, das geht nicht!", war der Ruf der Gegner und vieler Uneinsichtiger bis heute. Ich wusste, es geht, denn Michael Otto machte mich mit dem Projekt *Cotton made in Africa* vertraut. Die Otto Group ist seit Jahrzehnten mit diesem Projekt Vorreiter bei der höchst erfolgreichen Umsetzung von Umwelt- und Sozialstandards vom Baumwollfeld bis zur Ladentheke. Das Projekt-Siegel will einen Beitrag leisten für den Schutz der Böden, eine artenreiche Umwelt und die Gesundheit von Menschen und versucht, ihnen sichere Arbeits- und Lebensbedingungen zu ermöglichen. Baumwolle von *Cotton made in Africa* verzichtet auf genverändertes Saatgut und wird nicht künstlich bewässert. Eine vorbildliche Initiative.

Die Weltbevölkerung wächst täglich um 250.000 Menschen, 83 Millionen waren es im Jahr 2022. Afrika verdoppelt seine Bevölkerungszahl bis 2050. Eine Welt ohne Hunger ist dennoch möglich. Wir brauchen dazu eine Steigerung der Nahrungsmittelproduktion um 50 Prozent. Der Energiebedarf wird sich ebenfalls bis 2050 um bis zu 70 Prozent steigern. Der Hunger, die Pandemie, der Klimawandel, all dies sind globale Herausforderungen. Wir haben heute die Technologien, das Wissen und es ist keine Frage der Finanzen, diese Herausforderungen und Krisen zu meistern. Mit der SDG Agenda 2030 hat sich die Weltgemeinschaft auf 17 Nachhaltigkeitsziele (Sustainable Development Goals) für eine sozial, wirtschaftlich und ökologisch nachhaltige Entwicklung verpflichtet. Darüber hinaus setzten der Pariser Klimavertrag, die Biodiversitätskonvention und die Pekinger Deklaration zur Stärkung von Frauenrechten den Handlungsrahmen für den Schutz des Planeten und unsere gemeinsame Zukunft in Frieden und Gerechtigkeit. Wir wissen, was zu tun ist. Wir brauchen aber weltweit Politiker und Unternehmerpersönlichkeiten wie Michael Otto, die Verantwortung übernehmen, mutig vorausgehen mit Innovation und Gestaltungskraft für den Erhalt des Planeten und die Zukunft unserer Kinder.

KAPITEL VI
Ökologische Verantwortung

MICHAEL OTTO

Jetzt erst recht: Für eine klimaneutrale Wirtschaft

Sie waren losgeflogen, um den Mond zu erkunden, doch sie entdeckten die Erde: Am Heiligabend 1968 übertrugen die Astronauten der Apollo-8-Mission, die den Mond umkreiste, ein Bild, das noch nie zuvor ein Mensch gesehen hatte. Das Bild vom *Earthrise* – dem Aufgang des blauen Planeten Erde über der kargen Mondlandschaft im Vordergrund – ging um die Welt und ist zum Symbol geworden: für das Raumschiff Erde und die Verletzlichkeit der Schöpfung, die auch uns Menschen hervorgebracht hat. Ein Bild von tiefer Symbolik. Die Eroberungslust des Menschen hatte es mit modernsten Technologien der Raumfahrt geschafft, die räumlichen Grenzen der eigenen Existenz zu überwinden. Aber gleichzeitig sahen viele diese verletzliche, fragile Kugel, die da eingehüllt in ihre hauchdünne Atmosphäre mit ihrer kostbaren lebendigen Fracht allein durch den kalten und tödlichen Kosmos rast, und es dämmerte ihnen: Die ungezügelte Ausbeutung und die Bedrohung der Ressourcen dieser Welt müssen ein Ende haben – es gibt keine zweite Erde. Dieses Foto – aufgenommen vom Astronauten William Anders mit einem Ektachrome-Film von Kodak, der erst nach der Rückkehr zur Erde entwickelt wurde – gilt im Nachhinein als spirituelle Inspiration der damals gerade entstehenden Umweltbewegung. Das ikonische Bild war unser erster Blick in Farbe von außen auf die Erde und illustrierte fortan unzählige Reportagen und Bücher zum Thema Umweltschutz.

Nur vier Jahre nach *Earthrise* erschien 1972 der Bericht von Dennis Meadows an den Club of Rome über *Die Grenzen des Wachstums*, der ebenfalls einen Globus auf seinem Umschlag trug und Geschichte schreiben sollte. Der Bericht kam zu dem damals spektakulären Ergebnis, dass, „wenn die gegenwärtige Zunahme der Weltbevölkerung, der Industrialisierung, der Umweltverschmutzung, der Nahrungsmittelproduktion und der Ausbeutung von natürlichen Rohstoffen unverändert anhält, die absoluten Wachstumsgrenzen auf der Erde im Laufe der nächsten hundert Jahre erreicht werden". Dieser Bericht rüttelte eine ganze Generation auf – mich eingeschlossen. Ich hatte ihn sofort gelesen und mit meinem Freund Eduard Pestel intensiv diskutiert, der Professor an der Technischen Hochschule Hannover und Mitbegründer des Club of Rome war. Er hatte auch die Arbeit an dem Computermodell zur Simulierung der Welt angestoßen, das die Grundlage für die Prognosen des Berichts des Club of Rome wurde.

Der Bericht setzte das Thema Umweltzerstörung auf die Tagesordnung und so entstand ein neues Bewusstsein für die begrenzte Belastbarkeit des blauen Planeten. Ich fand das „Bewusstmachen" sehr wichtig, aber noch wichtiger fand ich es zu handeln. Dabei reicht es nicht, nur Forderungen und Ermahnungen an die Politik oder die Wirtschaft zu richten, sondern jeder muss bei sich selbst anfangen. Dieses *Prinzip der Verantwortungsübernahme* gilt für jeden Bürger, aber selbstverständlich auch für jeden Unternehmer. So begann ich, selbst zu handeln, und seitdem beschäftige ich mich mit dem Thema Umweltschutz.

Wenn man heute nach 50 Jahren auf den ersten Bericht des Club of Rome zurückblickt, dann ist man doch erstaunt, wie viele Vorhersagen zutreffend waren bzw. dass sich einige Trends sogar noch viel verheerender entwickelt haben. Einige Prognosen sind nicht eingetroffen, aber das könnte auch daran liegen, dass viele Maßnahmen ergriffen wurden, um das Schlimmste zu verhindern. Auch ein anderes Beispiel, das nicht im Bericht *Grenzen des Wachstums* thematisiert wurde, zeigt, dass Horrorszenarien durchaus abgewendet werden können. So kam es beispielsweise nicht zum flächendeckenden Waldsterben, weil ab 1983 die Vorschriften geändert wurden, um den sauren Regen zu bekämpfen: Rauchgasentschwefelung bei Kohlekraftwerken und Industrieanlagen, Maßnahmen zur Luftreinhaltung, darunter Vorschriften für die Abgaswerte von Autos, die Entschwefelung von Kraftstoffen und die Einführung von Katalysatoren für alle Kraftfahrzeuge, sogar in den USA. Damit konnte das Waldsterben verhindert werden. Das Gleiche gilt für das Ozonloch, dessen Ausbreitung mit einem weltweiten Verbot von FCKW eingedämmt werden konnte. Daraus folgt, dass es richtig ist, alles zu tun, damit negative Prognosen sich nicht erfüllen. Gar nicht zu handeln und abzuwarten, ob eine Prognose wirklich eintritt, ist keine Handlungsoption.

Das Gleiche gilt für den Klimawandel. Wenn ich heute mit Jugendlichen etwa der *Fridays for Future*-Bewegung spreche, dann kommt oft der Vorwurf an die ältere Generation, nichts getan zu haben, um die Erderwärmung aufzuhalten. Diese Kritik ist teilweise unberechtigt, denn in den letzten dreißig Jahren seit der Weltklimakonferenz in Rio de Janeiro wurde schon einiges getan und Deutschland war ab 2005 mit Angela Merkel, die sich sogar zeitweise den Titel Klimakanzlerin erwarb, zumindest anfangs auch einer der aktivsten Treiber des Klimaschutzes. Aber andererseits ist die Kritik von *Fridays for Future* vollkommen berechtigt, weil wir – die älteren Generationen – zwar manches, aber eben viel zu wenig getan haben und viel zu langsam, um die Erderwärmung wirksam zu begrenzen. Es liegt aber leider in der Natur des Menschen, dass er sich ohne eine direkte Betroffenheit kaum zu Verhaltensveränderungen bereit erklärt. Und der Klimawandel ist zwar da, ist mit seinen gefährlichen Auswirkungen uns aber nur in Katastrophenfällen bewusst. Selbst eine solche Katastrophe wie die Überschwemmung im Aartal vermag die Menschen nur für kurze Zeit zu irritieren. Das kann einen schon manchmal frustrieren. Andererseits bin ich pragmatisch genug, um zu erkennen, dass der Klimaschutz und der dafür erforderliche grundlegende Wandel unserer Wirtschafts- und Lebensweise das Bohren sehr dicker Bretter bedeutet. Und ich bin nach wie vor optimistisch, dass die CO_2-Emissionen mit Verhaltens-änderungen und mit neuen Technologien und Innovationen in der Industrie, bei der Energieerzeugung und bei der Mobilität wirksam reduziert werden können.

Dafür muss die Wirtschaft handeln, aber dafür brauchen wir auch mutige politische Entscheidungen. Die Regierungen der Demokratien, aber auch die von autoritären Staaten achten leider vor allem darauf, was sie ihrer Bevölkerung im Hier und Jetzt zumuten zu können glauben. Die ferne Zukunft kommt bei politischen Entscheidungen meistens zu kurz. Doch jetzt sollten die Politiker handeln, schließlich verfügen sie über alle Informationen, alle Wissenschaftler und Berater und sehen ganz klar die Probleme. Eigentlich müssten sie viel härtere Maßnahmen beschließen, sie schrecken aber davor zurück, weil sie nicht sicher sind, ob sie es der Bevölkerung zumuten können oder bei den nächsten Wahlen abgestraft werden. Deswegen ist die junge Klimabewegung *Fridays for Future* so wichtig, weil sie mit ihren spektakulären Aktionen und ihrer Beharrlichkeit den Klimawandel immer wieder auf die Agenda der Medien und damit auch der Politik setzt. Denn dort wird inzwischen verstanden, dass hier die Wählerinnen und Wähler der Zukunft sind.

Und aktuell steht viel auf dem Spiel: Die Klimakonferenz in Ägypten im November 2022 endete enttäuschend mit Minimalkompromissen und brachte keine einschneidenden Entscheidungen. Es wurde mit knapper Not verhindert, dass sich politische Kräfte durchsetzen konnten, die die Pariser Klimaziele, die globalen Emissionen bis 2030 im Vergleich zum Jahre 2019 um 43 Prozent zu reduzieren, verwässern wollten. Bei vielen Experten verdichtete sich der Eindruck, dass das 1,5-Grad-Ziel nicht mehr im verbleibenden Zeitrahmen erreicht werden kann. Aber das 1,5-Grad-Ziel ist fest vereinbart und nicht verhandelbar. Angesichts der aktuellen weltweiten Energiekrise verschleppt sich schon jetzt die dringend nötige Abkehr von den fossilen Brennstoffen Erdgas, Erdöl und Kohle. Der Kampf gegen den Klimawandel ist auch ein Kampf gegen die Bremser beim Klimaschutz und droht vor dem Hintergrund der geopolitischen Situation ins Hintertreffen zu geraten.

Dabei ist auch politischer Pragmatismus gefragt. Besonders beklemmend war für mich der Eindruck, dass der Kampf zwischen den USA und China um die globale Vormachtstellung auch die Klimakonferenz überlagerte. China ist ein Staat, dessen autoritäre Züge sich immer deutlicher zeigen: Das Säbelrasseln gegen Taiwan und die dramatisch verschlechterte Lage der Menschenrechte geben der internationalen Staatengemeinschaft allen Grund, das Land scharf zu kritisieren. Es wäre aber sehr unklug, den mit 30 Prozent aller globalen Emissionen größten Emittenten China zu isolieren, denn jeder klimapolitische Fortschritt, den die Volksrepublik erzielt, bedeutet auch eine entscheidende Entlastung für das Weltklima. Doch für viele Klimaschützer hat China mittlerweile die Rolle des Bösewichts eingenommen. Dabei hat auch China den Kampf gegen die Klimakrise aufgenommen. Die

Klimapolitik ist in vielen Bereichen weiter fortgeschritten, als man hierzulande wahrnimmt. Es gibt erhebliche Anstrengungen, die Emissionen zu reduzieren. So ist der Handel mit CO_2-Zertifikaten in China inzwischen in vielen Provinzen mit viel kürzeren Intervallen auf eine höhere Bepreisung und Reduktion der Treibhausgas-Kontingente ausgerichtet als im Rest der Welt. Auch bei Windkraft, Solarenergie und Elektromobilität kommt China mit großen Schritten voran. China hat Ende 2020 innerhalb von nur drei Monaten mehr Solar- und Windkraft-Anlagen errichtet, als in Deutschland bis dahin insgesamt installiert wurden. Trotzdem sind nach wie vor mehr als 200 Kohlekraftwerke gerade im Bau oder in der Planung, denn das riesige Land braucht extrem viel Strom für seine ambitionierten Wirtschaftsziele. China ist längst kein Entwicklungsland mehr, wir können ihm aber nicht das Recht absprechen, seine nachholende wirtschaftliche Entwicklung fortzusetzen. Zugleich baut China die erneuerbaren Energien aus, um bereits ab 2030 den Anteil der Kohle wieder zurückzufahren. Die 200 neuen Kohlekraftwerke erfüllen also bestenfalls eine relativ kurze Brückenfunktion. Ich würde nicht ausschließen, dass China seine Klimaziele noch vor dem selbst gesetzten Termin im Jahre 2060 erreichen wird. Und ob Deutschland seine ambitionierten Ziele bis 2045 tatsächlich erreichen kann, ist ja auch noch eine unbeantwortete Frage.

Der brutale Angriffskrieg Russlands gegen die Ukraine direkt vor unserer Haustür führt für Privathaushalte und die Wirtschaft zu enormen Preissteigerungen bei Energie und Wärme. Vor allem sozial schwache Bürger und energieintensive Betriebe stünden seit der Jahreswende 2022/23 vor dem Ruin, wenn der Staat nicht mit aller Kraft helfen würde. Und die hohe Inflation würgt zusätzlich die private Binnennachfrage und damit die Konjunktur in ganz Europa ab, die darüber hinaus auch nach wie vor von durch die Corona-Pandemie gestörten internationalen Lieferketten gebremst wird. Aber man sieht andererseits auch, dass in der Industrie unter dem sehr hohen Preisdruck schnell innovative Lösungen gefunden werden, um beispielsweise in der energieintensiven chemischen Industrie die Abhängigkeit von Erdgas durch Substitution durch andere Energieträger zu reduzieren. Not macht eben erfinderisch und pfiffige Ingenieure machen ihrem Ruf alle Ehre. Vielleicht besteht ja auch die Hoffnung, dass diese aktuelle Energiekrise sogar ein Katalysator für die Transformation zu einer klimaneutralen Zukunft sein könnte. Zumindest ist wohl den meisten klar, dass wir uns von den fossilen Brennstoffen schnell unabhängig machen müssen.

Wenn Deutschland und Europa ihre Klimaziele erreichen wollen, dann sind sie stark auf das Engagement der Unternehmen angewiesen. Unternehmen müssen in erster Linie wirtschaftlich arbeiten und Gewinne erzielen, um die Forschung und Entwicklung zu finanzieren, die nötig ist, um im internationalen Wettbewerb bestehen zu können und Arbeitsplätze zu schaffen und zu sichern.

Gleichwohl hat jeder Unternehmer neben der sozialen auch eine ökologische Verantwortung. Ich selbst folge dem *Prinzip der ökologischen Verantwortung* schon seit fast 50 Jahren (*siehe auch „Ganzheitliches Denken und Handeln", Seite 231*). Dabei machte ich sehr früh die Erfahrung, dass man als Einzelunternehmen im Einzelnen zwar viel erreichen kann, aber es nicht reicht, um im Großen Wirkung zu entfalten. Deshalb lohnt es sich immer, über den eigenen Tellerrand hinauszublicken und Bündnispartner zu suchen. In der Wirtschaft gibt es inzwischen eine ganze Reihe innovativer Unternehmer und Unternehmen, die sehr ehrgeizige Klimaziele unterstützen und dafür von der Politik die Schaffung der nötigen Rahmenbedingungen einfordern. Diese Unternehmen fühlen sich manchmal von den großen Industrieverbänden nicht so richtig wahrgenommen, da die Verbände natürlich Strategien des Minimalkonsenses vertreten müssen, um die schwächsten Glieder in ihrer Mitgliederkette nicht zu überfordern. Deshalb haben wir 2011 mit Vorstandsvorsitzenden, Geschäftsführern und Familienunternehmern die Stiftung KlimaWirtschaft gegründet.

Ziel der gemeinnützigen Stiftung, die von zahlreichen namhaften Unternehmen unterstützt wird, ist die Förderung des Klimaschutzes sowie die nachhaltige Nutzung natürlicher Ressourcen. Zu diesem Zweck bündelt und aktiviert die Stiftung die Verantwortungsbereitschaft, aber auch die Innovationskraft und Lösungskompetenz deutscher Unternehmen. Weite Teile der Wirtschaft haben längst damit begonnen, ihre Geschäftsmodelle klimafreundlich, energie- und ressourceneffizient sowie zirkulär auszurichten und sich damit zukunftsfähiger und resilienter aufzustellen. Diese Unternehmen brauchen jetzt langfristige Planungssicherheit und Maßnahmen, die die Wettbewerbsfähigkeit von klimafreundlichen Technologien stärken. Denn das ist der große Innovationsvorsprung Deutschlands und Europas, dass hier die Konzepte und Lösungen für erneuerbare Energien und für mehr Energieeffizienz und Emissionsvermeidung entwickelt werden, die unserer exportorientierten Wirtschaft neue und starke Impulse geben werden, wenn wir nicht wieder zu lange abwarten, bis dann schnellere Marktteilnehmer aus Südostasien die Wertschöpfung übernehmen. Deshalb fordert die Stiftung KlimaWirtschaft von der Politik, jenseits des kurzfristigen Krisenmanagements Maßnahmen zur Stärkung der wirtschaftlichen Resilienz mit Maßnahmen zur Bewältigung der Klimakrise zu verbinden. Die Forderungen der Stiftung stoßen in Berlin und Brüssel auf offene Ohren, weil sie sich in kürzester Zeit den Ruf einer kompetenten und unabhängigen Institution erarbeitet hat.

Diese Stiftung ist nur ein Beispiel, welch starke Hebelwirkung das *Prinzip der Kooperation* entfalten kann. Man kann im eigenen Unternehmen einiges verbessern, aber damit können wir natürlich die Welt nicht verändern. Auch in unseren Lieferketten können wir nur dann soziale und ökologische Standards durchsetzen, wenn wir eng mit unseren Partnern kooperieren und breite Allianzen mit anderen Marktteilnehmern eingehen. Das muss auch von vornherein international angelegt sein, denn wenn wir die Welt verändern wollen, müssen wir auf allen wirtschaftlichen und politischen Ebenen das *Prinzip der Kooperation* anwenden. Gerade auf der internationalen Bühne zeigt sich, dass die Probleme der Welt nur in enger Zusammenarbeit verbessert werden können statt mit Argwohn, Egoismus und Abschottung.

Ich bin davon überzeugt, dass wir in Deutschland trotz aller Probleme, die uns momentan zeitlich zurückzuwerfen drohen, die Umstellung zu einer klimaneutralen Wirtschaft schaffen werden. Nur wenn wir zeigen, dass wir mit dieser Transformation erfolgreich sind, werden andere Staaten diesen Weg auch gehen. Wenn wir scheitern, wird kein anderes Land überhaupt versuchen, in diese Richtung voranzuschreiten. Deshalb hat das schon eine beachtliche Vorbildfunktion.

Trotzdem bleibt der Kampf für Klimaneutralität und gegen die Erderwärmung ein Marathonlauf, der die Lebensspanne eines einzelnen Menschen bei Weitem übersteigt. Man kann als Bürger und Unternehmer einen kleinen Beitrag leisten – einen kleinen Tropfen auf den heißen Stein, wie es so schön heißt. Aber es heißt auch: Steter Tropfen höhlt den Stein. Also ist es sehr erfreulich, dass heute eine hoch politisierte, konflikterprobte und enthusiastische junge Generation bereitsteht, die Stafette zu übernehmen. Wichtig ist, dass wir die Transformation zu einer klimaneutralen Wirtschaft schaffen.

JOHANNES MERCK

Ganzheitliches Denken und Handeln: Michael Otto und der Umweltschutz in Deutschland 1990 bis 2020

Der Songköl ist ein Bergsee im Norden des kirgisischen Gebiets Naryn in Zentralasien. Er liegt auf rund 3000 Meter Höhe im Gebirgszug des Songköltoo. An seinen Ufern erstreckt sich teilweise fruchtbares Grünland. Nomaden schlagen hier im Sommer ihre Jurten auf und lassen ihre Pferde und Yaks weiden. Zwei Männer sitzen in der Abendsonne vor einer Jurte zusammen bei einem Glas Yakmilch, die von ihren nomadischen Gastgebern leicht gegoren serviert wird, und tauschen sich über die Eindrücke des Tages aus. Es ist September 2014. Diese Reise nach Kirgistan und in weitere Länder Zentralasiens ist ein Geschenk von Michael Succow, dem großen Naturforscher und passionierten Umweltschützer, an seinen langjährigen Freund und Förderer Michael Otto. An diesem Tag sind wir von Norden kommend entlang des Flusses Naryn zum Songköl aufgestiegen. Wir sind fasziniert von der Weite der Landschaft und der kargen, aber vitalen Natur. Die Gespräche kreisen um deren Eigenarten; wir lassen uns seltene Blüten und Gräser zeigen und erfahren viel über die heutige Lebens- und Wirtschaftsweise der Menschen in dieser unwirtlichen Gegend. Später unternehmen wir auf halbwilden Pferden einen Ausritt, der aufgrund einer Charakterschwäche meines Tragtieres für mich nur von kurzer Dauer sein wird. So beobachte ich aus der Ferne, wie Michael Otto über die Steppe prescht, im gestreckten Galopp. Donnerwetter, denke ich, der ist in seinem Element! Besonders bildhaft erlebe ich hier einen Menschen, der Natur nicht nur als schönes Bild wahrnimmt, sondern sich ihr mit genuiner Neugier, Leidenschaft und allen Sinnen aussetzt.

Die Idee für diese Reise war bei der Jubiläumsfeier anlässlich des 20. Gründungstages der Umweltstiftung Michael Otto im Herbst 2013 entstanden. Ernst-Ulrich von Weizsäcker hatte als Festredner eine aufrüttelnde Rede gehalten. Er hatte gewarnt, dass trotz aller Fortschritte und Erfolge bei der Bekämpfung der Umweltverschmutzung, der Ressourcenkrise und des Klimawandels bei Weitem noch nicht genug getan werde, um den negativen Trend umzukehren. Vielmehr, so von Weizsäcker, müssten alle gesellschaftlichen Kräfte, Wirtschaft und Politik ihre Anstrengungen massiv verstärken, um eine drohende Katastrophe abzuwehren.

Dieser Aufgabe hat sich Michael Otto bereits früh verschrieben. Die Umweltstiftung gründete er 1993 bereits vor dem Hintergrund seiner langjährigen Erfahrungen, die er bei dem Versuch gemacht hatte, das eigene Unternehmen auf Umweltkurs zu bringen. Er hatte gelernt, dass es innerhalb der – unter dem Dach der Otto Group versammelten – eigenen Unternehmen zwar viele Möglichkeiten gab, Ressourcen einzusparen. Aber die großen Einsparpotenziale konnten nur außerhalb des Konzerns, in den Wertschöpfungsketten der Produkte und Dienstleistungen, gehoben werden. Ein einzelnes Unternehmen hat zu wenig unmittelbare Einflussmöglichkeiten, um eine durchschlagende Hebelwirkung zu erzielen. Deshalb mussten Kooperationen entwickelt werden, um Nachfrage zu bündeln und Marktkräfte zu aktivieren. Später zeigte sich: Selbst solche starken, horizontalen Allianzen mit Gleichgesinnten stoßen an ihre Grenzen, wenn die politischen Rahmenbedingungen nachhaltiges Handeln eher behindern als befördern. Ein engagierter Umweltschützer muss also in den Ring der politischen Kämpfe steigen, um diese Rahmenbedingungen zu erstreiten und zu gestalten. Michael Otto hat diesen Kampf aufgenommen.

Seinen Weg nahm er quasi im Dreisprung: vom Kehren vor der eigenen Haustür über breite Wirtschaftskooperationen bis hin zur Erkenntnis, dass Umweltschutz ganzheitlich, also auch politisch betrachtet werden muss. Die Zusammenhänge zwischen verschiedenen Wirkungsweisen und Systemen zu analysieren und sie sich bei der Problemlösung zunutze zu machen: das sind wesentliche Merkmale des Wirkens von Michael Otto für den Umwelt- und Naturschutz in Deutschland. Begonnen hat dieses Engagement in den 1980er Jahren, und ein großer Teil der ersten Nachhaltigkeitsanstrengungen erscheint heute als selbstverständlich. Dennoch lohnt es, sich die Erfahrungen und Erkenntnisse eines Vorreiters, mutigen Unternehmers und Citoyens noch einmal zu vergegenwärtigen und zu fragen: Was war in der Rückschau womöglich unzulänglich, was war richtig, aber zu kurz gesprungen, was gelang? Was können Wirtschaft, Politik und Gesellschaft aus den vergangenen Bemühungen für die heute noch viel dringlicher gewordene Nachhaltigkeitstransformation lernen? Welche neuen Pfade müssen beschritten werden? Wer muss sich jetzt zusammentun, welche Rolle können Stiftungen, Allianzen und politische Initiativen, auch jene von Michael Otto, heute spielen?

Im Fortgang der Reise durch Zentralasien führte uns unser Weg auch an die Ufer des Amudarja, jenes Flusses in Usbekistan, der einst den Aralsee speiste und wegen der Bewässerung von Baumwolle vor seiner natürlichen Mündung abgeschöpft und ausgetrocknet wird. Die Satellitenbilder des schrumpfenden Aralsees und die Fotos in der Wüste verrottender Fischtrawler gingen in den 1990er Jahren um die Welt. Nur wenige Händler weltweit haben ähnlich viele Textilien, auch aus Baumwolle, verkauft wie Michael Otto. Kaum jemand ist so sehr Teil dieser globalen Industrie wie er. Und kaum jemand hat so viel unternommen, um die damit verbundenen sozialen und ökologischen Probleme zu lösen. Deshalb wollte er das mit eigenen Augen sehen.

JEDER MUSS BEI SICH SELBST ANFANGEN

Man kann nur führen, wenn man in der Sache, die man vertritt, auch ernst genommen wird. Michael Otto hat schon früh Ernst gemacht und den Umweltschutz bereits 1986 zu einem ausdrücklichen Unternehmensziel erklärt. Die ersten praktischen Taten wirken aus heutiger Sicht bescheiden, aber sie hatten Symbolcharakter und eine wichtige Signalfunktion zunächst einmal nach innen, in den Konzern hinein, für die eigenen Mitarbeiter, dorthin, wo man eben anfangen muss. Es waren dies vom Vorstand vereinbarte Direktiven wie 1989 der „Recyclingpapier-Beschluss": Ab sofort war blütenweißes Papier verpönt, auch der Vorstand schrieb fortan seine Geschäftsbriefe auf Recyclingpapier. Oder 1990 die Ansage zur Mülltrennung am Arbeitsplatz: „Ich stehe hier für Altpapier", mit diesem Slogan lachten in der OTTO-Verwaltung Tausende Pappkartons die 4.000 Mitarbeiter an ihren Schreibtischen an. Eher symbolhaft waren auch erste Bemühungen, die Kundinnen und Kunden auf diese Reise mitzunehmen. Dafür steht der „Pelztier-Beschluss" von 1990. Er verfügte, dass es fortan bei OTTO keine Echtpelzbekleidung mehr zu kaufen gab. 1991 folgte der „Tropenholzbeschluss", als frühes Signal einer klima- und naturschutztauglichen Sortimentspolitik. Alle Einkäufer des Konzerns wurden angehalten, Produkte aus dem Holz der bedrohten Regenwälder strikt zu vermeiden.

Die Resonanz war enorm! Sowohl bei den Mitarbeitenden als auch in der Öffentlichkeit stießen diese Aktivitäten auf wohlwollende Aufmerksamkeit. Die Berichterstattung über Umweltschutz bei OTTO überflügelte bald schon jene über die allgemeine Geschäftsentwicklung des Konzerns. Dies ermutigte uns Nachhaltigkeitsmanager und setzte viel Energie frei, um neue und weiterführende Maßnahmen für mehr Umweltschutz am Standort, im Sortiment und vor allem auch in der Kundenkommunikation zu entwickeln. Gerade die Mitarbeiterinnen und Mitarbeiter der „Verkaufsförderung" waren regelrecht heiß auf das Thema. Es versprach Imagegewinn und Kundenbindung – und natürlich auch Umsatz. Der „Pelztierbeschluss" schaffte es sogar in einen Beitrag der ARD-*Tagesthemen*. Und ein in hoher Auflage als *OTTO-Umweltbuch* verbreitetes, reich bebildertes Lehrbuch für umweltbewussten Konsum wurde als ein besonders zeitgemäßer Beitrag zur Einbeziehung des Konsumenten prominent im ARD-Frühstücksfernsehen präsentiert. Es war also richtig was los. Umso mehr, nachdem Michael Otto für dieses Engagement 1989 den Umweltpreis der Zeitschrift *Vital* erhalten hatte und 1991 „Öko-Manager des Jahres" geworden war, ausgezeichnet von der Umweltstiftung WWF Deutschland und dem Wirtschaftsmagazin *Capital* für „vorbildliche Verbindung von nachhaltigem Wachstum und Rendite".

Wenn man sich diese frühen Erfolge bei der Umsetzung von Umweltmaßnahmen noch einmal ins Gedächtnis ruft, kontrastieren sie deutlich mit dem gängigen Urteil, Umwelt sei in den vergangenen dreißig Jahren immer nur ein Nischenthema gewesen. Das ist einfach falsch! Gerade am Beginn der 1990er Jahre gab es eine spürbare Aufbruchstimmung in Politik, Medien, Gesellschaft und Wissenschaft – aber auch in der Wirtschaft. Und dafür gab es Anlass. Die Menschen waren von den Nachrichten über den „sauren Regen" und das sogenannte „Waldsterben" beunruhigt. Auch die Gefahren einer globalen Erwärmung, das drohende Abschmelzen der Polkappen waren längst gegenwärtig. *DER SPIEGEL* hatte bereits 1986 eine Fotomontage auf seinen Titel gedruckt, in der nur noch die Türme des Kölner Doms aus den Wassermassen ragen, weil die Stadt aufgrund der Erderwärmung vom gestiegenen Meeresspiegel überflutet werden könnte. Die Titelzeile lautete damals: „Ozon-Loch, Pol-Schmelze, Treibhaus-Effekt, Forscher warnen: Die Klima-Katastrophe". Die Abholzung der Regenwälder und in ihrer Folge die Schwächung der „grünen Lunge" waren auch damals bereits Thema. Dass damit nicht nur das Klima, sondern auch die Biodiversität zur Disposition stand, wurde breit diskutiert und erregte die Gemüter. Wo aber Gefahr ist, wächst das Rettende auch – so dachte man damals. In Rio de Janeiro verständigten sich 1992 auf einer bis dahin beispiellosen Konferenz der Vereinten Nationen 178 Staaten auf die „Agenda 21": Global denken – lokal handeln, das wurde die Prämisse einer Politik für das 21. Jahrhundert.

In Deutschland fand diese Konferenz besonders großen Widerhall. Lösungskonzepte wurden entworfen, wie die Prinzipien von Rio zur Grundlage praktischen Handelns werden könnten, und viele davon sind bis heute gültig. Michael Braungart präsentierte schon damals seine Ideen einer Kreislaufwirtschaft („cradle to cradle"), Ernst-Ulrich von Weizsäcker publizierte zahlreiche Bücher und Artikel zur „Effizienzrevolution", zum Beispiel 1995 als Mitautor das viel beachtete Buch *Faktor Vier*. Maximilian Gege mobilisierte mit seiner „B.A.U.M.-Initiative" die Wirtschaft für den betrieblichen Umweltschutz und Hermann Scheer trieb unermüdlich gesetzliche und gesellschaftliche Rahmenbedingungen für den Ausbau erneuerbarer Energien voran. Auch die Nichtregierungsorganisationen (NGOs) machten Dampf und erzwangen Korrekturen. Die Durchsetzung des Katalysators für Verbrennungsmotoren wäre angesichts des hartnäckigen Widerstandes der Industrie ohne die nachdrücklichen Forderungen der NGOs, sauren Regen und Waldsterben wirkungsvoll zu bekämpfen, kaum durchsetzbar gewesen. Eine Kampagne von Greenpeace gegen den Ölkonzern Shell würde man heute als „kultig" bezeichnen: Shell musste seine Pläne, eine ausgediente Bohrinsel namens „Brent Spar" in der Nordsee zu versenken, aufgeben. Damit zwang David Goliath in die Knie. Warum? Weil die „Regenbogenkrieger" mit Hilfe der Medien die Öffentlichkeit in beispielloser Weise mobilisieren konnten und – Fakten hin oder her – in diesem PR-Kampf einfach unschlagbar waren.

Die deutsche Politik zog nach. An der Spitze des Bundesumweltministeriums saß damals mit Klaus Töpfer ein charismatischer Behördenchef, der

Umweltschutz nicht nur verwalten, sondern auch sichtbar gestalten wollte. Sein Kreislaufwirtschaftsgesetz, das die Bundesbürger zu Weltmeistern der Mülltrennung machen sollte, ebnete den Weg in eine ressourceneffiziente Wirtschaft. Das war im Nachhinein längst nicht genug – aber deutlich mehr als das, was Bürger und Industrie bis dahin mit der „Technischen Anleitung Luft" und deren Anforderungen an Entschwefelungsanlagen in Schornsteinen oder Abwasserfiltern in Gewerbebetrieben gewohnt waren. Umweltschutz zog in die Haushalte ein und wurde zum Mainstream. In der Bevölkerung setzte sich immer mehr die Einsicht durch, dass beim Umweltschutz jeder bei sich selbst anfangen muss.

AUFBAU EINES UMWELTMANAGEMENTSYSTEMS

Auch Michael Otto zog mit, ja, er setzte sich und sein Unternehmen mit an die Spitze dieser Bewegung. Das geschah im Konzern zunächst mit einer Hands-on-Mentalität. Der geeignete Ort, um das Thema in den Köpfen seiner Führungskräfte und damit auch in der praktischen Geschäftspolitik zu verankern, waren die halbjährlichen Sortimentsgespräche. Diese bildeten in der damaligen Welt, in der es noch Saisonware gab und der Takt des Versandhandels von den Erscheinungsterminen des Frühjahr/Sommer- und des Herbst/Winter-Kataloges vorgegeben wurde, zweimal im Jahr einen prägenden Resonanzraum. Vorstand und Direktoren saßen über zwei Tage zusammen und berieten und entschieden die Planungen der verschiedenen Einkaufsbereiche. Die gesamte Breite des Vollsortiments vom T-Shirt bis zum Hosenanzug, von der Waschmaschine bis zum Planschbecken lief in den Präsentationen der verantwortlichen Einkaufsleiter über die Leinwand. Vorne saß der Berichterstatter und legte seine Folien auf den Overheadprojektor – das war der analoge Vorläufer der heutigen Power-Point-Präsentationen. Am Kopfende der Großen Runde saß der neunköpfige Vorstand, in seiner Mitte Michael Otto. An den Flügeltischen saßen die 22 Direktoren. Und der jeweilige Berichterstatter musste schwitzen. Es ging ja nicht nur um schöne Bilder, sondern um Zahlen und Fakten: Absatz, Umsatz, Retourenquote, Lieferbereitschaft, Überhänge, Bestandszahlen, Kosten und Erträge. Bei dem einen lief es gut, bei dem anderen weniger gut, bei manchen schlecht. Wo es auf jeden Fall auch laufen musste, hatte Michael Otto schon in der Begrüßung zur zweitägigen Marathonsitzung unmissverständlich klargemacht: im Umweltschutz. Denn zum Erstaunen seiner Führungskräfte beließ er es nicht dabei, grünes Engagement in schöne Worte zu fassen und ansonsten die ökonomischen Kennzahlen zu bewerten. Nein! Er wollte Taten sehen: Wie hoch ist der Anteil hautschonend gefärbter Textilien? Wie viele Produkte werden bereits aus nachhaltig erzeugten Rohstoffen hergestellt? Wie hat sich der Anteil energieeffizienter Produkte im Sortiment der Weißen Ware, also der Kühlschränke und Waschmaschinen, entwickelt? Was wurde getan, um beim Transport der Waren die CO2-intensive Luftfracht zu vermeiden? Welche vertrieblichen Maßnahmen hatten sich beim Kunden bewährt? Wie wurde Umweltschutz im Katalog sichtbar? Wohlgemerkt: Das ist heute über ein Vierteljahrhundert her.

Unter den Einkäufern jener Zeit fanden sich zahlreiche alte Haudegen, die das Importgeschäft seit den 1960er Jahren mit aufgebaut und die Einkaufsmärkte wie China, Indonesien oder Bangladesch für den Wareneinkauf erschlossen hatten. Ihre Ansprechpartner vor Ort hatten womöglich noch nie etwas von Umweltschutz gehört. Achselzucken: Was konnte man da machen? Wie darauf Einfluss nehmen? Nicht jedem dieser Einkäufer lag etwas an der Beantwortung dieser Fragen. Sie bemühten sich oft nur mit einem Augenrollen: „Na ja, wenn es ihm so wichtig ist ..." Außerdem konnte man Fleißpunkte sammeln. Zuverlässig griff Michael Otto am Ende der Gesamtbewertung der Performance des entsprechenden Einkaufsbereiches immer noch einmal das Umweltthema auf und lobte ausdrücklich jeden noch so kleinen Beitrag. Auch wenn die Zahlen mal im Keller waren – mit grünen Leistungen konnte man trotzdem punkten. Neben dem klassischen Berichtswesen wurde auf den Sortimentsgesprächen auch ein Tagesordnungspunkt für die Darstellung aller Umweltkennzahlen und deren Einordnung in das Marktgeschehen eingeführt. Michael Otto wollte genau wissen, welche äußeren Rahmenbedingungen das Geschäft tangierten, welche Themen in der Gesellschaft stärker aufgegriffen wurden, wo es sich lohnen würde, sich zu engagieren. Es interessierte ihn aus ökologischen Gründen, aber nicht nur aus diesen. Schon damals war grünes Engagement gut fürs Image. Auch der Wettbewerb in diesem Themenfeld war ein Motiv.

Dieses interne Umwelt-Berichtswesen fand zunehmend seine Entsprechung in einem öffentlichen Reporting, dessen Detailliertheit sich der Darlegung des betriebswirtschaftlichen Zahlenwerkes immer mehr anglich. Das öffentliche Interesse an allem, was die Unternehmenspolitik im Sinne der Corporate Responsibility prägt, ist heute riesengroß. Die Anforderungen an das Reporting und Accounting, wie es auch von gesetzlichen Vorschriften geprägt und von den Finanzmärkten verlangt wird, haben in den vergangenen Jahrzehnten zu einer immer umfassenderen Professionalisierung des Managements geführt. Das war Anfang der 1990er Jahre aber nicht zu erwarten. Michael Otto berichtet gelegentlich belustigt darüber, wie er innerhalb der Wirtschaft anfangs für seinen Umweltschutz-Eifer belächelt wurde. Auch für mich war es 1990 keine Selbstverständlichkeit, meine berufliche Zukunft auf einem Feld der Unternehmenspolitik zu suchen, das es noch gar nicht gab – jedenfalls nicht in Form einer Karriereleiter, die man Stufe für Stufe hätte erklimmen können. Aber saurer Regen, Waldsterben und Tschernobyl hatten auch mich beunruhigt und als naturverbundenen Menschen sehr für den Umweltschutz eingenommen. Über meine Funktion als PR-Manager war ich mit der öffentlichen Vertretung des Themas auch schon länger befasst und begann mir Gedanken darüber zu machen, was zusätzlich getan werden konnte, um der Sache zu dienen und zugleich Unternehmer und Unternehmen zu profilieren.

Themen fanden sich reichlich. Aber mein Optimismus bekam schnell Dämpfer. Denn die Umsetzung war leichter gedacht als getan. Wo immer sich eine Möglichkeit darbot, etwas zu verändern, lag sie im Verantwortungsbereich einer der Fachabteilungen. Die musste meist zum Jagen getragen werden. Oft gab es erhebliche Widerstände gegen zusätzliche Aufgaben und Kosten. Das war durchaus nachvollziehbar angesichts kurzfristiger Erfolgszwänge, aber ein Bremsklotz für die Nachhaltigkeit. Für den Aufbau einer Managementstruktur zogen wir daraus den Schluss, dass eine zentrale Steuerungseinheit direkt beim Vorstandsvorsitzenden angesiedelt werden sollte, um die Querschnittsfunktion kraftvoll ausfüllen zu können. Aufgabe dieser neu geschaffenen Funktion war es, für die Bereiche Einkauf, Logistik, Standorte und Vertrieb strategische Ziele zu formulieren, Programme für deren Umsetzung abzustimmen, fachliche Unterstützung zu mobilisieren und regelmäßig über den erreichten Status quo zu berichten. Zugleich sollte aber den Abteilungen die Verantwortung nicht entzogen werden. Zusätzlich wurde deshalb in jedem Fachbereich ein Mitarbeiter benannt, der als Mitglied eines sogenannten „Umwelt-Netzwerkes" dafür sorgen sollte, dass die Themen vor Ort bekannt gemacht und dezentral umgesetzt und eigene Initiativen entwickelt wurden.

So fing es an. Die Abteilungsleitung wurde mir anvertraut. Meine Frau und ich haben die Entscheidung dafür wegen der unsicheren Karriereaussichten intensiv diskutiert. Aber neben meinen umweltpolitischen Motiven reizte es mich, ein völlig neues Feld der Unternehmenspolitik aufbauen und gestalten zu können. Da konnte ich nicht nein sagen – auch wenn ich den Preis dafür damals noch nicht ahnte. Viele meiner Freunde und Bekannten haben eigentlich erst in den letzten Jahren verstanden, was ich mein ganzes Leben lang beruflich gemacht habe: „irgendwas mit Umwelt". Auch im Unternehmen leuchtete eine systematische Bearbeitung der ökologischen Herausforderung noch nicht jedem ein. Unvergesslich ist mir das Bonmot eines Vorstandsmitglieds, das mich ganz unbekümmert wissen ließ, was es von unserer Arbeit hielt: „Wenn Sie in den Vorstand kommen, dann freue ich mich immer. Dann kann ich mal abschalten, entspannen, meinen Kalender checken. Dann habe ich eine ruhige Zeit."

Dabei zog das Thema jetzt im Unternehmen stark an. Dafür sorgten die Globalisierung, das Kreislaufwirtschaftsgesetz – und, leider, die reale Umweltzerstörung. Mitte der 1990er Jahre zählte das Team in der „Umweltkoordinations-Abteilung" bereits zehn Köpfe. Ein kunterbunter Haufen aus allen möglichen akademischen Feldern kam da zusammen: Juristen, Biologen, Ingenieure, Geisteswissenschaftler. Es gab noch keine akademischen Lehrpfade wie heute etwa an der Leuphana Universität, die geradewegs in eine Umweltabteilung geführt hätten. Aber es mangelte nicht an jüngeren und älteren Menschen, die sich diesem neuen Managementthema widmen wollten. Michael Otto hat uns in den darauffolgenden Jahren die Möglichkeit gegeben, die Handlungsspielräume für ehrgeiziges Nachhaltigkeitsmanagement auszureizen und zu erweitern. Wir, das sind nicht nur die Mitstreiterinnen und Mitstreiter im Unternehmen, sondern auch die in den Stiftungen und unsere Partner in den Umwelt- und Naturschutzverbänden. Uns alle hat Otto gefordert und gefördert, er hat mit seiner starken Führung „Leadership" übernommen. Auf keiner seiner Ansprachen beim traditionsreichen Weihnachtsessen mit seinen 200 Top-Führungskräften hat er es seitdem unterlassen, die Notwendigkeit nachhaltigen Handelns in immer neuen Formen zum Ausdruck zu bringen. So ist seine Vision von einer nachhaltigen Geschäftspolitik Stück für Stück gemeinsames Bewusstsein der „Ottonen" geworden und damit zu einem Teil der Unternehmenskultur, fest verankert in der DNA des Unternehmens.

INNOVATIONEN FÜR DIE LIEFERKETTEN

Der Aufbau eines ganzheitlichen Umweltmanagementsystems kostet Geld. Anfang der 1990er Jahre mussten wir davon ausgehen, dass es wie bei anderen Innovationen eine gewisse Zeit brauchen würde, bis sich der *return on investment* einstellen würde. Unsere Arbeit wurde deshalb durch den Umstand sehr erleichtert, dass die Rahmenbedingungen für den Einzelhandel in Deutschland in jenen Jahren gut waren. Das galt in besonderem Maße für den Versandhandel. Nachdem im November 1989 die Mauer gefallen und im März 1990 die Währungsunion zwischen DDR und Bundesrepublik vereinbart worden war, stand den bis dahin vom Konsum westlicher Waren weitgehend ausgeschlossenen DDR-Bürgern mit einem Mal die ganze Vielfalt des Warenangebotes einer Überflussgesellschaft zur Verfügung. Sie wollten nachholen.

Für den OTTO Versand und seine vielfältigen Tochtergesellschaften begann ebenso wie für die Wettbewerber Quelle und Neckermann ein beispielloser Boom. Während der stationäre Handel Zeit brauchte, um seine Infrastruktur in den neuen Bundesländern aufzubauen, konnte der Versandhandel aus dem Stand heraus liefern. Deshalb schossen unsere Umsätze und Erträge nach oben. Das Geschäftsjahr 1991/92 wurde das bis dahin beste in der Geschichte des OTTO Versands. Das Feuerwerk der Osterweiterung war zwar bereits nach wenigen Jahren abgebrannt, und in den neuen Bundesländern begann nach dem Boom ein langsamer und schwieriger Prozess der Anpassung an das normale Maß. Aber Michael Otto hatte die Erträge aus dieser Zeit gut angelegt und seine Unternehmensgruppe national wie international erheblich ausgebaut. Der OTTO Versand war insgesamt von einer großen Geschäftigkeit geprägt. Sie begünstigte auch die Bereitschaft, im Umweltschutz neue Wege zu gehen. Diese neuen Wege führten schon Anfang der 1990er Jahre heraus aus dem Rahmen des betrieblichen Umweltschutzes innerhalb der eigenen Werkstore. Nun ging es nicht mehr allein um die Mülltrennung am Arbeitsplatz oder das Einsparen von Verpackungsmaterial. Das Augenmerk der Gesellschaft begann sich, der ökonomischen Entwicklung folgend, zu internationalisieren. Heute geläufige Begriffe wurden damals geprägt: „Globalisierung", „Lieferketten" und „Wertschöpfungsketten".

In der Welthandelsorganisation WTO wurde der Welthandel neu geregelt. Der Neoliberalismus wurde zur beherrschenden Denkrichtung in der Politik. Die Abschaffung globaler Zollschranken und die Lockerung internationaler Handelsregeln hatten durch den Fall des Eisernen Vorhangs einen kräftigen Schub bekommen. China, bis dahin als Wirtschaftsstandort weitgehend Terra incognita, öffnete seinen Markt; andere asiatische Länder folgten. Staatliche Regelungen und Normen wurden vielfach geschleift. Das alarmierte die Zivilgesellschaft. Sie befürchtete ein „race to the bottom" – den Drang der Wirtschaft, die Kosten zu minimieren und in einer entgrenzten Welt ihre Produktion immer dorthin zu verlagern, wo die Umwelt- und Sozialstandards am niedrigsten waren. Das konnte einer sozial und ökologisch nachhaltigen Entwicklung nur hinderlich sein. Es gab Kritik und zunehmende, im Verlauf der folgenden Jahre teilweise auch gewaltsame Proteste. Kristallisationspunkte der Demonstrationen wurden die WTO-Konferenzen sowie die G8-Weltwirtschaftsgipfel. Ein weltweiter Schock war 1999 die „Battle of Seattle" mit Hunderten von inhaftierten Protestierenden und einer völlig überforderten Polizei. In Genua starb 2001 ein Teilnehmer einer Demonstration gegen die als ausbeuterisch verstandene internationale Wirtschaftspolitik der G8. Die global operierenden Unternehmen versuchten daraufhin, den Vorwürfen die Spitze zu nehmen. Das Bekenntnis zu einer eigenen Verantwortung jenseits gesetzlicher Vorschriften, also zur Corporate Responsibility, gehörte fortan zum guten Ton. Die Otto Group war der Prototyp eines Global Players: Mit einem damaligen Umsatz von umgerechnet über 20 Mrd. Euro war sie ein Gigant des internationalen Konsumgüterhandels, insbesondere im Vertrieb eines stark von Textilien geprägten Sortiments. Das exponierte die Handelsgruppe auch im Kontext der Globalisierungsdebatten. Michael Otto war bereit, sich ein weiteres Mal an die Spitze der Bewegung zu setzen. So sagte er anlässlich der Entgegennahme des Binding-Preises in Vaduz/Liechtenstein im November 1996: „Die Probleme der Gegenwart und der Zukunft werden wir nur lösen, wenn wir bereit sind, überkommene Strukturen aufzubrechen, eingefahrene Pfade zu verlassen. Die Zukunft wird entscheidend davon abhängen, dass viele Menschen diese Bereitschaft aufbringen. Und dass viele – wo immer sich dazu die Chance bietet – die Sache selbst in die Hand nehmen." Das sichtbare Ergebnis dieser Ankündigung waren Innovationen auf den verschiedensten Feldern der Geschäftspolitik des Konzerns.

Textilien

Zehn Jahre lang war Michael Otto im Vorstand des OTTO Versands erfolgreich für den Textileinkauf verantwortlich. Zwischen 1971 und 1981 kaufte er als junger Top-Manager vor allem Damen- und Herrenbekleidung ein, erstellte attraktive Sortimente und brachte sie über den OTTO-Katalog in Millionen deutsche Haushalte. Dafür musste er weit reisen. Das bot ihm zugleich eine Gelegenheit, in dieser frühen Phase der Globalisierung beim Aufbau einer leistungsstarken Textilindustrie in Ost- und Südost-Asien wichtige Pionierarbeit zu leisten. Denn mit den OTTO-Einkäufern kamen auch die Techniker, die den jungen Unternehmen in Seoul, Hongkong oder Manila die notwendige Unterstützung gaben, um sie für die zunehmend anspruchsvollen Qualitätskriterien der deutschen Textilimporteure fit zu machen. Dieses Investment zahlte sich aus. Sukzessive verlagerte sich die Textilproduktion aus Deutschland und Europa in die viel kostengünstigeren Importmärkte.

In den 1970er Jahren waren die ökologischen und sozialen Bedingungen, unter denen Arbeiter – meist Arbeiterinnen – in den dortigen Fabriken produzierten, einfach erbärmlich. Diese Bedingungen waren aber seinerzeit nur in entwicklungspolitischen Nischen Gegenstand öffentlicher Erörterungen. Mithin war der Zusammenhang auch noch nicht in das allgemeine Bewusstsein, gar in breitere Debatten vorgedrungen, dass auch die Handelspartner aus westlichen Märkten eine Verantwortung für die schlechten Arbeitsbedingungen in Asien oder Afrika haben könnten. Als dann in den 1990er Jahren Forderungen laut wurden, Textilimporteure hätten sich für die ökologischen und sozialen Zustände in ihren Zulieferbetrieben zu rechtfertigen, traf dies noch immer auf Unverständnis. In den Entwicklungsländern verdächtigte man den Globalen Norden, mit solchen Ansprüchen nichttarifäre Handelshemmnisse begründen zu wollen. Die WTO erklärte sich für nicht zuständig. Und bei uns lauteten die Kommentare ungefähr so: „Wir können doch als deutsches Handelshaus nicht allein das globale Problem ausbeuterischer Arbeitspraktiken lösen. Das Thema ist viel zu groß. Das muss die UNO regeln." So passierte zunächst einmal gar nichts. Aber das Thema einer nachhaltigen Textilproduktion war auf der politischen Tagesordnung. Als erstes breitete sich die Angst vor dem „Gift im Kleiderschrank" aus. Plötzlich realisierte man, dass die globale Textilindustrie der größte Kunde der Chemieindustrie war. Die Angst vor Gesundheitsrisiken betraf die Menschen unmittelbar. Neben solchen humanökologischen Aspekten rückten aber auch produktionsökologische in den Fokus: Welche Umweltbelastung mutete die globalisierte Produktion den lokalen Gewässern zu? Wurden Arbeiter und Arbeiterinnen fair behandelt und bezahlt? Mussten womöglich Kinder schuften? Das waren bohrende Fragen. Als global operierender Handelskonzern konnte man sich da nicht zurücklehnen. Aber was tun? Weder für den Einsatz von Chemikalien noch für die Arbeitsverträge vor Ort waren wir unmittelbar verantwortlich, doch zugleich lag unsere moralische Verantwortung nun auf der Hand. Michael Otto übernahm sie und stellte sie für seine gesamte Branche in einen systemischen Zusammenhang: „Die Rolle, die der Handel bei der notwendigen ökologischen Umstrukturierung unserer Wirtschaft spielt", so äußerte er 1995 auf einem Handelskongress, „kann (…) nicht überschätzt werden. Der Handel besitzt eine Mittlerfunktion zwischen

Produzent und Konsument und verfügt damit über eine Schlüsselstellung, um den Faktor Umwelt im Wechselspiel von Angebot und Nachfrage nachhaltig zu stärken. In der Konsequenz verlangt dieses Bekenntnis (…) eine ökologische Umstrukturierung der gesamten Unternehmenspolitik." Was für die Ökologie galt, musste selbstverständlich auch für das Soziale gelten. So machten wir uns an die Arbeit.

Wieder einmal: Es war leichter gedacht als getan. Es begann schon mit der Frage: Was ist eigentlich eine umweltfreundliche Textilie? Das konnte uns zunächst niemand beantworten. Es musste ein Standard her. Der TÜV Rheinland sollte ihn für uns entwickeln. So zogen wir übers Land und sprachen mit vielen Experten. Dabei stießen wir auf sehr unterschiedliche Sichtweisen. Während uns Gesundheitsfachleute vor der krebserregenden Wirkung schwermetallhaltiger Farbstoffe warnten, hatten Farbenhersteller für unser Anliegen kein Verständnis: Schwermetalle fielen im Wasser auf den Grund, behaupteten sie, und dann lägen sie da wie Kieselsteine. „Das ist doch kein Anlass zur Sorge!" Hier wurde die Rolle des Handels im Wechselspiel von Angebot und Nachfrage konkret: Wir mussten allerorten zwischen den widerstrebenden Interessen vermitteln.

Der erste Standard *hautfreundlich, weil schadstoffgeprüft* wurde gesetzt und schnell zu einem Markenzeichen im OTTO-Katalog. Der Optimierungsprozess in den Produktionsstätten begann: Das gesamte Textilsortiment – Zigtausende Produkte – sollte im Laufe weniger Jahre diese Qualitätskriterien, die deutlich über die gesetzlich festgelegten Grenzwerte hinausgingen, einhalten. Dieses Versprechen war für Michael Otto ein zentraler Baustein einer Umweltstrategie, die auf die Stärkung des Kundenvertrauens und der Kundenbindung zielte. Das war im Jahre 1993 der Beginn einer langjährigen, systematischen und kostenintensiven Optimierung der textilen Wertschöpfungskette. Laborkapazitäten wurden massiv ausgebaut, Testergebnisse mit den Produzenten rückgekoppelt, Schwäche- und Stärkeprofile erstellt, Schulungen durchgeführt, chemisches und mechanisches Know-how aufgeboten und mit Partnern aus der Maschinenbau- und Chemieindustrie vor Ort realisiert. Unter den Einkäufern bei OTTO kursierte früher das Bonmot, dass man die Farben der Saison beim Besuch einer indischen oder bengalischen Textilfabrik schnell erraten könne: Man müsse nur einen Blick in einen nahegelegenen Fluss werfen – der würde in eben jenen Farben schillern. So sollte es nicht bleiben. Die Qualitätssicherung wurde immer mehr zu einer ökologischen Qualitätssicherung um- und ausgebaut. Ganz im Sinne seines Vorstandsvorsitzenden wurde der Konzern mehr und mehr zu einem praktischen Entwicklungshelfer.

Mode ist ein hoch emotionales Produkt. Von den Katalogtiteln lächelten in diesen Jahren hoch dotierte Models wie Claudia Schiffer oder Naomi Campbell. Der hohe Anspruch, in diesem Bereich führend zu sein, trieb uns weiter voran. Die Themen fielen uns dabei in den Schoß. Jetzt drängte es sich auf, auch die Produktion der Rohstoffe in den Fokus zu nehmen. Und der wichtigste Rohstoff in der Modeindustrie ist Baumwolle. Baumwolle war ins Gerede gekommen, denn die Pflanze, aus der sie erzeugt wird, braucht nicht nur sehr viel Wasser, sie ist auch enorm anfällig für Schädlinge. Die Larve des gefürchteten Kapselkäfers (bollworm) zum Beispiel kann in Windeseile hektarweise Baumwollpflanzen anfressen und die Fasern ruinieren. Um ihn zu bekämpfen, werden so viele Pestizide eingesetzt wie für keine andere Pflanze weltweit.

Derweil hatte sich in Deutschland eine Öko-Versandbranche entwickelt. Kleine Spezialisten wie Hess-Natur oder Waschbär versuchten gezielt den umweltbewussten Kunden anzusprechen – auch mit Bio-Baumwolle. Der OTTO Versand nahm ebenfalls die umweltbewusste Kundin ins Visier und baute mit der „Future Collection" eine eigene Umweltmarke auf. Aber das Geschäft kam nicht in Fahrt. Dazu mag der etwas fragwürdige „Öko-Look" der angebotenen Mode beigetragen haben: wenig farbenfrohe, etwas grob gestrickte Ware. Ursächlich war aber auch der Preis. Da zunächst nur geringe Mengen an Bioprodukten nachgefragt wurden, blieben die Kosten für die besondere Produktion und Verarbeitung relativ hoch. Skalierung konnte nicht stattfinden, die Preise blieben, wo sie waren, und die Mengen blieben klein: *locked in*. Da war Kreativität gefragt. Anfang 2002 brachte OTTO das Umweltlabel *Pure Wear* auf den Markt. Das Qualitätsversprechen war umfangreich und neuartig, denn es umfasste eine ökologische Produkt- und Prozessqualität: Der Rohstoff war aus biologischem Anbau, die Verarbeitung vermied schädliches Abwasser, der Stoff war weitgehend schadstofffrei. Das erforderte ein hochkomplexes Stoffstrommanagement. Der Einkauf, die Qualitätssicherung, die Rechtsabteilung, der Import, die Steuerfachleute: alle mussten mitwirken. Um ein preislich attraktives Angebot machen zu können, hatten wir massiv in die Wertschöpfungskette eingegriffen. Die Kalkulationsaufschläge für die teure Bio-Baumwolle versuchten wir zum Beispiel zu vermeiden, indem wir diese selbst kauften und die so weit vorne in der Kette noch relativ geringen Mehrkosten beim Weiterverkauf nicht berücksichtigten. So entfielen bei der Weiterverarbeitung über die Stufen der Lieferketten die zusätzlichen Kalkulationsaufschläge. Das war innovativ, aber natürlich kein verallgemeinerbares Zukunftsmodell. Wir wollten aber den Markt anschieben und zeigen, was geht. Aber irgendwann musste sich die Sache auch rechnen. Wir wollten Menge machen – rauskommen aus dem *locked in*. Und kein Produkt verbraucht mehr Baumwolle als ein Bademantel. Die Umstellung des gesamten Bademäntel-Sortiments auf „bio" sicherte OTTO in diesen Jahren einen Meistertitel: die Nummer eins im Angebot von Produkten aus Bio-Baumwolle. Der Skalierungseffekt sorgte dafür, dass die Kosten für Bio-Baumwolle langsam sanken. So öffnet man Märkte!

Der nächste Schritt betraf die Arbeitsverhältnisse. Textilien wurden, wie erwähnt, häufig in *sweatshops* gefertigt, wo – in engen Reihen zwischen Kleiderbergen zusammengepfercht – Hunderte meist junge Frauen an Nähmaschinen die preisgünstige Wohlfühlmode der westlichen Kundinnen zusammennähten.

Bilder von ausbeuterischen Arbeitsbedingungen, gar Kinderarbeit, kursierten und weckten bei den Lesern und Zuschauern von Print- oder TV-Magazinen Empörung. Ein heißes Eisen, das anzupacken schnell nach hinten losgehen konnte. Wo begann die Verantwortung des Unternehmens? Wo sollte sie enden? Wir entschlossen uns, auch hier voranzugehen. Wo Umweltstandards positiv wirken, da werden Sozialstandards ihre positive Wirkung nicht verfehlen – so dachten wir. 1996 verabschiedete der Vorstand den ersten Code of Conduct. Mindestalter, Mindestlohn, Mindestarbeitszeiten – solche und andere Themen wurden fortan für die Lieferanten vorgeschrieben, wenn sie mit OTTO ins Geschäft kommen wollten. Die Grundlage bildeten die Normen der Internationalen Arbeitsorganisation (ILO). Das sollte innerhalb der Branche Maßstäbe setzen. Denn dass sich einer der größten Importeure von Konsumgütern selbst dazu verpflichtete, weltweit nur noch solche Betriebe zu beauftragen, in denen die ILO-Standards galten, hatte eine starke Signalwirkung. Dadurch entstand aber auch Druck – und wir gerieten zwischen alle Stühle. Innerhalb der Branche reagierte man empört. Zunächst hatte ich mir von einem sehr erregten Vorstandsmitglied eines deutschen Warenhauskonzerns in dessen Importbüro in Hongkong vorhalten lassen müssen, dass OTTO die Branche mit einem Thema unter Zugzwang setze, das eigentlich gar keines sei. Wieder mal hieß es: Dafür ist die UNO zuständig. In zahlreichen Gesprächen mit Verbandsvertretern und Funktionären der Textilbranche wurde uns vorgeworfen, dass unsere weitgehenden Selbstverpflichtungen nur noch weitergehende Ansprüche nach sich ziehen würden.

Zugleich aber zog unsere Initiative auch von anderer, eher unerwarteter Seite Kritik auf sich: Den Menschenrechtsorganisationen, die sich für die Einhaltung von Sozialstandards in den Lieferketten starkmachten, gingen unsere Anforderungen noch lange nicht weit genug. Zu Recht. Wir waren nicht naiv, wir wussten: Wir hatten nur einen ersten Schritt unternommen. Doch dann passierte es: In einer Reportage des Fernsehmagazins *Report* wurden die Regelungen des Code of Conduct den Bildern aus einer türkischen Fabrik gegenübergestellt, in der erkennbar minderjährige Jungen für OTTO Kleidung nähten: Greenwashing! Nichts als schöne Worte. So ein harter Vorwurf hatte uns zuvor noch nicht getroffen. Der Sachverhalt war schlimm, aber es war nicht unerwartet, dass sich unter Tausenden von Lieferanten auch solche finden würden, die den Code of Conduct noch nicht einhielten. Das hatten wir nicht vermittelt, kommunikativ war das ein GAU. Die Gefahr bestand, dass mit dem wertvollsten Gut, der positiven Reputation, auch Kundenbindung und damit materielle Werte verloren gingen. Auch die Identifikation der Mitarbeiterinnen und Mitarbeiter mit unserem Unternehmen, die durch unsere nachhaltige Unternehmenskultur gewachsen war, hätte infolge der öffentlichen Kritik leiden können, dass der Arbeitgeber moralisch versagt habe. Wir mussten uns jedenfalls auch intern viele Fragen stellen lassen. Vorwürfe waren nicht darunter. Denn von Michael Otto kam volle Rückendeckung mit dem klaren Signal, dass dies der Preis sei, den zu entrichten man bereit sein müsse, wenn man sich als Pionier auf neues Terrain begebe.

Die harte Kritik von außen war zugleich ein starker Antrieb weiterzumachen. Schritt für Schritt. Einerseits zeigte OTTO durch Einzelmaßnahmen „action". So wurden alle Teppichimporte nur noch mit dem Rugmark-Siegel gegen Kinderarbeit akzeptiert und mit der GEPA Gesellschaft zur Förderung der Partnerschaft mit der Dritten Welt wurde eine Vertriebspartnerschaft geschlossen, um Produkten aus Fair Trade über den OTTO-Weihnachtskatalog einen Zugang zum Massenmarkt zu eröffnen. Aber auch systemisch wurde zielstrebig optimiert: Zunächst einmal ging es nun darum, den Code of Conduct mit einem Managementsystem zu unterlegen, das seine Einhaltung durch die Lieferanten auch garantiert. Dafür war die Entwicklung eines Auditierungssystems und von Trainingsmodulen erforderlich. Denn Michael Otto hatte eine Losung ausgegeben: Auch die Umsetzung von Sozialstandards ist ein Akt partnerschaftlicher Zusammenarbeit mit den Lieferanten. So schwärmten die Auditoren des Konzerns aus und begutachteten weltweit Fabriken. Erstmals ermittelten sie einen Überblick darüber, wie es tatsächlich stand um die Einhaltung der internationalen Arbeitsnormen in der Textilindustrie in Indien, China oder Bangladesch. Und die Ergebnisse sahen nicht gut aus. Über Nacht würde sich das Problem nicht lösen lassen. Michael Otto ließ sich von den Ergebnissen der Sozialaudits sowie der Trainingsmaßnahmen bei seinen Lieferanten regelmäßig berichten. Trotz seiner langjährigen Erfahrungen in den Einkaufsmärkten überraschte ihn die hohe „Fehlerquote" von über 30 Prozent der Audits. Die häufigsten Mängel wurden bei den Lohnzahlungen sowie bei den Arbeitszeiten aufgedeckt. Da wollte er zügig Verbesserungen sehen. Aber schnelle Erfolge blieben aus – auch wegen der teilweise nur kleinen Mengen, die OTTO bei einzelnen Lieferanten abnahm, und einer damit verbundenen relativen Zahnlosigkeit bei der Durchsetzung des Code of Conduct. Als einzelnes Unternehmen war das dicke Brett nicht zu durchbohren. Wir würden Partner brauchen. Das Thema sollte uns noch lange, sehr lange beschäftigen. Umgekehrt gab es aber auch viel Zuspruch. Für seine innovative und mutige Entscheidung, den Einkauf von Waren an die Einhaltung von Sozialstandards zu knüpfen, erhielt Michael Otto von der amerikanischen NGO Council on Economic Priorities (CEP) im Jahr 1999 aus den Händen ihrer charismatischen Präsidentin Alice Tepper Marlin den Social Consciousness Award. Im Jahr 2002 war Otto auf dem Index dieser NGO die Nummer 3 unter den „Most Respected Companies" weltweit. Das war zehn Jahre nach dem „Recyclingpapier-Beschluss".

Papier

Es war ein Tag im Herbst des Jahres 1999, als eine Delegation von Waldbauern bei der Konzernzentrale in Hamburg mit einem Leiterwagen vorgefahren kam, der von einem mit Blumen geschmückten Traktor gezogen wurde. Eine junge Frau in finnischer Tracht und um den Kopf gewundenen Zöpfen überreichte die Petition: Michael Otto möge es doch bitte unterlassen, mit seiner Nachfrage nach Papier und Möbeln mit FSC-Zertifikat die Enteignung der europäischen Waldbesitzer voranzutreiben. Tatsächlich hatte es Michael Otto mit seiner konsequenten Forderung nach einer nachhaltigen Forstwirtschaft seit Mitte der 1990er Jahre unter den europäischen Waldbesitzern zu einiger Berühmtheit gebracht. Der Konzern war als Kataloganbieter zugleich ein Verlagshaus mit einem Papierbedarf von 400.000 Tonnen pro Jahr und damit in diesem Markt kein Leichtgewicht. Auch als großer Möbelanbieter hatte OTTO seinen festen Platz bei den Produzenten und einigen Einfluss in der Wertschöpfungskette. Dieses Potenzial wollte Michael Otto für den Umweltschutz nutzen, indem er seinen Papier- und Möbeleinkäufern die Nachfrage nach FSC-Qualität für alle Holzprodukte ins Stammbuch schrieb. FSC – das steht für den Forest Stewardship Council. Unter diesem Dach hatte sich in einer vom WWF angestoßenen Initiative 1994 eine breite Stakeholder-Allianz auf Kriterien für eine nachhaltige Waldbewirtschaftung geeinigt. Um das Zertifikat zu erwerben, mussten Waldbesitzer diese Kriterien erfüllen. Diese Anstrengung empfanden viele von ihnen als unzulässigen Eingriff in Unternehmerfreiheit und Eigentumsrecht. Deshalb zogen sie mit ihrer europäischen Delegation vor die Konzernzentrale. Auch deutsche Waldbesitzer und ihre mächtigen Interessenvertreter nahmen Michael Otto in die Zange: Wie konnte gerade er als Unternehmer so etwas fördern? In zahlreichen Gesprächen versuchte er, ihnen seinen Standpunkt klarzumachen: Es gehe darum, Marktkräfte für eine nachhaltige Entwicklung zu aktivieren. Zertifikate seien dafür ein probates Mittel, weil sie versteckte Prozessqualitäten sichtbar machen und es den Kunden so ermöglichen, eine bewusste Entscheidung zu treffen. Dass sich die Waldbauern die Chance entgehen lassen wollten, durch ein FSC-Zertifikat ihr Produkt im globalen Wettbewerb zu stärken, war ihm unverständlich. Halb genervt, halb belustigt erzählte er häufig, dass er bei Einladungen in größerer Runde immer erst einmal prüfe, ob ein Waldbesitzer unter den Gästen sei – um sich einen Platz möglichst weit von ihm entfernt suchen zu können. In der Sache blieb Michael Otto konsequent. Das Katalogpapier wurde Schritt für Schritt auf FSC-Qualität umgestellt. Es dauerte einige Jahre, aber Anfang der 2000er war die Sache vollbracht. Das Thema nachhaltige Waldwirtschaft war damit aber noch lange nicht vom Tisch. Denn die Wertschöpfungsketten von Möbeln zu optimieren, ist ein sehr viel komplexerer Prozess und hat angesichts sterbender Wälder heute eine noch drängendere Aktualität als damals. Deshalb ist Michael Otto auch an dem Thema drangeblieben.

CO2-Reduktion

„Die Investition in zukunftsfähige Umweltinnovationen sichert unsere Wettbewerbsfähigkeit und schafft neue Arbeitsplätze" – ein schöner Allgemeinplatz, könnte man meinen, vorgebracht von Michael Otto an einem kalten Januartag 1999 in Hamburg, als hier die erste Wasserstoff-Tankstelle eröffnet wurde. „Ich bin überzeugt, dass wir schon heute über genügend technisches Know-how verfügen, um spürbare Schritte in Richtung einer Energiewende zu unternehmen." Zu diesem Zeitpunkt war der Klimaschutz im OTTO Versand bereits seit vielen Jahren Gegenstand systematischer Optimierungsarbeit. Wie konnte es anders sein? Bei all den Aktivitäten im Interesse des Boden-, Arten- und Gewässerschutzes, der Luftreinhaltung, der Menschenrechte und Sozialstandards sollte das Klima außen vor bleiben? Auf keinen Fall! Der dritte IPCC-Bericht hatte 1995 ja hinlänglich Klarheit geschaffen. Mit einer Wahrscheinlichkeit von mehr als 90 Prozent seien die steigenden CO_2-Emissionen für einen menschengemachten Klimawandel verantwortlich. Es bestand also dringender Handlungsbedarf. Daran konnte kein Zweifel bestehen. Noch bevor 1997 das erste Weltklimaabkommen in Kyoto errungen wurde, hatte OTTO schon seine erste CO_2-Reduktionsstrategie: 45 Prozent Emissionen sollten bis 2005 eingespart werden. Es galt, die Energieversorgung der Standorte zu optimieren, die Emissionen beim Import und der Einlagerung der Waren sowie beim Warenausgang – also bei der Kundenbelieferung – zu reduzieren. So wurde es 1996 vom Vorstand beschlossen. Und so wurde es auch öffentlich angekündigt. Das war mutig. Denn erneut war hier Pionierarbeit gefragt, die Lösungen lagen weder technisch noch methodisch auf der Hand. „Sie sind ja noch jung genug, um sich für einen Fehlschlag zu rechtfertigen", gab Michael Otto uns mit auf den Weg. Das selbst gesteckte Ziel wurde am Ende erreicht. Zu verdanken hatten wir das vor allem den Umwelthelden aus der Logistik. Denn es gab keinen Stein, den sie in den nächsten Jahren nicht umgedreht hätten, um Einsparpotenziale zu erschließen: bei der Heiztechnik, der Tourenoptimierung, der Bündelung von Transporten. Fündig wurden wir vor allem bei der Luftfracht. Das war eine besonders große Herausforderung, weil man in die Abläufe der Disponenten eingreifen musste, wenn Transporte eingespart werden sollten. Deren Geschäft besteht vor allem darin, die ständige Warenverfügbarkeit sicherzustellen, und schon damals hatten unsere Kundinnen einen ziemlich kurzen Geduldsfaden. Die Luftfracht war in unserem Portfolio daher von großer Bedeutung, auch wenn die Menge der auf diesem Wege und nicht über Seefracht bezogenen Importe quantitativ gering war. Die so verursachten CO_2-Emissionen waren hingegen gewaltig. Ein echter Zielkonflikt. Zwar machten wir damals einige Fortschritte: Die Disponenten wurden für Emissionsquellen und Klimaschutzoptionen sensibilisiert oder über Alternativen wie verbesserte Sea-Air-Relationen aufgeklärt. Das bedeutet zum Beispiel, die Fracht über die Hälfte der Strecke bis Dubai

mit dem Schiff zu transportieren und sie erst ab dort nach Deutschland zu fliegen. Es wurde sogar mit der Transsibirischen Eisenbahn experimentiert. Aber bis heute nutzt die Otto Group Flugzeuge für den Import von Waren aus Asien. Das Verkehrsmittel ist einfach zu wichtig, wenn eine ständige Warenverfügbarkeit und niedrige Preise sichergestellt bleiben sollen. Das wurde als notwendig angesehen, denn der Kunde und die Kundin hätten sonst nicht mitgezogen. Dies wirft erneut ein Schlaglicht auf die engen Spielräume, die Unternehmen unter den Bedingungen der Globalisierung im konventionellen Massenmarkt zur Verfügung standen, wenn sie ihr Geschäftsmodell nachhaltig optimieren wollten. Der Enthusiasmus für Umweltschutz und Nachhaltigkeit war Ende der 1990er Jahre ungebrochen, aber mit dieser Erkenntnis mussten wir nach einigen Jahren Erfahrung leben und arbeiten: Mehrkosten waren im Massenmarkt nicht durchsetzbar. Und systemische Eingriffe des Staates wie zum Beispiel die Bepreisung von CO_2 lagen noch in weiter Ferne. So stießen wir überall an unsere Grenzen: Das Angebot an Textilien aus Bio-Baumwolle blieb in der Öko-Nische stecken. Die Durchsetzung von Sozialstandards kam nur langsam voran; die Hebelwirkung eines einzelnen Unternehmens war in der breiten und diversen Produzentenlandschaft weltweit zu schwach. Beim Klimaschutz stockte es aufgrund der billigen Transportkosten: Es war günstiger, ein T-Shirt einzufliegen, als die Kundin ein paar Tage warten zu lassen. Was tun? Der Lösungsansatz von Michael Otto lautete: Kräfte bündeln.

KOOPERATION UND PARTNERSCHAFT

Mitte der 1990er Jahre stellte sich heraus: Das Waldsterben blieb aus. Gott sei Dank! Doch statt Wertschätzung dafür zu erfahren, dass die Maßnahmen zur Reduzierung des „sauren Regens", den man als eine mögliche Ursache der großflächigen Schädigungen des deutschen Waldes identifiziert hatte, tatsächlich Wirkung zeigten, mussten sich die Umweltschützer Alarmismus vorwerfen lassen. Um die Jahrhundertwende wurde es geradezu schick, dem Club of Rome Irrtümer vorzuhalten und daraus abzuleiten, für das Wachstums gebe es grundsätzlich keine Schranken. Kein *peak oil*, kein *peak copper* und kein *peak anything* weit und breit. Und so viel war ja auch richtig: Die Globalisierung hatte weltweit für einen enormen Wohlstandsschub gesorgt, die Wirtschaft wuchs und die Menge der Warenströme vervielfachte sich. Der Ölpreis sank und sank und fiel bis 2008 auf unter 20 Dollar pro Barrel. Knappheit sieht anders aus. Das nahm denjenigen Kräften in der Politik, die sich für eine entschiedene Kursänderung einsetzten, allen Wind aus den Segeln. Und das war tragisch: Denn der Wunsch der Verbraucher, sich umweltgerecht zu verhalten, war eigentlich ungebrochen. Über all die Jahre hinweg schlug der Verbraucherindex für „ethischen Konsum" verlässlich immer weit nach oben aus. Nur an der Ladenkasse war Schluss mit dem guten Willen: Der Preis war und blieb das wichtigste Kaufkriterium. Nun wurden im Zeitgeist der Nullerjahre „öko" und „fair" in einflussreichen Medien und kulturellen Milieus negativ besetzt. Man schrieb ihnen Attribute wie mindere Qualität, ideologischer Überbau, Altbackenheit zu. Marketingmittel für die Promotion nachhaltiger Produkte zu aktivieren, wurde schwieriger. Nicht selten war es in der Werbung um die Aufmerksamkeit der Verbraucherinnen auch zu Schönfärberei gekommen: Umweltvorteile wurden suggeriert, wo es keine gab. Solches „Greenwashing" unterminierte die Glaubwürdigkeit und diskreditierte auch diejenigen Botschaften, die substanziell begründet, aber auf den ersten Blick nicht leicht nachvollziehbar waren. Michael Otto wollte aber die direkte Ansprache des Kunden nicht zurücknehmen. Für ihn war und blieb es ein wichtiges Element seiner Umweltstrategie, dass neben der Optimierung der eigenen Unternehmensprozesse und der Verbesserung der Produkte auch die Kunden angemessen einbezogen wurden und dass sie ihre Entscheidung für ein umweltgerechtes Produkt informiert und bewusst treffen konnten. Umweltschutz blieb ein Differenzierungsmerkmal im Wettbewerb. Methodisch musste man aber neue Wege gehen. So entstand die Idee einer konzertierten Aktion.

Das AVE-Sektorenmodell

Im Januar 2000 trafen sich in der Konzernzentrale der Otto Group in Hamburg die Spitzenvertreter des deutschen Textilhandels. Auf der Tagesordnung stand nur ein Punkt: ein gemeinsames Vorgehen bei der Durchsetzung von Sozialstandards in den Zulieferbetrieben der Importeure. Es war eine hochkarätige Konferenz. Vorstände von Metro, Quelle, Karstadt, C&A, Steilmann und vielen anderen Unternehmen waren der Einladung von Michael Otto gefolgt. Ergebnis: Die Geschäftsführung der Außenhandelsvereinigung des deutschen Einzelhandels (AVE), bis dahin vor allem mit Fragen der Zoll- und Steuerpolitik befasst, wurde damit beauftragt, für die Branche eine ganzheitliche Verfahrensweise zu entwickeln. Sie sollte Kontroll- und Trainingselemente enthalten und damit dem damals postulierten Anspruch eines Wandels durch Handel gerecht werden. Diese starke Betonung der entwicklungspolitischen Komponente als Element wirtschaftlichen Handelns entsprach dem politischen Trend. Die scharfe Kritik an der Globalisierung, sie vertiefe die Kluft zwischen Arm und Reich und stehe einer nachhaltigen Entwicklung im Wege, war ja berechtigt. Diesen Vorwurf wollte ein großer Teil der deutschen Textilwirtschaft durch die Gründung des AVE-Sektorenmodells entkräften, ohne sich an staatliche Vorschriften binden zu müssen. Die Produktion sollte nicht ordnungsrechtlich, sondern auf freiwilliger Basis im Wettbewerb verbessert werden. Dieser sollte weiter um den besten Preis ausgetragen werden, nur nicht mehr auf Kosten der Menschen im Produktionsprozess. Das war der Plan. Michael Otto hatte zu diesem Treffen auch Alice Tepper Marlin aus New York nach Hamburg eingeladen. Tepper Marlin war die Initiatorin des aus der Stakeholder-Initiative Social Accountability International (SAI) hervorgegangenen Zertifizierungssystems

SA 8000, an dem wir intensiv mitgearbeitet hatten. Es ging darum, möglichst viele Kräfte zu bündeln und die Zivilgesellschaft an Bord zu holen. Der SA 8000 konnte als Benchmark für den Branchenstandard dienen. Tatsächlich hat sich diese Zusammenarbeit mit der amerikanischen NGO über viele Jahre bewährt. Der weitreichende entwicklungspolitische Anspruch zeigte sich auch darin, dass sich das Bundesministerium für wirtschaftliche Zusammenarbeit (BMZ) als Finanzierungs- und Implementierungspartner anbot. Das AVE-Modell, aufgebaut in Form einer Public Private Partnership, wurde zum Erfolg. In den folgenden Jahren schlossen sich unter dem Dach der – später zur Business Social Compliance Initiative (BSCI) und dann in amfori umbenannten – Initiative weit über tausend deutsche und nun auch internationale Unternehmen zusammen, um mit den gleichen Methoden und auf Basis gemeinsamer Grundsätze ihre Lieferketten nach sozialen Grundsätzen zu optimieren. Diese Entwicklung hatte in Hamburg-Bramfeld ihren Anfang genommen. Die Kräfte vieler zu bündeln und in eine konstruktive Richtung zu lenken, das war Michael Ottos Verdienst. Glaubwürdig hatte er mit der Vorlage des ersten Code of Conduct und durch die frühen Investitionen in eigene Auditierungs- und Trainingsprogramme erneut eine Führungsrolle eingenommen. So richteten sich auch in den Folgejahren die Blicke immer wieder auf ihn, wenn es darum ging, die Entwicklung der Textilindustrie nachhaltig zu gestalten. Und bei allem Optimismus, mit dem man das Erblühen der BSCI begleitet hatte, muss auch hier letztlich bilanziert werden: Gereicht hat es nicht. Dafür stand exemplarisch Rana Plaza: Mehr als 1000 Textilarbeiterinnen fanden den Tod, als dieses achtstöckige Gebäude einer Textilfabrik in Bangladesch 2014 in sich zusammenbrach. Dem waren andere Unglücksfälle wie Brände mit vielen Toten vorausgegangen. Es ließen sich eben immer nur Teile der Branche für die gemeinsamen Bemühungen aktivieren. Als Konsequenz aus dieser enttäuschenden Erfahrung initiierte die deutsche Bundesregierung 2016 ein „Bündnis für nachhaltige Textilien" mit dem Anspruch, die gesamte Branche in die Pflicht zu nehmen – wenn auch mit dem Zugeständnis der Freiwilligkeit. Der verantwortliche Bundesminister Gerd Müller konsultierte im Vorfeld auch Michael Otto. Bei einem Treffen in seinem Ministerium im Sommer 2016 wollte er es genau wissen: „Ist das eine gute Maßnahme? Sind wir damit auf dem richtigen Weg?" Michael Otto hatte sich für dieses Bündnis starkgemacht und in den folgenden Monaten mit dem Gewicht und dem methodischen Know-how der Otto Group maßgeblich mit dafür Sorge getragen, dass eine für alle Stakeholder akzeptable Konstruktion entwickelt und ein großer Teil der Textilwirtschaft Mitglied dieses Bündnisses werden konnte. Trotzdem muss man 30 Jahre nach dem ersten unternehmenseigenen Code of Conduct feststellen: Die Bilanz ist zwiespältig und der Weg zu einer global nachhaltigen Textilwirtschaft immer noch lang.

Cotton made in Africa

Am 14. Juni 2004 brachte *DER SPIEGEL* in der Rubrik „Trends" seines Wirtschaftsteils eine kurze Meldung: „Otto plant Öko-Allianz". Konkret ging es um ein hoch ambitioniertes Vorhaben, mit dem Michael Otto bei seinem Bemühen um eine nachhaltige textile Wertschöpfungskette erneut Neuland betreten wollte. Durch eine konzertierte Aktion sollte afrikanischen Kleinbauern geholfen werden. Und so kurz die Nachricht war, sie hatte Folgen.

Afrikanische Baumwolle war damals ein Politikum. Bei der WTO-Konferenz im Jahr 2003 in Cancún war die Benachteiligung afrikanischer Kleinbauern durch Baumwollsubventionen der USA und der EU an den Pranger gestellt worden. Die Kleinbauern lebten häufig in tiefer Armut und konnten sich von ihrer Feldarbeit kaum ernähren. Von dem Glamour der Modewelt war weder in Benin noch in Sambia jemals etwas angekommen. Umso stärker verfing der Vorwurf, die USA und die EU untergrüben mit Subventionen für ihre Baumwollbauern die Marktchancen der Afrikaner: Hier der hochtechnisierte Betrieb, der mit einem starken Maschinenpark auf 150 Hektar und mehr sehr ergiebig Baumwolle produzierte, dort der Kleinbauer mit ein paar Hektar Land, auf dem er mit Hacke und Spaten vor allem Lebensmittel für seine Familie produzierte und nur auf einer kleinen Fläche daneben eine „Cash-Crop" kultivierte; eine Ackerfrucht, die er nicht tauschen, sondern für Geld verkaufen konnte, unter anderem um das Schulgeld für seine Kinder zu bezahlen. Das konnte Mais sein, Hirse oder eben Baumwolle. Wer brauchte hier Subventionen? Die Skandalisierung der globalen Ungerechtigkeit im Agrarsektor trug seinerzeit nicht unwesentlich zum Scheitern dieser WTO-Konferenz bei.

Bei OTTO hatten wir zu diesem Zeitpunkt schon umfangreiche Erfahrungen mit mehr Fairness im Textilsektor gesammelt. Wir hatten technische Lösungen für eine schadstoffärmere Produktion entwickelt und für die OTTO-Sortimente in einem großen Umfang realisiert. Wir hatten uns mit Kooperationsmodellen entlang der Lieferkette und mit Methoden des Stoffstrommanagements vertraut gemacht. Wir hatten in großem Umfang mit dem Einsatz von Bio-Baumwolle experimentiert. Würde man diese Erfahrungen – gute wie schlechte – für eine systematische Unterstützung afrikanischer Kleinbauern nutzen können? Michael Otto wollte es wissen: Wir sollten ein Konzept entwickeln, das die Baumwolle afrikanischer Kleinbauern qualitativ aufwerten und im Markt identifizierbar machen sollte. Im Sinne des bewährten *Prinzips der Kooperation* und Partnerschaft sollte eine Nachfrageallianz gleichgesinnter Unternehmen für einen Nachfrageschub sorgen, der zu Einkommensverbesserungen der Kleinbauern führen müsste. Und so sah der Plan aus: Ein Standard musste entwickelt werden, der ökologische und soziale Verbesserungen versprach. Damit er auch vor Ort implementiert werden konnte, musste eine Infrastruktur aufgebaut werden. Die standardgerecht produzierte Baumwolle musste durch einen unabhängigen Dritten zertifiziert werden. Es musste eine Marke entwickelt werden, um die zertifizierte Baumwolle im Markt hervorzuheben. Diese musste beworben, ihr Wert verdeutlicht werden, um Nachfrage zu stimulieren. Dafür galt es, Vertriebspartner zu gewinnen, die ihrerseits ihre Kunden mit dem neuen Markenprodukt ansprachen und an sich banden. Dann sollte die Nachfrage anspringen und über die verschiedenen Stufen der Wertschöpfungskette einen Preisimpuls in Afrika auslösen. Und tatsächlich – der Plan ging auf. Viele dieser Anforderungen wurden von dem neuen Zertifikat *Cotton made in Africa* erfüllt. Es ist heute eines der führenden Nachhaltigkeitslabel im Baumwollbereich und eines der erfolgreichsten Herkunfts- und Qualitätssiegel im Agrarsektor überhaupt. Das erforderte Leadership und den Aufbau eines komplexen, ganz neuen Systems der Zusammenarbeit vieler unterschiedlicher Kräfte. Entscheidend waren Finanzierungs- und Implementierungspartner. Es erwies sich als glückliche Fügung, dass die besagte *SPIEGEL*-Meldung auch in der Zentrale der staatlichen Deutschen Entwicklungsgesellschaft (DEG) in Köln gelesen wurde. Hier plante man gerade eine größere Investition in den afrikanischen Baumwollsektor und hatte sich mit der ebenfalls staatlichen Gesellschaft für Internationale Zusammenarbeit (GIZ) zusammengetan, um diese Investition mit entwicklungspolitischen Inhalten zu unterlegen. Schon das erste gemeinsame Treffen im Sommer 2004 in Hamburg verlief sehr vielversprechend. In seiner Folge gründete Michael Otto eine neue Stiftung: die gemeinnützige Aid by Trade Foundation (AbTF), deren Kuratorium er bis heute vorsteht. Otto wollte keine weitere, mittlerweile klassische Multi-Stakeholder-Initiative gründen, in der zwar transparent und demokratisch Standards entwickelt und Verfahren vereinbart werden, die sich aber aus eben diesem Grund oft zäh und langwierig nur auf den kleinsten gemeinsamen Nenner einigen kann. Die Entscheidung, sich allein auf die eigene Reputation zu stützen, barg zwar das Risiko, dass der neue Standard als gesellschaftlich nicht legitimiert und damit unglaubwürdig galt. Aber dieses Risiko wollte Otto eingehen. Enge Partnerschaften und die Ausgestaltung einer Win-win-Strategie sollten für die notwendige Bindungskraft sorgen. Mit anderen Worten: Gemeinwohl sollte mit unternehmerischer Handschrift formuliert werden.

Schritt für Schritt entstand ein einmaliges kooperatives Netzwerk, bei dem alle Beteiligten auch eigene Interessen verwirklichen konnten. Für den Standard sorgte ein Forschungsteam der Universität Wageningen, mit kritischem Blick begleitet von einem Beirat aus Vertretern entwicklungspolitischer Institutionen wie der Welthungerhilfe. Das Zertifizierungssystem entwickelte eine kommerzielle Beratungsfirma. Die GIZ übernahm die Aufgabe, die praktische Implementierung der Standards zu organisieren; das entsprach ihrem staatlichen Auftrag. Den Kontakt zu den Baumwollgesellschaften in Afrika übernahm die DEG; sie konnte diese mächtigen Unternehmen zugleich auch in ihr entwicklungspolitisches Netzwerk integrieren. Der DEG gelang es auch, die Bill & Melinda Gates Foundation als Co-Finanzier mit ins Boot zu holen. Die Baumwollgesellschaften investierten ebenfalls und verschafften der Initiative so Zugang zu den Kleinbauern – was zugleich eine Chance war, ihr Geschäftsmodell auf einer erweiterten Produktionsbasis weiterzuentwickeln. Die Steuerung dieses Netzwerkes und seiner Aktivitäten lag in der Verantwortung der AbTF. Sie übernahm die Entwicklung der Marke *CmiA*, vergab die Lizenz für deren Nutzung, verantwortete den Vertrieb und auch den Aufbau des Kernstücks bei diesem Konzept: der Nachfrageallianz. Damit ging es zunächst nur sehr schleppend voran. Denn in der Wertschöpfungskette knirschte es. Viele Fragen knüpften sich an das neue Produkt: War es gemessen an konventioneller Baumwolle qualitativ gleichwertig? Würden die Mengen ausreichen? Und pünktlich verfügbar sein? Diese Unsicherheit führte zu Preisaufschlägen. Obwohl in der Erzeugung preisneutral, war *CmiA* zunächst teurer als konventionelle Baumwolle – um bis zu 20 Prozent. In dem preissensiblen Textilsektor wirkte das lähmend. Auch der entwicklungspolitische Impuls, den Schwächsten in der textilen Wertschöpfungskette die Hand zu reichen, leuchtete nicht jedem Unternehmer ein. Unvergesslich ist mir der Besuch bei einem der weltgrößten Textilunternehmen in den USA. Der CEO selbst hatte sich Zeit für uns genommen, schließlich kamen wir ja als Abgesandte von Michael Otto. Wir erwarteten, dass er sich fragen würde, wie er unserem philanthropischen Anliegen zum Wohle der Kleinbauern helfen könnte. Aber seine Begrüßung klang anders: „Schön, dass Sie da sind. Ein großartiges Produkt haben Sie da. Dann sagen Sie doch mal: Was können Sie damit für meine Firma tun?"

Auch *Cotton made in Africa* steckte also zunächst im *locked in*. Zwar verfing die Idee einer nachfragegetriebenen Unterstützung afrikanischer Kleinbauern überall und die verbale Unterstützung war groß – der Aufbau der geplanten Nachfrageallianz großer Textilhändler kam aber zunächst nicht zustande. Es gab eine Absage nach der anderen. Michael Otto musste es wieder einmal selbst richten. Indem er das Nachfragepotenzial seines Konzerns aktivierte, zündete er eine Antriebskraft, ohne die die Trägheit der Masse kaum hätte überwunden werden können. Im März 2007 orderte der OTTO-Einkauf bei einem Wäschelieferanten auf Mauritius die ersten 400.000 Teile in *CmiA*-Qualität. Der Stein kam ins Rollen. Weitere Unternehmen folgten, vor allem Tchibo erwies sich über viele Jahre als ein besonders engagierter Partner. Und seit sich Ende der 2010er Jahre die jungen Menschen zu den *Fridays for Future*-Demonstrationen zusammengefunden haben, hat sich in Hinblick auf Rohstoffqualität und Herkunftsnachweise auch im Textilsektor viel getan. Nicht nur die „üblichen Verdächtigen" machen mit – *CmiA* ist heute auch in den Regalen von Discountern gut vertreten. Damit ist *CmiA* im globalen Textilmarkt eine feste Größe geworden. Rund eine Million Kleinbauern in zehn ost- und westafrikanischen Ländern sind in die regelmäßigen Trainings einbezogen. Darin lernen sie, wie sie durch einen sorgsameren Umgang mit Pflanzenschutzmitteln ihre Gesundheit und die Umwelt schützen und wie sie durch effektive Anbaumethoden ihre Produktivität und damit auch ihr Einkommen steigern können. Die Finanzmittel dafür werden durch die Lizenzgebühr von über sechzig Mitgliedern der Nachfrageallianz, die rund eine Milliarde lizenzierte Kleidungsstücke pro Jahr verkaufen, vollständig am Markt verdient. Mittlerweile ersetzen sie die in der Startphase so wichtigen öffentlichen und privaten Entwicklungsgelder. *CmiA* ist ein gelungenes Beispiel für die Aktivierung von Marktkräften für mehr Nachhaltigkeit in der Lieferkette, gleichwohl sind die Probleme der afrikanischen Kleinbauern damit nicht gelöst. Als Produzenten einer Commodity bleiben sie den schwankenden Weltmarktpreisen ausgeliefert. 10 Prozent mehr Produktivität nützt wenig, wenn der Weltmarktpreis um 20 Prozent einbricht. Deshalb ist auch das institutionelle Umfeld entscheidend für einen florierenden Baumwollsektor, von dem die Kleinbauern profitieren. Hierbei hilft ein systematischer Dialog mit den lokalen, häufig staatlichen Baumwollorganisationen in den Anbauländern, ebenso sind gut funktionierende Regierungsbehörden wichtig – Good Governance ist gefragt. Es ist also neben höheren Ernteerträgen und einem robusten Nachfrageimpuls bei den Baumwollgesellschaften auch ein systematischer Dialog mit den Stakeholdern vor Ort, welcher die Stabilität des Sektors verbessert und die Resilienz der Erzeuger gegen widrige Einflüsse stärkt.

Zeitgleich zum Aufbau von *Cotton made in Africa* entstand auch eine Initiative, Baumwolle nach den Prinzipien des Fair Trade zu erzeugen und zu vermarkten. Dieses Konzept beinhaltet einen Mindestpreis auf die entsprechend gelabelte Baumwolle und der Käufer muss zusätzlich eine Gebühr von 5 Cent pro Kilogramm Baumwolle zahlen. So versucht Fair Trade, die Kleinbauern vor den schwankenden Weltmarktpreisen zu schützen. Ein wichtiger Ansatz, der aber nicht verhinderte, dass das gute, transparente, aber teure Produkt im *locked in* steckenblieb. Der Anteil gehandelter Fair-Trade-Baumwolle liegt heute bei 0,1 Prozent. *CmiA* hingegen konnte durchstarten und zertifiziert rund 40 Prozent der afrikanischen Baumwollproduktion – nennenswerte 2,8 Prozent des globalen Marktes. Beide Initiativen sind also wichtig, aber beide allein sind nicht der Königsweg. Hier Masse, dort Klasse – beides ergänzt sich und macht auf seine Weise Sinn.

Die Arbeit muss also weitergehen. Schon heute schafft die Aid by Trade Foundation mit ihren Community-Projekten ein Angebot, bei dem Akteure aus der Textilbranche in Bildungs- und Gesundheitsstrukturen vor Ort investieren können, um den kleinbäuerlichen Dorfgemeinschaften zusätzliche Stabilität zu geben und den Menschen ein besseres Leben zu ermöglichen. Zukünftig muss der Fokus auf dem Zugang zu ökologisch komplexeren und auch sozialen Innovationen liegen, um den Kleinbauern die Möglichkeit zu geben, sich weiterzuentwickeln und sich mit ihrem Qualitätsprodukt auf dem Weltmarkt weiterhin erfolgreich zu behaupten.

Die Carbon Performance Improvement Initiative – CPI2

Auch wenn die politischen Rahmenbedingungen für systematischen Klimaschutz ungünstig waren und die Spielräume für eine scharfe Kurskorrektur fehlten, konnten wir bei OTTO durch eine Reduzierung der Transportemissionen und den Einsatz erneuerbarer Energien unseren eigenen Klima-Fußabdruck Schritt für Schritt senken. Im Verlauf der Nullerjahre war die Aufmerksamkeit aber auch hier immer stärker in Richtung der Wertschöpfungsketten gewandert. Unsere Unternehmensberatung Systain Consulting, 1998 als Spin-off aus der Umweltabteilung hervorgegangen, hatte eine „Wesentlichkeitsanalyse" entwickelt. Sie konnte uns auf Basis einer Verknüpfung von Unternehmens- mit Umweltdaten verlässliche Informationen darüber liefern, wo in den weitverzweigten Wertschöpfungsketten der Otto Group die größten Umwelt- und Klimabelastungen entstanden. Für diese Leistung sowie die auf dieser Grundlage entwickelte ganzheitliche Nachhaltigkeitsstrategie hatte der Konzern 2014 den Nachhaltigkeitspreis der deutschen Bundesregierung erhalten. Systain machte mit der neuen Analysemethode auch in anderen Branchen ein gutes Geschäft. Neben Rewe gehörten Siemens oder Covestro zu den Kunden. 1998 selbst als Innovation ins Leben gerufen, ist Systain bis heute ein Innovationstreiber für Nachhaltigkeit – innerhalb und außerhalb der Otto Group.

Unseren eigenen Analysen konnten wir verlässlich, aber wenig überraschend entnehmen, dass bei der Herstellung der von der Otto Group vertriebenen Produkte im Vergleich mit den eigenen Betriebsabläufen ein Vielfaches an Treibhausgasen emittiert wurde. Mit den heutigen Messmethoden können wir darlegen, dass ca. 22 Prozent der Treibhausgasemissionen in unseren eigenen Betriebsabläufen entstehen. 60 Prozent erfolgen im Upstream, also in der Produktion; 28 Prozent im Downstream, also im Gebrauch unserer Produkte beziehungsweise bei deren Entsorgung. Ein Schwerpunkt der Emissionen im Upstream liegt in der Textilproduktion und hier in der Färbung und Veredelung der Stoffe. Aber auch in der Konfektionierung steckt viel Energie und mithin viel CO_2. Wie bei den Sozialstandards oder dem Einsatz nachhaltig erzeugter Rohstoffe ergab sich eine Mitverantwortung des Handels für die Reduzierung dieser schädlichen Emissionen. Aber auch beim Klimathema konnte ein einzelnes Unternehmen die Verantwortung für tragende Lösungen nicht alleine schultern. Die Antwort lag erneut im Aufbau einer horizontalen Allianz. Michael Otto rief – und viele kamen. Im Februar 2011 fand auf dem Campus in Hamburg-Bramfeld die Gründungsveranstaltung der Carbon Performance Improvement Initiative statt – kurz: CPI2. Neben KiK und Tchibo waren zum Beispiel s.Oliver, Tom Tailor und Ernsting's Family dabei und weitere große Textilhändler. Der Plan war, den Lieferanten der beteiligten Unternehmen gegen eine Nutzungsgebühr Zugang zu einer über das Internet weltweit erreichbaren Lernplattform zu gewähren. Dort standen tiefgehende, aber anschauliche Informationen und Anleitungen zur Verfügung, wie ein

Produktionsbetrieb seine Technik und seine Prozesse so optimieren kann, dass die Energieverbräuche signifikant sinken und Kosten in erheblichem Umfang eingespart werden können.

Von Victor Hugo wissen wir: „Nichts auf der Welt ist so mächtig wie eine Idee, deren Zeit gekommen ist." Anders gewendet: Für erfolgreiche Innovationen kommt es eben auch auf das Timing an. Michael Otto war manchmal einfach zu früh dran. Seine Konzepte mussten teilweise über längere Durststrecken mit viel Energie und Standhaftigkeit durchgehalten werden, bevor sie sich im Markt durchsetzen konnten. Für CPI2 muss man das auch konstatieren. Die Nachfrage kam auch hier nur schwer in Gang. Die Lieferanten in Indien, China, Bangladesch oder Vietnam zeigten entgegen unseren Erwartungen kaum Interesse an energie- und klimaschonenden Maßnahmen in den eigenen Betriebsabläufen. Auch die Aussicht auf einen besseren Marktzugang konnte sie nicht motivieren.

Das Thema war aus drei Gründen noch nicht reif. Erstens war die technische Ausstattung noch unzulänglich und eine professionelle Datenerfassung und -verarbeitung unterentwickelt. Der große Schub an Berichtspflichten und Transparenzanforderungen, wie er heute die Lieferkette prägt, stand erst noch bevor. Zweitens war Klimaschutz in der Lieferkette – heute ein Musthave jeder Nachhaltigkeitsstrategie – in jenen Jahren noch kein Thema, das die Gemüter erregte. Und drittens war Energie einfach noch zu günstig, um ernsthaft optimiert werden zu müssen. Während die Aufmerksamkeit für Sozialstandards durch den Kollaps von Rana Plaza bei Dhaka 2014 geradezu explodierte, blieb Klimaschutz in der Lieferkette randständig. Um nicht ganz aufzugeben, veräußerten wir das ganze System, inzwischen um die Themen Wasser- und Chemikalienmanagement erweitert, an die Zero Discharge of Hazardous Chemicals (ZDHC) Multi-Stakeholder-Initiative, Amsterdam. So entstand eine Win-win-Lösung aus inhaltlicher Kompetenz und Marktzugang. Heute findet CPI2 in Tausenden Produktionsbetrieben weltweit Anwendung.

DER HOMO POLITICUS

Michael Otto ist ein Mann der Zahlen. Niemand, der ihn kennt, wird das bestreiten wollen. Große unternehmerische Würfe liegen ihm – auch das ist keine Frage. Die Entwicklung der Otto Group gibt beredt Auskunft darüber. Aber der spitze Bleistift ist doch auch eines seiner liebsten Arbeitsgeräte. Man ist als sein Mitarbeiter immer gut beraten, das eigene Zahlenwerk bis hinters Komma genau zu kennen, wenn man es ihm zur Freigabe vorlegt. Denn er findet jeden Fehler. Michael Otto kann sehr großzügig sein, aber Freigebigkeit kann man ihm nicht nachsagen. Nach einer beliebten Charakterisierung seiner Mitarbeiter war er als Vorstandschef stets auch „der Mann mit dem Stacheldraht in den Taschen". Wenn man also annehmen möchte, dass er sich den Umweltschutz auch deshalb auf die Fahne geschrieben hat, weil er damit sein Geschäftsmodell zukunftsfähig aufstellen wollte, wird man ihm bestimmt nicht Unrecht tun. Aber da muss noch mehr sein. Denn warum schenkt er sich sonst 1993 zu seinem fünfzigsten Geburtstag eine Umweltstiftung? Da ist einerseits Michael Ottos Liebe zur Natur. Ihn berührt das Zarte, Empfindsame, die Verletzlichkeit der Natur. So sieht man ihn an einem Berghang in Thüringen stehen und freudvoll staunend einen Feuersalamander betrachten. Und ihn faszinieren Landschaften, große Räume. Die Eindrücke einer Ballonfahrt über die Alpen oder eines Fluges über den Amazonas kann er auch nach Jahrzehnten in den lebendigsten Farben schildern. Andererseits ist da sein besonderes Interesse an den systemischen Fragen, den großen ökologischen Zusammenhängen. Und ähnlich wie beim unternehmerischen Umweltschutz begann sich dies auch sehr bald in Michael Ottos Wirken als Philanthrop Bahn zu brechen. Die Umweltstiftung Michael Otto, deren Geschäftsführung ich mit ihrer Gründung übernommen hatte, war zunächst nur konventionell als fördernde Stiftung tätig, ohne einen eigenen unmittelbaren Gestaltungsanspruch. Aus dieser fördernden Stiftungstätigkeit heraus ergab sich bald ein Ereignis, in dem viele Entwicklungslinien zusammenflossen und das zu einem Schlüsselerlebnis für Michael Ottos Wirken wurde. Es führte heraus aus dem Kontext des Unternehmens und hinein in einen anderen, nach eigenen Kriterien und Gesetzen funktionierenden Kontext – in den öffentlichen Raum.

Für Elbe und Pripjet

Die Rede ist von der Herbeiführung der „Elbe-Erklärung", einer Vereinbarung zwischen Politik und NGOs mit dem Ziel, diesen Fluss nicht zum Zwecke der besseren Schiffbarkeit zu verbauen, sondern ihn zu erhalten und womöglich seinen ökologischen Zustand noch weiter zu verbessern. Das ist gelungen. Ein derartig großes Infrastrukturvorhaben zum Stillstand zu bringen, um der Natur zu ihrem Recht zu verhelfen: Wie konnte das bewerkstelligt werden? Michael Otto hatte das Kuratorium seiner Umweltstiftung prominent besetzt. In diesem Gremium, das über die Verwendung der zunächst jährlich verfügbaren Fördermittel in Höhe von einer Million D-Mark zu entscheiden hatte, war mit den Präsidenten der Umweltstiftung World Wide Fund for Nature (WWF) Deutschland sowie des Naturschutzbundes Deutschlands (NABU) auch die Naturschutzseite stark vertreten. Berührungsängste mit den damals in der Wirtschaft noch gefürchteten NGOs gab es nicht – übrigens weder hüben noch drüben, denn auch die Vertreter der Naturschutzorganisationen ließen sich zunächst zögerlich, dann jedoch gerne an den Tisch des als Umweltschützer mittlerweile bekannten Unternehmers bitten.

Vor allem Naturschutzprojekte an der Elbe fanden das besondere Interesse von Michael Otto. Hier kamen Förderanträge des WWF ebenso zum Zuge wie die des NABU. Das Engagement für dieses Gewässer war auch besonders vielversprechend, denn als Grenzfluss zwischen Ost und West hatte die Elbe während der deutschen Teilung einen Dornröschenschlaf gehalten, war so dem Ausbau zu einer leistungsstärkeren Verkehrsader entgangen und hatte ihr besonderes Naturpotenzial weitgehend bewahren können. Im Rahmen der großen Infrastrukturmaßnahmen nach der Wiedervereinigung standen hier Anfang der 1990er Jahre umfangreiche Planungen für einen Ausbau an: Die Ufer sollten zusätzlich befestigt, das Flussbett ausgebaggert und die Elbe so für eine Binnenschifffahrt ertüchtigt werden, die den Weitertransport der im Hamburger Hafen in immer größerer Zahl angelandeten Container in Richtung Osten und Süden übernehmen konnte. Dagegen regte sich Widerstand. Wertvolle natürliche Lebensräume an den Ufersäumen drohten verloren zu gehen. Die Absenkung des Flussbettes würde den gut erhaltenen Auenwäldern Wasser entziehen, so dass sie austrocknen und zugrunde gehen müssten.

War es erwartbar, dass sich der Unternehmer Michael Otto, dessen Handelskonzern mit einem eigenen Logistikunternehmen für Hunderttausende Tonnen Warentransporte jährlich stand, der zudem Vizepräsident der Hamburger Handelskammer mit ihrer klaren Haltung Pro-Elbausbau war, in dieser Auseinandersetzung auf die Seite der Naturschützer stellen würde? Wohl kaum. Aber er tat es dennoch. Warum? Im Kuratorium der Umweltstiftung fand die Entwicklung an der Elbe ihren Niederschlag in Projektanträgen der Naturschutzverbände, die darauf zielten, hier das eine und dort das andere Biotop gegen die geplanten Eingriffe zu schützen. Die Lebensräume von Weißstorch, Biber und Rotbauchunke sollten bewahrt werden. In den halbjährlichen Sitzungen wurde aber auch politisch über die Zukunft der Elbe lebhaft diskutiert. Interessanterweise machte sich Michael Otto dabei nicht die Argumente der Wirtschaft zu eigen, sondern ließ sich zunehmend von den Positionen der Naturschützer überzeugen. Storch, Biber und Unke wäre kaum geholfen, wenn das ganze Flusssystem der Elbe durch ihren Ausbau zu einer „leistungsfähigen Wasserstraße" degeneriert werden würde. Um sich für die politische Debatte besser zu rüsten, beauftragte die Umweltstiftung das Institut für Ökologische Wirtschaftsforschung (IÖW) mit einer Studie zur Berechnung des tatsächlich erwartbaren Verkehrsaufkommens auf der Elbe und stellte die Frage nach alternativen Transportwegen, beispielsweise über die Schiene. Als die Ergebnisse dieser Untersuchung vorlagen – Alternativen waren eindeutig vorhanden –, war die Sache für Michael Otto klar: Einen Ausbau dürfe es nicht geben, die Natur an der Elbe müsse erhalten bleiben. Diese Positionierung und Aktivierung der Stiftung fand zunächst ihren Ausdruck in öffentlichen Dialogveranstaltungen. Bei den „Elbe-Colloquien" konnten die Protagonisten ihre verschiedenen Konzepte für die Zukunft des Flusses zur Diskussion stellen. Das Thema kam auf diesem Weg in die breitere Öffentlichkeit und wurde für die NGOs kampagnenfähig. Auch hinter der Bühne blieb die Umweltstiftung aktiv. Sie führte die bis dahin nur einzeln agierenden Umweltverbände zusammen und unterstützte WWF, NABU und Euronatur dabei, sich strategisch gemeinsam aufzustellen. So konnten sie Politik und Verwaltung viel energischer entgegentreten. Aus diesen Diskussionsrunden heraus entstand Schritt für Schritt das Konzept „Flüsse zwischen Ost und West", das die Grundlage der Elbe-Erklärung bilden sollte. Demnach sollte die Binnenschifffahrt durchaus gestärkt werden. Aber statt der Elbe und ihrer Nebenflüsse, insbesondere der Havel, sollten die verfügbaren Kanaltrassen – der Elbe-Seitenkanal und der Mittellandkanal – so ausgebaut werden, dass sie jene Verkehre, die nicht über die Schiene möglich waren, aufnehmen konnten. Elbe und Havel sollten nur moderat befahren, also auf dem Status quo erhalten oder im Fall der unteren Havel ganz aus der Verkehrsplanung herausgenommen und renaturiert werden. Das Konzept überzeugte, es wurde genauso umgesetzt. An der Elbe hat sich bis heute eine einmalige Flusslandschaft erhalten und die untere Havel wird seitdem im Zuge des größten Renaturierungsprojekts in Europa schrittweise wieder der natürlichen Sukzession überlassen. Die Elbe-Erklärung wurde im September 1996 von den Spitzenvertretern der Umweltverbände NABU, WWF und Euronatur und Bundesverkehrsminister Matthias Wissmann unterzeichnet. Auf dem Podium der Bundespressekonferenz mit diesen beiden Parteien saß an diesem Tag auch der Unternehmer und Philanthrop Michael Otto. Er hatte die Flusslandschaft entlang der Elbe in ihrem großen, natürlichen Wert erkannt, hatte sich über viele Jahre finanziell in zahlreichen Projekten engagiert, um Auenwälder zu schützen und Lebensräume bedrohter Tier- und Pflanzenarten zu erhalten. Er hatte aber auch Diskursräume geöffnet und den Meinungsaustausch ermöglicht, für fachlichen Input gesorgt und der Naturschutzseite organisatorische Schützenhilfe gegeben. Er hatte sich auch nicht gescheut, in den öffentlichen Raum zu treten und mit dem Gewicht seiner Persönlichkeit Flagge zu zeigen. An der Spitze einer Delegation der Umweltverbände war es im Gespräch mit dem Bundesminister auch Ottos persönliche kompetente Überzeugungskraft, die Matthias Wissmann dazu bewog, die Ausbaupläne seines Ministeriums auszusetzen. Das *Hamburger Abendblatt* titelte am nächsten Tag: „Ein Sieg für die Elbe".

Dieses Erfolgserlebnis sollte Michael Otto maßgeblich prägen. Indem er seine Potenziale als erfolgreicher Unternehmer mit der Agenda des Philanthropen kombinierte, wurde er auch politisch wirksam. Er hatte damit endgültig seine Rolle gefunden: die des Citoyens, eines „höchst politischen Wesens, das nicht sein individuelles Interesse, sondern das gemeinsame Interesse ausdrückt" (Rousseau). Anders gewendet: Unternehmertum und Gemeinwohlorientierung verzahnten sich in seiner Persönlichkeit mit einem starken Bürgersinn, der die Gesellschaft aktiv mitgestalten, ihre zentrifugalen Kräfte im Zaum halten und den Menschen und der Natur im Sinne einer nachhaltigen Entwicklung dienen wollte. So sah es auch das Kuratorium der Deutschen Bundesstiftung Umwelt. In der Begründung, Michael Otto im Oktober 1997 mit dem hoch dotierten Deutschen Umweltpreis auszuzeichnen, hieß es, neben den großen Erfolgen im unternehmerischen Umweltschutz sei es dem Hamburger Unternehmer mit der Gründung der eigenen Stiftung gelungen, als Förderer konkreter Naturschutzprojekte „und als Vermittler zwischen den unterschiedlichen Interessen von Umweltverbänden, Wirtschaft und Politik zu agieren".

Auf der Feier anlässlich des zehnjährigen Jubiläums der Umweltstiftung Michael Otto (UMO) im Herbst 2003, bei der sich auch der damalige Bundeskanzler Gerhard Schröder die Ehre gab, präsentierte Michael Otto sich in einem großen Kreis alter und neuer Wegbegleiter aus dem Umwelt- und Naturschutz als ein Gastgeber, der keinen Zweifel daran ließ: Auch zukünftig würde er sich über die Grenzen des eigenen Unternehmens hinaus mit einem gestalterischen Anspruch in der Gesellschaft für den Umwelt- und Naturschutz einsetzen. Handlungsbedarf gab es reichlich. In Berlin regierte zwar seit 1998 Rot-Grün, ehrgeizige Vorhaben wie die „Agrarwende", die eine Abkehr von der industriellen und naturschädigenden Agrarwirtschaft bringen sollte, wurden propagiert. Aber in der Sache kam man kaum voran. Die Agrarwirtschaft sollte auch deshalb in den kommenden Jahren für die Umweltstiftung eine immer größere Rolle spielen. In den ersten zehn Jahren ihres Wirkens hatte sich die Umweltstiftung einerseits als fördernde, andererseits als impulsgebende und die Kräfte Dritter mobilisierende Instanz etabliert. Bereits in den 1990er Jahren hatten wir mit diesem kombinierten Wirken in Weißrussland einen bemerkenswerten Erfolg erzielt. Hier gab es in der Pripjet-Region noch große, extensiv genutzte Moorflächen, die für viele bedrohte Vogel- und Pflanzenarten letzte Refugien waren. Mit der Expertise des anerkannten Moor-Ökologen Michael Succow und seiner Partner konnten wir die Bedingungen vor Ort erfassen und auf internationalen Konferenzen in Minsk für die Fachwelt erschließen. Mit der Förderung konkreter Naturschutzprojekte unterstützte die UMO die Bildung praktischer Partnerschaften, die dazu beitrugen, mit Hilfe internationaler NGOs eine Gemeinschaft kompetenter Stakeholder zum Schutz der weißrussischen Moore zusammenzuführen. Dieses Netzwerk vermochte es, sich Gehör zu verschaffen und trotz der brisanten politischen Lage internationale Fördermittel für Schutzmaßnahmen oder für Renaturierungen zu aktivieren. Mit sehr beachtlichen praktischen Erfolgen! Durch die institutionelle Förderung einer Naturschutzorganisation vor Ort ließ sich diese positive Dynamik über 25 Jahre aufrechterhalten, bis der weißrussische Vogelschutzverband APB/Birdlife International leider im Zuge des Ukraine-Krieges 2022 aufgelöst und aufgrund „extremistischer Aktivitäten" verboten wurde.

In dem Vorgehen an der Elbe sowie am Pripjet zeigt sich ein Schema, an dem sich die Arbeit der Umweltstiftung Michael Otto zukünftig in unterschiedlichen Varianten orientierten sollte: Ein relevantes Thema wurde erkannt, analysiert und breit diskutiert. Ergab sich konkreter Handlungsbedarf, wurden

Partnerschaften geschlossen, die in praktischer Projektarbeit kooperierten. Schließlich wurden aus den Ergebnissen dieser Arbeit Forderungen für Verbesserungen der gängigen Praxis abgeleitet und in den politischen Diskurs eingespeist. So konnten wir unsere starken Netzwerke und unsere Möglichkeiten, insbesondere die „Calling Power" und politische Durchsetzungskraft von Michael Otto, optimal einsetzen.

Für Ressourcenschutz, Agrarwirtschaft und Naturschutz mit Zukunft – F.R.A.N.Z.

Seit 2004 finden auf Einladung der UMO jährlich die „Hamburger Gespräche für Naturschutz" statt. Der damals noch eher randständige Naturschutz sollte stärker sichtbar gemacht und Themen, die in der Luft lagen, aufgegriffen und für ein breiteres Publikum aufbereitet werden. 2008 ging es um das Artensterben – „Das Ende der Vielfalt". Es wurde eine wegweisende Veranstaltung. Der Göttinger Biologe und Ökosystemforscher Prof. Christoph Leuschner legte in seinem Vortrag auf Basis jüngster Forschungsergebnisse dar, wie dramatisch es um die Anzahl und die Bestandsentwicklung der Arten in Deutschland bestellt war. Vögel, Insekten und Wildkräuter waren flächendeckend in der Defensive. Leuschner nannte auch die Ursache: Seit der Mitte der 1960er Jahre waren im Zuge der Industrialisierung der Landwirtschaft großflächige Flurbereinigungen erfolgt. Während Lebensräume wie Wallhecken („Knicks") und Feuchtwiesen aus der Landschaft entfernt wurden, rüsteten die Betriebe technisch auf, um ehrgeizige Ertragssteigerungen zu erreichen. Damit stieg auch der Einsatz von Agrarchemikalien in Form von Dünger und Pflanzenschutzmitteln exorbitant an. Während die Natur unter Druck geriet, standen aber zugleich viele landwirtschaftliche Betriebe wirtschaftlich vor dem Aus, denn bei Weitem nicht jeder Landwirt konnte den erforderlichen Investitionsbedarf stemmen, um im Markt mitzuhalten. „Wachse oder weiche" – das waren die Alternativen. Doch immer mehr Effizienz führte zu immer weniger biologischer Vielfalt. Ein Teufelskreis, der von der gemeinsamen Agrarpolitik der EU noch angeheizt wurde. 30 Mrd. Euro Subventionen wurden jährlich an die Betriebe ausgekehrt. Dass sich hieraus für die Gesellschaft ein Anspruch auf Gegenleistung ableiten ließ, war damals noch ein neuer Gedanke, der nun aber immer intensiver diskutiert wurde. Die Situation wurde mehr und mehr zu einer gesellschaftlichen Belastung. Spätestens seit der halbherzigen Agrarreform 2013 wollten die Naturschützer nicht länger tatenlos zusehen. Seit 2011 versammelten sich die Gegner der bestehenden Agrarwirtschaft pünktlich zur Internationalen Grünen Woche, der großen Leistungsschau der Landwirtschaft in Berlin, zu einer Massendemonstration. Unter dem Motto „Wir haben es satt!" mobilisierten sie die Öffentlichkeit. Das vertiefte die Gräben zwischen den Antagonisten. Die Standesvertreter vom Deutschen

Bauernverband nahmen die Kritik persönlich – als ginge es gegen die Landwirte und nicht gegen die Fehlsteuerung im System.

Darum ging es aber Michael Otto. Mit seiner Umweltstiftung nur an der Reparatur der entstehenden Schäden herumzuschrauben, schien ihm wenig hilfreich zu sein. Wir förderten weiter Naturschutzprojekte, aber der Blick auf das System schärfte sich. Den Impuls der Hamburger Gespräche 2008 aufnehmend, diskutierte das Kuratorium der Stiftung Lösungsstrategien. Die Biolandwirtschaft konnte sich nur sehr allmählich im Markt und in der Fläche durchsetzen. Darauf zu setzen, dass sich dies schnell ändern und sich eine artenfreundlichere Landnutzung durchsetzen würde, war keine Lösung. Der eigentliche Schlüssel für mehr Nachhaltigkeit im Agrarsektor lag in Brüssel, das war klar. Dort wirkte zu jener Zeit der Agrarkommissar Dacian Cioloş mit dem erklärten Ziel, die Agrarsubventionen an Bedingungen zu knüpfen, die nicht nur der Ertragssteigerung, sondern auch den Ökosystemen dienen konnten. Aber im Brüsseler Klein-Klein ging das nicht wirklich voran. Die Lage war diffus, ein Patentrezept nicht zur Hand. Klar war nur: Zum Nulltarif war Artenschutz im Agrarsektor nicht zu haben. Michael Otto sah die Notwendigkeit, dass man Natur stärker in Wert setzen und den Landwirten einen Betriebszweig Naturschutz eröffnen und angemessen vergüten müsste. Aber mit welchem Betrag müsste man überhaupt rechnen, um die konventionelle Landwirtschaft wenigstens teilweise auf Öko-Kurs zu bringen? Um hier Klarheit zu erhalten, beauftragte das Kuratorium der Umweltstiftung den Greifswalder Umweltökonomen Prof. Ulrich Hampicke, dieser Frage nachzugehen. Er sollte berechnen, was es kosten würde, wenn 10 Prozent der bewirtschafteten Fläche in Deutschland für den Erhalt der ökologischen Vielfalt aus der intensiven Nutzung genommen würde. Hampicke lieferte 2010. In seinem „Fachgutachten über die Höhe der Ausgleichzahlungen für die naturnahe Bewirtschaftung landwirtschaftlicher Nutzflächen in Deutschland" konnte er darlegen, dass mit der Summe von 1,6 Milliarden Euro jährlich die Opportunitätskosten einer biodiversitätsfördernden Extensivierung der deutschen Landwirtschaft finanzierbar wären. Verglichen mit den geschätzten Kosten, um den Klimawandel abzuwenden, war das eine überschaubare Summe. Die Stabilisierung des Artenbestandes musste der Gesellschaft diesen Preis doch wert sein?

Mit einem auf diesen Forschungsergebnissen aufbauenden Positionspapier zum Thema „Biodiversität im landwirtschaftlich genutzten Raum" seiner Umweltstiftung wandte sich Michael Otto 2011 an das Bundeslandwirtschaftsministerium. Die amtierende Ministerin Ilse Aigner zeigte in einem persönlichen Gespräch großes Interesse an seinen Argumenten. Im Nachgang zu dem Treffen kam es auch zu einem langen, engagierten Austausch auf der Arbeitsebene zwischen dem Wissenschaftler Hampicke, der Umweltstiftung und dem Ministerium – unmittelbar relevant für die praktische Politik wurde dieser Versuch eines Brückenschlags aber noch nicht. Für eine Globalsteuerung waren die Zahlen noch zu ungenau. Da brachte Christoph Leuschner 2013 einen interessanten Bericht aus England mit. Gemeinsam mit Hermann Hötker hatte er dort Gespräche mit dem führenden Naturschutzverband Royal Society for the Protection of Birds (RSPB) geführt. Hötker war Chef des Michael-Otto-Instituts im NABU, einer von der Umweltstiftung seit 2004 geförderten Forschungseinrichtung mit dem Schwerpunkt auf Grünlandnutzung und Wiesenvögel, und bis zu seinem viel zu frühen Tod 2018 einer unserer wichtigsten Ratgeber. Die RSPB hatte einen landwirtschaftlichen Betrieb erworben und selbst nach ökonomischen Gesichtspunkten bewirtschaftet – mit der Einschränkung, dass auf 5 Prozent der Betriebsfläche gezielt Naturschutz „produziert" werden sollte. Die Ergebnisse waren beachtlich. Artenvielfalt und Bestandszahlen hatten sich auf dieser „Hope Farm" gut entwickelt. Auch betriebswirtschaftlich stimmten die Zahlen. Irritierend war aber, dass die Wirksamkeit des erfolgreichen Versuches trotzdem nahe null war: Kein konventioneller Betrieb wollte die Methoden der Naturschützer übernehmen. Man hatte sich nicht hinlänglich vernetzt. Der gesellschaftliche Antagonismus zwischen Naturschutz und Landwirtschaft stand einer Kooperation im Wege.

Was hieß das für uns? Vor allem, dass der Erhalt der biologischen Vielfalt nicht nur eine ökologische und ökonomische, sondern auch eine soziale Herausforderung darstellt. Wollte man erfolgreich vorankommen, konnte es nicht nur darum gehen, die richtigen ökologischen Maßnahmen zu identifizieren und Geld in den Raum zu stellen. Eine wichtige Aufgabe bestand zugleich darin, die Landwirte für deren Umsetzung zu gewinnen. Man ahnte zwar, dass auch die Bürokratie, die formalen Ansprüche, Abrechnungsmodalitäten und vieles andere mehr Landwirte daran hinderten, öffentliche Gelder für Naturschutzmaßnahmen in Anspruch zu nehmen. Das hatte sich in kleineren, begrenzten Fördervorhaben immer wieder gezeigt. Es gab zu diesem Zeitpunkt aber noch keine ganzheitlichen Versuchsreihen, welche die ökologische und sozioökonomische Wirkungsweise von Agrarumweltmaßnahmen in ihrer Wechselwirkung langfristig beobachtet und bewertet hätten.

Leuschner und Hötker schlugen uns ein entsprechendes Projekt vor, es sollte in mehreren Kategorien Neuland betreten. Erstens durch seine Langfristigkeit: Die Forschungsreihen sollten sich über zehn Jahre erstrecken. Zweitens durch Inklusion: Neben der ökologischen sollte auch die sozialökonomische Wirksamkeit der Maßnahmen erprobt werden. Drittens durch Kooperation: Es sollte kein Naturschutzprojekt werden, sondern ein gemeinsames Vorhaben von Naturschutz- und Landwirtschaftsverbänden. Insbesondere aus diesem Grund sei Michael Otto der einzige Naturschutzakteur in Deutschland, der so etwas leisten könne, da nur eine unabhängige Persönlichkeit wie er mit seiner Umweltstiftung als Mittler akzeptiert werden würde. Die Landwirte müsse man unbedingt von Anbeginn an Bord haben, damit man für die Praxis und nicht für das Schaufenster arbeite. Und um repräsentative Ergebnisse zu erzielen, sollte nicht nur hier und da, sondern bundesweit in zehn Betrieben geforscht werden. Auch das war ein Novum. Im Juni 2016 zeigte die Überzeugungsarbeit Erfolg: Das Projekt „Für Ressourcenschutz, Agrarwirtschaft und Naturschutz mit Zukunft" – kurz: F.R.A.N.Z. – ging an den Start. Als Projektträger und -manager fungierten gleichberechtigt die UMO und der Deutsche Bauernverband (DBV). Für uns war die Übernahme einer solchen operativen Rolle neu. Konnte nicht doch ein anderer Akteur den Naturschutzpart übernehmen? Aber der DBV hatte deutlich gemacht: Mit der UMO als Partner – oder gar nicht. So ließen wir uns in die Pflicht nehmen.

Ziel von F.R.A.N.Z. ist es seither, möglichst viele Impulse in die konkrete Ausgestaltung der europäischen Agrarpolitik zu geben, damit der Einsatz der Fördermilliarden der Natur hilft, anstatt ihr weiter zu schaden. Um konkrete Erfahrungen einspeisen zu können, wurden in den besagten zehn für den deutschen Agrarsektor repräsentativen landwirtschaftlichen Betrieben auf bis zu 10 Prozent der Betriebsfläche 16 verschiedene Agrarumweltmaßnahmen erprobt und ihre Wirkung auf die Artenvielfalt erforscht. Solche Maßnahmen sind beispielsweise die Einrichtung von Blühstreifen an Feldrändern, die Aussaat von Extensivgetreide oder Untersaaten. Beobachtet werden Ackerwildkräuter, Wildbienen und Schwebfliegen, Feldhasen, Laufkäfer und Amphibien. Eine sozioökologische Begleitforschung ermittelt zudem, wie sich die Maßnahmen wirtschaftlich in die Betriebsabläufe einfügen lassen: Welche Erlösverluste ergeben sich, welche Kostenersparnis? Wie groß ist der formale Aufwand, was muss schließlich vergütet werden? Diese Untersuchungen übernehmen das Thünen-Institut für ländliche Räume für die sozioökonomischen Fragen und die Universität Göttingen sowie das Michael-Otto-Institut im NABU für die ökologischen. F.R.A.N.Z. steht seit seiner Gründung unter der Schirmherrschaft des Landwirtschafts- sowie Umweltministeriums des Bundes. Beide Häuser finanzieren gemeinsam die Forschungstätigkeit. Die bis jetzt vorliegenden Ergebnisse von F.R.A.N.Z. demonstrieren eindrucksvoll, wie es möglich ist, auch konventionell arbeitende landwirtschaftliche Betriebe so zu organisieren, dass Artenvielfalt und Bodenfruchtbarkeit nicht unter die Räder kommen. So fördert beispielsweise die Anlage von Blühstreifen an den Ackerrändern die Artenvielfalt von Ackerwildpflanzen, Vögeln, Regenwürmern und Laufkäfern; die Kultivierung von Extensivgetreide, also in breiteren Abständen ausgesätes Saatgut, hilft den Bestand mancher selten gewordenen Vogel- und Pflanzenart um das Dreifache anzuheben. UMO und DBV arbeiten daran, diese und viele weitere Erkenntnisse nun auch in die Ausgestaltung der EU-Fördermaßnahmen einzuarbeiten. Vieles wurde bereits erreicht. Bei den EU-Agrarverhandlungen ab 2025 wird es zum Schwur kommen.

Dabei hat F.R.A.N.Z. öffentlich schon heute eine Bedeutung, die über diesen sachlichen Beitrag hinausgeht – und zwar mit seinem kooperativen Ansatz. Bilder von Michael Otto und dem DBV-Präsidenten Joachim Rukwied, wie sie gemeinsam die Projektarbeit inspizieren, begleitet von den Ministerinnen und Ministern der beiden beteiligten Häuser, haben eine hohe Symbolkraft: „Nicht Gegner – sondern Partner", wie die Presse titelt. Zwischen Naturschutz und Landwirtschaft geht man heute viel offener aufeinander zu, es gibt nicht mehr so viele Grabenkämpfe wie früher, ein echter Wille zur Kooperation ist spürbar geworden. In der Zukunftskommission Landwirtschaft hat sich 2021 am deutlichsten gezeigt, wie Naturschutz und Landwirtschaft im Dialog zu gemeinsamen Positionen finden können. Von den Hamburger Gesprächen 2008 an haben F.R.A.N.Z. und die UMO den Weg zu dieser einzigartigen und hoffentlich anhaltenden Verständigung mit bereitet.

Die Stiftung Klimawirtschaft

Unternehmerisches Handeln, philanthropisches Wirken und politisches Denken: diese drei Prinzipien von Michael Otto wurden wohl am deutlichsten in der 2007 gegründeten „Initiative 2° – Deutsche Unternehmer für Klimaschutz" sichtbar. Die Entstehungsgeschichte dieses ab 2010 als Stiftung 2° und heute als Stiftung Klimawirtschaft firmierenden gesellschaftspolitischen Akteurs zeigt aber auch, wie beim Aufbau der Stiftungsfamilie Zeitläufte, Opportunitäten, politische Witterung, institutionelle Kreativität und letztendlich auch Zufälle zusammenspielten. In der Mitte der Nullerjahre verdichtete sich die Debatte über den Klimawandel. 2005 war der Hurrikan Katrina über den Golf von Mexiko hinweggefegt und hatte bei seinem Aufprall auf die Küste die Millionenstadt New Orleans verwüstet. 1.836 Menschen kamen dabei ums Leben. Weltweit war das für viele Menschen ein Menetekel. Der Klimawandel, bis dahin ein in ferner Zukunft drohendes Unheil, schien sich mit seiner ganzen zerstörerischen Kraft zu zeigen. Im Oktober 2006 legte der englische Ökonom Nicholas Stern einen im Auftrag der britischen Regierung verfassten Bericht vor, in dem er die Folgen der globalen Erwärmung nach wirtschaftlichen Gesichtspunkten bewertete. Sein „Stern-Report" legte dar, dass der entschiedene Kampf gegen die globale Erwärmung gewaltige wirtschaftliche Schäden abwenden könnte und damit um ein Vielfaches preiswerter wäre, als einfach weiterzumachen wie bisher. Der ehemalige US-Vizepräsident Al Gore hatte zur gleichen Zeit mit einem Dokumentarfilm über die „unbequeme Wahrheit" des Klimawandels Furore gemacht und dafür nicht nur einen Oscar gewonnen, sondern 2007 gemeinsam mit dem International Panel on Climate Change (IPCC) den Friedensnobelpreis erhalten. War der Klimawandel bis dahin eher etwas für Spezialisten und der Klimaschutz etwas für politische Außenseiter – jetzt war das Thema endgültig auf der internationalen Agenda.

Auch Michael Otto erkannte in jenen Jahren die Zusammenhänge zwischen Landnutzung, Ressourcenverbrauch und Treibhausgasemissionen immer klarer. Im Jahr 2006 hatte er als Stiftungsratsvorsitzender der Umweltstiftung WWF Deutschland gemeinsam mit anderen Stiftungsratsmitgliedern eine Reise an den Amazonas unternommen und sich dessen Schönheiten, aber auch Teile der großflächigen Zerstörung der südamerikanischen Regenwälder zeigen lassen. Das hatte einen tiefen Eindruck bei ihm hinterlassen. Im selben Jahr nahm er an einem Treffen einiger WWF-Granden mit Prof. Joachim Schellnhuber teil. Schellnhuber war damals Präsident des Potsdamer Instituts für Klimafolgenforschung und einer der weltweit führenden Wissenschaftler auf diesem Gebiet. Was Schellnhuber über die erwartbaren Konsequenzen der immer noch zunehmenden CO_2-Emissionen für die globale Erwärmung zu sagen hatte, verlangte nach schnellem und entschiedenem politischen Handeln. Schellnhuber sollte dann auch der Stichwortgeber für die Gründung der „Initiative 2° – Deutsche Unternehmer für Klimaschutz" werden. Das ergab sich zufällig während eines Pausengespräches auf einer Veranstaltung der Umweltstiftung mit Michael Otto in Berlin im Juni 2006. Aber Zufälle gibt es bekanntlich nicht und bei genauer Betrachtung war dieser Impuls folgerichtig.

Michael Otto hatte seinen Konzern bereits auf Klimaschutzkurs gebracht. Energiesparmaßnahmen, Fortschritte bei der Antriebstechnik, vermehrte Nutzung von Schiene und Binnenschifffahrt und vor allem die systematische Reduktion von Luftfracht hatten die bilanzierten CO_2-Emissionen in diesen Bereichen gesenkt. Umfangreiche Versuche mit alternativen Antriebstechnologien für die hauseigene Hermes-Flotte blieben allerdings in den Kinderschuhen stecken: Gasantrieb und Brennstoffzelle, beides wurde in größeren Feldversuchen erprobt. Für die Klimastrategie des Konzerns blieb das ohne Folgen, systemische Lösungen dieser Art lagen noch in weiter Ferne. Ohne politische Rahmensetzung würden sie sich auch nicht realisieren lassen.

Auf der Suche nach Lösungen investierte Michael Otto jetzt auch in die Umweltforschung und -lehre. An den Universitäten in Greifswald und Hamburg wurden 1996 und 1999 zwei Stiftungsprofessuren eingerichtet, die mit renommierten Forschern besetzt werden konnten. Der eine, Prof. Konrad Ott in Greifswald, war Umweltethiker; der andere, Prof. Richard Tol, Ökonom. Das Wirken beider Wissenschaftler wurde im Kuratorium der Umweltstiftung aufmerksam verfolgt, gingen sie doch ganz unterschiedlichen Fragen zur Lösung der ökologischen Krise nach: Ott, der erste Lehrstuhlinhaber dieser Art an einer deutschen Universität, begründete die Verpflichtung des Menschen zur Nachhaltigkeit aus dem Eigenrecht der Natur, das menschlichen Eingriffen jenseits wirtschaftlicher Interessen Beschränkungen auferlegt. Tol postulierte, dass der Klimawandel nicht nur Kosten verursachen würde, sondern auch materielle Vorteile brächte. Eine Verschiebung der Klimazonen nach Norden könnte zum Beispiel riesige Flächen ungenutzter Permafrostböden zu fruchtbarem Ackerland machen. Kosten und Nutzen abwägend, müsste es mithin einen ökonomisch optimalen Pfad zum Klimaschutz geben. In dieser frühen Phase der Lösungssuche ergaben sich zwei völlig unterschiedliche Entscheidungsgrundlagen für die Klimapolitik.

Die Kontroverse über den richtigen Weg sollte nicht nur hinter verschlossenen Türen ausgetragen werden. Deshalb lud die Umweltstiftung Michael Otto am 28. Juni 2006 in die Hamburger Vertretung in Berlin zu einem Klimadiskurs ein, auf dem die beiden Protagonisten *coram publico* ihre Thesen darlegen und zur Diskussion stellen konnten. Es kamen Parlamentarier, Wirtschafts- und Verbandsvertreter und natürlich Wissenschaftler. Auch Prof. Schellnhuber war der Einladung gefolgt. Er diente zu jener Zeit der britischen Regierung als Ratgeber und unterhielt auch enge Kontakte zur dortigen Wirtschaft. Am Rande dieser Konferenz berichtete er von einer Gruppe britischer Unternehmer, die sich zur „Corporate Leaders Group for a Climate Neutral Economy" zusammengeschlossen und es sich zur Aufgabe gemacht hatten, bei den politischen Entscheidungsträgern Rahmenbedingungen für eine klimaverträgliche Wirtschaftsweise einzufordern. Dies, so Schellnhuber, habe auf die britische Administration durchaus Eindruck gemacht. Eine ähnliche Rolle sollten auch Teile der deutschen Wirtschaft spielen. Ihm schien naheliegend, dass Michael Otto der richtige Initiator dafür sei.

Die Idee zündete nicht sofort. Otto war noch der Vorstandsvorsitzende seines Konzerns und mit der Steuerung der unternehmerischen Aktivitäten sowie der Wahrnehmung verschiedener Aufsichtsratsmandate in der Wirtschaft ausgelastet. Mit der Umweltstiftung Michael Otto und der erst jüngst gegründeten Aid by Trade Foundation stand er auch operativ bereits mit zwei Beinen tief in der Nachhaltigkeitsdebatte. Seine Rolle im Stiftungsrat des WWF kostete zusätzliche Aufmerksamkeit. Außerdem machte er sich keine Illusionen: Es würde ein ziemlicher Kraftakt werden, Spitzenvertreter der deutschen Wirtschaft zu einer Klimaallianz zusammenzubringen.

Gleichwohl war die Versuchung groß. Dass der Handlungsdruck im Klimaschutz viel größer war als der Gestaltungswille der Politik, hatte sich bereits deutlich gezeigt. Dass es auf die gesetzlichen Rahmenbedingungen maßgeblich ankommen würde, war nicht zuletzt eine Erfahrung aus dem eigenen Unternehmen; dass Klimaschutz an sich ein Treiber von Innovation und damit ein Wettbewerbsfaktor für die deutsche Wirtschaft sein könnte, überzeugte den Volkswirt Otto ohnehin. Es gab also viele sachliche Argumente, ein weiteres Mal eine Vorreiterrolle zu übernehmen. Und schließlich die Frage: Wer sollte es sonst machen? In Großbritannien war es der Prince of Wales, der heutige König Charles III., der die Einladung zu der Unternehmerallianz ausgesprochen und das Vorhaben auf den Weg gebracht hatte. In Deutschland entschloss sich Michael Otto schließlich nach einigem Zögern, der innovativen deutschen Wirtschaft auf der Suche nach dem richtigen Weg zur Klimaneutralität eine gewichtige Stimme zu geben.

Am 16. März 2007 war es dann soweit: Michael Otto lud zur Gründungsveranstaltung der „Initiative 2°– Deutsche Unternehmer für Klimaschutz" in Berlin. In den Räumen der Hamburger Vertretung beim Bund hatten sich elf CEOs zusammengefunden, die der deutschen und europäischen Politik gemeinsam mit Forderungen nach einer wirkungsvollen Klimapolitik „den Rücken stärken" wollten. Der Ton war nicht konfrontativ, sondern konstruktiv. Trotzdem waren also nur elf Unternehmensführer der Einladung von Michael Otto gefolgt. Dabei hatte er im Vorlauf mindestens die siebenfache Zahl angeschrieben und um Mitwirkung geworben. In intensiven Diskussionen hatten wir mit den potenziellen Partnern auf der operativen Ebene das Treffen vorbereitet und ein gemeinsames Positionspapier abgestimmt. Aber es hagelte Absagen. Manche CEOs wollten sich nicht als „grün" exponieren, sich im Klimadiskurs lieber neutral verhalten oder man sah sich mit anderen Ämtern bereits gut ausgelastet. Es gab auch kritische Einwände: Stimmten denn die Prognosen der Klimaforscher? Oder war das alles nur ein gigantischer Trick, um an mehr Forschungsgelder zu kommen? So stand es in vielen Zeitungen, so übernahmen es viele Kandidaten. Noch auf der Gründungskonferenz plädierte ein CEO für ein gemeinsames Bekenntnis zur Atomkraft und zog sich, als dies nicht zu bekommen war, grollend und schimpfend aus dem Kreis der Gründungsmitglieder zurück.

Es war also noch keine überzeugende Machtdemonstration der deutschen Wirtschaft für den Klimaschutz, als sich eine Delegation der Initiative 2° am 10. Mai 2007 im Bundeskanzleramt erstmals mit Bundeskanzlerin Angela Merkel traf, um inhaltliche Forderungen vorzubringen und eine aktivere Klimapolitik der Bundesregierung einzufordern. Wohl war unter den elf Gründungsmitgliedern eine Reihe echter Schwergewichte, neben Vorständen der Allianz, Burda und Otto waren die Vorstandschefs der Telekom, der Deutschen Bahn sowie EnBW, Vattenfall und BP vertreten. Die energieintensiven Stahl-, Chemie- oder Automobilindustrien aber standen noch abseits. Dennoch reichte die Außenwirkung der neuen Stiftung, um sich als ein Gegenspieler des Bundesverbandes der Deutschen Industrie in Szene zu setzen. Natürlich sollte dieser Eindruck nicht aktiv erzeugt werden, aber es war schon ungewöhnlich genug, dass sich einzelne Unternehmen bzw. deren Chefs auf eigene Positionen zu einem hoch aktuellen, politisch kontroversen Sachverhalt einließen. Lobbying der Wirtschaft für den Umweltschutz – das war ein Novum. So sahen es auch die Medien: Die ARD-*Tagesschau* berichtete.

Es wurden harte Jahre für den Klimaschutz in Deutschland, sehr viel härter jedenfalls, als wir uns das bei der Gründung der 2°-Initiative gedacht hatten. Der Optimismus der Startphase drückte sich in der Haltung aus: „Wir haben das Wissen, wir haben die Technik und wir haben die finanziellen Mittel. Woran soll eine große Klimaschutzanstrengung jetzt noch scheitern?" Aber dieser Optimismus wurde enttäuscht. Vordergründig war die Finanzkrise von 2008 der Grund dafür. Die Insolvenz des amerikanischen Bankhauses Lehman Brothers und ihre Folgen hatten die globale Wirtschaft schwer getroffen und alle Aufmerksamkeit der Politik auf sich gezogen. Durch das Bemühen, das schlingernde Finanzwesen zu stabilisieren, geriet die Klimapolitik ins

Hintertreffen. Dramatisches Ergebnis: Im Dezember 2009 misslang es auf der UN-Klimakonferenz von Kopenhagen, eine völkerrechtlich bindende Nachfolgeregelung für das Kyoto-Klimaprotokoll zu verabschieden. Gemessen an den Hoffnungen und Notwendigkeiten war das ein Scheitern auf der ganzen Linie. Widerstände kamen aber auch aus einer anderen Richtung. Dass erfolgreicher Klimaschutz auch Verlierer erzeugen würde, lag auf der Hand. Heute wissen wir aus zahlreichen Analysen, wie gezielt und systematisch die Erkenntnisse der Klimaforschung diskreditiert und entschiedenes politisches Handeln hintertrieben wurde – finanziert aus den Taschen der fossilen Energielobby und begünstigt von einer medialen Öffentlichkeit vor allem in den USA, die marginalen Minderheitsmeinungen einzelner Vertreter der Wissenschaft, die die globale Erwärmung herunterspielten, absurderweise einen gleichen Stellenwert in der Berichterstattung beimaßen wie der überwältigenden Mehrheit der Forschung im Weltklimarat IPCC und damit aus falsch verstandener Ausgewogenheit eine *false balance* erzeugten.

In diesem schwierigen politischen Umfeld musste die Stiftung 2° operieren. Beim Ausbau der Mitgliedschaft ging es daher zunächst kaum voran. Klimaschutz geriet auch in den Chefetagen wieder unter die Räder, begründet mit unsachlichen und zaghaften Vorwänden: Das Waldsterben sei schließlich auch ausgeblieben. Müssten nicht erst mal China und die USA ran? Was könnten wir Deutsche mit 2 Prozent Emissionsanteil schon bewirken? Seien die erneuerbaren Energien überhaupt hinlänglich leistungsfähig? Wie sollten die kleinen Windräder denn die großen Kraftwerke ersetzen? Das waren einige der Fragen, mit denen wir konfrontiert wurden. Es war eine regelrechte Kärrnerarbeit, die Initiative im politischen Spiel zu halten. Dieser Aufgabe ging Michael Otto aber mit Ruhe und Standhaftigkeit nach. Er sorgte für die Termine bei den politischen Entscheidungsträgern, aktivierte durch persönliche Anschreiben und intensive Gespräche die Mitgliedschaft und vertrat die Positionen der Stiftung in der Öffentlichkeit. Das gefiel nicht jedem, am wenigsten einigen Vertretern des BDI. Denn obwohl die Mitgliederzahl zunächst nur moderat auf 17 Unternehmen stieg, der Stellenwert der 2°-Stiftung quantitativ entsprechend gering war, konnte der BDI hinter ihre gut begründeten Positionen nur schwerlich zurückfallen. In diesem mächtigen Verband saßen zwar die Bremser, aber ihnen konnten die progressiveren, gestaltenden Kräfte in der Regierung nun die ambitionierten Positionen der Unternehmerstiftung entgegenhalten: Es geht doch! Auch diese Funktion von Michael Ottos Initiative war im Klimadiskurs dieser Jahre enorm wichtig. Als mutiger, aber gelungener Schachzug erwies sich in diesem Zusammenhang, dass es gelang, mit Sabine Nallinger als Vorstand der Stiftung ein profiliertes Mitglied der Grünen Partei zu gewinnen, die sich im Politikbetrieb bestens auskannte. Eine treffsichere Aktion war beispielsweise der Unternehmensaufruf nach der Bundestagswahl 2017. Mit ihren Forderungen an die Politik nach einer internationalen Führungsrolle auf dem Weg zu einer klimaneutralen

Wirtschaft sammelte die Stiftung insgesamt sechzig Unternehmen als Mitunterzeichner mit einem Jahresumsatz von mehr als 350 Mrd. Euro ein. Das machte auf die damaligen Verhandlungsführer der Koalitionäre einen starken Eindruck. So meldeten sich nicht nur die Fachleute der verschiedenen Parteien, sondern auch Spitzenpolitiker aus den laufenden, später abgebrochenen Jamaika-Verhandlungen heraus bei Michael Otto, um sich von ihm seine Positionen genau erläutern zu lassen. Auch international errang die Stiftung mit solchen Aktionen Aufmerksamkeit. Sogar Medien in Japan und den USA berichteten darüber. In den 2010er Jahren gelang es der 2°-Stiftung mehr und mehr, sich als konstruktive, treibende Kraft der deutschen Wirtschaft im Klimaschutz zu positionieren. Weitere Unternehmen erkannten, dass sich in diesem Rahmen auch für sie eine Möglichkeit ergab, den Diskurs über die richtige Klimapolitik mitzugestalten. Neben Stahl- und Chemiekonzernen fanden sich zum Beispiel auch Fördermitglieder aus der Finanz- und Bauwirtschaft ein.

Die Verbindung aus inhaltlicher Kompetenz, taktischem Geschick, klarer Positionierung und der Bereitschaft, sich auch selbst einzubringen, verkörperte Michael Otto in besonderer Weise. Auch bei der Klimaschutzinitiative überließ er die Sachfragen nicht nur seinen Mitarbeitern, sondern arbeitete sich selbst tief in die Thematik ein. Ob es beim Wirtschaftsminister um eine wirkungsvolle CO_2-Bepreisung ging oder beim Verkehrsminister um den Markthochlauf der Elektromobilität: Michael Otto war fachlich immer à jour. Er konnte den Diskurs moderieren und gleichzeitig fachkundig mitreden. Während sich seine Kollegen meist an die Perspektive ihrer eigenen Interessen und Prioritäten hielten, wollte sich Michael Otto übergreifend einbringen. Aufgrund dieser inneren und äußeren Unabhängigkeit war er allseits anerkannt und konnte glaubwürdig führen.

EPILOG

Dinge grundsätzlich verändern zu wollen, ist ein herausforderndes Unterfangen: Nicht zuletzt stößt es sich an der menschlichen Natur. Wir richten es uns gerne behaglich ein und sind erst dann, wenn es nicht mehr anders geht, bereit, unsere Komfortzone zu verlassen und Veränderungen zu akzeptieren. Diese Neigung hat uns in die unangenehme Lage gebracht, in der wir uns jetzt befinden. Alle bedeutenden Ökosysteme zeigen zum Teil starke Stresssymptome. Insbesondere die globale Erwärmung und das Artensterben sind sichtbare, messbare, verstörende Indikatoren einer Entwicklung, die unsere Zivilisation bedroht. An Wissen, diese negative Entwicklung abzuwenden, hat es nicht gefehlt. Michael Otto hat dieses Wissen in den vergangenen Jahrzehnten angewendet und in praktisches Handeln umgesetzt: Ob mit seiner Unternehmensgruppe für die Optimierung von Wertschöpfungsketten, mit der Umweltstiftung für Klima- und Artenschutz bei der Landnutzung, mit der

Stiftung Klimawirtschaft für eine effiziente und schnelle Energiewende oder mit der Aid by Trade Foundation für eine gerechtere Globalisierung – nicht nur an diesen Hotspots hat er mit Beharrlichkeit dicke Bretter gebohrt und viel zu einer nachhaltigen Entwicklung beigetragen. Kein Unternehmer in Deutschland hat Vergleichbares geleistet. Den Respekt vor dieser besonderen Lebensleistung wird ihm niemand verwehren. Aber wir müssen konstatieren: Gereicht hat es nicht. Deshalb muss die Arbeit weitergehen. Und sie muss sich weiterentwickeln. Die Vielschichtigkeit ökologischer und sozialer Krisen, zudem deren vielfältige Interdependenzen machen es erforderlich, dass alle verantwortlichen Kräfte in Wirtschaft, Politik und Gesellschaft ihre Kompetenzen für deren Lösung mobilisieren und stärker vernetzen. Dafür bedarf es neben technischer Innovationen auch einer Stärkung und Weiterentwicklung sozialer Kompetenzen in neuen Formen der Zusammenarbeit durch Kooperation und Partnerschaft. Auch hier will Michael Otto wieder vorangehen. So hat er acht von ihm gegründete oder maßgeblich von ihm inspirierte Stiftungen und Institutionen in dem Netzwerk Cociety zusammengeführt. Um ihre individuelle Wirksamkeit zu steigern und zugleich als Kollektiv wirksam zu werden, sollen sich diese gemeinnützigen Akteure untereinander stärker vernetzen. Cociety verbindet Akteure, deren Anliegen vielfältig sind. Neben dem von der Umweltstiftung und der Stiftung Klimawirtschaft vertretenen Umwelt-, Natur- und Klimaschutz geht es zum Beispiel mit dem Hamburger Ausbildungsnetzwerk um berufliche Ausbildung, mit den Young ClassX um musikalische Bildung, mit dem World Future Council um Friedenspolitik und mit der Plattform Foundation 20 (F20) um Klimagerechtigkeit.

Die Programmatik von Cociety sieht vor, sich öffentlich zu artikulieren, Themen zu setzen und Aufmerksamkeit dort zu erzeugen, wo die Themen jetzt in der Breite und der Tiefe der Gesellschaft ankommen müssen. Die Transformation ist eine Aufgabe für die ganze Gesellschaft. Bei ihrer Lösung sollte niemand abseits bleiben und niemand darf zurückgelassen werden. Sonst steht der gesellschaftliche Zusammenhalt auf dem Spiel. Deshalb braucht es auch neue Strukturen, um kooperatives Denken zu institutionalisieren, Zielkonflikte besser zu erkennen und auszuräumen und damit gemeinschaftliches Handeln zu erleichtern. Deshalb wird Cociety auch konkrete Projekte initiieren, um innovative Ideen praktisch zu erproben und mit dafür Sorge zu tragen, dass der Wandel von Wirtschaft und Gesellschaft breite Resonanz findet. Mit dem Stiftungsnetzwerk Cociety stößt Michael Otto erneut eine Tür auf. Wir sind überzeugt, dass wir dahinter wieder auf neue Lösungen stoßen werden. Denn Kreativität entsteht aus Diskurs und praktischem Miteinander. Und das Ganze ist mehr als die Summe seiner Einzelteile.

»Alle Unternehmen müssen ihre gesellschaftliche Betriebserlaubnis erneuern«

Die Politökonomin und Expertin für Nachhaltigkeitspolitik fordert mehr Fantasie bei der Transformation von Gesellschaft und Wirtschaft. Unternehmen können ihrer ökologischen Verantwortung erst dann gerecht werden, wenn sie nicht nur mit Worten und Visionen, sondern mit klaren, transparenten Kennziffern ihr Nachhaltigkeitsengagement belegen können. Unser Wirtschaftssystem steht an der Schwelle einer umfassenden ökologischen Transformation und wird seine gesellschaftliche Akzeptanz nur bewahren können, wenn diese auch sozial fair ausgestaltet ist und die oberen Zehntausend an den hohen Umbaukosten beteiligt. Damit schlussendlich alle gewinnen.

Frau Professorin, Sie haben Ihr intellektuelles Zuhause in der Transformationsforschung gefunden. Um was geht es da?
In der Transformationsforschung betrachtet man die Probleme oder Herausforderungen aus den Blickwinkeln unterschiedlicher Disziplinen und arbeitet mit Menschen aus der Praxis zusammen. Denn häufig entstehen Innovationen durch Insider, die vielleicht nicht die theoretischen Grundlagen, dafür aber die praktischen Kniffe kennen.

Das Thema Nachhaltigkeit und ökologische Verantwortung von Unternehmen ist mittlerweile überall Standard. Fast alle Unternehmen beschwören in ihrem Purpose und auf ihrer Website die Nachhaltigkeit. Wo sehen Sie bei deutschen und europäischen Unternehmen überhaupt noch Defizite?
Viele Unternehmen haben den ökologischen Wandel als Megatrend missverstanden und sind auf den Zug aufgesprungen, als es gerade *en vogue* war. Aber der deklarierte Purpose, der auf der Website steht, ist oft nicht der gelebte Purpose. Nachhaltigkeit ist oft kein Bestandteil der DNA eines Unternehmens und wird auch nicht effizient mit Key-Performance-Indikatoren gemessen und überprüft. Führungskräfte werden oft nicht nach Erfolgskriterien in Nachhaltigkeitsfragen bewertet. Die traditionellen Finanzkennzahlen gewinnen, die kurze Frist schlägt die lange Sicht. In solchen Fällen kippt die aktuelle Energie- und Wirtschaftskrise das Thema aus dem Fokus, weil es nur als Trend und nicht als Notwendigkeit verstanden wurde. Wir brauchen aber auch jetzt, auf der gegenwärtigen Durststrecke, den nachhaltigen Umbau von Infrastrukturen und Geschäftsmodellen. So sollten auch die

Unterstützungsinstrumente aus der Politik strukturiert sein. Mittelfristig können in dieser Welt nur die Produkte und Dienstleistungen bestehen, die sich der Formel „geringstmöglicher ökologischer Fußabdruck bei gleichzeitig höchstmöglicher Lebensqualität für die Menschen" stellen. Durch den Ukraine-Krieg ist das zum einen schwieriger und zum anderen deutlicher geworden. Die Debatte um Rohstofflieferungen aus Russland zeigt auch, dass wir die Abhängigkeit von fossilen Ressourcen so schnell wie möglich reduzieren sollten, nicht nur aus Klimaschutzgründen. Deshalb ist die beschleunigte Transformation der Energiesysteme – bei aller Unerträglichkeit dieses schrecklichen Krieges – jetzt auch ein wichtiger Schritt in Richtung Zukunftssicherung.

Das Transformationstempo erhöht sich enorm, aber gleichzeitig werden die Klimaziele erst mal ausgesetzt, um die Energiekrise zu lösen. Das ist ein sehr widersprüchlicher Prozess. Sind Sie zuversichtlich, dass die ursprünglichen Ziele noch erreicht werden können?
Nein, wenn wir die Chance verpassen und nicht anfangen, über Versorgungssicherheit in absoluten Größen zu reden, dann werden wir am Ende die Klimakrise nicht eindämmen. Solange die Zielmarke bleibt, jedes Jahr noch mehr Versorgungsmengen verfügbar zu machen, sei es Energie, Konsumgüter, Wohnungen, Autos, Reisen oder Klamotten, lügen wir uns in die Tasche und weigern uns anzuerkennen, dass all diese Ansprüche aus den Ressourcenbeständen bedient werden sollen, die eben nicht endlos wachsen. Deshalb müssen wir über Ressourceneffizienz sprechen, über die Sharing Economy und auch über Energiesuffizienz. Wenn wir jetzt im Zuge der Digitalisierung, der Elektromobilität und mit dem massiven Ausbau von Wärmepumpen alles elektrifizieren, dann brauchen wir ungeheure Mengen seltener Erden und Metalle, die wiederum fast alle zu großen Teilen aus China stammen. Das bedeutet eine neue gravierende Abhängigkeit. Und gleichzeitig werden die westlichen Industrieländer sehr viel aggressiver diese Rohstoffe in den wenigen anderen Förderländern für sich beanspruchen. Ohne eine konsequente Orientierung an einer Kreislaufwirtschaft, minimalinvasiven Abbaumethoden und möglichst geringem Bedarf treiben wir die geopolitischen Konflikte, die wir jetzt schon erleben, noch weiter voran. Auch fallen dann diejenigen noch weiter zurück, deren Kaufkraft ohnehin schwach ist. Klaus Töpfer hat das einmal wunderbar auf den Punkt gebracht: Die Lösungen, die wir heute brauchen, müssen globalisierbar sein. Und das fehlt mir. Wir brauchen beispielsweise Indonesien, Südafrika oder Senegal als Partner für eine Kooperationsstrategie der Rohstoffbeschaffung mit regenerativem Anspruch, also gemeinsame Verantwortung für die nachhaltige Nutzung und Entwicklung der Ressourcen. Sie dürfen nicht nur als temporäre Rohstofflieferanten gelten, bei denen uns wenig interessiert, was vor Ort passiert. Sonst verschieben wir die Probleme nur zeitlich, örtlich und sektoral. Globalisierbare Lösungen

bedeuten, dass sie den Menschen in allen Ländern eine bessere Lebensqualität ermöglichen.

Der Begriff Suffizienz hat im Klimadiskurs mittlerweile die Effizienz abgelöst. Der Begriff der Effizienz war bislang im Kapitalismus unglaublich erfolgreich, weil er sich nahtlos in das betriebswirtschaftliche Denken eingefügt hat. Dagegen steht Suffizienz für Selbstgenügsamkeit, Selbstbegrenzung, Einschränkung und Konsumverzicht. Was ist mit dem Paradigmenwechsel von der Effizienz zur Suffizienz verbunden?
Die Nachhaltigkeit ist immer schon mit drei Prinzipien angetreten, die komplementär sind. Das erste Prinzip ist die von Ihnen beschriebene Effizienz, die man nicht nur rein ökonomisch, sondern auch wunderbar als Ressourcenproduktivität denken kann. Das zweite Prinzip, das wir sehr stark vernachlässigt haben, ist die Konsistenz, die ökologische Gesamtwirkung und Vereinbarkeit von natürlichen und menschengemachten Prozessen und Stoffströmen. Die Suffizienz als drittes Prinzip steht für die Frage nach dem Genug, also wie ein Bedarf mit der Menge zusammenfindet, die realistisch regeneriert werden kann. Die drei Prinzipien gehören zusammen: Die Lösung sollte so effizient und erhaltend oder so positiv entwickelnd wie möglich das Vorhandene nutzen. In der Summe der einzelnen Nutzungsprozesse gilt es dann, innerhalb dessen zu wirtschaften, was mittel- bis langfristig wieder zur Verfügung gestellt oder substituiert werden kann.

Mein Eindruck ist, dass das viele Menschen überfordert. Zum Beispiel stehen auch viele Eigenheimbesitzer vor großen Herausforderungen: Die Gasheizung wird nicht mehr subventioniert, dafür aber die Wärmepumpe, die wiederum aber viel zu viel Strom braucht und dadurch im Sinne der Suffizienz eigentlich nicht geeignet ist. Das ist vielleicht ein Paradigmenwechsel zu viel und verwirrt viele Menschen. Was sagen Sie denen?
(lacht) Ich bin ja selbst auch keine Ingenieurin und muss mich auf die jeweiligen Experten verlassen, die sich damit tagein, tagaus beschäftigen und versuchen, die beste Variante zu finden, die auch langfristig sinnvoll ist. Das kann sehr aufwendig und frustrierend sein. Wichtig wären hier Innovationssprünge, die systemisch konzipiert sind – also Photovoltaik mit der Wärmepumpe und Fußbodenheizung zum Beispiel –, und nicht immer der nächste inkrementelle Schritt, der in drei Jahren schon wieder angepasst werden muss. Da brauchen wir alle eine gewisse Courage und Resilienz.

Die Resilienz ist dann also die vierte Dimension: Nicht nach jedem Irrweg aufgeben, sondern weitermachen.
Ja. Den Wunsch nach Bequemlichkeit und gesicherten Ansprüchen würde ich mindestens für die nächsten zwanzig Jahre beiseitelegen.

Konsumenten sind immer dann für den Klimaschutz, wenn er von vornherein in ein Produkt eingebaut ist und keine höheren Kosten verursacht. Meinen Sie, dass sich das ändern wird und die Kunden im Sinne der Suffizienz bereit sein werden, sogar auf ein effizientes Produkt oder eine neue Technologie zu verzichten?

Das wird sich über Preissignale regeln, *by design or by disaster*, wie jetzt der Gasverbrauch zeigt. Schaffen wir durch kluge Transformationspolitik mit klaren Preispfaden den Umbau in eine regenerative und dekarbonisierte Kreislaufwirtschaft? Da sind dann effiziente Produkte und Technologien genauso drin wie andere Gewohnheiten und Lebensstile. In der Summe verspricht das prima Lebensqualität und die ganze Verzichtsrhetorik wird als einfallslos verabschiedet werden. Denn: Suffizienz heißt „genug" und nicht „zu wenig".

Aber die Ökosteuer bewirkte trotz der Verteuerung der Ressourcen keine Verhaltensänderung. Auch jetzt werden die Konsumenten eher woanders sparen, weil sie auf die notwendige Mobilität und das notwendige Heizen nicht verzichten können. Der Volkswirt bezeichnet das als eine nicht-elastische Nachfrage.

Jein. Man muss die Preispfade auch politisch gestalten und eben diese Lenkungswirkung im Blick behalten. Ist der Anstieg zu gering oder wird wieder ausgesetzt, führt das zu Gewöhnungseffekten, außer bei den Haushaltsbudgets, die keine Elastizität haben. Da brauchen wir eine sehr differenzierte Debatte und Instrumente, was um das Gießkannenprinzip der Stützungsmaßnahmen im letzten Sommer ja auch angefangen hat. Wenig hilfreich ist, wenn die Lenkungswirkung ausgesetzt wird, wie es der Tankrabatt und ein Aufschieben der CO_2-Verteuerung waren. Da werden bestimmte Tätigkeiten subventioniert, die relative Verteuerung der fossilen Lösungen verzögert und Verhaltensänderungen ausgebremst. Und die Verlässlichkeit des Preissignals wird in Frage gestellt, die wiederum für mittelfristig orientierte Investitionen zentral ist. Denn im Endeffekt muss die produzierende Angebotsseite ein Menü präsentieren, bei dem ich als Individuum Akzente setzen kann, aber nicht die Verantwortung für die Weltrettung übernehmen muss. Das wäre völlig absurd.

Das hört sich sehr vernünftig an. Aber mit dieser Meinung stehen Sie in der Klimaschutzbewegung allein auf weiter Flur.

Das kippt zum Teil auch in die andere Richtung: Wenn Politik und Wirtschaft nicht bald konsequenter handeln, bekommen immer mehr Menschen das Gefühl, dass sie als einzelnes Individuum sowieso nichts verbessern können, und fallen wieder zurück in Bequemlichkeit. Gerade bei privilegierten Milieus habe ich diese Variante der Geschichte nun öfter gehört. Wir brauchen aber letztlich einen positiven Verstärkungszyklus – ein Top-Runner-Prinzip, bei dem die ökologischen Standards anziehen, damit die Reduzierung des Ressourcenverbrauchs zum *new normal* wird. Gleichzeitig ist es rücksichtslos, die gesamte Wohnung auf 25 Grad zu heizen, nur um fröhlich mitten im tiefsten

Winter im T-Shirt zu Hause zu sitzen und beim Pinkeln nicht zu frieren. Da frage ich mich schon, was über einen Krieg hinaus noch passieren muss, um Verantwortung zu übernehmen.

Aber die Menschen haben diese Ansprüche, auf die sie nicht verzichten können oder wollen.
Richtig, aber ich halte uns weiter für vernunftbegabte Wesen. Es ist wirklich erstaunlich, dass junge Leute von *Fridays for Future* mich immer wieder fragen, warum sich die Entscheidungsträger nicht langsam mal erwachsen verhalten können und mehr Verantwortung für ihre Zukunft übernehmen. Garrett Hardin beschrieb mit der *Tragik der Allmende* schon 1968, dass es für die langfristige Nutzung von Gemeingütern, die allen Menschen zugänglich sind, verbindliche Regeln braucht. Sonst sichert sich jeder Einzelne kurzfristig so viel Ertrag wie möglich und langfristig ist das Gut zerstört. Sein Beispiel waren die öffentlichen Wiesen; die Atmosphäre, die hohe See, Biodiversität, Wasserkreisläufe sind andere Beispiele. Für die Verhinderung der Tragödie zeigte Hardin drei Lösungswege auf: Man versucht es über Aufklärung und Einsicht – das haben wir seit vierzig Jahren probiert und stellen fest, dass es nicht läuft. Oder man sorgt dafür, dass bei Personen oder Gruppen das Nutzungsverhalten an die Konsequenzen gekoppelt ist. Aber das gelingt uns beim Klima nicht. Wir frönen hier der Wärme von 25 Grad in der Wohnung und andere Länder gehen in den Fluten unter. Deswegen lautet Hardins Dritter Weg, dass wir uns kollektive Nutzungsregeln geben, die für alle gelten und in Summe das Allgemeingut nicht zerstören. Genau das versuchen Berechnungen wie das CO_2-Budget, das einer Person, einem Land, einem Konzern legitimerweise zur Verfügung stehen sollte. Ressourcengerechtigkeit eben.

Das ist ein interessanter Ansatz. Was ist die Kernthese Ihres Buches Wir können auch anders. Aufbruch in die Welt von morgen? *Wie haben Sie Ihre theoretischen Ansätze und praktikablen Ansätze weiterentwickelt?*
Seit vier Jahren ist unser Ansatz bei den *Scientists for Future* – der Initiative von Wissenschaftlern, die 2019 entstand, um *Fridays for Future* evidenzbasiert zu unterstützen –, die komplexeren Zusammenhänge so zu kommunizieren, dass Menschen ohne wissenschaftlichen Hintergrund sie auch verstehen können und sich nicht von populistischen Verunglimpfungen der Nachhaltigkeitspolitik beeindrucken lassen. Mit meinem neuen Buch will ich systemisches Denken leicht verständlich in den Alltag übersetzen. Das Buch besteht aus drei Teilen: Im ersten Teil beschreibe ich die drei aus meiner Sicht wichtigsten Merkmale komplexer Systeme.

Was sind das für Merkmale?
Das erste ist die Vernetztheit. Man sollte nicht ein Problem „lösen", ohne zu untersuchen, was das eventuell für negative Auswirkungen auf andere Themen

hat. Das zweite ist die Zeitlichkeit. Wir sollten, wenn sich unerwünschte Trends abzeichnen, frühzeitig reagieren, damit sie uns nicht irgendwann sich selbst verstärkend wegrennen. Bei Corona haben wir gelernt, dass der Bremsweg bei komplexen Systemen wesentlich länger wird, wenn die Kurve erst einmal exponentiell steil nach oben geht. Wir brauchen also langfristige Vorausschau, damit wir auch frühzeitig agieren können. Das dritte Merkmal ist der Purpose. Bei den biologischen Systemen ist das der Überlebenstrieb, aber auch bei menschgemachten Systemen ist eine Zielsetzung eingebaut. Die ist meist zu dem Zeitpunkt, an dem wir Organisationen oder Technologien oder Häuser entwickeln, überzeugend. Aber wenn sich die Rahmenbedingungen komplett verändern, dann reicht irgendwann die kleinteilige Verbesserung nicht mehr aus: Es braucht eine neue Zielsetzung. Ein Beispiel ist die Wachstumsfrage. Nur Geldwerte reichen als Kompass nicht mehr aus. Ohne Indikatoren und Ziele der Nachhaltigkeit wird es nicht mehr gehen. Und wenn sich der Purpose dreht, dann werden natürlich auch andere Prozesse, Rollen, Strukturen, Anreizsysteme, politische Programme etc. nötig. Sonst klaffen proklamierte Zielsetzung und Alltagspraxis irgendwann so stark auseinander, dass es zu Krisen kommt. Deshalb geht es im zweiten Teil des Buches darum, unterschiedliche gesellschaftliche Teilsysteme zu untersuchen wie das Bildungssystem oder die Technologieentwicklung, aber auch, wie wir Bürokratie organisieren, wie wir miteinander im Diskurs umgehen und welche Idee von Erfolg und Vermögen wir als Zielmarke setzen. Im letzten Teil des Buches geht es um die Frage, welches Heldenverständnis und welche Haltung wir heute brauchen, damit diese Strukturwandelprozesse und neuen Spielregeln möglichst zügig entstehen können.

Die BASF-Erbin Marlene Engelhorn möchte mit ihrer Initiative taxmenow 90 Prozent ihres Erbes abgeben und unbedingt besteuert werden. Was schlagen Sie vor? Wie kann man Vermögen nachhaltiger umverteilen?
Ich finde diese wachsende Bewegung *Millionaires for Humanity* sehr spannend, bei der sich übrigens viele Frauen in die vorderste Reihe stellen und erklären, dass es so nicht weitergeht. Sie fordern eine Vermögenssteuer für Millionen- und Milliardenvermögen sowie strengere Regeln, um Steuerhinterziehung und Steuertricks zu unterbinden. Wenn so viel Geld bei Einzelnen landet, dann wird das demokratiegefährdend; die Kontrolle und Gestaltungsmacht in privater Hand ohne öffentliche Rechtfertigungsauflagen wird zu groß. Dass so etwas aus der Klasse der strukturell Begünstigten formuliert wird, ist ein wichtiger Schritt. Das hat schon Kwame Anthony Appiah in seinem Buch *Eine Frage der Ehre* aufgezeigt. Wenn es nicht aus der eigenen Peergroup kommt, dann drückt man das gerne als Neiddebatte oder Reichenhass weg. Kommt es aber aus der Gruppe, der man sich zugehörig fühlt, dann wird es anders reflektiert. Deshalb sind diese Stimmen so wichtig. Vermögen bedeutet ja, „ich vermag etwas beizutragen". Also ist „vermögen" ein Verb, in dem bereits

das Veränderungspotenzial schlummert. Geld ist ja auch eine Energieform: Ohne dass es eingesetzt wird, bleibt es nutzlos. Deshalb ist es toll, wenn das Prinzip „Eigentum verpflichtet" in unserem Grundgesetz mit einem solchen Verantwortungsgefühl für das Gesamtgefüge und für die Chancengerechtigkeit gelebt wird. Da finde ich bemerkenswert unbemerkt, dass es bei den privaten Spenden weiterhin die ärmeren Menschen sind, die in Relation zu dem, was sie haben, am meisten spenden. Und die sitzen nicht auf einem Puffer. Sie nehmen das im Zweifel von ihrem Konto, das jeden Monat auf null läuft. Das fehlt mir in unserer Diskussion. Wir feiern immer nur diejenigen, die auf Geldbergen sitzen und netterweise ein bisschen davon spenden, ohne dass es ihren Luxuslebensstil in irgendeiner Weise beeinträchtigen würde. Dieser Lebensstil wiederum ist oft von vielen Investitionen in nicht-nachhaltige Geschäftsmodelle abhängig und treibt damit Umweltprobleme und Klimakrisen – gegen die sich wiederum die vermögenden Menschen am besten schützen können.

Es hat auch einen sehr undemokratischen Charakter, wenn die titanischen Weltveränderer wie beispielsweise Bill Gates, der über ein größeres Budget als die Weltgesundheitsorganisation verfügt, aus PR-Gründen die Malaria ausrotten will. Das ist eine super Sache, dagegen ist nichts zu sagen. Aber seine Schwerpunktsetzung entzieht sich jeder demokratischen und politischen Kontrolle. Sie wollen dagegen die Zivilgesellschaft stärker mit einbeziehen und Mitspracherecht einfordern?
Marlene Engelhorn hat das in einem ihrer Interviews so formuliert: Sie ist durch ihr Erbe äußerst privilegiert. Sie macht sich überhaupt nichts vor, natürlich hat ihre Stimme auch in den Hinterzimmern der demokratischen Machtkorridore ein ganz hohes Gewicht. Dieses Privileg will sie dafür einsetzen, dass politische Rahmenbedingungen geschaffen werden, die diese ungleichen Chancen der Interessensvertretung wieder reduzieren. Denn nur weil Bill Gates mal eine super Idee mit Software hatte, ist er ja nicht in allen anderen Bereichen ebenfalls ein Genie. Bei Erben ist die Sache noch mal anders gelagert, da habe ich vielleicht nur Besitz, bin aber gar kein Genie. Der Philanthrokapitalismus, wie er in den USA am stärksten ausgeprägt ist, führt zu Strukturen, in denen primär reiche Eliten auf die Gestaltung der Zukunft des Planeten einwirken. Das führt zu Verkrustungen und zunehmend feudalen Entscheidungsstrukturen. Genau das sollte eine demokratische Verfassung mit Mehrheitsentscheiden ja ersetzen. Diese Forderung nach mehr Demokratie durch mehr ökonomische Gerechtigkeit hat nichts mit dem Einhegen der Leistungsgesellschaft oder Marktdynamiken zu tun, sondern im Gegenteil: In komplexen Systemen und bei Akteuren, die sich für ihre Nischen einsetzen, sind Konzentrationstendenzen ein normales Muster. Genau deshalb ist es die Aufgabe des Staates, immer wieder so zu „gärtnern" – so haben es die Ökonomen Eric Beinhocker und Nick Hanauer

genannt –, dass Wettbewerb zu fairen Bedingungen weiter stattfinden kann. Das führt zu viel besseren und vielfältigeren Lösungen und damit auch zu Resilienz. Wir müssen unseren Gesellschaftsvertrag erneuern, um die Chancengleichheit wiederherzustellen. Gerade wenn wir beobachten, welche Verteilungseffekte aus bald drei Jahren Ad-hoc-Krisenpolitik resultieren. Früher nannte man das „Lastenausgleich".

Mir hat an Ihnen immer schon gut gefallen, dass Sie auch die soziale Dimension mitdenken. Das ist bei Klimaaktivisten nicht unbedingt der Fall. Wie können denn Unternehmen bei ihrem Purpose der Nachhaltigkeit vom Proklamieren ins Handeln kommen?

Zum einen ist es wirklich sehr wichtig, mit gutem Beispiel voranzugehen und die Mitarbeitenden in den Veränderungsprozess einzubeziehen. Das ist auch zentral für die Mitarbeitermotivation. Zum anderen müssen die harten Key-Performance-Indikatoren auch beweisen, was das Unternehmen vollmundig proklamiert. Das muss zusammenpassen. Momentan versucht man, ESG-Kriterien aus den Bereichen Umwelt (Environmental), Soziales (Social) und verantwortungsvolle Unternehmensführung (Governance) in die Unternehmenskennzahlen zu integrieren. Aber diese ESG-Standards sind sehr konservativ, weil sie nur darauf abzielen, Risiken zu minimieren, und das Einhalten bestehender Regelungen abbilden. Eigentlich müssten wir auch den positiven Impact aufzeigen, also all das, was über den ja nicht ausreichenden aktuellen Standard hinausgeht. Wie schaffen wir Kennziffern, die den Aufbau von ökologischem, sozialem und humanem Vermögen bewerten und anreizen? Wie sollten wir dafür das Verständnis von Wertschöpfung und unternehmerischem Erfolg erweitern? Im Prinzip bedeutet eine sozialökologische Transformation, dass alle Unternehmen ihre gesellschaftliche Betriebserlaubnis erneuern müssen, ihr Geschäftsmodell an das 21. Jahrhundert und seine Rahmenbedingungen anpassen. Selbst wenn es erst einmal Schattenbilanzierungen sind, kann das gegenüber den Kundinnen und Kunden und Mitarbeitenden sehr transparent gestaltet werden, damit entsprechende Lösungsvorschläge auf unterschiedlichen Ebenen ausprobiert werden können, um optimale Unternehmensvorschriften und Standards für Subventionen oder Besteuerungen zu entwickeln. Auch Investoren mit Impact-Orientierung können sich dann an der Umsetzung beteiligen. So wird die Herausforderung aus unterschiedlichen Blickwinkeln definiert und der Blick wird frei auf die Umsetzungsstrategien und die dafür nötigen Allianzen.

Aber auch die Investmentfonds arbeiten mit hohem Druck an ESG-Standards, die wirklich aussagekräftig und auch berechenbar sind. Sie machen das natürlich vor allem deswegen, weil viele vermögende Menschen sozial und ökologisch verantwortlich investieren wollen.

Das ist die Seite des Messens – die ist wichtig für Vergleichbarkeit und Transparenz. Aber ich glaube, die kulturelle Seite ist mindestens genauso wichtig. Wenn irgendwann mit Quantencomputing und Big Data die Algorithmen für die besten Lösungen ermittelt werden, dann stirbt alles ab, was menschliche Genialität, Kreativität und Lebendigkeit ausmacht. Dienst nach Vorschrift ist nämlich nicht das gleiche wie eine kontinuierliche Aufmerksamkeit für die Performance, für Rückmeldungen, für das eigene Handeln im Prozess der Umsetzung. Arbeiten ist ja immer noch eine menschliche Tätigkeit und im Idealfall mit Sinnhaftigkeit, Berufung oder auch Spaß verbunden. Kennziffern und Formeln sind nicht alles. Es geht nicht nur um Impact-Messung, sondern um Impact-Management. Unternehmen brauchen das Zusammenspiel zwischen den Worten, den Visionen, der Mission und den quantitativen wie qualitativen Indikatoren, die den Fortschritt auf dem Weg dorthin anzeigen. Unternehmen brauchen charismatische und glaubwürdige Führungsfiguren, die es ernst meinen. Michael Otto ist dafür ein Beispiel. Sie gewinnen den Rückhalt der Mitarbeitenden und der geeigneten Investoren, die mit ihnen auch dann weitergehen, wenn ein Megatrend zu einer Durchhaltepartie wird – oder eben wenn schon mal losgelaufen wird, bevor ein Trend sich überhaupt entfaltet. Wenn Menschen vorausschauend handeln, weil sie davon überzeugt sind, dass es wichtig ist.

KAPITEL VII
Perspektiven für Afrika

MICHAEL OTTO

Afrika ist ein Kontinent der großen Chancen

Afrika galt zur Jahrtausendwende noch als „verlorener Kontinent". Seitdem schwanken die Schlagzeilen zur wirtschaftlichen Zukunft Afrikas zwischen Euphorie und Schwarzmalerei. Doch das Bild von Afrika, das sich heute viele Deutsche und Europäer noch immer machen, hinkt den neuen Realitäten weit hinterher. Afrika ist Europas Nachbar – an der engsten Stelle der Straße von Gibraltar trennen die beiden Kontinente gerade einmal 14.000 Meter –, und verdient deshalb unsere differenzierte Aufmerksamkeit. Keine Region der Welt hat sich in den vergangenen Jahren schneller und dynamischer verändert. Afrika ist trotz seiner Krisen, Kriege und terroristischen Bedrohungen durch Islamisten ein Kontinent mit enormem Potenzial. Afrika ist ein wesentlicher Bestandteil des Welthandels und ein wichtiges Investitionsziel und beherbergt einige der dynamischsten Volkswirtschaften der Welt. Außerdem entsteht gerade mit der kontinentalweiten afrikanischen Freihandelszone *AfCFTA* der fünftgrößte Wirtschaftsraum der Welt mit einem geschätzten gemeinsamen Bruttoinlandsprodukt in Höhe von 3,4 Billionen Dollar. Das entspricht dem BIP von Deutschland im Jahre 2017.

Wichtige Schlüsselindikatoren zeigen, dass Afrika sich zum Positiven entwickelt hat. So haben mittlerweile bereits 48 Prozent der Afrikanerinnen und Afrikaner eine weiterführende Schule besucht. Zehn Prozent der jungen Erwachsenen Afrikas absolvieren ein Studium. Die Armutsquote ist seit dem Jahr 2000 deutlich zurückgegangen. Die meisten Afrikanerinnen und Afrikaner sind heute nicht mehr in der Landwirtschaft tätig. Dadurch hat sich auch ihr Lebensstandard deutlich verbessert. Die Entwicklungen in den letzten zwei Jahrzehnten sind sehr ermutigend. Jetzt kommt es darauf an, die langfristigen und übergreifenden Transformationsprozesse, an deren Anfang der afrikanische Kontinent heute steht, so zu gestalten, dass Afrika am Ende zum Gewinner des 21. Jahrhunderts wird.

Bei allem Fortschritt im Alltag ist das Leben für alle Afrikanerinnen und Afrikaner nicht gleich gut. Afrika ist ein Kontinent der unterschiedlichen Geschwindigkeiten. Seine 54 Länder entwickeln sich ausgesprochen differenziert. Manche von ihnen sind von Niedrig- zu Mitteleinkommensländern geworden. Einige haben sich industrialisiert, andere haben sich auf die Nutzung der Rohstoffressourcen konzentriert. Günstige externe Bedingungen, vor allem hohe Rohstoffpreise aufgrund der starken internationalen Nachfrage, und die relativ hohe Verfügbarkeit von billigem Kapital, das weltweit auf der Suche nach Anlagemöglichkeiten war, hat in den letzten beiden Jahrzehnten ein gewisses Wirtschaftswachstum gefördert, das Infrastrukturmaßnahmen, Bildungserfolge und in den großen Ballungsräumen sogar dynamische Startup-Szenen hervorgebracht hat. So zeigt es sich beispielsweise, dass Ruanda sich in kurzer Zeit praktisch zum Silicon Valley des afrikanischen Kontinents entwickelt hat.

Angeregt durch eine wachsende Binnennachfrage, entstand in einigen Ländern ein lebhafter, stark wachsender Dienstleistungssektor. Auch der Telekommunikations-Boom, der zuerst auf einer rasanten Zunahme bei der Nutzung von Mobiltelefonen basierte und heute von der schnell expandierenden Internet-Verbreitung angetrieben wird, spielt eine zentrale Rolle bei dem Wachstum mobiler Finanzdienstleistungen. Afrika ist ein Mobile-only-Kontinent. Ich hatte bei meinen Reisen in Tansania oft eine bessere Mobilfunkverbindung als in Deutschland. Ende 2020 nutzte fast die Hälfte der Bevölkerung Subsahara-Afrikas ein Smartphone, davon 12 Prozent im schnellen 4G-Netz. Viele bauen per Mobiltelefon ein eigenes „Business" auf, etwa im Fahrservice, im Handel oder im Agrarsektor. Das Bezahlen mit dem Mobiltelefon ist inzwischen in vielen afrikanischen Ländern verbreitet. Mobile Geldtransaktionen in Subsahara-Afrika haben mittlerweile einen durchschnittlichen Anteil am Bruttoinlandsprodukt von 25 Prozent. Im Rest der Welt sind es wohlgemerkt nur fünf Prozent. Die Dienste ermöglichen Geldtransfers selbst mit den einfachsten Handys – und das grenzüberschreitend – und damit den Zugang zu Finanzdienstleistungen auch für arme Menschen. Im Jahr 2020 wurden in der afrikanischen E-Payments-Branche allein im inländischen Zahlungsverkehr 47 Milliarden Einzeltransaktionen mit einem Transaktionswert von insgesamt knapp über 800 Milliarden Dollar umgesetzt – Tendenz stark steigend.

Das mobile Geld ist vor allem für Afrikas Frauen ein großer Vorteil, denn sie sind es, die das Geld in den Familien zusammenhalten, um vor allem den Kindern den Zugang zu Bildung zu finanzieren. Auch die massenhafte Nutzung von Mikrokrediten gerade von Frauen in ländlichen Gebieten wurde durch den Mobilfunk erst möglich. Mikrokredite sind sicher kein Allheilmittel, denn sie ändern letztlich nichts an dem informellen Charakter der Arbeitsverhältnisse und bringen die Volkswirtschaften insgesamt doch nicht so voran wie erhofft; aber sie ermöglichen immerhin millionenfach eine Existenz als Kleinstunternehmer, und das ist beileibe nicht nur der sprichwörtliche Gemüsestand auf dem dörflichen Marktplatz. Auf meinen Reisen durch Afrika habe ich gesehen, wie geschäftstüchtige Menschen mit einfachsten Mitteln engagiert ihr kleines Geschäft aufbauen oder einfach nur geschickt Handel treiben und sich nie von den widrigsten Umständen entmutigen lassen. Ich erlebe es immer wieder, wenn ich in afrikanischen Ländern bin, man sieht die Straßenhändler, die kleinen Handwerker. Oder einer hat ein Solarpanel und verdient sein Geld damit, dass er die Handys der anderen auflädt. Die Leute wollen ja arbeiten, sie wollen etwas tun. Sie sind kreativ und unternehmerisch. Und das muss man unterstützen. Dabei gilt für mich schon immer das *Prinzip Hilfe zur Selbsthilfe*. Ich bin skeptisch gegenüber dem klassischen Begriff der Entwicklungspolitik. Das ist oft nicht partnerschaftlich, sondern von oben herab gedacht. Es ist das eine, Brunnen in einem Dorf zu bauen, aber wenn die Pumpe kaputtgeht und man dann einen Techniker aus Deutschland anfordert, der die wieder reparieren soll, bringt das gar nichts. Der Brunnen versiegt dann wieder. Ob beim Bauen von Schulen, ob bei Frauenprojekten, Brunnen- oder anderen Wasserprojekten: Es muss immer ein Beitrag von den Betroffenen geleistet werden. Und die Leute müssen auch in der Lage sein, zum Beispiel eine Pumpe tatsächlich selbst zu reparieren. Das *Prinzip Hilfe zur Selbsthilfe* bedeutet, dass die Betroffenen es zu ihrer eigenen Sache machen, die sie selbst weiterentwickeln und ausbauen können. Schlussendlich muss es ihr Brunnen, ihr Solarpanel und ihre Schule sein.

Alles andere ist falsch verstandene Charity. Die Abhängigkeit wird verstetigt. Die Probleme löst man nur, wenn die Menschen die Bildung und Ausbildung bekommen, um sie selbstständig zu bearbeiten. Natürlich muss man auch Stahlwerke und Entsalzungsanlagen bauen, aber in der jetzigen Phase ist es auch schon ein großer Fortschritt, wenn man Tausende von Handwerkern und Händlern dabei unterstützt, sich selbstständig zu machen. Eine flächendeckende Bereitstellung von guten Schulen auch im ländlichen Raum ist dabei die wichtigste Voraussetzung. Und diese Schulen müssen vor allem auch den Mädchen offenstehen, damit sie sich aus teilweise unterdrückerischen Verhältnissen befreien können. Manchmal ist es sogar sinnvoll, sie besonders zu beschützen, deshalb haben wir, als wir vor vielen Jahren anfingen, Schulprojekte zu unterstützen, auch Bettenhäuser gebaut, damit Mädchen einen geschützten Raum haben und in der Schule bleiben können, wenn sie das wollen. Die Bildung von Mädchen und Frauen ist auch entscheidend für die Geburtenkontrolle, denn die Männer kümmern sich nicht darum.

Unsere Schul- und Sozialprojekte haben wir im Laufe der Jahre im Rahmen unserer Baumwollinitiative *Cotton made in Africa* in den betroffenen Ländern durchgeführt. Anstoß für diese Initiative war die extreme Armut der afrikanischen Baumwollkleinbauern. Da wir in der Otto Group mit Mode und Textilien einen großen Schwerpunkt haben und Baumwolle die wichtigste textile Faser ist, sahen wir uns in einer Mitverantwortung für die tragische Situation der afrikanischen Kleinbauern. Darüber hinaus war es für uns aber auch wichtig, dass das weltweite Baumwollangebot nicht eingeschränkt wurde. So war die Zielsetzung, die afrikanischen Baumwollkleinbauern in besseren Anbautechniken zu schulen, damit sie höhere Ernteerträge und damit höhere Einkommen erzielen können. Darüber hinaus entwickelten wir ein Konzept, das die Baumwolle afrikanischer Kleinbauern qualitativ aufwertet und eine ökologisch nachhaltigere Produktion ermöglicht. Eine Nachfrageallianz gleichgesinnter Unternehmen sollte für einen Nachfrageschub sorgen, der dann auch langfristig zu Einkommensverbesserungen bei den Kleinbauern führt. So entwickelte die Otto Group den Standard *Cotton made in Africa*, der ökologische und soziale Verbesserungen ermöglichen soll. Damit er auch vor Ort implementiert werden konnte, musste eine Infrastruktur aufgebaut werden, denn die standardgerecht produzierte Baumwolle musste durch unabhängige Dritte zertifiziert werden. Die Nachfrage nach dem Label *Cotton made in Africa* sollte über die verschiedenen Stufen der Wertschöpfungskette einen Nachfrageimpuls in Afrika auslösen. Heute ist *Cotton made in Africa* eines der führenden Nachhaltigkeitslabel im Baumwollbereich und eines der erfolgreichsten Herkunfts- und Qualitätssiegel im Agrarsektor überhaupt. (*Siehe auch „Erfolgsbilanz", Seite 297*). Damit gelang es, das Leben der kleinen Baumwollbauern entscheidend zu verbessern.

Dieses Projekt war deshalb so erfolgreich, weil es eben nicht die Baumwollbauern belehrte, sondern ihnen Angebote zur Selbsthilfe unterbreitete. Dieses Projekt lässt sich durchaus verallgemeinern: In Afrika ist der Wunsch zu lernen und der Wille, etwas zu tun, sich selbstständig zu machen, aus der Armut rauszukommen, sehr verbreitet. Es gibt viele andere ermutigende Beispiele aus ganz Afrika, wie die Menschen Bildungschancen, den Zugang zum weltweiten Internet und zu Kapital nutzen, um mit Kreativität und Smartness ihr Schicksal in die Hand nehmen. An der Einstellung der Menschen liegt es nicht. Es mangelt nur an Chancen.

Ich habe mir bei meinen Reisen auf dem afrikanischen Kontinent häufig überlegt, wie wir die Wertschöpfungsketten der Otto Group auch stärker in Afrika verankern können. Ausgangspunkt meiner damaligen Überlegungen war, dass es nicht sein kann, dass in Afrika nur der von uns geförderte Rohstoff, die Baumwolle, produziert wird und die arbeitsintensive Produktion der Kleidung und der Konfektionen dann von südostasiatischen Ländern übernommen wird. Es muss eine stärkere Wertschöpfung in afrikanischen Ländern stattfinden. Die Otto Group hat dann in Uganda, in Kenia und in Äthiopien die Entwicklung von Nähereien und vollstufigen Textilunternehmen unterstützt und arbeitet bis heute noch mit vielen Betrieben zusammen, die im Hinblick auf Sozialstandards, aber auch Umweltstandards hervorragend aufgestellt sind. Davon profitiert wiederum unsere Unternehmensgruppe, auch um unsere Abhängigkeit von einzelnen Ländern wie beispielsweise China mittelfristig zu reduzieren. Gleichwohl ist unser Unternehmen dabei natürlich abhängig von den politischen Rahmenbedingungen in dem jeweiligen Land. Immer wieder kommt es zu ethnischen oder religiösen Auseinandersetzungen und bürgerkriegsähnlichen Zuständen, die einen Fortbestand unserer Baumwollprojekte gefährden – wie zum Beispiel der Bürgerkrieg, der 2020 in Äthiopien begann, oder die religiösen Auseinandersetzungen im Norden von Burkina Faso. Gleichzeitig wurde klar, dass es ein längerer Weg ist, in Afrika nennenswerte Produktionskapazitäten aufzubauen. Aber man muss auf jeden Fall einmal damit anfangen. Die Arbeitskosten beispielsweise in China stiegen in den letzten Jahren deutlich, also wäre das für Afrika durchaus eine Option, in den Wettbewerb einzutreten.

Afrikas Menschen zieht es in die Städte. Die rapide Expansion urbaner Lebensräume ist eine der jetzt schon sichtbarsten Konsequenzen des hohen Bevölkerungswachstums und der ökonomischen Erfolgsgeschichten in Afrika. Schon heute sind Metropolen wie Johannesburg (Südafrika), Lagos (Nigeria), Nairobi (Kenia), Accra (Ghana) und Luanda (Angola) die Brückenköpfe des neuen Wohlstands auf dem Kontinent. Sie ziehen einen Großteil der ausländischen Direktinvestitionen an und bieten den Menschen eine sich rasant verbessernde Infrastruktur sowie stabilere politische Rahmenbedingungen. Die Megacities bieten die Aussicht auf Wohlstand und Veränderung. Das gilt allerdings nur für einen Teil der Bevölkerung. Die Kehrseite dieser Megacities sind riesige Slums mit Millionen Menschen in unwürdigen Lebensverhältnissen, deren Hoffnung auf bessere Lebensverhältnisse sich noch zu selten erfüllt. So wird aber schon in weniger als zehn Jahren der Anteil der städtischen Bevölkerung in vielen Ländern Afrikas bei über 50 Prozent liegen. In absoluten Zahlen werden das 800 Millionen Menschen sein – zehnmal so viele, wie Deutschland Einwohner hat. Gleichzeitig wird der massenhafte Umzug in die Metropolen auch für eine deutliche Verlangsamung des bislang prognostizierten Bevölkerungswachstums führen, denn er geht in der Regel mit einer signifikanten Absenkung der Geburtenrate einher. Denn in der Stadt können gerade junge Frauen – besser als im ländlichen Raum – Bildungschancen nutzen und Arbeit finden, was ein selbstständiges Leben ermöglicht.

Trotz aller Fortschritte bleibt Afrika ein Kontinent der ungenutzten Chancen. Afrika ist nach wie vor der Kontinent mit dem niedrigsten Industrialisierungsgrad und ist immer noch kaum in die internationale Arbeitsteilung globaler Wertschöpfungsketten eingebunden, und wenn, dann nur als Lieferant von Rohstoffen. Aber Afrika braucht dringend einen massiven Ausbau seiner industriellen Basis, denn überall strebt die junge, schnell wachsende Bevölkerung nach Arbeitsplätzen und wirtschaftlicher Entwicklung. Und eine hohe Jugendarbeitslosigkeit und Perspektivlosigkeit würde politische Instabilität und einen höheren Migrationsdruck befördern. Daher drängt die Zeit, denn die Zahl der Jobsuchenden wird in den nächsten Jahrzehnten weiter steigen. Die bisher verfolgten Wachstumsmodelle, die vor allem von westlichen Industrieländern und den globalen Institutionen wie Weltbank und Internationaler Währungsfonds forciert wurden, haben nur beschäftigungsarmes Wachstum hervorgebracht und die informellen Arbeitsbeziehungen gerade in den ländlichen Gebieten kaum verringert.

Um einen echten und tiefgreifenden wirtschaftlichen Fortschritt für den gesamten Kontinent zu erreichen, ist der Ausbau der industriellen Basis entscheidend. Zu einer Industrialisierungsstrategie gehören auch die Modernisierung der Ernährungswirtschaft sowie die Koordinierung der mineralgewinnenden Industriezweige und der Ausbau des verarbeitenden Gewerbes. Auf diesem Wege könnte der Kontinent die Abhängigkeit von einigen wenigen Exportgütern hinter sich lassen und die Widerstandsfähigkeit gegenüber externen Schocks wie der Finanzkrise oder der Corona-Pandemie verbessern, die beide den gesamten Kontinent stark in seiner Entwicklung zurückgeworfen haben. Und 2022 kam noch der russische Angriffskrieg in der Ukraine hinzu, der für viele afrikanische Länder die so wichtige Versorgung mit Weizen gekappt hat, es drohen explodierende Preise und Hunger. Verschärfend kam die Dürre hinzu, die die Ernte in vielen afrikanischen Ländern äußerst mager ausfallen ließ.

Wie kann der afrikanische Kontinent seine Volatilität und Vulnerabilität reduzieren und stabile Volkswirtschaften entwickeln, um ausreichend Arbeitsplätze für seine wachsende, junge und ambitionierte Bevölkerung bereitzustellen? Nur mit einer Verbreiterung seiner eigenen industriellen Basis. Ein Blick auf China, Taiwan, Südkorea und alle anderen entwicklungsökonomischen Erfolgsgeschichten rund um den Globus zeigt, dass ein industrieller Durchbruch immer an die Entwicklung heimischer Potenziale gekoppelt war. Afrika hat es bis heute nicht geschafft, sich jenen ehemaligen sogenannten „Entwicklungsländern" anzuschließen, die ihr Wachstum auf den Export wettbewerbsfähiger industriell gefertigter Güter begründet haben und damit die Schwelle zum „Schwellenland" überschreiten konnten. Den Anfang machte dabei häufig der Aufbau einer wettbewerbsfähigen Bekleidungsindustrie. Deshalb muss Afrika seinen Blick selbstbewusst auf seine eigenen Talente, Potenziale und Chancen richten, statt sich immer wieder nur auf leere Versprechungen der Industrieländer zu verlassen. Gerade Deutschland und die europäischen Länder haben in der Vergangenheit den afrikanischen Kontinent mit Strategien und Initiativen geradezu überschüttet. Bundespräsident a.D. Horst Köhler – ein großer Freund und bester Kenner des Kontinents – weist zu Recht darauf hin, dass die Ratschläge Europas immer mit einer gehörigen Portion Paternalismus und postkolonialer Attitüde daherkommen: Afrika braucht dies, Afrika braucht jenes (*siehe seinen Beitrag „Für eine neue Partnerschaft mit Afrika", Seite 305*). Er plädiert dafür, doch einmal umgekehrt zuzuhören, welche Konzepte eigentlich afrikanische Experten für ihre eigenen Länder entwickeln. Was wirklich fehlt, ist die Wahrnehmung und ernsthafte Diskussion der afrikanischen Ideen. Es gibt viele Pläne auf afrikanischer Seite – den *Plan 2063*, die Industrialisierungskonzepte der Afrikanischen Entwicklungsbank, die Konzepte der Afrikanischen Union rund um die Panafrikanische Freihandelszone. Konzepte, die aber von der EU nicht wirklich aufgegriffen werden – es gibt keine Symmetrie in der Diskussion. Afrika ist aber ein Kontinent stolzer Nationen und verdient endlich unseren Respekt. Eine echte Partnerschaft mit Afrika kann – aus meiner Sicht – nur auf dem *Prinzip der Augenhöhe* beruhen. Doch für viele afrikanische Ansprechpartner, mit denen ich gesprochen habe, war gerade die Corona-Pandemie ein weiterer Beleg für die mangelnde Solidarität Europas mit Afrika. Europa scheiterte daran, die betroffenen Länder Afrikas ausreichend mit in Europa produzierten Impfstoffen zu versorgen. Lediglich der bei uns unbeliebte Impfstoff von

AstraZeneca fand seinen Weg in einige afrikanische Länder. Daran wird sich der Globale Süden noch lange erinnern, dass es in der Pandemie nicht gelang, eine globale Solidarität aufzubauen. Dieses Verhalten hat gerade in Afrika erneut das Vertrauen in uns Europäer erschüttert und bestehende Zweifel an unserer Zuverlässigkeit und Aufrichtigkeit verstärkt.

Jahrzehntelang ging es bei der Unterstützung afrikanischer Länder durch traditionelle Entwicklungspartner wie Europa und die USA um die Öffnung der Märkte, den Rückzug des Staates und um die Durchsetzung von Sparpolitik und Strukturanpassungen durch internationale Kreditgeber. Afrika war lange Zeit ein Versuchsgelände ehrgeiziger Wirtschaftswissenschaftler, die im Labormaßstab ihre jeweilige Ideologie einmal als reine Lehre konsequent ausagieren wollten und damit immensen Flurschaden angerichtet haben. Was die Länder aber wirklich brauchten, interessierte niemanden. Es geht darum, Afrika bei der Umgestaltung seiner Volkswirtschaften zu unterstützen, um Arbeitsplätze und Chancen jenseits einer Mittelschicht zu schaffen, die sich immerhin bereits in allen Metropolen herausgebildet hat. Dies erfordert Investitionen in die Infrastruktur mit dem Ziel, afrikanische Produktionskapazitäten zu stärken, aber auch die grundlegendsten Bedürfnisse der Menschen zu stillen: Zugang zu sauberem und sicherem Wasser zum Trinken und Kochen, Strom für die Beleuchtung und Heizung ihrer Häuser und Hütten sowie Straßen und Eisenbahnen, um sie zur Arbeit zu bringen und so ihre Familien zu versorgen. Eine solche Verkehrsinfrastruktur und Luft- und Seehäfen ermöglichen es den Unternehmen auch, die inländischen und internationalen Märkte zu erreichen, um ihre Waren und Dienstleistungen zu verkaufen. In vielen Teilen Afrikas wird die Entwicklung jedoch durch die fehlende Infrastruktur behindert. Hier liegt also eine große Chance. Der Ausbau der Infrastruktur kann die Lebensperspektiven der Menschen verbessern und zugleich die Wachstumsbarrieren für die wirtschaftliche Entwicklung beiseiteräumen und einen erheblichen Nachfrageeffekt auf die heimische Wirtschaft auslösen. Aber all das muss in enger Abstimmung mit afrikanischen Ideen und afrikanischen Experten erfolgen.

In den meisten afrikanischen Ländern gibt es nach wie vor erhebliche Infrastrukturlücken. Die traditionellen Geber waren in der Vergangenheit nicht in der Lage, dies angemessen zu fördern. Dann trat 2013 China auf den Plan und stellte sein gigantisches Infrastrukturprogramm *Belt and Road Initiative* vor: eine „Neue Seidenstraße", die den Osten Chinas bis in den Westen Europas verbinden soll. China baut dafür Autobahnen, Schienentrassen, Brücken und Tunnel und verbindet viele Standorte nicht nur auf dem Land-, sondern auch auf dem Seeweg. Für die „Neue Seidenstraße" gilt: China bietet Komplettpakete von der Planung bis zur Umsetzung, Arbeiter, Handwerker und Fachleute, die Finanzierung und in manchen Fällen auch den Betrieb von Großprojekten. Die „Neue Seidenstraße" soll am Ende rund 70 Länder und mehr als vier Milliarden Menschen miteinander vernetzen.

China hat bereits über 800 Milliarden US-Dollar investiert. Doch viele afrikanische Empfängerländer beklagen sich mittlerweile über Knebelverträge und die neue Abhängigkeit in der Schuldenfalle. Chinas Praktiken erschweren es Ländern, die sich aufgrund der Corona-Pandemie in einer finanziellen Notlage befinden, ihre Schuldensituation in den Griff zu bekommen.

Aber der Westen ist mittlerweile aufgewacht: Auf dem G7-Gipfel 2022 im süddeutschen Elmau kündigte US-Präsident Biden ein Investitionsprogramm von 600 Milliarden Dollar an. Das G7-Programm soll im Gegensatz zu den intransparenten chinesischen Investitionen klaren Kriterien folgen, die unter anderem vermeiden, dass Länder in eine Schuldenfalle geraten. Bis 2027 sollen so 300 Milliarden aus Europa, 200 Milliarden aus den USA, 65 Milliarden aus Japan und 5,4 Milliarden aus Kanada fließen. Vor allem die USA befürchten, dass sich China mit dem gewachsenen Einfluss vor allem Rohstoffe sichert. Afrika beherbergt 30 Prozent der weltweiten Vorkommen von seltenen Erden und Metallen, die unsere moderne Welt antreiben und unverzichtbar für jedes iPhone und für die gesamte Elektronik sind. Für die weitere Digitalisierung der Welt ist die Kontrolle über diese Ressourcen von entscheidender Bedeutung.

Auch in der afrikanischen Klimapolitik sind die Motive der Industrieländer nicht ganz frei von Eigeninteressen. Afrika steht in der Klimakrise an vorderster Front, obwohl auf den industriearmen Kontinent nur etwa vier Prozent der weltweiten CO_2-Emissionen entfallen. Afrikanische Länder gehören aber zu den größten Leidtragenden der Erderwärmung, denn gerade Afrika wird zunehmend zum Schauplatz von Dürren, Überschwemmungen, Trinkwassermangel und Hitzestress. Deshalb hat die UN-Klimakonferenz 2022 in Scharm El-Scheich den betroffenen Ländern auch finanzielle Entschädigung zugesagt. Jahrelang haben die afrikanischen Staaten die reichen Länder dazu gedrängt, sich von fossilen Brennstoffen unabhängig zu machen und die Treibhausgasemissionen drastisch zu verringern. Europa war sich eigentlich mit Afrika einig: Statt fossile Brennstoffe nach Europa zu exportieren, sollte man in Afrika in saubere, zukunftsfähige Energien investieren und die Phase der Abhängigkeit von klimaschädlichen Brennstoffen, von denen Europa gerade versucht loszukommen, einfach zu überspringen. Das Ziel war, dass das sonnenreiche Afrika zur globalen Drehscheibe für die Transformation zu einer dekarbonisierten Weltwirtschaft werden sollte. Der Zugang zu Energie für die 600 Millionen Menschen in Afrika, die noch keinen Stromanschluss haben, ist ein zentrales Entwicklungsziel und entscheidend für das weitere Wirtschaftswachstum. Erneuerbare Energien könnten die Energieprobleme auf dem eigenen Kontinent lösen und gleichzeitig neue Arbeitsplätze schaffen. Die Idee des Konsortiums Desertec kommt in einer abgewandelten Form jetzt wieder auf die Tagesordnung, nämlich in den Wüsten Afrikas gigantische solarthermische Kraftwerke und Photovoltaikfarmen zu installieren, um mit der Sonnenenergie per Elektrolyse aus Wasser grünen Wasserstoff herzustellen, der die Menschen vor Ort und in ganz Europa über die bestehende

Pipeline-Infrastruktur der Ölindustrie mit Energie versorgt. Von einer neuen „Wasserstoffweltordnung" ist die Rede.

Doch auch bei uns wurden am grünen Tisch der Industrieländer die Karten neu gemischt. Der völkerrechtswidrige Krieg Russlands gegen die Ukraine sorgt zur Jahreswende 2022/23 für eine dramatische Knappheit des Brennstoffs Gas. Nun wenden sich die Industrieländer auf ihrer verzweifelten Suche nach Gas ausgerechnet auch an Afrika und konterkarieren den erst seit kurzer Zeit geltenden Konsens, Investitionen in Afrika nicht mehr in die fossile Vergangenheit, sondern in die solare Zukunft zu lenken. So bekommen Projekte wie in Mosambik wieder Aufwind, wo ausländische Gesellschaften für 20 Milliarden Dollar ein Offshore-Erdgasfeld und eine Onshore-Flüssiggasanlage aufgebaut haben. Gleichzeitig sind 70 Prozent des Landes, das 2019 die volle Wucht des Zyklons Idai zu spüren bekam und zu den ärmsten Ländern der Welt gehört, immer noch von der Elektrizität abgeschnitten. Das Gas ist nicht für die Einheimischen bestimmt, die Profite sind es auch nicht. Mitte November 2022 hat das erste LNG-Schiff mit verflüssigtem Erdgas den Hafen in Richtung Europa verlassen. Und in der Sahara scheint die Sonne tagtäglich immer noch ungenutzt auf den Wüstenboden statt auf blau blitzende Solarsiliziumscheiben oder anstatt sich gleißend in den Parabolspiegeln von solarthermischen Kraftwerken zu bündeln. Trotzdem bin ich immer noch optimistisch, dass Afrika – der Kontinent der verpassten Chancen – das Potenzial hat, mit Unterstützung Europas das 21. Jahrhundert zu gewinnen. Allerdings darf Europa nicht nur reden, sondern muss endlich entschieden handeln.

Die Erfolgsbilanz von »Cotton made in Africa«

Über eine Milliarde Menschen leben in Subsahara-Afrika. Mit ihrem Pro-Kopf-Einkommen belegen die meisten afrikanischen Staaten südlich der Sahara die niedrigsten Ränge im weltweiten Vergleich. Bei der Bekämpfung von Armut spielt der Baumwollanbau eine Schlüsselrolle, der fast ausschließlich in den Händen von Kleinbäuerinnen und Kleinbauern liegt. Die Einnahmen aus dem Verkauf bilden in den Baumwolle produzierenden Ländern dieser Region die Hälfte ihres Einkommens und können den Lebensunterhalt der Familien kaum decken. Genau hier setzt der international anerkannte Standard für nachhaltige Baumwolle *Cotton made in Africa (CmiA)* an.

Während Baumwolle in den USA oder Brasilien in Monokulturen auf sehr großen Flächen angebaut, voll maschinell geerntet und häufig staatlich subventioniert wird, bauen die Kleinbauern in Afrika die Pflanze im Wechsel mit anderen Feldfrüchten auf kleinen Flächen von durchschnittlich rund zwei Hektar an und ernten von Hand. Sie haben mit den unterschiedlichsten Herausforderungen zu kämpfen, die durch eine geringe Produktivität und mangelnde Infrastruktur zu einer Benachteiligung der afrikanischen Baumwolle im internationalen Handel beitragen: schwierige klimatische Bedingungen, Verlust der Bodenfruchtbarkeit, mangelnde Saatgutqualität, fehlende Kenntnisse über Methoden nachhaltiger Baumwollproduktion, schwankende Weltmarktpreise und keine Subventionen.

Vor diesem Hintergrund wurde 2005 die Initiative *Cotton made in Africa* ins Leben gerufen. Der Auslöser war ein Protest der vier afrikanischen Länder Benin, Burkina Faso, Tschad und Mali auf der Welthandelskonferenz 2003 in Cancún. Sie wendeten sich gegen die sehr hohen Baumwollsubventionen vor allem der USA und der EU für ihre Landwirte, die dadurch ihre Baumwolle zu sehr günstigen Preisen auf dem Weltmarkt anbieten konnten. Tina Stridde, Geschäftsführerin der Aid by Trade Foundation, sagt: „Es war ungerecht, dass die Kleinbauern in Afrika, die vom Baumwollanbau existenziell abhängig sind, auf dem Weltmarkt mit diesen hoch subventionierten Preisen mithalten mussten. Deswegen wollte Michael Otto mit der Otto Group als großem Händler mit umfangreichen textilen Sortimenten etwas tun, um die Nachfrage nach afrikanischer Baumwolle zu befördern. Das bislang anonyme Massenprodukt Baumwolle aus Afrika sollte sichtbar und somit für Unternehmen aktiv nachfragbar werden: Die Idee der Initiative *Cotton made in Africa* war geboren. Das Ziel war von Beginn an, ein Produkt für den Massenmarkt zu entwickeln und damit die Lebensverhältnisse eines großen Teils der Baumwollbauern in Afrika zu verbessern. Diese Herausforderung war und ist ausgesprochen ambitioniert."

Auf Initiative von Michael Otto kamen im Jahr 2004 Vertreterinnen und Vertreter des Bundesministeriums für wirtschaftliche Zusammenarbeit und Entwicklung (BMZ), der Deutschen Entwicklungsgesellschaft (DEG) sowie der Gesellschaft für Technische Zusammenarbeit (GTZ, heute Gesellschaft für Internationale Zusammenarbeit) zusammen. Gemeinsam diskutierte man die Idee eines Standards, der die sozial, ökologisch und ökonomisch nachhaltige Produktion von Baumwolle aus Afrika fördert und einen Nachfragesog nach diesem Rohstoff erzeugt, der bei dem kleinbäuerlichen Produzenten in Afrika spürbar wird. Zwei Jahre lang wurde der Kriterienkatalog des *CmiA*-Standards gemeinsam mit der niederländischen Universität Wageningen und Experten aus Entwicklungszusammenarbeit und Umweltschutz entwickelt und optimiert, bevor er im Juni 2005 vom Kuratorium der von Michael Otto als Trägerin gegründeten Stiftung Aid by Trade Foundation verabschiedet wurde. Erster Geschäftsführer der Stiftung war Johannes Merck. Im Anschluss daran wurde in Kooperation mit der Beratungsgesellschaft PWC das Verifizierungssystem entwickelt, es sollte dem Prinzip folgen, so viel Transparenz und Kontrolle wie nötig zu bieten und dabei so wenig Kosten wie möglich zu verursachen.

Das wichtigste Prinzip, das der gesamten Initiative *Cotton made in Africa* zugrunde liegt, ist das Michael-Otto-Prinzip **Hilfe zur Selbsthilfe** durch globalen Handel statt Spenden, um die Lebensbedingungen der afrikanischen Kleinbauern zu verbessern. Um den Standard umzusetzen und die zertifizierte Baumwolle weltweit zu verarbeiten, wird mit einem weitreichenden Netzwerk in den Anbauländern der Baumwolle, zahlreichen Partnern entlang der textilen Wertschöpfungskette sowie Regierungs- und Nichtregierungsorganisationen zusammengearbeitet. Eine internationale Allianz von Modemarken und Retailern fragt den nachhaltigen Rohstoff *Cotton made in Africa* nach, lässt ihn zu Textilien verarbeiten und führt für die Nutzung des zugehörigen Siegels eine Lizenzgebühr an die Initiative ab. Diese Lizenzeinnahmen werden wiederum in den Baumwollanbaugebieten Subsahara-Afrikas reinvestiert. Der Zugang zu hochwertigen Betriebsmitteln wird erleichtert und durch Schulungen erlernen die Kleinbäuerinnen und Kleinbauern effiziente und umweltschonende Anbaumethoden, die ihre Erntemengen erhöhen und die gesamte Produktion für Mensch und Natur nachhaltig gestalten sollen. Während in den ersten Jahren Mittel der Aid by Trade Foundation zur Anschubfinanzierung notwendig waren, trägt sich heute die weitere Entwicklung aus den Lizenz- und Partnergebühren.

CmiA will sowohl die Lebens- und Arbeitsbedingungen von Kleinbäuerinnen und Kleinbauern und ihrer Familien verbessern als auch Umwelt, Boden, Wasser, Biodiversität und Klima schützen und die Zukunft nachfolgender Generationen sichern. Gemeinsam mit einem starken Netzwerk aus Baumwollgesellschaften, Agrar- und Umweltexperten sowie weiteren in Afrika und international aktiven Stakeholdern arbeitet *CmiA* seit der Gründung an der Umsetzung dieser Ziele.

Erfolge auf dem Feld

Im Jahr 2006 wurden Pilotprojekte mit drei Baumwollgesellschaften und rund 100.000 Kleinbauern in drei afrikanischen Ländern gestartet. Auf Basis dieser erfolgreichen Piloten konnten dann Ende 2008 zunächst die Bill & Melinda Gates Foundation, das BMZ und später auch die Walmart- und die Gatsby-Stiftung überzeugt werden, die Finanzierung sicherzustellen, um das Vorhaben in den folgenden acht Jahren auf weitere afrikanische Länder auszudehnen und mehr Baumwollgesellschaften mit ihren Vertragsbauern mit einzubeziehen. Dieses sogenannte COMPACI-Vorhaben (Competitive African Cotton Initiative) fand 2016 seinen Abschluss und war eine wichtige Grundlage dafür, dass *Cotton made in Africa* zu einem der weltweit führenden Standards für nachhaltig produzierte Baumwolle wurde.

2022 gab es bereits 19 Baumwollgesellschaften und rund 900.000 Kleinbauern in zehn Anbauländern, die 715.000 Tonnen entkörnte Baumwolle nach den *CmiA* und *CmiA Organic Standards* produzierten. Damit sind mehr als 40 Prozent der afrikanischen Baumwollproduktion *CmiA*-zertifiziert. Die Anbaufläche umfasst insgesamt 1.825.000 Hektar. Auf jeden einzelnen Farmer entfallen somit durchschnittlich 2,02 Hektar mit einer durchschnittlichen Ertragsmenge an Rohbaumwolle von 940 Kilogramm pro Hektar. Die Herausforderung besteht darin, dass große Familien nur kleine Flächen bewirtschaften, die nicht immer vergrößert werden können. Deswegen ist das Ziel, den Ertrag auf diesen Flächen unter den gegebenen Voraussetzungen zu steigern und gleichzeitig die Produktion der Baumwolle für Mensch und Natur nachhaltig zu gestalten. Das Wissen, wie Baumwolle so effizient und umweltfreundlich wie möglich angebaut werden kann, wird den Kleinbauern in Agrarschulungen vermittelt. Die Erträge sollen trotz vielerorts fehlender Düngemittel gesteigert werden, Fruchtwechsel, zum Beispiel mit Leguminosen, und die Nutzung von Kompost soll einen gesunden und fruchtbaren Boden sicherstellen. Durch Mulchen und andere Maßnahmen soll das wertvolle Regenwasser möglichst lange im Boden gespeichert werden, denn die Felder werden nicht künstlich bewässert. Immer wichtiger werden darüber hinaus Themen, die es den Bauern ermöglichen, mit den zunehmenden Folgen des Klimawandels und den damit einhergehenden veränderten Regenfällen umzugehen und sich daran so gut wie möglich anzupassen. Tina Stridde: „Die Baumwolle ist eine sehr wichtige cash-crop für den Farmer, denn sie ist für den Verkauf bestimmt und generiert Einnahmen. Die anderen Ackerfrüchte, die die Kleinbauern anbauen, zum Beispiel Sorghum oder auch Mais, dienen an erster Stelle nur dem Eigenbedarf oder werden zusätzlich auf dem lokalen Markt angeboten. Um die Produktion effizienter zu gestalten, die Anbaufläche optimal nutzen zu können und ihre Einnahmen aus der Baumwolle zu maximieren, braucht es Schulungen, die dem Kleinbauern Anbautechniken vermitteln, mit denen zum Beispiel die Baumwollmengen deutlich gesteigert und gleichzeitig eine gute Qualität sichergestellt werden kann."

Im Rahmen einer quantitativen und qualitativen Studie in Côte d'Ivoire und Sambia zwischen Oktober 2019 und Juni 2021 wurde untersucht, wie sich die bisherigen Schulungen auf die Arbeits- und Lebensbedingungen der Farmer ausgewirkt haben. In der Côte d'Ivoire konnte eine Bauernfamilie im Vergleich zu 2015 im Durchschnitt 18 Prozent mehr Einkommen aus den Verkäufen der *CmiA*-Baumwolle erwirtschaften. In Sambia erzielten Kleinbauern, die mindestens drei Trainingseinheiten besuchten, 23 Prozent höhere Erträge als Farmer ohne Training. Das Curriculum wird kontinuierlich weiter ausgebaut, um die Resilienz der Kleinbauern gegenüber dem Klimawandel zu steigern und klimaintelligente landwirtschaftliche Anbaupraktiken zu fördern.

Um zu überprüfen, ob die Anforderungen des *CmiA*-Standards eingehalten werden, besuchen unabhängige Auditierungsunternehmen jedes Jahr abwechselnd die Baumwollfelder und die Entkörnungsbetriebe. 2022 waren 21 afrikanische Auditoren im Einsatz, um Verifizierungen des Baumwollanbaus und Überprüfungen der Entkörnungsanlagen durchzuführen. Die Ergebnisse zeigen allen Beteiligten, was bereits gut umgesetzt wird und wo es noch Verbesserungsbedarf gibt. Die Resultate aus den Verifizierungen fließen in die Trainingskonzepte ein, um gezielt an den Schwachstellen zu arbeiten und die Produktion der Baumwolle sowohl ökologisch als auch ökonomisch nachhaltig zu gestalten.

In einer Lebenszyklusanalyse wurde der ökologische Fußabdruck von *CmiA*-Baumwolle mit Daten aus der Côte d'Ivoire, Kamerun und Sambia berechnet. Im globalen Vergleich hat die *CmiA*-Baumwolle eine sehr gute Ökobilanz. Während im weltweiten Durchschnitt 1,43 Tonnen CO_2-Äquivalente pro Tonne geernteter Baumwollfasern freigesetzt werden, sind es bei *CmiA*-Baumwolle aufgrund des Regenfeldanbaus nur 1,24 Tonnen. Somit verursacht *CmiA*-Baumwolle 13 Prozent weniger Treibhausgase als herkömmliche Baumwolle. Das liegt vor allem daran, dass die *CmiA*-Bauern vergleichsweise wenig Dünger einsetzen und ausschließlich Regenwasser nutzen. Das spart Energie, die sonst für den Betrieb von Wasserpumpen verwendet werden müsste. Während im globalen Durchschnitt 1.563 Liter Wasser pro Kilogramm Baumwolle verbraucht werden, sind es bei *CmiA*-Baumwolle aufgrund des Regenfeldanbaus nur zwei Liter.

Als Basis einer klimafreundlicheren Textillieferkette wurde gemeinsam mit der Non-Profit-Organisation atmosfair die *CmiA Carbon Neutral Initiative* gestartet. Seit 2021 können Nachfragepartner von *CmiA* auch CO_2-neutrale Baumwolle für ihre Wertschöpfungskette erwerben. Im ersten Schritt wurden 2021 bereits 3.318 Tonnen CO_2-neutrale *CmiA*-Baumwolle zertifiziert.

Förderung von Bildung

Im Rahmen des *CmiA Community Cooperation Program (CCCP)* sollen die Lebensbedingungen der Farmer, ihrer Familien und der Dorfgemeinschaften jenseits der Unterstützung im Baumwollanbau verbessert werden. Gemeinsam mit Partnern aus Wirtschaft und Gesellschaft werden lokale Baumwollgesellschaften bei der Umsetzung von Projekten in den Bereichen Gesundheit, Bildung, Frauenförderung und Umweltschutz unterstützt.

Bildung ist einer der wichtigsten Schlüssel für eine nachhaltige Entwicklung und bessere Lebensperspektiven für die Menschen in den *CmiA*-Projektgebieten. Tina Stridde sagt: „Bildung und Schulen sind für Michael Otto ein sehr wichtiges Thema, bei dem es noch unendlich viel zu tun gibt. Der Bau von Schulen ist für uns in der *CmiA*-Initiative eigentlich keine Hauptaufgabe, und wir verstehen uns nicht als Charity-Organisation. Aber wenn unser Standard die Anforderung stellt, dass die Kinder zur Schule gehen und nicht auf dem Feld arbeiten sollen, müssen Schulen auch vorhanden und erreichbar sein. Wir können nichts einfordern, wofür die Infrastruktur nicht vorhanden ist. Deswegen haben wir mit den *CCCPs* begonnen und dazu ein System entwickelt. Die Baumwollgesellschaft erstellt eine Bedarfsanalyse und verpflichtet sich, 30 Prozent der Mittel, die sie veranschlagt, selbst aufzubringen." Bei den Mitteln der Baumwollgesellschaften sind auch Mittel der Kommunen enthalten. Das ist wichtig, damit es auch ihre Schulen und Lehrergebäude, ihre Brunnen und Gesundheitsstationen sind. Im Rahmen des *CmiA*-Kooperationsprogramms wurden seit seinem Beginn eine Vielzahl von Bildungsprojekten unterstützt: Um die Schulbildung der Kinder zu fördern, entstanden bis Ende 2022 110 Klassenräume, 67 Schulkantinen, 54 Schulgärten, 8 Lehrergebäude; ein Erwachsenenalphabetisierungsprojekt wurde durchgeführt, ein Ausbildungszentrum gegründet und ein Mädchenschlafsaal gebaut, um Mädchen den langen und oft gefährlichen Weg zu einer weiterführenden Schule zu ersparen.

Eine extern durchgeführte Evaluierung zu Bildungsprojekten, die in Tansania erfolgreich abgeschlossen waren, hat über 450 Menschen der Dorfgemeinschaften an insgesamt 15 Standorten im Bezirk Bariadi in der ersten Jahreshälfte 2021 befragt, wie diese Projekte des *CmiA Community Cooperation Programs (CCCP)* wirken. Die Studie zeigte, dass die Schulabbruchquoten gesunken und die Anwesenheitsquote an den Schulen mit *CmiA*-Förderung deutlich höher als an Standorten ohne Förderung waren. 96 Prozent der Befragten sind mit den *CmiA*-Projekten „zufrieden" oder „sehr zufrieden". Die Bildungsprojekte entfalten eine sehr positive Wirkung und tragen dazu bei, die Bildungsinfrastruktur vor Ort zu verbessern.

Gleichstellung der Frauen

Die ökonomische und gesellschaftliche Unabhängigkeit von Frauen ist ein zentrales Thema für *CmiA*. Die Frauen erledigen einen großen Teil der Arbeit auf dem Feld, kümmern sich um die Familie und Ernährung, besorgen Trinkwasser, führen den Haushalt und erziehen die Kinder. *CmiA* unterstützt Frauen in ihrem Alltag und setzt sich für eine gleichberechtigte Teilhabe ein. 85 Frauenclubs und 5 weitere Frauenprojekte sorgen sich um die Gleichstellung der Frauen und wirken Diskriminierung und sexueller Belästigung entgegen. „Die Frauen schultern eine enorme Last, aber sie haben häufig wenig Rechte und Teilhabe. Viele Frauen arbeiten bei uns im Programm mit, aber der offizielle Vertrag mit der Baumwollgesellschaft läuft über ihren Mann. Deswegen unterstützen wir Frauengruppen und -kooperativen, damit sich Frauen mit anderen Frauen zusammenschließen können. Es gibt Anschubfinanzierungen für Micro Business, damit sie sich zum Beispiel gemeinsam Hühner anschaffen und züchten können, um sie dann auf dem Markt zu verkaufen. Die Frauen können sich in Gruppen organisieren und entscheiden dann selbstständig, was mit dem eingenommenen Geld gemacht wird. Das ist wirklich sehr cool", sagt Tina Stridde.

Wasser

Mehr als ein Drittel der Menschen in Afrika hat keinen gesicherten Zugang zu Wasser. Sie müssen oft kilometerweit laufen, um Wasser zu holen. Zudem gibt es keine ausreichende Sanitärversorgung, was die Gesundheit vor allem von Kindern gefährdet. Auch in den *CmiA*-Projektregionen sind mangelnde hygienische Lebensbedingungen und eine unzureichende Gesundheits- und Trinkwasserversorgung keine Seltenheit. Bisher wurden daher zum Schutz der Gesundheit 119 Brunnen, 452 Latrinen, davon 384 an Schulen, und 4 Gesundheitsstationen gebaut.

Umwelt- und Naturschutz

Besonders in landwirtschaftlich geprägten Regionen sind Projekte wichtig, die den verschiedenen Anspruchsgruppen gerecht werden und dazu beitragen, die Umwelt in den Projektregionen zu schützen. Auf Initiative der Baumwollgesellschaften wurden 23 Gebäude mit Solaranlagen ausgestattet. In Mosambik wurden 3 Projekte zum Recycling alter Pestizidcontainer finanziert. Dabei können die Farmer an über 660 Sammelstellen leere Pestizidbehälter abgeben und erhalten dafür eine Prämie. Die Pestizidbehälter wurden recycelt und zu neuen Gebrauchsgegenständen verarbeitet.

Erfolge in der Lieferkette und im Markt

2022 ist die Nachfrage nach *CmiA*-zertifizierter Baumwolle auf Rekordhöhe gestiegen. Rund eine Milliarde Textilien wurden im vergangenen Jahr mit dem *CmiA*-Label vermarktet. Damit ist der Absatz im Vergleich zu 600 Millionen Textilien im Jahr 2021 um fast 70 Prozent gewachsen. 2013 gab es gerade einmal 25 Millionen *CmiA*-gelabelte Textilien im Markt. Das Partnernetzwerk aus Retailern und Marken, die *CmiA* nachfragen, ist von 2018 bis 2022 um mehr als 40 Prozent auf 66 Unternehmen gestiegen. Die registrierten Partner in der textilen Wertschöpfungskette wuchsen auf 260 Spinnereien vor allem in den Märkten Bangladesch, Pakistan und Indien und integrieren zunehmend auch Produktionsbetriebe für Fertigware sowie Stoff- und Garnhändler. 54 Länder weltweit sind inzwischen als Textilproduktionsmärkte für *CmiA*-Textilien gelistet und produzieren mit 1.400 Textilproduzenten *CmiA*-gelabelte Produkte. In 11 Ländern gibt es vertikal integrierte Produzenten, in 30 Ländern 600 Stoffproduzenten, in 10 Ländern 42 Garnhändler, in 7 Ländern 52 Stoffhändler und letztlich 29 internationale Baumwollhändler. Damit bedient *Cotton made in Africa* nicht die Bio-Boutique, sondern vor allem den Massenmarkt. Ziel ist, dass die zertifizierte Baumwolle zum ganz normalen Preis verkauft wird. Der Handel kann also eine enorme Hebelwirkung entfalten, wenn alle Akteure entlang der Wertschöpfungskette Verantwortung übernehmen und einen Beitrag für mehr Nachhaltigkeit in unserer Welt leisten wollen.

HORST KÖHLER

Für eine neue Partnerschaft mit Afrika

**Der ehemalige Bundespräsident und Direktor des Internationalen Währungs-
fonds IWF plädiert für eine Neubegründung der deutschen und europäischen
Afrikapolitik. Nur eine gleichberechtigte Partnerschaft auf Augenhöhe, die
auch afrikanische Ideen und Konzepte berücksichtigt, kann das enorme Wirt-
schaftspotenzial des unterschätzten Kontinents zum Wohle aller entfesseln.
Dazu gehören auch Veränderungswille und Lernbereitschaft auf der Seite
der westlichen Industrieländer, die Afrikas stolze Nationen bisher oft nur
als Bittsteller behandelt haben.**

Sich zum 80. Geburtstag ein Buch mit Denkanstößen statt Dankesworten zu
wünschen, entspricht ganz Michael Otto, wie ich ihn kenne und schätze! Das
Unternehmen als Teil einer Wirtschaft zu begreifen, die dem Menschen dienen soll: Das ist der Kern des „Michael-Otto-Prinzips", das in den vorangegan-
genen Kapiteln mit vielen Beispielen geschildert wurde. Zahlreiche Pionier-
leistungen Michael Ottos gehören heute zum unternehmerischen Einmaleins.
Eine allerdings noch nicht: die Erkenntnis, dass Deutschland und Europa keine
gute Zukunft haben können, wenn nicht auch Afrika eine gute Zukunft hat.
Warum? Mitte dieses Jahrhunderts werden in Afrika 2,5 Milliarden Menschen
leben. Schon heute ist jeder Zweite dort unter 18 Jahren. Es wird auch Europas
Sicherheit und wirtschaftliche Entwicklung bestimmen, ob diese größte Jugend-
generation aller Zeiten Perspektiven, Arbeit und Einkommen findet und Afrika
zu einem neuen Wachstumspol der Weltwirtschaft entwickeln kann – oder ob
ihre Frustration sich vornehmlich in Gewalt oder ganz neuen Migrationsströmen
entlädt. Es wird auch über unser Klima mitentscheiden, ob der enorme nötige
Zubau für Energiegewinnung, Infrastruktur und Industrialisierung CO_2-neutral
gelingt. Es kann einem Staatenverbund wie der Europäischen Union nicht egal
sein, welche politischen Allianzen die afrikanischen Staaten eingehen, weil
davon auch unsere künftige Gestaltungskraft in den multilateralen Organisationen abhängt. Und gerade unsere so exportabhängige Wirtschaft muss sich
angesichts der jüngsten Erfahrung, wie schnell sich Abhängigkeit (von Gas aus
Russland) in eine politische Waffe verwandeln lässt, dringend die Frage stellen,
wo sie und wie sie neue Zukunftsmärkte findet.

Aktuell entfällt nicht einmal ein Prozent der ausländischen Direktinvestitionen deutscher Unternehmen auf Afrika. Das weist auch auf einen Mangel an
Weitsicht und Risikobereitschaft der deutschen Wirtschaft hin. Über Afrika
als Investitionsstandort sollte so strategisch nachgedacht werden wie über den
Umgang mit China. Der afrikanische Markt erschien den meisten deutschen

Unternehmen bisher zu fragmentiert, unübersichtlich und unberechenbar. Mit der Entscheidung der Afrikanischen Union, eine kontinentale Freihandelszone zu schaffen, entsteht nun in Europas unmittelbarer Nachbarschaft ein Binnenmarkt mit schon jetzt weit über einer Milliarde Menschen und großem Investitionsbedarf. Von deutschen Unternehmen sollten wir erwarten, dass sie die dortige Entwicklung neuer Märkte mit eigener Kreativität und eigenen Konzepten voranbringen, dass sie beim Aufbau einer verarbeitenden Wirtschaft helfen und damit Jobs vor Ort schaffen.

Michael Otto ist in dieser Hinsicht ein Pionier. Von seiner Initiative *Cotton made in Africa* profitieren inzwischen eine Million kleinbäuerliche Landwirtschaften. Afrika ist kein Kontinent, für dessen Probleme wir Europäer fürsorglich Lösungen ersinnen müssen. Er ist ein eigenständiger Akteur und Partner mit großen Potenzialen, der auch zur Lösung unserer Probleme beitragen kann. Unsere Unternehmen tun gut daran, in die Zusammenarbeit mit dortigen Unternehmen zu investieren und Technologie- und Wissenstransfer zu fördern. Künftig wird es nicht mehr hauptsächlich um die niedrigsten Löhne gehen, sondern um Zugang zu Rohstoffen, um Investitionen in Verarbeitungskompetenz, um gemeinsame Entwicklung von Win-win-Wertschöpfungsketten. Afrikas Transformation wird nur aus sich selbst heraus gelingen, nicht aus unserem Sendungsbewusstsein oder unseren Belehrungen. Europa muss Afrika neu begegnen: mit einer Haltung, die diesem Kontinent Respekt erweist und ihn endlich als eigenständiges politisches Subjekt versteht, mit eigenen Visionen und eigener Verantwortung, mit eigenem Handlungswillen und eigenen Handlungsoptionen. Wissen wir darüber hierzulande genug? Interessieren wir uns hinreichend für afrikanische Realitäten? Informieren wir uns über die politischen Institutionen, Vorhaben und Diskussionen, die auf dem afrikanischen Kontinent im Gange sind?

Es gibt ein neues Afrika. Ein selbstbewussteres Afrika mit eigenen Ideen und Konzepten und einer eigenen Vorstellung seiner zukünftigen Entwicklung. Lassen wir uns von diesem neuen Afrika inspirieren! An tragfähige Ideen aus Afrika können wir anknüpfen, wie zum Beispiel an die Ideen von Jakkie Cilliers vom Institute for Security Studies in Südafrika. Er beschreibt in seinem Buch *Africa Tomorrow: Pathways to Prosperity* ein ambitioniertes und dennoch realistisches Szenario bis 2040, in dem er darstellt, wie die Steigerung von Wirtschaftswachstum und Durchschnittseinkommen sowie die Bekämpfung von Armut in Afrika gelingen kann. Was hindert Afrika mit seinen reichhaltigen natürlichen Ressourcen daran, sein Potenzial in Wohlstand umzuwandeln? Cilliers skizziert Szenarien für elf Bereiche, in denen durch Interventionen jeweils eine deutliche Verbesserung der Situation auf dem Kontinent bis zum Jahre 2040 erzielt werden könnte:

1. Demografie

Cilliers zeigt auf, wie das schnelle Bevölkerungswachstum in vielen afrikanischen Ländern die Produktivität behindert. Um eine positive Entwicklung zu ermöglichen und damit eine demografische Dividende zu erzielen, sind laut Cilliers Investitionen in eine bessere Bildung und die Anhebung der Einschulungs- und Abschlussquoten von Frauen auf das Niveau der Männer erforderlich.

2. Gesundheit

In Afrika zeigen sich die negativen Auswirkungen schlechter Gesundheitssysteme auf die Entwicklung besonders deutlich. Dringend notwendig sind flächendeckende Investitionen in die Basisinfrastruktur wie sauberes Wasser, verbesserte sanitäre Einrichtungen und Zugang zu allgemeinen Gesundheitsdienstleistungen. Die Notwendigkeit von Investitionen in den Ausbau der Gesundheitssysteme und in die grundlegende Infrastruktur ist während der Corona-Pandemie besonders offensichtlich geworden.

3. Infrastruktur

Investitionen in die Basisinfrastruktur sind auch in anderen Bereichen wie Stromversorgung, Kanalisation oder Straßen notwendig, um die Grundlagen für nachhaltiges Wachstum zu schaffen. Dies sollten afrikanische Regierungen angehen, bevor sie ihre Ressourcen in große industrielle Projekte stecken.

4. Bildung

Viele afrikanische Länder kämpfen mit rasant steigenden Schülerzahlen, hohen Abbruchquoten, schlechter Bildungsqualität und nicht passgenauer Ausbildung. Laut Cilliers sind daher Investitionen in Bildung dringend erforderlich. Neben der Grundbildung sollte Afrika auf neueste Technologien setzen („artificial intelligence teaching") und auf kontinentalen Wissenstransfer.

5. Landwirtschaft

Die schwache Leistung der Landwirtschaft ist eine weitere Erklärung für die langsame wirtschaftliche Entwicklung Afrikas. Die Landwirtschaft bildete zwar eine der tragenden Säulen afrikanischer Volkswirtschaften, doch sind die Erträge pro Hektar niedriger und wachsen auch sehr viel langsamer als im Rest der Welt. Die afrikanische Landwirtschaft hätte aber das Potenzial, in manchen Bereichen den Erfolg zum Beispiel der Niederlande zu replizieren, die trotz ihrer sehr geringen Anbaufläche weltweit der zweitgrößte Exporteur landwirtschaftlicher Produkte sind. Dies erfordert jedoch eine dramatische Veränderung der derzeitigen Praktiken, einschließlich des Einsatzes von Kulturpflanzen, die den Bedingungen vor Ort besser entsprechen.

6. Sozialleistungen

Cilliers kommt zu dem Ergebnis, dass nur in Ländern mit relativ geringer sozialer Ungleichheit Wachstum auch zu Armutsreduzierung führt. Viele afrikanische Staaten sind aber durch einen besonders hohen Grad an Ungleichheit geprägt. Hier sind die Regierungen gefragt, für mehr Ausgleich zu sorgen. Dafür müssen sie das Problem der unzureichenden Steuereinnahmen angehen, das häufig auf das Fehlen zentraler Personenregister zurückzuführen ist.

7. Industrialisierung

Hier gibt es aufgrund der großen Verschiedenheit der afrikanischen Länder keinen Königsweg. In jedem Fall braucht es aber jeweils klare politische Strategien für eine Industrialisierung. Afrika hat sich in den vergangenen Jahrzehnten sogar eher deindustrialisiert, teils sind „High-Tech-Blasen" ohne Verbindung zur restlichen Wirtschaft entstanden. Chinesische Unternehmen schaffen es aber, verarbeitende Industrie in Afrika aufzubauen. Cilliers fragt, warum dies nicht auch afrikanischen und europäischen Unternehmen gelinge. Er plädiert für den Aufbau von Sonderwirtschaftszonen und für einen klaren Fokus auf das Anwerben von ausländischen Direktinvestitionen.

8. Leapfrogging

Leapfrogging bedeutet das Überspringen von Stufen der technologischen Entwicklung. Afrika kann laut Cilliers erheblich von neuen Technologien profitieren, um Modernisierungsprozesse schneller und günstiger umzusetzen. Das beste Beispiel ist der Ausbau der Stromversorgung durch erneuerbare Energien und dezentralisierte Stromnetze. Zugang zu Strom und Internet kann wiederum eine rasche Digitalisierung vorantreiben und großes Wachstum ermöglichen. Dafür sind aber Investitionen von außen nötig. Dass es möglich ist, ausländische Investoren anzuziehen, zeigt das Beispiel der Mobiltelefonie.

9. Handel

Cilliers beschreibt den regionalen und kontinentalen Handel als Ausweg aus dem Dilemma, dass viele afrikanische Länder schlicht zu klein sind, um wettbewerbsfähige Industrien aufzubauen und damit für ausländische Direktinvestitionen attraktiv zu sein. Afrikas Volkswirtschaften könnten besonders vom Handel untereinander profitieren. Der Intra-Afrika-Handel umfasst lediglich 17 Prozent des gesamten Handelsvolumens, in Europa dagegen sind es 68 Prozent. Die kontinentale Freihandelszone AfCFTA ist darum entscheidend, einen positiven Kreislauf für Austausch und Diversifizierung zu initiieren. Wenn die Freihandelszone richtig umgesetzt wird, kann sie mehr als jeder andere Faktor das Wirtschaftswachstum Afrikas ankurbeln.

10. Sicherheit

Afrika braucht Sicherheit und Frieden auf dem Kontinent, um sich optimal entwickeln zu können. Zwar hat es laut Cilliers in den vergangenen zwanzig Jahren positive Entwicklungen bei Stabilität und Frieden auf dem Kontinent gegeben, die jüngste Vergangenheit ist aber wieder von Rückschlägen geprägt. Schlechte Regierungsführung und das Fehlen von inklusivem Wirtschaftswachstum bleiben die zentralen Herausforderungen für die Sicherheit in Afrika, wie das Beispiel der Sahel-Region deutlich zeigt. Zur Verbesserung der Sicherheit auf dem Kontinent sollte die Afrikanische Union AU unter anderem die Afrikanische Friedens- und Sicherheitsarchitektur (APSA) stärken.

11. Regierungsführung

Viele der genannten Maßnahmen sind voneinander abhängig und haben in unterschiedlichen Phasen der Entwicklung eines Landes unterschiedliche Auswirkungen. Cilliers gelangt zu dem Schluss: „Afrika braucht die kombinierte Wirkung aller Interventionen in den verschiedenen Sektoren." Hierzu benötigen afrikanische Länder vor allem verlässliche und ehrliche Führer, die sich im Rahmen ihrer Verfassungen für das Gemeinwohl einsetzen und die Ambitionen ihrer jugendlichen Bevölkerungen nachvollziehen können. Für Cilliers kommt es darauf an, in die Zukunft und nicht in die Vergangenheit zu blicken. Die Aufforderung Nelson Mandelas an die Afrikaner, die Schuld für ihre Lage nicht woanders zu suchen und andere nicht für die eigene Entwicklung verantwortlich zu machen, sondern ihr Schicksal selbst in die Hand zu nehmen, hat nicht an Gewicht verloren.

Cilliers' Analyse zeigt, welche dramatischen Veränderungen auf dem afrikanischen Kontinent nötig und möglich sind. Aber sie zeigt auch, dass diese Veränderungen große Anstrengungen und Zeit benötigen. In einer ersten Phase müsse es darum gehen, mit Investitionen und Reformen in den elf beschriebenen Sektoren die Grundlagen für nachhaltiges Wachstum zu schaffen. Frühestens ab 2030 würden dann die Effekte dieser Interventionen zu spürbaren Verbesserungen der Lebensverhältnisse führen, bevor sie dann ab 2040 ihre volle Wirkung entfalten. Viele afrikanische Länder stünden also noch vor schwierigen Jahren mit hoher Arbeitslosigkeit und sinkendem Pro-Kopf-Einkommen.

Jakkie Cilliers' Buch *Africa Tomorrow: Pathways to Prosperity* enthält keine Patentrezepte, aber klare und sachbezogene Anhaltspunkte für eine bessere Entwicklung auf dem afrikanischen Kontinent. Ich glaube, dass dieses Buch bei der allfälligen Überprüfung der deutschen und europäischen Afrikapolitik nützlich sein kann. Es bietet eine Art Checkliste, wie die Afrikapolitik besser an afrikanische Ideen und Konzepte andocken kann. Solch ein Ansatz würde die Afrikapolitik nicht als Entwicklungspolitik für einen Nachzügler-Kontinent begreifen, sondern wechselseitigen strukturellen Veränderungsbedarf und Lernpotenzial auf beiden Seiten erkennen. Das könnte auch Wege aufzeigen, wie sich Deutschland nachhaltig aus den gegenwärtigen Klumpenrisiken seiner Wirtschaftsstruktur befreien kann. Die Europäische Union wiederum sollte aufhören, über Chinas Belt-and-Road-Initiative zu lamentieren, und stattdessen ernst machen mit ihrer angekündigten Global-Gateway-Strategie und einen eigenen, ja vielleicht besseren Beitrag leisten, um Afrikas Infrastrukturlücke zu schließen. Die EU muss sich auch die Frage stellen, wie eine bessere Koordinierung der Afrikapolitiken der Mitgliedsstaaten erreicht werden kann und welche europäischen Politiken auf den Prüfstand gehören – von der Landwirtschaft über die Fischerei bis hin zu Handelsverträgen und Visaregeln –, auch um den Preis partikularer Nachteile. Denn letztlich wird alles, was Afrika daran hindert, seine eigene Wirtschaft zu entfalten, gerade Europa teuer zu stehen kommen. Europäische Afrikapolitik darf nicht nur „Politik für und in Afrika" sein. Sie muss auch eigenen Veränderungsbedarf erkennen und umsetzen. Cilliers' Analyse zeigt einmal mehr: Afrika hat das volle Potenzial für eine gute Entwicklung. Wenn jetzt die afrikanischen Führer ihre Verantwortung ernst nehmen und wenn Europa diese Eigenverantwortung mit einer neuen Ernsthaftigkeit unterstützt, kann Afrika zu einem neuen Pol für weltwirtschaftliches Wachstum werden. Mehr noch: Dann kann das 21. Jahrhundert sogar zu einem afrikanisch-europäischen Jahrhundert werden, einer wirklich neuen wirtschaftlichen und politischen Partnerschaft, die auch dem Planeten als Ganzem guttut.

Gerade in diesen Zeiten der Ungewissheit, des Umbruchs und der Nervosität in Politik und Gesellschaft dürfen wir nicht aufhören, über die Gestaltung der Zukunft nachzudenken. Wir alle stehen in der Verantwortung, aktiv für eine bessere Welt einzutreten und die Interdependenzen zwischen gesellschaftlichem, ökologischem und unternehmerischem Handeln zu erkennen. Michael Otto hat mit seinem unternehmerischen Sachverstand und seinen Ideen bis heute schon zahlreiche Beiträge für ein besseres Morgen geleistet. Von ihm lässt sich vieles lernen: Neugier, Empathie und die Bereitschaft zur Selbstbefragung: Was können, was müssen wir noch besser machen? Ich hoffe, dass viele Menschen in Michael Ottos Fußstapfen treten werden. Denn er lebt vor, was erfolgreiches und verantwortungsvolles Unternehmertum mit Zukunft bedeuten kann. Ad multos annos, lieber Freund!

KAPITEL VIII
Kultur und Jugend

MICHAEL OTTO

Kultur und Bildung für das Herz der Jugend

Kunst und Kultur sind wichtige Pfeiler der demokratischen Gesellschaft. Sie spielen eine ganz wesentliche Rolle bei der Herausbildung einer Persönlichkeit, gerade für junge Menschen. Der von der Aufklärung und Immanuel Kant inspirierte Wilhelm von Humboldt sah in Bildung und Kultur, sofern sie an keinen unmittelbaren, verwertbaren Nutzen gebunden ist, das ideale Instrument, „das Menschenkind zum Menschen" zu entwickeln und es damit aus der eigenen Unmündigkeit zu befreien. Deshalb gehört es von jeher zur Herzensbildung junger Menschen, ihnen die Zugänge und Perspektiven zu öffnen, damit sie der Kunst, Musik und Kultur begegnen und diese für die Selbstverwirklichung nutzen.

Unternehmer, die der Gesellschaft etwas zurückgeben wollen und deshalb Kultur und Bildungsprojekte für Jugendliche fördern, können sich mit der Auseinandersetzung über die Kunst und Kultur auf eine spielerische und intuitive Art und Weise außerhalb der unmittelbaren Verwertungslogik mit den sensibleren Anliegen und den sich wandelnden Werten der Gesellschaft beschäftigen und dabei lernen, diese besser zu verstehen. Kultur spiegelt vielfältige Lebensentwürfe und Lebensformen und gesellschaftliche Debatten wider, sie bietet Reibungsflächen zur Auseinandersetzung mit der Wirklichkeit und weist über das alltägliche Geschehen hinaus.

Wenn ein Unternehmen innovativ, kreativ und aufgeschlossen bleiben will, dann muss es am kulturellen Leben teilhaben. Deshalb habe ich immer Kunst und Kultur unterstützt. Weil es mich selbst inspiriert, neue Räume der Fantasie kennenzulernen und die Kraft der Kreativität einzusetzen. Ein Unternehmer kann diese inspirierende Energie für die Entwicklung neuer unternehmerischer Ideen nutzen und sie mit dem kühlen Kalkül des Kaufmanns verknüpfen. Dadurch können tatsächlich innovative Ideen entstehen, auf die man sonst nie gekommen wäre. So kann Beuys' berühmte, oft zitierte Gleichung „Kunst = Kapital", die er auf einen echten 10-Mark-Schein schrieb und mit seiner Signatur zum Kunstwerk erklärte, durchaus wörtlich genommen werden, da sie die Kreativität und die schöpferische Energie des Einzelnen als Kapital und Potenzial einer Gesellschaft beschreibt.

Damit ist nicht gemeint, dass man als Unternehmer einfach die Kultur für eigene kommerzielle Zwecke einspannen könnte, denn zwischen der Inspiration und der Innovation liegt auch eine arbeitsintensive eigene Übersetzungsleistung, in der man seine eigene Erfahrung und sein unternehmerisches Wissen einbringen muss. Die Beschäftigung mit Kunst und Kultur regt die eigenen kreativen Potenziale des Unternehmers an. Mich haben jedenfalls die Auseinandersetzung mit bildender Kunst und Musik und die Gespräche und Diskussionen mit Musikern und Künstlerinnen immer kreativ aufgeladen, auch weil man Entwicklungen in unserer Gesellschaft einmal aus ganz unterschiedlichen Perspektiven zu betrachten lernt.

Eine Möglichkeit der kulturellen Förderung ist, öffentliche Kulturinstitutionen zu unterstützen. Als öffentliches Gut muss Kultur in einer Demokratie für alle zugänglich sein. Ein Mäzen darf deshalb nicht die Entscheidungshoheit verlangen, denn über das Programm entscheiden die öffentlichen Institutionen selbst, weil sie in demokratisch legitimierte Strukturen eingebunden sind. Deshalb habe ich kein Verständnis für Stifter und Förderer, die ihre Gönnergeste mit eigensinnigen Gestaltungsansprüchen verbinden. In diesen Public Private Partnerships muss das *Prinzip der Kooperation* eingehalten werden, bei der die öffentlichen Institutionen den Hut aufbehalten müssen. Private Mittel können ergänzend eingesetzt werden, wenn es um die Finanzierung weiterführender kultureller Angebote geht, die aus den begrenzten öffentlichen Mitteln sonst nicht umgesetzt werden können. Das kann allerdings sehr segensreich sein.

Privates Engagement ist beispielsweise dann besonders erfolgreich, wenn eine Stadt attraktive Visionen entwickelt, für die sich auch ihre Bürger begeistern können. So entstand in Hamburg eine regelrechte Bürgerbewegung, die die Idee der Elbphilharmonie von Anfang an enthusiastisch unterstützte. Ich und viele andere Bürger haben entsprechend ihren Möglichkeiten den Bau der Elbphilharmonie mit Spenden unterstützt. Zwar übernahm der Steuerzahler immer noch den Löwenanteil der Baukosten, aber die hohe Beteiligung sorgte dafür, dass die Elbphilharmonie von den Bürgerinnen und Bürgern als neues Konzerthaus angenommen wurde und alle heute mit großer Begeisterung erfüllt. Darauf kann die Freie und Hansestadt sehr stolz sein. Die Elbphilharmonie ist nicht nur ein neues ikonografisches Wahrzeichen am Tor zur Welt und eine große Attraktion für Touristen, sondern ein Kulturleuchtturm, der weltweit ausstrahlt.

Nicht nur die Elbphilharmonie, sondern die ganze Stadt Hamburg ist erfüllt mit schöner Musik. Neben dem großen Leuchtturm sorgen viele kleine Projekte dafür, dass junge Menschen wohnortnah einen leichten Zugang zur Musik bekommen. So ermöglicht die Jugendmusikschule Hamburg als größte musikschulische Einrichtung in Europa rund 23.500 Kindern und Jugendlichen im Alter von sechs Monaten bis 25 Jahren eine musikalische Ausbildung. Hamburg beweist, dass Musik einen ganz wesentlichen Beitrag zur Integration und zur Bildung junger Menschen leisten kann.

Bildung ist für mich das wichtigste Politikfeld, denn hier entscheidet sich die Zukunft unserer Demokratie und Wirtschaft. In der ganzen Welt gilt: Nur eine gute Bildung und Ausbildung ermöglicht Kindern und Jugendlichen ein menschenwürdiges Leben. Bildung ist immer noch die wichtigste Voraussetzung, um mit eigener Arbeit zu gerechter Bezahlung unabhängig zu werden, um seine Träume und Pläne zu verwirklichen. Das gilt in Hamburg wie in den Favelas von Rio de Janeiro gleichermaßen. Nur Bildung verschafft Perspektiven. Die

Corona-Pandemie hat schonungslos die Defizite im Bildungssystem unseres reichen Landes offengelegt: zu wenig Lehrende, zu große Klassen und ein grotesker Rückstand bei der Digitalisierung. Kinder und Jugendliche haben unter der Isolation und den Schulschließungen während der Lockdowns am meisten gelitten. Schon jetzt zeigen aktuelle Zahlen, wie groß die Bildungsdefizite, aber auch die seelischen Belastungen durch Corona waren. Hier muss die Politik und die Bürgergesellschaft mit einem gewaltigen Kraftakt die nötigen Ressourcen mobilisieren, um diese Defizite zu beseitigen. Dabei sollten wir uns auf die Humboldt'schen Bildungsideale besinnen. Die Schulen müssen wieder ein solides Grundwissen vermitteln. Dazu gehört natürlich eine Selbstverständlichkeit, die längst nicht mehr vorausgesetzt werden kann, dass Schülerinnen und Schüler nach ihrem Abschluss auch ein weitgehend fehlerfreies Deutsch sprechen und schreiben können und die Grundrechenarten beherrschen. Darüber hinaus sollte auch eine Basis von Allgemeinwissen zum Beispiel in Literatur, Geschichte, Naturwissenschaften und Geografie vermittelt werden. Und was immer entscheidender wird: In der digitalen Gesellschaft ist das Wissen der Welt nur einen Mausklick entfernt, also müssen Schülerinnen und Schüler dieses Wissen nicht durch stupides Pauken anhäufen, sondern die Kulturtechnik erlernen, wie man sich mit den digitalen Werkzeugen das Wissen im Internet aufschließen kann, um die eigene Neugierde und den eigenen Wissensdrang zu stillen. Des Weiteren muss in Ganztagsschulen den Kindern und Jugendlichen nachmittags gezielt Förderung gegeben werden in den Fächern, in denen sie Schwierigkeiten haben; denn nur so erreichen wir Bildungsgerechtigkeit.

Das wären die Grundvoraussetzungen im Bildungsbereich, damit die Integration junger Menschen in unsere Gesellschaft deutlich verbessert und so der Zusammenhalt wieder gestärkt wird. Wie das im Zusammenspiel zwischen Ermutigung und Ertüchtigung funktionieren kann, zeigt am schönsten das großartige Projekt The Young ClassX, das inzwischen über 30.000 Kinder und Jugendliche erreicht hat. Hier zeigt sich deutlich, dass Musik verbindet, über alle ethnischen, sozialen und religiösen Grenzen hinweg. Darüber hinaus werden die Lernfähigkeit, die emotionale Intelligenz und durch die öffentlichen Auftritte das Selbstbewusstsein der Kinder und Jugendlichen gestärkt.

Bela Marock

»Laut für unsre Zukunft!«

Kannst du auch manchmal nicht schlafen,
vor lauter Angst, was die Zukunft bringt?
Hast du auch so viele Fragen,
doch nur wenig, das dir Sorgen nimmt?

Fühlst du dich auch so alleine,
unverstanden und übersehn?
Denkst du auch manchmal, so kann es
ganz bestimmt nicht weitergehn?

Komm mit uns, es führt kein Weg zurück.
Nur nach vorn, gemeinsam Schritt für Schritt.

Wir sind laut für unsre Zukunft,
für die Welt, die sich mit uns dreht.
Wir sind laut, weil nicht egal ist,
wie es morgen weitergeht …

So beginnt das Lied, das junge Musiker und Chormitglieder von The Young ClassX gemeinsam mit dem Chormodulleiter und Songwriter Michael Zlanabitnig und dem Komponisten Chris Buseck bei einem Workshop mit *Fridays for Future* zum Thema Zukunft, Umwelt und Klimawandel geschrieben haben. Der Workshop entstand in Zusammenarbeit mit der Michael Otto Umweltstiftung. Dieses Lied hört sich an wie die Hymne einer ganzen Generation, die gerade die zweijährige Isolation in der Corona-Pandemie hinter sich gelassen hat und nun mit Kriegsangst und einem dramatischen Klimawandel konfrontiert ist. In einer Gesprächsreihe mit zehn Kindern und Jugendlichen aus dem Chor, dem Fanny Mendelssohn Jugendorchester (FJO) und dem Felix Mendelssohn Jugendorchester (MJO) äußern sich selbst die jüngsten Teilnehmerinnen und Teilnehmer erstaunlich reflektiert und politisch.

Bela Marock

16 Jahre, spielt im MJO und FJO Horn, Albert-Schweitzer-Gymnasium, Hamburg, träumt von einer Orchesterkarriere.
Keiner, der mich kennt, würde mich als normalen Jugendlichen bezeichnen. Aber das ist mir egal. Ich bin anders als die anderen in der Schule. Ich lebe

Smilla Cohrs

gerne in meiner eigenen Welt der klassischen Musik. Ich liebe die klassische Musik von Bach bis Mahler. Bei The Young ClassX gibt es zu meinem großen Glück auch viele Klassik-Fanatiker wie mich. Ich bin so froh, dass ich Gleichgesinnte gefunden habe. Deshalb ist The Young ClassX ein ganz wesentlicher Bestandteil meines Lebens. Es ist das beste Projekt, das ich mir vorstellen kann. Ich träume von einer Orchesterkarriere. Dabei habe ich einen großen Vorteil: Es gibt nur wenige, die Horn spielen. Man braucht dafür ein großes Lungenvolumen und viel Kondition. Man muss immer dranbleiben und sich motivieren. Es dauert eine Zeit, bis man vernünftig spielen kann. Wenn man eine Woche nicht geübt hat, muss man wieder von vorne anfangen, um Kraft und Kondition aufzubauen. Ich liebe Gustav Mahler, weil in seinen Sinfonien das Horn oft das zentrale Instrument ist. Die Blechbläser sind in Gustav Mahlers Sinfonien immer stark besetzt und haben in einigen Sinfonien durchgängig wichtige Rollen und viele Passagen, in denen man glänzen kann. Gustav Mahler schreibt für die Blechbläser sehr differenziert und immer wieder feine kammermusikalische Stellen. Das Horn ist bei ihm im wahrsten Sinne des Wortes das entscheidende „Signalinstrument", das den musikalischen Kern der jeweiligen Passage ankündigt.

Während der Coronazeit habe ich das Orchester sehr vermisst. Wir hatten zwei Jahre keine Proben und konnten auch digital wegen der Internetverbindung nur sehr schlecht zusammenspielen. Am Anfang war ja nicht klar, wie lange das eigentlich gehen wird. Nach drei oder vier Monaten fehlte mir wirklich etwas. Das Horn braucht das Zusammenspiel. Horn ist nicht wie ein Streichinstrument, mit dem man viele Solostücke spielen kann. Deswegen habe ich viel Klavier oder gemeinsam mit meinem Vater Klavier und Horn sowie Klavier und Bratsche gespielt. Aber das Orchester fehlte mir sehr. Es ist natürlich jetzt wunderschön, wieder gemeinsam zu proben und Auftritte zu haben. Mein Fazit aus der Coronazeit: Ich glaube, wir müssen mehr aufeinander achten. Alle zusammen. Und man muss optimistisch bleiben.

Smilla Cohrs

11 Jahre, 6. Klasse Gymnasium Lohbrügge, Hamburg, seit einem Jahr im Schulchor und Youngster Ensemble.
Ich singe gerne bei The Young ClassX und mag besonders das Lied „Laut für unsre Zukunft". Musik und Kunst sind meine Lieblingsfächer in der Schule. Ich möchte gerne Schauspielerin werden und in Musicals singen. Opern mag ich nicht so gerne. „Die Zauberflöte" hat mir nicht so gut gefallen, weil ich zu wenig verstanden habe. Aber die Arie der Königin der Nacht war wirklich erstaunlich.

Am Anfang des Lockdowns war es irgendwie cool, zu Hause bleiben zu können. Aber dann wurde es schwierig, weil ich meine Freunde nur über

Videokonferenzen sehen konnte. Wir waren alle sehr erleichtert, als wir wieder in die Schule gehen konnten. Das war super!

Wir haben in der Schule auch über den Krieg gesprochen. Aber das sind so viele belastende Sachen. Wir reden zu Hause lieber über die schönen Erlebnisse des Tages – darüber, wofür wir dankbar sind. Man muss doch auch glücklich bleiben. Ich lese sehr gerne Fantasy, das ist eine eigene Welt. Ich wünsche mir, dass es überall Frieden und kein Corona mehr gibt.

Jeremiah Amoah

12 Jahre, Stadtteilschule Bergstedt, Hamburg, seit Anfang des Schuljahres singt er im Schulchor und Youngster Ensemble.

Bei The Young ClassX finde ich es echt cool. Wie die Lehrer mit uns reden, wie sie uns behandeln und wie sie uns anspornen, dass wir alles aus uns rausholen. Wir verstehen uns alle voll gut. Wenn etwas schiefläuft, wenn man falsch singt, dann ist es kein Drama – wir machen einfach weiter. Mein Lieblingslied ist „500 Miles Away from Home". Das Gefühl passt zu meiner Familie, wir kommen aus Ghana, wir sind alle in einem Kirchenchor.

Ich war noch in der Grundschule, da hat ein Mädchen von dem neuen Coronavirus erzählt. Erst konnte ich mir das nicht vorstellen. Aber als sich das Virus so schnell ausgebreitet hat, habe ich Angst bekommen. Im Fernsehen habe ich dann gesehen, dass sehr viele an Corona gestorben sind. Meine ganze Familie hat Corona bekommen, aber es war zum Glück nicht so schlimm. Der Lockdown war eigentlich ok. Wir hatten Home School Facetimes. Da konnte ich meine Freunde sehen. Die Lehrerin ist auch meistens rausgegangen, damit wir mal unter uns reden konnten. Wir haben oft zwei Stunden miteinander gesprochen und auf dem Handy „Among Us" gespielt. Ich habe mich nicht so alleine gefühlt. Aber es hat mich traurig gemacht, meine Freunde nicht persönlich zu sehen.

Manchmal werde ich in meiner Klasse auch von meinen Freunden mit dem N-Wort beleidigt. Sie lachen dann und ich versuche mitzulachen. Aber ich bin innerlich doch sehr verletzt und traurig darüber. Bei einem Fußballspiel hat der Gegner versucht, mich mit dem N-Wort zu provozieren. Ich konnte nichts mehr sagen und bin einfach gegangen. Das war schlimm. Mein Vater erzählt mir oft von den alten Zeiten. Er war in einem Asylbewerberheim und es sind oft Weiße gekommen, die ihn beleidigt haben. Ich war neun Jahre alt, als George Floyd getötet wurde. Ich dachte eigentlich, dass der Rassismus schon längst Geschichte ist. Ich war sehr enttäuscht. Wenn ich Menschen sehe, die immer wieder ausrasten und rassistisch sind, dann macht mich das sehr traurig.

Ich wünsche mir weniger Krieg. Aber selbst, wenn wir Frieden hätten, wird es immer noch Menschen geben, die Kriege anfangen. Ich stelle mir immer eine Welt vor, in der es Frieden gibt und alle Menschen friedlich sind. Eigentlich glaube ich an das Gute im Menschen.

Jeremiah Amoah

Svea Schlichting

Ilya Altincinar

Svea Schlichting

12 Jahre, 6. Klasse, Stadtteilschule Bergstedt, Hamburg, hat eine mittlere Stimmlage und singt seit einem halben Jahr im Schulchor und Youngster Ensemble. Sie möchte gerne Innenarchitektin werden.

Ich mag sehr gern den Popsong „Firework" von Katy Perry, aber auch „Imagine", „Ain't too cool" und „I love me". Das Lied „Laut für unsre Zukunft" habe ich erst vor Kurzem gelernt. Das ist so schön! Das singe ich auch die ganze Zeit. Ich liebe The Young ClassX. Man kommt in die Chorprobe und wird erst einmal von allen Seiten begrüßt und umarmt: „Es ist schön, dass du da bist, wir freuen uns richtig auf dich". Man lernt neue Leute kennen, die man vorher nicht getroffen hätte. Sie kommen aus jeder Ecke von Hamburg, erzählen etwas über sich und man kann sehr viel von ihnen lernen. Außerdem sind unsere Chorleiter supernett und man kann einfach Spaß mit ihnen haben. Auch das Singen macht Spaß. Musik öffnet ein verschlossenes Herz. Ich finde Singen schön, es befreit mich von allem.

Es ist sehr gut, dass Corona endlich vorbei ist, wenn man Menschen wieder ohne Maske sieht, wenn man Menschen wieder anlächeln kann und sie dann zurücklächeln. Man kann andere Leute wieder besser sehen und sich besser kennenlernen. Am meisten mache ich mir Sorgen wegen der Preiserhöhungen, die jetzt überall kommen. Es gab ja auch vor hundert Jahren eine riesige Inflation. Da hat ein Brot eine Million Mark gekostet. Das ist nicht so gut für die Leute, die nicht so viel Geld haben. Im Winter wird es sehr kalt in den Häusern, es wird alles teurer und man weiß nicht, wie man das alles schaffen soll. Man muss Strom sparen, Wasser sparen, Gas sparen – das ist echt schwierig. Die Miete wird teurer, alles wird teurer, alles ist kompliziert. Mir tun die Leute leid, die auf der Straße sitzen. Ich wünschte, wir könnten die Zeit auf 2019 zurückspulen – vor Corona und vor dem Krieg.

Gerade jetzt braucht die Welt Liebe. Man muss sich jetzt um andere kümmern, Menschen, denen kalt ist, Decken bringen, man muss sich die Zeit für sie nehmen, wenn sie Angehörige im Krieg verloren haben, ihnen Mut zusprechen und Liebe geben. Ich finde, Liebe ist jetzt ganz wichtig und dass wir alle zusammenhalten.

Aber man muss auch loslassen können, ein bisschen frei sein von diesem ganzen Wirrwarr und man muss auch lachen können. Man sollte mehr miteinander arbeiten und nicht gegeneinander. Man muss auch das Leben genießen können. Man lebt nur einmal.

Ilya Altincinar

24 Jahre, seit 2017 im Instrumentalmodul, erste Geige im MJO, seit 2018 Assistant Coach, unterrichtet privat Geige und Bratsche und studiert Lehramt Schulmusik und Biologie an der Hochschule für Musik und Theater Hamburg.

Ich kam in erster Linie wegen dem Felix Mendelssohn Jugendorchester zu The Young ClassX, aber ich habe schnell gemerkt, dass das Orchester nur ein Teil einer großen Familie ist. The Young ClassX organisiert sehr schöne und viele Konzerte, so dass man auch schnell in die Praxis kommt und konzertieren kann.

Ich studiere Lehramt für Schulmusik und Biologie. Mir geht es vor allem darum, dass ich mit dem Studium eine sichere Grundlage für die Zukunft legen möchte. Die Coronazeit hat ja gezeigt, dass Musiker nicht finanziell abgesichert sind. Aber für mich ist es wichtig, dass ich sicher und auch nachhaltig Geld verdienen kann und nicht irgendwann hungern muss. Jedoch bin ich der Idee eines „puren" Violinstudiums nicht abgeneigt. Ich baue gerne eine Brücke zwischen der Kunst und der Pädagogik.

Corona war mit viel Unsicherheit verbunden. Mir war es dabei immer wichtig, Ruhe zu bewahren. Durch Musik konnte ich mich ablenken. Ich habe teilweise sieben oder acht Stunden am Tag geübt. Über Zoom konnte ich auch noch Einzelunterricht geben. Es entspricht natürlich nicht annähernd dem persönlichen Präsenzunterricht. Bei fortgeschrittenen Schülern ging es, aber bei Anfängern war das doch eine größere Herausforderung, weil sie noch nicht wissen, wie man eine Geige stimmt oder welche Haltung man beim Spielen einnehmen muss. Für die Lernenden ist es tatsächlich eine Geduldsprobe, weil man die ersten Erfolgserlebnisse auf Streichinstrumenten erst nach zwei oder drei Jahren hat, wenn man wirklich konstant übt und dranbleibt. Das ist ein langer Weg.

Ich habe auch bei mir während der Pandemie depressive Verstimmungen erlebt, war oft antriebslos und hatte überhaupt keine Energie, weil wirklich jeder Tag immer gleich war. Morgens aufstehen und dann acht, neun Stunden in Zoom Calls oder Online-Vorlesungen vor dem Rechner sitzen und vom Bildschirm angestrahlt werden. Ich war schnell übermüdet und hatte auch gelegentlich keine Lust mehr auf mein Studium. Ich habe mich immer wieder gefragt, wieso ich das eigentlich mache. Letztendlich bin ich sehr froh darüber, dass ich das Studium nicht abgebrochen habe.

Im Orchester sind Menschen aus vielen unterschiedlichen Kulturen. Bei uns herrscht ein offener Dialog. Menschen gehen aufeinander zu. Auch wenn sie nicht einer Meinung sind, sprechen sie miteinander. Das finde ich auch sehr wichtig und da könnten sich Politiker eine Scheibe davon abschneiden: dass sie offener kommunizieren, dass sie miteinander auch auf internationaler Ebene mehr ins Gespräch kommen. Ich bin mir sicher, dass sich dadurch viele Spannungen lösen können. Krieg ist ja auch keine Lösung. Man muss viele gemeinsame Erlebnisse haben, die Menschen miteinander verbinden, damit man eine Offenheit gegenüber anderen Menschen und

Juliet Yarina Lopez Cabascango

Kulturen entwickelt. Es geht nicht um Toleranz und Akzeptanz. Das klingt immer so gezwungen und abwertend. Man muss das Zuhören lernen und vor allem Respekt und Offenheit. Vielleicht ist es eine utopische Vorstellung, aber wenn unsere Gesellschaft offener wird, mit einem positiven Blick in die Zukunft, auf die wir uns freuen können, und wir nicht immer in einer gewissen Unsicherheit leben, wenn jeder so leben kann, wie er will, dann können wir in einer besseren Gesellschaft leben. Mit Offenheit, Liebe und Freundschaft.

Juliet Yarina Lopez Cabascango

16 Jahre, Helmuth-Hübener-Schule, Hamburg, singt seit fünf Jahren als Sopran im Chor von The Young ClassX und seit Anfang des Schuljahres im The Young ClassX Ensemble.

Bei The Young ClassX gefallen mir am besten die Leute. Die sind alle richtig nett und ich habe auch vor allen einen Riesenrespekt. Am Anfang war ich sehr schüchtern. Man musste erst einmal auf mich zugehen, bevor ich offener geworden bin. Mittlerweile bin ich hyperaktiv und verstehe mich gut mit den anderen Chormitgliedern. Ich bin auch seit der vierten Klasse bei den Pfadfindern die Zweitbesetzung der Gruppenleiterin. Da hat man schon eine gewisse Verantwortung für die Kleinen.

Die meisten in meiner Familie sind sehr musikalisch. Mein Vater spielt Gitarre, Trommeln und Panflöte. Er kommt aus Ecuador und war in Deutschland Straßenmusiker. Zur Zeit trifft er sich einmal in der Woche mit seiner Musikgruppe, um für Auftritte zu proben. Mein großer Bruder spielt Gitarre und mein kleiner Bruder spielt Cajon. Meine Mama hat gerne gesungen, man hat sie oft singen gehört.

Während der Pandemie war es tatsächlich nicht so einfach. Ich war in der achten oder neunten Klasse. Es hat meine Möglichkeiten sehr beschränkt. Wir haben mit dem Chor versucht, auch über Zoom zu singen. Aber das war sehr schwer. Die Schule war für mich auch sehr schwierig. Ich mag es lieber, persönlich meine Aufgaben abzugeben, sonst weiß ich nicht, was richtig oder falsch ist. Ich fühle mich sehr unsicher, wenn ich die ganze Zeit an meinem Laptop oder Handy auf die Ergebnisse warten muss.

Es war auch schrecklich, dass ich meine Freundinnen nicht persönlich sehen konnte. Telefonieren ist nicht dasselbe. Manchmal brauchte ich auch jemanden in schwierigen Zeiten, man kann ja nicht nur mit seinem Vater über manche Dinge reden.

Wir haben im Klassenrat über den Krieg gesprochen. Die Kriege sind richtig furchtbar für alle Menschen. Wir haben die Nachrichten über die ukrainischen Flüchtlinge verfolgt. Bei einer Demonstration in der Schule haben wir uns nicht nur auf die Ukraine konzentriert, sondern gegen alle Kriege protestiert und für Freiheit für alle.

Emre Elver

Ich wünsche mir eine Welt in Frieden und ohne Krieg. Ich wünsche mir Gerechtigkeit und dass es keine Grenzen mehr gibt. Ich wünsche mir, dass es keine Diskriminierungen mehr gibt, nur weil jemand anders aussieht oder eine andere Sprache spricht. All Lives Matter bedeutet: das Leben aller Menschen ist wichtig. Ich finde, dass wir Menschen alle gleich sind. Vielleicht sehen wir anders aus, sprechen unterschiedliche Sprachen, aber unser aller Blut ist rot, wir haben nur ein Leben, wir sind alle Menschen. Und wir sollten niemanden wegen seiner Hautfarbe, Herkunft oder Gender diskriminieren. Und da bin ich auch glücklich, dass es die Musik gibt, die uns verbindet und vereint und eine Nachricht des Friedens für alle Menschen überbringt.

Emre Elver

18 Jahre, Max-Brauer-Schule, singt als Tenor seit fünf Jahren im Schulchor und seit Mai 2022 im The Young ClassX Ensemble.

Ich möchte Lehramt für Musik, Mathe und Sport studieren, das sind in der Schule meine stärksten Fächer. Ich habe auch deswegen angefangen, Klavier zu spielen. Diese Zielstrebigkeit habe ich von meinen Eltern. Sie fangen eine Sache an und ziehen sie dann auch durch. Das haben sie auch mir beigebracht. Mein Vater ist Versicherungskaufmann und meine Mutter arbeitet bei der Berufsgenossenschaft. Nächstes Jahr macht sie sich mit 48 Jahren als Floristin selbstständig.

Ganz am Anfang war Corona für alle Jugendlichen cool. Man musste nicht in die Schule, wir hatten zwar Online-Unterricht, aber die Lehrer haben nicht so darauf geachtet, wer wirklich anwesend war. Aber nach zwei Jahren muss ich gestehen, dass es eine sehr anstrengende Zeit war. Man war nur zu Hause, konnte niemanden bei den Hausaufgaben fragen und hat seine Freunde sehr lange nicht gesehen. Meine Freunde haben mir sehr gefehlt. Es war eine sehr traurige Zeit. Ich habe tatsächlich eine gewisse Einsamkeit gespürt. Aber ich finde, dass wir in dieser Zeit auch gelernt haben, besser aufeinander zu achten. Der Krieg trifft vor allem die ärmeren Menschen. Der Krieg ist ja eigentlich ein Krieg zwischen Selenskyj und Putin. Aber es werden so viele Zivilisten getroffen, die nichts dafürkönnen. Es trifft immer die Unschuldigen. Das ist eine sehr traurige Situation. In meiner Klasse sprechen wir aber nicht mehr über den Krieg, weil so viele Angst vor Atombomben oder einem möglichen Krieg in Deutschland haben.

Für mich ist die Freiheit und die Gleichheit aller Menschen wichtig, unabhängig von Geschlecht, Sexualität und Hautfarbe. Ich habe das große Glück, dass ich hier in Deutschland auch als Türke meine Meinung bilden und äußern darf, und ich wünsche mir, dass auch die Menschen im Iran oder in Syrien eine freie Meinung äußern und mit dieser Meinung auch laut werden können. Das bringen wir auch mit unserem Lied „Laut für unsre Zukunft" zum Ausdruck. Und mit diesem Lied, das für manche vielleicht nur ein Lied ist, wollen wir

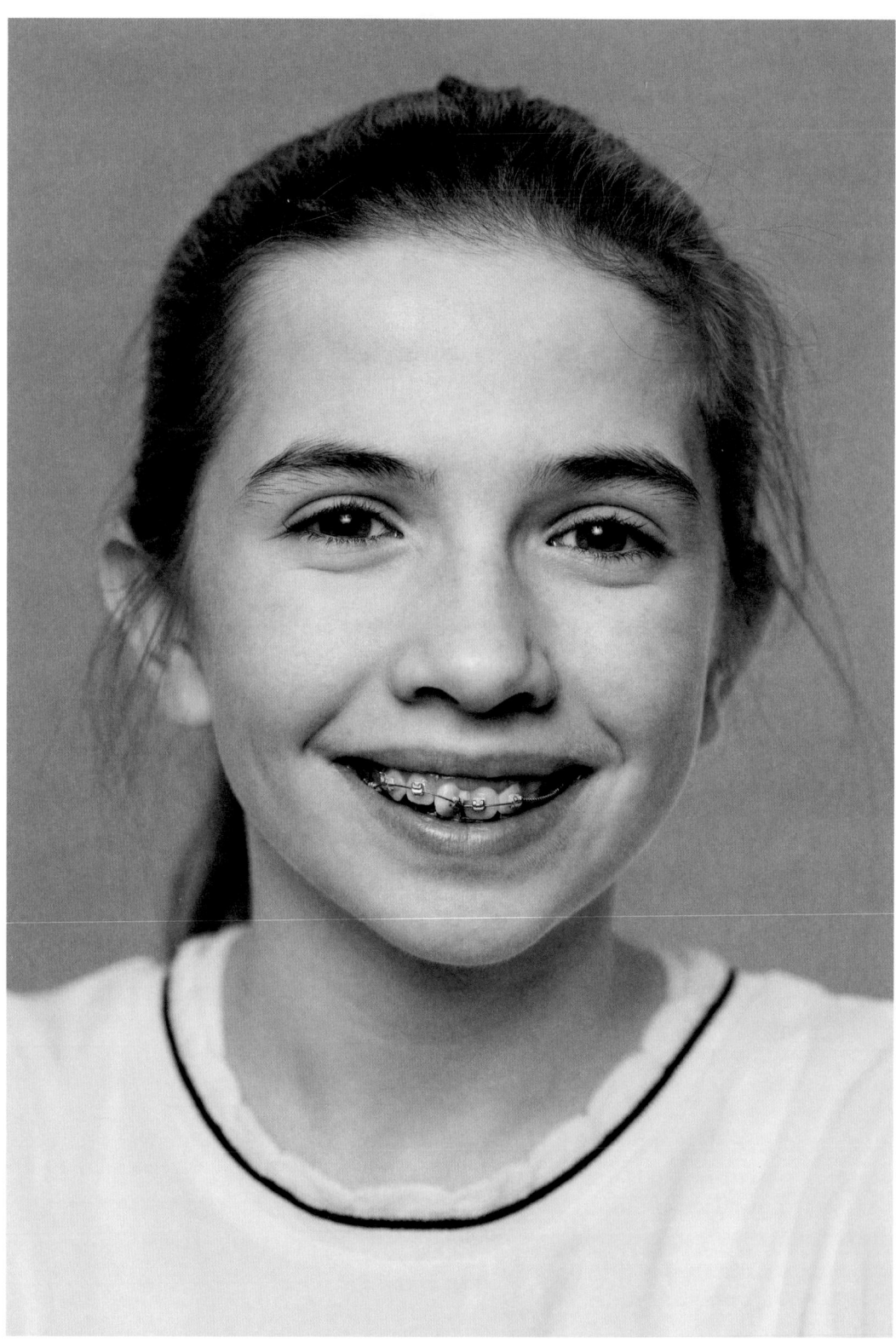

Josefine Kardinar

Emre Rafiq

uns für alle Menschen einsetzen. Es geht dabei um die laute Stimme, mit der die Menschen ihre Meinungen und Wünsche äußern.

Ich habe das große Glück, dass ich bei The Young ClassX Menschen gefunden habe, die mich unterstützen und mir sagen: „Hey, du bist ein Mensch, lass uns deine Stimme hören". Ich denke, man muss sich erst selbst akzeptieren, und mit dieser Selbstakzeptanz entsteht auch der Mut, sich mit breiter Brust zu präsentieren. Die Schule wäre ein Ort, um Diskriminierung zu verhindern, andere Kulturen oder Lebensformen zu respektieren, aber die Schule leistet das nicht immer. Ich habe eine große Kritik am Schulsystem, weil wir viel zu wenig Alltagskompetenz lernen. Wir werden nach 12 oder 13 Jahren einfach auf die Straße geworfen – und dann musst du erst einmal alleine klarkommen, weil die Schule dich gar nicht auf das eigentliche Leben vorbereitet hat.

Josefine Kardinar

12 Jahre, Albert-Schweitzer-Gymnasium, spielt seit sechs Jahren Geige und seit drei Jahren zuerst im FJO und dann im MJO bei The Young ClassX.
Das Besondere an The Young ClassX ist, dass man viele Möglichkeiten hat, mit anderen Kindern zu musizieren. Zum Beispiel im kleinen Fanny- oder im großen Felix-Mendelssohn-Jugendorchester (MJO). Jede Woche Donnerstag probt das MJO intensiv mit unserem Dirigenten Clemens Malich. Es ist unglaublich, was er uns beibringen kann. Schön ist auch, dass alle im Orchester nett zueinander sind. Es geht immer fröhlich und witzig zu. Ich nehme immer Donuts mit, die wir in der Pause verputzen. Clemens sucht tolle Stücke für uns raus, wie zum Beispiel „Romeo und Julia" von Tschaikowsky oder „Hamlet" von Schostakowitsch. Im März fahren wir in die Schweiz nach Luzern, wo wir mit dem Zentralschweizer Jugendsinfonieorchester im Kultur- und Kongresszentrum auftreten werden. Ich freue mich darauf, mit dem MJO so viel schöne Zeit zu verbringen.

Super ist, dass wir in beeindruckenden Konzerthäusern spielen dürfen: Wir treten in der Elbphilharmonie, in der Laeiszhalle und an vielen anderen Orten auf – das gibt einem jedes Mal einen Adrenalin-Kick. Als das MJO auf Kampnagel gespielt hat, durfte ich solo spielen. Alle schauen auf einen! Nach dem Konzert ist man stolz und hat Glücksgefühle, die einen noch mehr antreiben.

Mit ein paar Leuten aus dem Orchester spiele ich zusätzlich Kammermusik. Wir musizieren nicht nur zusammen, sondern sind auch befreundet. Mit einem Ensemble, dem Andrée-Quintett, habe wir den Klassik-Preis 2022 von Young ClassX gewonnen und durften in einer Masterclass mit dem Pianisten Rudolf Buchbinder proben. Da ich Geigerin werden möchte, freue ich mich über so viele unterschiedliche Möglichkeiten, richtig professionell Musik zu machen – und das auch noch mit so netten Leuten!

Emre Rafiq

21 Jahre, seit 2011 bei The Young ClassX, seit fünf Jahren Stimmführer der 2. Geige im MJO, studiert Jura in Lüneburg.

The Young ClassX ist ein Projekt, das meine Persönlichkeit mitgeprägt und mitentwickelt hat. Bei The Young ClassX werden jungen Menschen so viele Projekte angeboten, die viele andere nicht erfahren und erleben können. Ich durfte schon mit 16 Jahren in der Elbphilharmonie spielen. Wir haben vor Angela Merkel, Joachim Gauck und Auma Obama, der Halbschwester des ehemaligen US-Präsidenten, gespielt. Welche jugendlichen Musiker haben schon solche Chancen? Viele Orchesterreisen, Konzerte und Projekte haben bei mir dafür gesorgt, dass ich mich auch immer weiterentwickeln konnte – und dafür bin ich sehr dankbar.

Ich war fünf Jahre Schulsprecher und habe immer versucht, aktiv zu sein und Verantwortung zu übernehmen, und habe auch in anderen Jugendorganisationen Funktionen übernommen. Nach dem Abitur war ich mit weltwärts, dem Freiwilligendienst des Bundesministeriums für wirtschaftliche Zusammenarbeit und Entwicklung, in Argentinien und Paraguay. Das hat auch meinen Horizont erweitert. Die Menschen leben dort teilweise in Wellblechhütten zu fünft auf kleinstem Raum und schöpfen unreines Wasser aus dem Brunnen. Das hat mich sehr berührt und da habe ich schon hinterfragt, in was für einer Gesellschaft wir hier eigentlich leben und welche Privilegien und Selbstverständlichkeiten wir hier haben. Sauberes Wasser kommt bei uns einfach aus dem Wasserhahn – und fertig.

Ich möchte nach meinem Jura-Studium eigentlich nicht einen Berufsweg der klassischen juristischen Berufe einschlagen, sondern mich interessieren die Politik, NGOs und das Auswärtige Amt. Ich spreche mittlerweile Spanisch, Türkisch, Deutsch und Englisch. Die fünfte Sprache ist für mich die Musik. Musik ist die Sprache, die international verstanden wird und die jeden Menschen egal welcher Sprache oder Kultur berührt. Das habe ich bei The Young ClassX gelernt. Ich kann gar nicht beschreiben, wie dankbar ich dafür bin. Und dieses kulturelle Element möchte ich in meine Arbeit einfließen lassen.

Ich habe eigentlich immer gedacht, dass ich deutsch bin. Ich bin doch hier geboren. Wir haben zu Hause immer nur deutsch geredet. Aber ich stelle immer wieder fest, dass mein äußeres Erscheinungsbild immer dafür sorgen wird, dass mich irgendwelche Menschen in dieser Gesellschaft ausgrenzen. Ich habe immer gedacht, ich muss so sein wie ein Deutscher – wie auch immer ein Deutscher zu sein hat. Jetzt habe ich erkannt, ich kann auch einfach ich selber sein, mit meinem kulturellen Background, meiner Identität, die ich habe, und kann trotzdem deutsch sein. Mich wirft wenig aus der Bahn. Da gibt mir die Musik viel zu viel Halt. Ich wünsche mir, dass wir uns alle besser

Kadija Wenzel

zuhören, dass wir uns begegnen und dass wir uns durch diese Begegnungen und das Zuhören besser kennenlernen.

Kadija Wenzel

21 Jahre, singt seit der 5. Klasse im Schulchor und seit vier Jahren als Altstimme im The Young ClassX Ensemble, spielt auch Klavier und Gitarre, studiert Politik an der Leuphana Universität Lüneburg.

Musik finde ich sehr cool, egal welche Stilrichtung. Der Chor hat mich durch die ganze Schulzeit begleitet und war auch in der Oberstufe ein Prüfungsfach. Ich konnte also die Schule mit meinem Hobby verbinden. Während der Oberstufe habe ich ein Jahr in den USA verbracht. Zuerst war ich in Kalifornien bei einer iranischen Familie, die leider kein Englisch sprach. Wir hatten im wahrsten Sinne des Wortes eine Sprachbarriere. Danach lebte ich bei einer Mormonen-Familie in Arizona. Das war eine ganz neue Erfahrung. Diese Religion ist sehr konservativ und patriotisch – eine sehr weiße Religion. Ich bin regelmäßig mit ihnen in die Kirche gegangen, weil mich die verschiedenen Religionen immer sehr interessiert haben. Aber ich habe festgestellt, dass davon auch sehr viel Gefahr ausgeht.

Ich studiere Politik an der Leuphana und möchte mit Wirtschaftspsychologie und später vielleicht Philosophie auch andere Perspektiven kennenlernen. Leuphana hat sich auch als Zentrum für Demokratieforschung spezialisiert und das finde ich sehr spannend. Mein Traum war schon immer, Diplomatin zu werden. Ob das Wirklichkeit wird, steht in den Sternen. Aber das ist meine Ambition.

Durch das Homeschooling hat man die verschiedenen Vor- und Nachteile der eigenen häuslichen Umgebung gemerkt. Ich war auch unterprivilegiert – mit einer riesigen Baustelle neben meinem Zimmer und keinerlei digitalen Geräten. Die Schule hat mir dann zwar einen uralten Laptop zur Verfügung gestellt, aber primär habe ich dann doch die Aufgaben auf meinem Handy gemacht. So eine Krise zeigt, wer am besten darauf vorbereitet ist. Das hat mir noch einmal die Augen geöffnet. Gerade mit meiner geistig behinderten Schwester zu Hause war Homeschooling für mich und meine Mutter sehr anstrengend. Corona hat eine soziale Unausgewogenheit aufgedeckt. Man könnte eine digitale Gleichstellung ganz einfach dadurch erreichen, dass allen Kindern und Jugendlichen – wie in den USA – frühzeitig gute Laptops von der Schule gestellt werden, weil sich einfach nicht jeder einen Laptop leisten kann. Mit der Corona-Pandemie erlebte meine Generation eine kollektive Erfahrung der Isolation. Wir waren eine Jugend in Isolation. Wir saßen zwar alle in einem Boot, aber es gab diese Bubble-Unterschiede, welche Mittel man zur Verfügung hat, um dagegen vorzugehen. Vor der Corona-Pandemie lebten wir in einer stabilen Zeit ohne viel Veränderung. Mit der Corona-Pandemie ist ein Umbruch passiert. Seitdem ist nichts mehr so, wie es war, weil sich ständig alles verändert. Natürlich fühlt man sich seiner Jugendjahre ein bisschen beraubt, aber gleichzeitig haben wir eine Erfahrung gemacht, die so noch nie zu machen war: eine Jugend in Isolation und eine Gesellschaft, die sich nicht mehr als Gesellschaft versteht, weil sie sich nur noch aus vereinzelten Individuen zusammensetzt und sich nicht mehr in einer Gruppe treffen kann.

Unsere Generation ist eine sehr politische Generation, die grundlegend etwas verändern will. Wir positionieren uns sehr klar, aber dadurch gibt es einen großen Bruch in unserer Gesellschaft. Das merkt man auch an der Bewegung der *Letzten Generation.* Wir haben momentan so viele Krisen, da kann man den Fokus nicht nur auf den Klimawandel richten. Es ist ja alles miteinander verbunden. Man muss auch die Energiekrise und den Krieg mit einbeziehen. Nur wenn man das als ein großes Gesamtbild sieht, kann man einen Lösungsweg finden.

Für mich persönlich ist es am wichtigsten, dass ich weiterhin reflektiert durchs Leben gehe und nicht alles aus einer individuellen Perspektive betrachte. Ich möchte Menschen erreichen, ich möchte mit ihnen kommunizieren – und dafür ist Intersubjektivität wichtig. Es sollte klar werden, dass wir alle an einem Strang ziehen und auch das gleiche Ziel haben. Und das wünsche ich mir für alle Menschen, dass wir durch lebendige Diskurse wieder einen gesellschaftlichen Konsens finden.

Kurzporträts der Kultur- und Jugendprojekte

JUGENDMUSIKSCHULE HAMBURG

Die Staatliche Jugendmusikschule Hamburg (JMS) ist Teil der Behörde für Schule und Berufsbildung und die größte musikschulische Einrichtung in Europa, die rund 23.500 Kindern und Jugendlichen im Alter von sechs Monaten bis 25 Jahren eine musikalische Ausbildung ermöglicht. Möglichst wohnortnah unterrichten in acht Stadtbereichen mehr als 300 hochqualifizierte, professionelle und festangestellte Lehrkräfte unter der Leitung von Professor Guido Müller. Im Michael-Otto-Haus am Mittelweg in Rotherbaum befindet sich die Zentrale mit zahlreichen Übungsräumen. Dieser eindrucksvolle Bau mit einer herausragenden Architektur wurde im Jahr 2000 von den bekannten Architekten Enric Miralles entworfen und gebaut und durch die finanzielle Unterstützung von Michael Otto ermöglicht. Des Weiteren entstand mit seiner Unterstützung ein Konzertsaal für die JMS, der Platz für bis zu 440 Besucher bietet. Die JMS organisiert jährlich mehr als 160 öffentliche Veranstaltungen und rund 330 interne Schülervorspiele und pflegt eine intensive Zusammenarbeit mit Hamburgs Schulen und mit zahlreichen Kooperationspartnern. Guido Müller ist seit 1989 in leitender Tätigkeit an der JMS beschäftigt, übernahm 2013 die pädagogische Leitung und 2014 die Direktion der JMS. Seine pädagogische Leidenschaft für die Arbeit „von der Breite bis zur Spitze" und die Weiterentwicklung von digitalen und hybriden Lehrmodellen stehen sowohl an der Hochschule für Musik und Theater Hamburg (HfMT) als auch in seiner Leitungstätigkeit an der JMS im Vordergrund. Neue Entwicklungen aus Sicht der Musikhochschulen werden mit „Best Practice Modellen" direkt an der Musikschule umgesetzt. Seit 2022 ist Guido Müller Fachberater Musik für die Kultusministerkonferenz.

THE YOUNG CLASSX

The Young ClassX lässt Kinder und Jugendliche Musik erleben: ob direkt vor der eigenen Haustür oder am anderen Ende der Stadt – immer aber kostenlos. Singen im Klassenzimmer mit den besten Freunden, Klarinettenunterricht ganz für sich oder Spielen in einem großen Orchester, alles ist möglich. Viele der jungen Musikerinnen und Musiker fühlen sich auf den kleinen und großen Bühnen Hamburgs schon richtig zu Hause. Wer lieber zuhört, kommt mit dem MusikMobil auf seine Kosten. Der musikpädagogische Shuttleservice bringt

Schulklassen in Hamburg, Karlsruhe und Dresden dorthin, wo die Musik spielt: Ins Konzerthaus, zu Instrumentenwerkstätten oder ins Museum. Initiert im Jahr 2008 von Alexander Birken (Otto Group) und Angelika Bachmann vom Hamburger Frauen-Quartett *Salut Salon*, hat The Young ClassX inzwischen über 30.000 Kinder und Jugendliche erreicht. Das Musikförderprogramm wurde bundesweit mehrfach ausgezeichnet, zuletzt mit dem OPUS KLASSIK 2022, und steht unter der Schirmherrschaft von Michael Otto, der von Anfang an eingebunden war und The Young ClassX engagiert unterstützt und mit der Kulturszene vernetzt hat, und Peter Tschentscher, dem Ersten Bürgermeister der Freien und Hansestadt Hamburg. Ermöglicht wird diese Erfolgsgeschichte durch viele Menschen, die mit Leidenschaft für den gemeinnützigen Verein The Young ClassX e.V. tätig sind: seine ehrenamtlichen Mitglieder, mehr als 100 Musikpädagogen, Coaches, Chorleiter, und ein Team aus Vorstand, Geschäftsführung, Modulleitungen und Mitarbeitenden. Insa Müller und Bianca Nasser übernahmen 2020 die Geschäftsführung, nachdem Tobias Wollermann, der als Geschäftsführer The Young ClassX von Anfang an aufgebaut hatte, im selben Jahr zur Otto Group wechselte, um als Group Vice President den Direktionsbereich Corporate Responsibility zu leiten.

ELBPHILHARMONIE

Als im Januar 2017 die Elbphilharmonie Hamburg eröffnet wurde, feierte die halbe Welt mit der Stadt das glückliche Ende der durchaus wechselvollen Baugeschichte seines neuen, spektakulären Konzerthauses am Wasser. Das Gebäude, dessen Vollendung noch fünf Jahre zuvor auf der Kippe stand, wurde von Beginn an zu einem Riesenerfolg. Noch ehe der erste Ton von der Bühne erklang, waren die Konzerte bis zum Ende der Saison komplett ausverkauft. Und das blieb auch in den folgenden Jahren so. Mit seiner einmaligen Lage am Wasser, der für die Stadt längst emblematisch gewordenen Architektur des Schweizer Büros Herzog & de Meuron und der vielfältigen Nutzung des Gebäudes als Konzerthaus mit zwei Sälen (2.100 bzw. 520 Plätze), öffentlich zugänglichem Treffpunkt (Plaza), Hotel, Parkhaus und Gastronomie übertraf die Elbphilharmonie selbst die kühnsten Erwartungen. Mit diesem Gebäude gelang städtebaulich die Quadratur des Kreises: Ein Bauwerk mit primär kultureller Nutzung wird zur Nummer-eins-Attraktion einer Millionenstadt, gleichermaßen beliebt bei ihren Bürgerinnen und Bürgern aller Generationen wie bei ihren auswärtigen Gästen. Den Ausschlag für die Entscheidung zum Bau der Elbphilharmonie gab 2005 die große Bereitschaft Hamburger Bürger und Mäzene, das Projekt zu unterstützen. Mit einer überaus großzügigen Spende haben Michael und Christl Otto damals einen wichtigen Beitrag für die Realisierung geleistet. Heute steht die Elbphilharmonie gleichermaßen für die künstlerische Exzellenz ihres Konzertprogramms wie für die Niedrigschwelligkeit des Zugangs zu ihrem Angebot. Ein umfassendes Musikvermittlungs-Programm, das sich an Menschen aller Altersgruppen in der Stadt richtet und ganz besonders die Kinder und Jugendlichen im Blick hat, ergänzt in vielfacher Hinsicht das Konzertprogramm und unterstützt mit innovativen Ideen sowie attraktiven Workshop-Inhalten und -Formaten die musikalischen Bildungsangebote der Stadt. Die Chance auf das nahezu tägliche Erleben exquisiter Konzerte von Künstlerinnen und Künstlern aus aller Welt und die vielfältigen Möglichkeiten zum Selbermachen von Musik fließen in der Elbphilharmonie zu einem in dieser Dichte weltweit wohl einmaligen Kulturangebot zusammen, das alle Menschen in der Stadt bereichert.

KINDER-UKE (UNIVERSITÄTSKLINIKUM HAMBURG-EPPENDORF)

Nach dreijähriger Bauzeit wurde mit wesentlicher finanzieller Unterstützung von Michael Otto im Herbst 2017 der Neubau des Kinder-UKE, die Werner und Michael Otto Universitätskinderklinik, feierlich eröffnet. Das Kinder-UKE ist die modernste Kinderklinik des Nordens und ganz auf die Bedürfnisse kranker Kinder und Jugendlicher sowie ihrer Familien zugeschnitten. Das Kinder-UKE verfügt über 148 Betten und bietet eine Maximalversorgung für junge Patienten bis 18 Jahre. Der besondere Schwerpunkt liegt auf seltenen, komplexen und ungeklärten Erkrankungen, Krebs-, Stoffwechsel- und neurologischen Erkrankungen sowie Leber-, Nieren- und Knochenmarktransplantationen. Die helle, lichtdurchflutete Architektur des Kinder-UKE unterstützt die jungen Patienten bei ihrer Behandlung. Die liebevoll gestalteten Räume des Kinder-UKE wurden aus der Perspektive von Kindern entworfen und konsequent auf die Bedürfnisse kranker Kinder und Jugendlicher sowie ihrer Familien zugeschnitten. So können sich die Kinder und ihre Angehörigen in einem Umfeld bewegen, das die Angst vor dem Klinikaufenthalt nimmt und zum Wohlfühlen einlädt. Im Innenhof des Kinder-UKE steht die weit über 100 Jahre alte Hainbuche. Sie wurde wenige Jahre nach der Eröffnung des Universitätsklinikums (1889) gepflanzt und gilt inzwischen als Naturdenkmal. Der Durchmesser ihrer mächtigen Krone beträgt rund 24 Meter. Die Klinikbereiche sind um die Hainbuche herum angeordnet, so dass Patienten, Besucher und Mitarbeiter durch große Fensterfronten von verschiedenen Seiten auf den Baum schauen können. Seit 2014 leitet die Kinderärztin Ania Carolina Muntau die Kinderklinik. Ihr Hauptarbeitsgebiet ist die Erforschung von genetisch bedingten Erkrankungen bei Kindern, insbesondere von angeborenen Stoffwechselstörungen, sowie die Entwicklung innovativer Therapien für diese Kinder. Seit 2020 erforscht sie auch die COVID-19-Erkrankung bei Kindern.

FREUNDESKREIS DER HOCHSCHULE FÜR BILDENDE KÜNSTE (HFBK)

Als Kunstfreund und engagierter Förderer der bildenden Künste gründete Michael Otto vor über 37 Jahren den Freundeskreis der Hochschule für bildende Künste Hamburg e.V. Dem Freundeskreis gehören unter dem Vorsitz von Nikolaus Broschek und Michael Otto 17 ständige Mitglieder an. Die privaten Förderinnen und Förderer unterstützen die Studierenden finanziell bei der Realisierung größerer künstlerischer Projekte und umfangreichere künstlerische Vorhaben wie z.B. Rauminstallationen, Künstlerbücher, Filme oder auch die Umsetzung eines Designentwurfs in einen Prototyp. Darüber hinaus werden jährlich Stipendien an vier Master-Studierende vergeben.

HAMBURGER HAUPTSCHULMODELL / HANz!

1999 rief Michael Otto in Kooperation mit Michael Behrendt (Hapag-Lloyd AG) die Initiative für Beschäftigung ins Leben. Gemeinsam mit einer Reihe weiterer Hamburger Unternehmen, Schulen, der Arbeitsagentur und Behörden entwickelten sie das Hamburger Hauptschulmodell (heute als HANz! bekannt). Ziel des Modells war es, Hamburger Schulabgängern mit Hauptschulabschluss ohne Warteschleifen den Berufseinstieg direkt in eine ungeförderte betriebliche Ausbildung zu erleichtern. Diesen Sprung haben zum Zeitpunkt der Gründung des Modells weniger als zehn Prozent der Jugendlichen geschafft – eine Quote, die das Hamburger Hauptschulmodell langfristig steigern wollte. Schulen, Arbeitsagentur und Unternehmen arbeiteten im Rahmen der Initiative eng mit den Schülerinnen und Schülern zusammen, um sie bei der Definition ihrer Stärken und Interessen, der Berufswahl und der Bewerbung zu unterstützen. Eine eigens geschaffene „Koordinierungsstelle Ausbildung" bei der Arbeitsstiftung Hamburg organisierte die Beratung der Jugendlichen und betreute sie intensiv und individuell, bis sie den richtigen Ausbildungsplatz gefunden hatten. Unternehmen erhielten vorausgewählte Kandidaten, die die jeweiligen Anforderungen erfüllten. Diese passgenaue Vermittlung wurde durch eine Datenbank unterstützt, die neben den Rahmendaten wie Lebenslauf und Zeugnisse auch die Soft-Skills der Jugendlichen erfasste. Viele Unternehmen und alle Hamburger Schulen mit Hauptschulabgängern machten mit. Die Arbeit des Hamburger Hauptschulmodells zeigte Wirkung: Die Quote der Schulabgängerinnen und Schulabgänger mit Hauptschulabschluss, die direkt nach ihrem Schulabschluss eine ungeförderte Ausbildung beginnen, hat sich mehr als verdreifacht.

Das Hamburger Hauptschulmodell wurde 2013 im Rahmen der Abschaffung der Hauptschule in Hamburg umbenannt in HANz! Hamburger

Ausbildungsnetzwerk. Im gleichen Jahr wurde das Modell in die neu gegründete Jugendberufsagentur der Stadt Hamburg überführt. Das Unternehmensnetzwerk besteht weiter, unter anderem als Wissenstransferpool. Die Ziele wurden erweitert, um alle Ausbildungsinteressierten unabhängig von ihrem Schulabschluss zu unterstützen. Beibehalten wurde auch der Beirat, in dem unter dem Vorsitz von Michael Otto der Schulsenator, die Senatorin für Arbeit und Soziales, der Präsident der Handwerkskammer, der Geschäftsführer der Handelskammer und Vorstände von Hamburger Unternehmen vertreten sind. Unter der Führung der Vorständin Maren von Nordeck, die HANz! seit 2013 leitet, unterstützt die Initiative weiterhin Jugendliche bei der Berufsorientierung und vernetzt sie mit Unternehmen bundesweit. Das Modell hat weit über Hamburgs Grenzen hinaus Schule gemacht. Es ist nicht nur bundesweit in 20 Regionen vertreten, sondern wurde auch international umgesetzt: in Basel, London und der Steiermark. Damit hat sich HANz! als wegweisendes Konzept eines nahtlosen Übergangs von Schülerinnen und Schülern mit Erstem Allgemeinbildendem Schulabschluss in eine ungeförderte Berufsausbildung entwickelt. Dafür wurde es bereits mehrfach ausgezeichnet, unter anderem mit dem Carl Bertelsmann-Preis 2005.

WORLD FUTURE COUNCIL

Der World Future Council (WFC) wurde 2007 von Jakob von Uexküll, dem Gründer des Alternativen Nobelpreises, mit Unterstützung von Michael Otto, der Stadt Hamburg, Barbara Seiller und den Gebrüdern Rickmers ins Leben gerufen. Der WFC setzt sich als Fürsprecher zukünftiger Generationen für ein langfristiges Denken und Handeln ein, um nachfolgenden Generationen einen gesunden und nachhaltigen Planeten mit gerechten und friedlichen Gesellschaften zu übergeben. Zu den Schwerpunkten zählen Umwelt- und Klimaschutz, nachhaltige Energieversorgung und Ökosysteme, Rechte von Kindern und Jugendlichen sowie Frieden und Abrüstung. Der Stiftungsrat mit seinen bis zu 50 ehrenamtlichen Mitgliedern aus Politik, Wissenschaft, Wirtschaft, Zivilgesellschaft und Kultur tagt einmal jährlich und legt das Arbeitsprogramm fest. Die Entscheidungen und Empfehlungen des Rates werden in Abstimmung mit Expertenkommissionen und externen Beratern vorbereitet und verbreitet. Der Rat fordert Entscheidungsträger weltweit auf, die Handlungsdefizite, die eine nachhaltige und friedliche Zukunft der Menschheit behindern, zu überwinden und neue Wege einzuschlagen. Die Vorstandsvorsitzende Alexandra Wandel hatte bereits in der Gründungsphase der Stiftung 2006 eine leitende Rolle, wurde 2007 zum geschäftsführenden Vorstandsmitglied und 2018 zur Vorstandssprecherin der Stiftung ernannt. Sie ist für die Betreuung des Rates und die externe Zusammenarbeit, die Projekte und den Future Policy Award in Kooperation mit den UN-Einrichtungen verantwortlich. Alexandra Wandel: „Jakob von Uexküll hat gemeinsam mit Herbert Girardet

2005 das Buch *Die Aufgaben des World Future Council* veröffentlicht und Michael Otto, der das Buch gelesen hat, fand diese Idee faszinierend. Er sah in Hamburg als Tor zur Welt einen guten Standort für den WFC und ermöglichte gemeinsam mit der Stadt Hamburg die Grundfinanzierung." Der WFC bringt Persönlichkeiten aus der ganzen Welt zusammen, alternative Nobelpreisträger, Mitglieder vom Club of Rome, ehemalige Präsidenten, Vertreter und Vertreterinnen aus der Wirtschaft, aus der Zivilgesellschaft, aus der Kunst, aus der Regierung und aus den Parlamenten. Seit 2009 vergibt der WFC jährlich den Future Policy Award, der Gesetze auszeichnet, die bessere Lebensbedingungen für heutige und zukünftige Generationen fördern.

HAUS RISSEN

1954 wurde Haus Rissen durch Erik Blumenfeld und Hamburger Persönlichkeiten aus Wirtschaft, Politik, Wissenschaft und Medien gegründet, um nach dem Zweiten Weltkrieg die demokratische Neuausrichtung der jungen Bundesrepublik zu unterstützen und zur Einbindung in den Westen beizutragen. Das Institut für Internationale Politik und Wirtschaft ist ein gemeinnütziges, unabhängiges und überparteiliches Fortbildungsinstitut mit Sitz im Hamburger Stadtteil Rissen und bietet Seminare, Workshops und andere Fortbildungen zu aktuellen Fragen aus Wirtschaft, Politik und Gesellschaft an. Es ist ein durch die Bundeszentrale für politische Bildung anerkannter Träger der politischen Bildung und will Jugendliche, Soldatinnen und Soldaten der Bundeswehr und Mitarbeiter und Führungskräfte aus den unterschiedlichsten Institutionen und Unternehmen mit einem vielfältigen Bildungsangebot für Demokratie und Marktwirtschaft begeistern und die Völkerverständigung fördern. Bis heute liegt einer der Schwerpunkte des Instituts in der politischen Bildungsarbeit mit Schulen aus dem gesamten Bundesgebiet. Getragen wird das Institut durch die gemeinnützige Gesellschaft für Politik und Wirtschaft e. V. Beratend wirkt ein Kuratorium von Persönlichkeiten aus Politik und Wirtschaft. Michael Otto, der sich schon seit Beginn der 1970er Jahre für das Haus Rissen engagiert, ist seit 1983 Vorsitzender des Kuratoriums.

AQUA-AGENTEN

Das Bildungsangebot AQUA-AGENTEN wurde 2009 von der Umweltstiftung Michael Otto initiiert und nach den Grundsätzen der Bildung für eine nachhaltige Entwicklung (BNE) konzipiert. Dreimal wurden die AQUA-AGENTEN als „Offizielles Projekt der UN-Weltdekade" ausgezeichnet. Bei allen Aktionen der AQUA-AGENTEN steht ein kompetenzorientiertes und ganzheitliches Verständnis für die Ressource Wasser im Vordergrund. Schülerinnen und Schüler der 3. und 4. Klasse gehen auf die „Mission Wasser". Mit Hilfe von spannenden Aufträgen werden die Kinder dabei zu AQUA-AGENTEN ausgebildet. Im Klassenzimmer und bei außerschulischen Aktionen setzen sie sich auf neue und ungewöhnliche Weise mit der kostbaren Ressource Wasser auseinander. Sie bekommen dabei Gelegenheit, mit Spaß und Neugier die Vielfalt und Bedeutung von Wasser für Mensch, Natur und Wirtschaft zu erforschen, ihr eigenes Leben zu reflektieren und zu gestalten und für ein verantwortungsvolles Miteinander in der Gesellschaft einzutreten. Mittlerweile existiert das Bildungsangebot an 15 Standorten in neun Bundesländern und wird mit über 40 Kooperationspartnern umgesetzt. Seit 2022 ist das Bildungsangebot Preisträgerin des Undine Awards für innovative Wasserprojekte.

»Es ist immer noch besser, Schostakowitsch zu spielen, als jemanden zusammenzuschlagen«

Der langjährige künstlerische Leiter der The Young ClassX Orchester über das Gewaltpotenzial in Schostakowitschs Musik und über Mahlers Erste Sinfonie, in der man eindrucksvoll erfahren kann, wie ein junger Mensch um sein Leben streitet, unterliegt, ringt, verzweifelt ruft und schreit und mit viel Reflexion und Liebe sein Leben dann doch titanenhaft bewältigt. Das ist auch die ästhetisch-pädagogische Vision von Clemens Malich, wenn er in den Jugendorchestern und an der Hochschule die Balance zwischen dem Erreichbaren und dem Unmöglichen sucht und den Kindern und Jugendlichen dabei immer wieder bedeutungsvolle und magische Momente gelingen.

Herr Professor Malich, unter dem Dach der The Young ClassX versammeln sich mittlerweile eine ganze Reihe von Klangkörpern. Dazu gehören das Moses Mendelssohn Kammerorchester (MKO), das Fanny Mendelssohn Jugendorchester (FJO) und das Felix Mendelssohn Jugendorchester (MJO), das mit über 100 Musikerinnen und Musikern zu den größten Jugendsinfonieorchestern in Deutschland gehört. Wie ist dieses Instrumental-Modul aufgebaut?
Das *Kammerorchester* ist ein von der Struktur offeneres Ensemble, das je nach Bedarf zusammengestellt wird, im *Fanny Mendelssohn Jugendorchester* spielen die Jüngeren ab neun Jahre. Mit dem *Felix Mendelssohn Jugendorchester* geht das dann hoch bis in das Studierendenalter. Hier sind die meisten Musikerinnen und Musiker zwischen 13 und 18 Jahre. Dadurch bekommt es einen sehr familiären Charakter, es fühlt sich an wie ältere und jüngere Geschwister oder Peers. Die Älteren helfen dabei, die Gruppe zu organisieren und die Jüngeren mitzunehmen. Wir entwickeln das immer weiter und schaffen auch mehr demokratische Strukturen, damit die Jugendlichen eigenverantwortlicher die Gruppe gestalten können. Es gibt einen Orchesterrat und Arbeitsgruppen, in denen sie Kompetenzen und Fähigkeiten verwirklichen können. Wir wollen ein Bewusstsein dafür schaffen, dass das Gelingen einer positiven Gruppendynamik von ganz vielen Faktoren abhängig ist. Da sind zum einen die Jugendlichen selbst, die durch ihr Handeln, ihre Bereitschaft und ihre Energie dieses Gelingen überhaupt möglich machen. Dann gibt es uns als künstlerisch-pädagogische Leiter, das Organisationsteam und natürlich den Vorstand bis hin zu Michael Otto, die jeder für sich und alle gemeinsam eine visionäre Vorstellung teilen, der man als Jugendlicher und als Künstler folgen kann. Nur wenn alle Bestandteile ineinandergreifen, entstehen herausragende Momente für

alle Beteiligten – nicht nur für die Kinder und Jugendlichen, sondern auch für uns. Darum ringen wir ständig. Es geht um die persönliche Entwicklung der Kinder und ihrer musischen Fähigkeiten. Sie müssen sich mit ihren Fähigkeiten in einer Gruppe bewähren und gemeinsam die Gruppe weiterentwickeln. Sie übernehmen dabei Verantwortung und entfalten Loyalität und Solidarität im Widerstreit zu ihrer Individualität. Musik ist ein Werkzeug und Katalysator, mit dem man das alles erleben kann. Denn wenn es gut funktioniert, haben wir am Ende ein wunderbar klingendes Ergebnis und schaffen herausragende und bedeutungsvolle Erlebnisse, die im besten Fall zu Leuchttürmen in einem jungen Leben werden. Ich glaube an die Vision des Wiener Psychiaters Viktor Frankl, dass wir in unserem Leben Berggipfel – im Englischen sagt man *peaks* dazu – kreieren müssen, die uns in der Routine des Alltagskampfes ästhetische, seelische und soziale Orientierung geben können. Und das gelingt uns bei The Young ClassX mehr als nur manchmal. Das sind sehr wertvolle Momente für alle Beteiligten. Das macht dieses Projekt so herausragend.

Mein Eindruck ist, dass das gesamte Projekt den ursprünglichen Impetus weit hinter sich gelassen hat, benachteiligte Jugendliche durch die Mitarbeit in einem Chor oder einem Jugendorchester besser in die Gesellschaft zu integrieren. Dieser sozialtechnologische Ansatz ist ja auch mit einem paternalistischen Gestus verbunden, der etwas von oben herab wirkt.
Dieser Impetus hätte auch etwas Stigmatisierendes. Damit kann man heute Jugendlichen überhaupt nicht kommen, die durchschauen das sofort als peinliche Trickserei der Erwachsenen. Damit ist auch niemandem geholfen. Vielmehr bieten wir Kindern und Jugendlichen – unabhängig von sozialem Status und Herkunft – die Chance, sich nach ihren eigenen Vorstellungen einzubringen. Aber jede und jeder bringt dafür völlig unterschiedliche Voraussetzungen mit: Der eine hat vielleicht zu Hause keine Struktur, sagt jede zweite Geigenstunde ab, weil er seine Eltern, die kein Deutsch sprechen, zum Arzt begleiten muss. Der andere lebt in einer überorganisierten Welt, in der er erst einmal lernen muss, eigene Initiativen zu entwickeln und unabhängig Ziele für sich zu definieren. Das Tolle an den Orchestern ist, dass die Kinder und Jugendlichen merken, dass es keine Rolle spielt, ob die Hautfarbe dunkler oder heller ist oder ein Mensch in Mümmelmannsberg oder in Volksdorf lebt. Wir haben ein gemeinsames Ziel, für das sich jeder mit seiner besten Energie einsetzt. Und wenn wir das erreichen, haben wir eine blühende, eine klingende Gemeinschaft.

Sie leiten bereits seit 2003 das Orchester. Was hat Sie so lange gehalten? Sie sind auch als gefragter Konzertsolist und Professor an der Hochschule sehr beschäftigt. Es ist bestimmt für Sie als Musiker und Pädagoge sehr befriedigend, einem Ensemble einen bestimmten Klangcharakter aufzuprägen. Aber andererseits gibt es bei den Kindern eine hohe Fluktuation und man muss als künstlerischer Leiter immer wieder aufs Neue damit anfangen, einen ästhetisch und musikalisch kohärenten Klangkörper zu formen. Ist das nicht eine sehr vergebliche Sisyphos-Arbeit?

Ja, das ist eine sehr schwere, aber auch sehr dankbare Arbeit. Denn ich glaube nicht, dass Musik an sich automatisch das Gute im Menschen hervorbringt. Auch KZ-Kommandanten hörten abends Schumann und Brahms und brachten am nächsten helllichten Tag wieder wahllos Menschen um. Aber Musik bietet die Möglichkeit, etwas Herausragendes und Besonderes gestalten zu können. Musik ist ein Gefährt oder Werkzeug und das birgt in sich einen Gestaltungsauftrag, den ich immer in mir gespürt habe und den ich hier richtig austoben kann. Da werde ich selbst zum Schüler und in Wahrheit lehren mich die Kinder immer wieder die Begeisterung für Musik. Es gibt einen wunderbaren Satz von Nelson Mandela: „Dich selbst kleinzuhalten, dient nicht der Welt. Wir sind alle dazu bestimmt, zu leuchten, wie es die Kinder tun."

Das ist ein toller Satz!

Warum soll man etwas nur einigermaßen gut machen, wenn man es auch super machen kann? Das sage ich auch immer den Kindern. Wenn man gut ist, dann kann man jede Woche leuchten. Einmal kam ich in das Johannes-Brahms-Gymnasium zur Orchesterprobe und es sah furchtbar aus, weil die Reinigungsfirma nicht gekommen war. Überall lagen Gurkenscheiben und Blätter auf dem Boden. Dazu gab es auch noch ein Verkehrschaos in Hamburg und ein Großteil der Kinder kam zu spät mit dem Bus. Es waren also in der Probe des Fanny-Orchesters nur vier erste Geigen da statt acht. Ich atmete innerlich tief durch und begann mit der Probe. Am Anfang klang es einfach schrecklich und ich dachte nur „Um Gottes willen". Wir haben dann an den verschiedensten Stellschrauben gedreht, geübt, wiederholt, einzeln gespielt, verbessert und plötzlich, nach nicht einmal einer Stunde, entstand eine Symphonie von Carl Philipp Emanuel Bach. Die Kinder spielten plötzlich Stimmen, die ich ihnen zwei Wochen zuvor nie zugetraut hätte. Plötzlich entsteht in einer magischen Transition etwas Bedeutsames. Dazu braucht man kein intellektuelles Wissen, man erlebt es einfach unmittelbar und emotional. Im Gegensatz zur individuellen Arbeit an sich selbst ist die Hebelwirkung in einem Orchester viel stärker: Wenn jeder Einzelne nur einen Funken besser spielt, vervielfacht sich die Gesamtleistung. Alle kleinsten und kleinen energetischen Investitionen bündeln sich zu einem Vielfachen. Das gibt mir und auch den Kindern eine starke, euphorisierende Energie. Das ist das, was mich bewegt und mich auch so erfüllt.

Das ist sicher auch ein sehr magischer Moment und immer wieder ein kleines Wunder, weil es sich nicht automatisch einstellt. Das ist ja nicht nur Synchronisierungsarbeit des Dirigenten.

Genau. Dagegen entstehen zum Beispiel bei Studierendenorchestern viel mehr Reibungen, weil alle schon ein Päckchen mit sich herumzutragen haben.

Bei professionellen Musikern ist das Gegeneinander noch ausgeprägter, weil die Musiker auch existenziell davon abhängig sind. Da geht sehr viel Energie verloren. Unser Jugendorchester dagegen ist freiwillig. Wem es nicht gefällt, der bleibt einfach weg. Das ist auch ein wichtiger Gradmesser für meine eigene Arbeit. Wenn mir die Kinder weglaufen, mache ich etwas falsch. Ich muss also eine Struktur schaffen, die die Kinder so berührt, dass sie mit Freude immer wieder zur Probe kommen.

Liegt das am Charisma des Dirigenten?
Es liegt daran, dass die Kinder das Gefühl haben, dass es wirklich um sie geht. Wenn die Kinder den Eindruck bekommen, sie werden nur benutzt, damit sich ein Projekt oder ein künstlerischer Leiter profilieren kann, werden sie misstrauisch und machen das sicher nicht lange mit. Aber wenn wir es schaffen, immer wieder dieses individuelle Erleben ins Bewusstsein zu rücken, dann erhöht sich spürbar die Lebensfreude jedes Einzelnen.

Es ist doch sicher schwer, ein künstlerisch so hohes Niveau erst mal überhaupt zu erreichen, dann zu halten und auch noch von Aufführung zu Aufführung zu steigern. Leistungsträger gehen, es kommen neue Anfänger dazu. Da lastet bestimmt auch ein hoher Druck auf Ihren Schultern?
Das ist richtig. Dieser Druck entsteht auch durch die immer gewichtigeren Kooperationspartner, mit denen wir zusammenarbeiten dürfen.

Das erste Mal in der Elbphilharmonie zu spielen, macht einen natürlich wahnsinnig stolz. Es kann aber auch sehr einschüchternd sein.
Man muss den richtigen Fokus behalten. Wir wollen diese Peak Moments schaffen und das Beste geben, ohne Angst vor dem Scheitern zu haben. Die Kinder und Jugendlichen müssen immer ein Gefühl der Sicherheit haben. Obwohl ich alles verlange, stehe ich immer vor ihnen und trete für sie ein. Viele Dirigenten wechseln schwächere Musiker einfach aus. Das mache ich nicht und darauf bin ich sehr stolz. Wir haben durch unsere pädagogische Arbeit ein hohes Niveau erreicht. Wenn ich dieses Niveau noch ein bisschen steigern würde, wären die Opfer, die wir dafür erbringen müssten, viel zu groß. Dazu bin ich nicht bereit und würde immer sagen: Nein.

Ist ein Orchester, ähnlich wie eine Kette, nur so stark wie das schwächste Glied? Müsste man dann schwächere Schüler bitten, zu gehen?
Genau.

Und das machen Sie dann nicht?
Nein. Ich finde, dass eine Gemeinschaft auch Menschen mittragen muss, die schwächer sind. Die Qualität unserer Orchester besteht darin, dass wir im Großen und Ganzen drei Gruppen haben. Es gibt die Spitzengruppe, die

Leitwölfe. Es gibt ein gesundes Mittelfeld, und es gibt die Hineinwachsenden. Wenn ich die Hineinwachsenden abschneide, dann fehlt mir der Dünger. Sie suchen sich dann andere Betätigungsfelder – im Judo oder Fußball – und bleiben einfach weg. Aber dann schrumpft irgendwann das gesunde Mittelfeld, aus dem die Spitzentalente erwachsen können. Wir haben zwölfjährige Kinder im Orchester und bei einigen weiß ich schon heute, in vier Jahren ist das meine neue Konzertmeisterin. Dadurch entsteht eine hohe Loyalität, weil sich in vier Jahren die Konzertmeisterin noch daran erinnern wird, wie es ihr bei den ersten Proben erging, als sie noch gar nichts verstanden hatte. Man war damals auch nur ein Anfänger und ist jetzt einer derjenigen, der das Orchester anführt, Verantwortung übernimmt und die Jüngeren an die Hand nimmt und unterstützt.

Kümmern sich denn die Stimmführer dann auch im Einzelunterricht um die Jüngeren und machen getrennte Proben?
Ja, genau. Es ist erstaunlich, wie viel Engagement, wie viel Initiative in den Jugendlichen schlummert. Man muss nur eine Türe öffnen, damit sich diese solidarische Energie ihren Weg sucht und sich entfalten kann. Es gibt zahlreiche Jugendliche, die diese soziale Welt der Mendelssohn-Orchesterfamilie von Anfang bis Ende durchschreiten. Sie kriechen aus ihrem Schneckenhaus und finden eine soziale Welt vor, in der sie ihre Qualitäten entwickeln können. Dann blühen sie auf und verstehen plötzlich, wie sie ihr Handeln in einen sozialen Kontext überführen können. Das ist für mich als künstlerischer Leiter auch ein Drahtseilakt. Denn wer das Unmögliche verlangt, wird am Ende am Erreichbaren scheitern. Es ist eine große Herausforderung, in diesen für Jugendliche sehr typischen gruppendynamischen Prozessen präzise diese Grenze zwischen dem noch Erreichbaren und dem schon Unmöglichen auszuloten. Oder einfacher gesagt: Bis zu welchem Punkt kann man die Kinder motivieren und fordern, ohne den Bogen zu überspannen? Das ist für mich die schwierigste Aufgabe, die sich immer wieder neu stellt.

Aber überschreiten Sie manchmal dann doch diese Grenze, weil Sie – wie jeder Maestro – den Ehrgeiz haben, auch noch das Letzte aus dem Orchester herauszuholen?
Das ist bestimmt meine größte Schwäche, die sich aber im Orchester nicht so manifestiert wie zum Beispiel im Individualunterricht.

Im Individualunterricht wird dann also richtig gequält?
Ja *(lacht)*, weil der einzelne Schüler dann 100 Prozent von mir abbekommt und das kann dann manchmal zu viel sein. Im Orchester verteilt sich das und man kann zur Not in Deckung gehen. Aber ich rede auch viel mit dem Orchester darüber, denn wir sind ein Team. Wir müssen unsere Ziele auch immer wieder angleichen und in eine gemeinsame Richtung bringen. Im Gegensatz zur Familie

oder zur Schule ist unser Orchester ein freiwilliges System. Da müssen wir uns über das Spannungsfeld Individualität versus Solidarität, Loyalität und Gemeinschaft Gedanken machen und uns immer wieder neu entscheiden. Ich spreche das sehr oft in den Proben an. Einige Kinder nehmen immerhin ein-einhalb Stunden Busfahrt auf sich, nur um zur Probe zu kommen. Was ist ihr Motiv, diesen Aufwand in die eigene individuelle Entwicklung zu investieren und dieses Opfer für die Gemeinschaft aufzubringen, um dadurch am Gelingen des Ganzen beizutragen? Sicherlich motiviert sie das Konzept von The Young ClassX, das ganz fantastische Möglichkeiten der Sichtbarkeit organisiert, zum Beispiel mit Projekten mit der Staatsoper oder Konzerten in der Elbphilharmonie. Wir müssen schon auch was bieten. Wir können uns nicht einfach hinsetzen und warten, dass uns die Kinder die Bude einrennen, um eine Brahmssinfonie zu spielen.

Es ist für jeden Jugendlichen eine großartige Synchronisationsleistung, sich in ein Orchester einzubringen und diesen sozialen Organismus auch aktiv mitzu-gestalten. Und dann muss sich dieser soziale Organismus, der sich gerade mit viel Mühe wie durch ein Wunder selbst konstituiert hat, in einer Kooperation mit der Staatsoper oder mit der Elbphilharmonie wiederum mit anderen Klangkörpern und völlig unbekannten sozialen Systemen arrangieren. Überfordert das nicht ein Jugendorchester?

Für uns als Zwischenglied ist das manchmal eine sehr anstrengende Ausgleichs-arbeit in beide Richtungen. Aber am Ende ist es für die Jugendlichen immer sehr inspirierend. Der hohe Anspruch, mit den ganz Großen mitzuspielen, löst natürlich hohen Leistungsdruck aus, aber bedeutet ja gleichzeitig eine große Wertschätzung für unser Orchester. Und daran wachsen die Jugendli-chen natürlich, wenn sie plötzlich als ernsthafter Partner in solchen Projekten wahrgenommen werden.

Sie haben als Dirigent ja auch ästhetische Vorstellungen, die Sie in dem Ensemble verwirklichen wollen. Wie würden Sie denn die Klangkörper beschreiben? Ist das eher ein klassischer oder romantischer Klangkörper? Ist The Young ClassX eher dem 19. Jahrhundert verpflichtet? Welche Programmatik verfolgen Sie?

Das hängt natürlich in erster Linie von den Besetzungen ab. Im Fanny-Orchester setze ich eher klassische bis frühromantische Musik an, weil wir einen Streicherapparat, zwei Oboen, zwei Hörner, zwei Fagotte und vielleicht auch mal eine Pauke haben. Also spielen wir frühe Mozart-Sinfonien oder eine Sinfonie von Carl Philipp Emanuel Bach. Aber neben der Besetzung ist auch ausschlaggebend, wie schnell die Kinder die Struktur erfassen können. Wir haben zum Beispiel für ein Konzert ein Stück von Fanny Hensel (geborene Mendelssohn) bearbeitet. Und das war ein sehr schwieriger Weg, weil für die Kinder komplexe harmonische Entwicklungen viel schwerer zu erfassen sind. Wenn ich zum Beispiel Mozart nehme, erfasst jedes Kind sofort die Melodie und die Funktion, die sein Instrument wahrzunehmen hat. Das ist bei Mozart viel klarer und einfacher. Das macht dann auch mehr Spaß, es zu spielen.

Und wie sieht es beim MJO aus?
Das Felix-Orchester ist durch seine Besetzung natürlich vor allen Dingen ein großer romantischer Apparat.

In diesem Orchester haben Sie ja auch genügend Blech und Holz.
Genau. Wenn die Bläser da sind, dann achte ich darauf, dass sie auch wirklich ausreichend eingesetzt werden, weil sonst die Solidarität nachlässt. Warum soll ein Blechbläser zu einer Probe oder einem Konzert kommen, wenn er nur drei Minuten zum Einsatz kommt? Das kann man mal machen, aber nicht dauerhaft. Deswegen muss das Programm des Orchesters so gestaltet werden, dass genügend attraktive Stücke im Repertoire vorhanden sind, damit das Blech auch begeistert wiederkommt. Wir haben auch eine Harfe, das ist natürlich toll für ein Orchester, dann braucht sie aber auch was zu spielen.

Also werden Sie bald Gustav Mahler spielen?
Wir haben gerade seine 1. Sinfonie gespielt.

Die Erste bietet sich ja für ein Jugendorchester immer sehr gut an.
Ja, sogar in der Urfassung – das ist sehr spannend.

Also in der Hamburger Fassung? Toll!
Sie sind ja ein richtiger Fachmann. Wir spielen sie sogar in der Urfassung der Hamburger Fassung. *(lacht)*

Von der Hamburger Fassung gibt es noch eine weitere Urfassung?
Ja. Die Urfassung der Hamburger Fassung entspricht ziemlich genau unserem Orchesterapparat. Also vier Hörner, drei Trompeten, drei Posaunen, eine Tuba, eine Harfe. Das einzige Nebeninstrument ist eine Es-Klarinette, kein Englischhorn oder Kontrafagott. Und mit dieser Fassung hat Mahler angefangen, in Hamburg zu proben. Vor der Uraufführung hat Mahler einiges in der Aufstellung geändert. Es gibt keine Belege dafür, aber ich stelle mir das bildlich so vor: Nach der dritten Probe kommen die Hornisten zu Mahler und jammern: „Herr Mahler, das kann man nicht spielen. Das ist so anstrengend. Wie haben Sie sich das vorgestellt? Der letzte Satz – 25 Minuten! Schauen Sie sich mal unsere Lippen an." Also erweitert Mahler die Hörner auf sieben, damit die einzelnen Musiker mehr Zeit zum Ausruhen finden. Bei der nächsten Probe fordert Mahler die Trompeter auf, den Schluss noch bombastischer zu gestalten. Aber die Trompeter geben doch schon alles. Na gut, dann gibt es also fünf statt nur drei Trompeten. Dann ruft Mahler nach der Harfenistin: „Harfe, ich kann Sie nicht hören. Wo sind Sie denn?" „Ich gehe in den ganzen

Hörnern und Trompeten unter, Herr Mahler." Okay, dann gibt es eine zweite Harfe. Ich glaube, es waren oft diese Banalitäten und Wünsche der Orchestermusiker, die zu neuen Fassungen führten …

… und zum Schluss stehen bei Gustav Mahlers Achter 1.000 Leute auf der Bühne.
Ursprünglich wollte Mahler in der 1. Sinfonie mit programmatischer Musik eine Geschichte erzählen und war sich unschlüssig, ob er eine sinfonische Dichtung oder eine Sinfonie konzipieren sollte. Er gab ihr auch eine Zeitlang den Beinamen „Titan". In seiner Musik kann man eindrucksvoll erkennen, wie ein junger Mensch um sein Leben streitet, unterliegt, ringt, verzweifelt ruft und schreit und mit viel Reflexion und Liebe sein Leben titanenhaft bewältigt. Denn jeder Mensch, der sein Leben bewältigt, ist ein Titan.

Das passt doch auch gut zu Ihrem Jugendorchester.
Das sage ich auch zu den Jugendlichen. Ihr seid alle Helden, ihr seid diejenigen, die sagen: Wir ergreifen das Leben am Schopfe und wollen unsere Zukunft gestalten. Ich zeige ihnen Vorbilder und verweise dann auch manchmal auf Michael Otto als Vorbild, der vielfältige Projekte initiiert hat und aus seinem Leben mit all seinen Möglichkeiten etwas macht. Er könnte, wie so viele, auch ganz anders leben, aber er übernimmt soziale Verantwortung. Das müsste er nicht.

Es ist seine Strategie der Weltaneignung. Er will sich die Welt aneignen, er will sie durchdringen und ihre Probleme verstehen. Und wenn man beginnt, die Probleme zu verstehen, dann ist man auch in der Lage, tatsächlich etwas zu verändern.
Weltaneignung – das ist ein wunderbares Wort. Das habe ich vorher noch nie gehört, aber ich kann mich damit sofort identifizieren.

Und da spielt die Musik natürlich auch eine große Rolle.
Für mich ist mein Handeln, mein pädagogisches und künstlerisches Tun, die Arbeit mit den jungen Menschen auch eine Form von Weltaneignung. Ich vermittle den Kindern, dass Musik ein Medium der Weltaneignung sein kann, auch um sich selbst besser zu verstehen. Deswegen spiele ich auch Musik von Schostakowitsch, in der so viel Aggressivität steckt. Man muss auch diese negativen Gefühle in sich verstehen und kann nicht einfach einen Teil seines Menschseins outsourcen. Das geht nicht. Das Aggressive gehört auch zu uns. Und wir müssen uns mit diesen Gefühlen vertraut machen, um damit umgehen zu können. All das muss gelebt werden, damit sich etwas verändert. Und Musik kann dabei ein fantastischer Katalysator sein. Als wir eine Suite von Schostakowitschs „Hamlet" spielten, sagte ein Bratscher nach der Aufführung, dass er im letzten Satz richtig Angst vor mir bekommen hätte. Aber als Dirigent muss man auch an das Äußerste gehen, um die Musik wirklich zu verstehen. Da ist eine Menge Aggression drin – wie im richtigen

Leben, auch der Jugendlichen. Nicht jeder Mensch ist ein nobler Mendelssohn, der über so eine hohe Menschlichkeit und ausgeformte Geistigkeit verfügt. Meiner Meinung nach ist es immer noch besser, Schostakowitsch zu spielen, als jemanden zusammenzuschlagen.

Es ist also auch für Sie ein Projekt der Menschwerdung, nicht nur für die Jugendlichen.
Richtig, damit man über sich selbst als Mensch ein Bewusstsein entwickelt. Als Kind wollte ich gerne Archäologe werden, jetzt bin ich Musiker, Dirigent und Lehrer und suche dabei nach Geschichte und Geschichten. Aber ich wäre auch gerne Fußballtrainer und schaue mir sehr viele Fußballspiele an.

Wirklich?
Ich finde diese Gruppenorganisation so faszinierend. Warum kann die gleiche Gruppe in der einen Woche einen totalen Stuss zusammenspielen und eine Woche später läuft das Zusammenspiel super? Das ist doch auch die Frage für einen Orchesterleiter: Wie kann man eine starke Gruppe bilden und Leistungsfähigkeit erzeugen?

Also geht es um Formbarkeit und Ergebnisorientierung? Muss Ihr Orchester am Ende des Tages auch Tore schießen?
Ja, genau. Ich gebe an der Hochschule Unterricht in Methodik und Didaktik und meine Studierenden sollten ihre gesellschaftliche Utopie entwickeln und die Rolle von Kunst, Kultur und Musik definieren. Dabei hat es mich erschreckt, wie wenig Mut zur Utopie bei den Studierenden vorhanden ist. Da sind meine Jugendlichen im Orchester wesentlich ambitionierter. Und ich möchte, dass sie sich diese Kraft erhalten.

Sie beklagen sich als Pädagoge nicht darüber, dass Ihnen all das, was in der Gesellschaft schiefläuft, vor die Haustüre gekippt wird – mit vielen ungelösten Problemen, die außerhalb Ihrer Reichweite liegen. Sie können nicht einfach die Eltern, das Schulsystem oder die Gesellschaft ändern. Aber da sehe ich bei Ihnen überhaupt keine Frustration.
Also es gibt Momente, die mich sehr anstrengen. Da muss man die Energie wieder sammeln und sich aufladen. Aber das ist meine Passion. Das ist das, was mich bewegt und antreibt. Und da können die Mendelssohns schon Vorbilder sein. Da kommen wir wieder zu dem Punkt: Wer das Unmögliche will, scheitert am Erreichbaren. Wir müssen uns viel stärker über das Erreichbare einigen und einen Kompromiss darüber finden, was nicht erreichbar, also unmöglich ist.

Aber Ästhetik und Kompromiss haben noch nie zusammengepasst. Das Ergebnis wird immer mittelmäßig sein.
Nein. Der Konsens birgt andere Qualitäten in sich. Es geht dabei um energetische

Formen. Ich habe einmal die unterschiedlichen Anfänge der 2. Sinfonie von Gustav Mahler miteinander verglichen. Den schönsten Anfang von Mahlers Zweiter gestaltete Leonard Bernstein unpräzise und wild und kam damit dem musikalischen Willen von Mahler am nächsten. Dagegen ist zum Beispiel das Concertgebouw-Orchester mit Mariss Jansons viel zu perfekt und clean. Es entwickelt nicht die gleiche Energie. Das heißt, bestimmte Unschärfen beinhalten auch eine ästhetische Qualität. Wenn die Berliner Philharmoniker spielen, darf und muss es natürlich auch perfekt klingen. Aber wenn unser Jugendorchester spielt, dann kann es eben auch diese jugendliche Freude am Kratzen des Unmöglichen sein, bei gleichzeitiger großer innerer Freiheit. Denn viele Schwierigkeiten, die die Berliner Philharmoniker kennen, sind meinen Jugendlichen noch gar nicht bewusst, und deswegen gehen sie mit einer viel größeren Unbefangenheit an die Sache heran. Und dann kann ein Konzert des MJO eine andere hohe Qualität in sich bergen, wie ein Konzert der Berliner Philharmoniker.

Kein Besucher Ihrer Konzerte würde eine Leonard-Bernstein-Qualität erwarten. Der Hörer preist das ja auch schon von vornherein mit ein und ist dann vielleicht sogar überrascht, wenn es kein Gekratze geworden ist.
Nein, dagegen möchte ich mich wehren. Da entsteht eine andere Qualität. Es kann einen sehr begeistern, wenn man erlebt, wie sich jeder im Orchester im Rahmen seiner Möglichkeiten optimal hineinwirft und versucht, das Beste zu geben – ohne Angst. Bei professionellen Musikern dagegen kann man oft ihre Angst spüren. In unserem Orchester hört man vielleicht mal einen unsauberen Ton, aber man erlebt keine Angst, nur vielleicht den Respekt vor einer Laeiszhalle. Meine pädagogische Verantwortung liegt darin, alles so vorzubereiten, dass das Verhältnis zwischen Respekt und Kompetenz möglichst optimal ist und die Jugendlichen ohne Angst ihr Bestes geben.

Nun vereinen Sie als Solist auf der einen Seite und Orchesterleiter auf der anderen Seite dieses Spannungsverhältnis zwischen Individualität und Solidarität in Ihrer eigenen Person. Oder ist das gerade Ihr Erfolgsgeheimnis, dass Sie beide Seiten ausspielen können? Ist dieses Spannungsfeld auch in Ihrer eigenen Persönlichkeit angelegt?
Ja, auf jeden Fall. Ich möchte nie aufhören, Cello zu spielen. Diese Befriedigung und dieses haptische Erlebnis, Klang selbst zu erzeugen, ist für mich existenziell. Darauf möchte ich nicht verzichten, weil das auch ein substanzieller Qualitätspunkt meiner Arbeit als Pädagoge wie auch als Dirigent ist.

Vielleicht ist die Figur des Maestros immer noch so geniebehaftet, dass sie gar nicht so solidarisch sein kann, sondern sich in Wahrheit hochindividualistisch der Selbstverwirklichung hingibt?
Das ist bei Dirigenten sicher öfter der Fall. Meinem Idealbild würde auch nicht jeder Orchestermusiker zustimmen. Ich denke, der Dirigent ist jeder

realen Handlung enthoben. Meine Funktion besteht nicht darin, mir Gedanken darüber zu machen, ob ich den zweiten oder dritten Finger nehmen soll, ob der Ton sauber klingt, ob ich in der richtigen Zeit spiele und so weiter. In meiner Funktion als Dirigent kann ich mich vollkommen der Organisation der Gruppe und der geistigen und emotionalen Inhalte hingeben. Das ist meine Verantwortung.

Kontextualisieren Sie dann auch die Musik und erzählen historische Anekdoten? Wie hat der Komponist das gemeint oder in welcher Situation hat er das geschrieben?
Ein Teil meiner Aufgabe besteht natürlich darin, dass ich mich zu Hause hinsetze, mir zum Beispiel Mahler anhöre, über ihn lese und dann dieses Wissen an die Kinder und Jugendlichen weitergebe. Das ist meine pädagogische Aufgabe. Am Ende müssen wir uns als Gruppe dieses Stück aneignen.

Und einen eigenen Zugang, ein eigenes Narrativ finden.
Richtig. Also ich glaube, die Authentizität meiner Hingabe, meiner Empfindungen und die Ernsthaftigkeit meiner konzeptionellen Ideen bilden die Brücke, die mich mit den Mitmusikern im Orchester verbindet und auf der sie bereit sind, mir entgegenzugehen. Es geht nicht um Autorität, sondern um die Wahrhaftigkeit der musikalischen Begegnung.

»Ohne Kultur geht es nicht«

In einer ungewöhnlichen Mäzenaten-Tradition sind in Hamburg seit über 350 Jahren fast alle größeren kulturellen Projekte in einem Miteinander von Senat und Bürgertum entstanden. Für Hamburgs Senator für Kultur und Medien formt erst die Kultur die symbolischen Sinnstrukturen einer Gesellschaft, ohne die Menschen nicht zusammenleben können. Für das digitale Zeitalter fordert er mehr öffentliche Räume als „dritte Orte" jenseits von Wohnung und Arbeitsplatz, in denen die Angelegenheiten des demokratischen Gemeinwesens wieder von Angesicht zu Angesicht verhandelt werden, statt in digitale Echokammern abzudriften.

Herr Senator, wie haben Sie Michael Otto kennengelernt?
Ich bin ihm zum ersten Mal am Rande eines gesellschaftlichen Events begegnet. Damals war ich für die Entwicklung des Medienstandortes Hamburg und für die Digitalisierung zuständig und diskutierte in erster Linie mit dem damaligen Vorstand Rainer Hillebrand über E-Commerce-Konzepte und wie sich dadurch auch der Handel verändern wird. Den ersten amtsbezogenen Austausch im Kulturbereich hatten wir im Vorfeld des Festivals „Theater der Welt", das 2017 in Hamburg stattfand. Wir wollten die interessierten Bürgerinnen und Bürger der Stadt dafür gewinnen, dort etwas Außergewöhnliches zu ermöglichen. Michael Otto war einer der ersten, der sagte: „Na klar mache ich das." Und er leistete die größte Einzelspende. Wir saßen auch viele Jahre gemeinsam im Kuratorium der Stiftung Hamburger Kunstsammlungen. Er ist ein unglaublich präsenter Mensch im öffentlichen Leben dieser Stadt und eine Ausnahmefigur. Es gibt nicht viele Bürgerinnen und Bürger seiner Statur, die in der Öffentlichkeit so nahbar sind.

In den Anfängen der Elbphilharmonie wollte das Hamburger Bürgertum dem Staat beweisen, dass man mit privaten Geldern einen Kulturtempel als Alternative zu den staatlich subventionierten Bühnen mit ihrem der Aufklärung verpflichteten Kulturprogramm schaffen kann. Michael Otto hat die Elbphilharmonie von Anfang an unterstützt.
Ja, er war einer der Hauptunterstützer. Aber ich habe ihn in diesem Kontext nie als jemanden wahrgenommen, der darauf beharrte, dass dort etwas anderes als in staatlichen Häusern passieren sollte. Generell sind in der republikanischen Tradition Hamburgs viele unserer Kultureinrichtungen aus bürgerschaftlichen Impulsen entstanden. Das fängt an beim ersten bürgerlichen Opernhaus vor rund 350 Jahren. Die Hamburger Kunsthalle ging 1869 aus

dem Hamburger Kunstverein hervor und ist kunstbegeisterten Bürgern der Stadt und der Schenkung von Georg Ernst Harzen zu verdanken. Er wollte seine umfangreiche Sammlung von Radierungen und Zeichnungen der Stadt schenken, verlangte dafür aber vom Senat den Bau eines Museums, um die Öffentlichkeit daran teilhaben zu lassen. Auch die Laeiszhalle ist ein Beispiel bürgerlichen Mäzenatentums. Der Reeder Carl Laeisz vermachte der Stadt 1,2 Millionen Mark, um eine Konzerthalle zu bauen. Das Deutsche Schauspielhaus entstand aus einer privaten Initiative von Bürgern, die den Bau eines öffentlichen Theaters finanzierten. Und das setzt sich fort bis zur Elbphilharmonie.

Das ist aber sehr ungewöhnlich in Deutschland, oder?
Ja, es ist ungewöhnlich und prägt eine Stadt positiv. Frankfurt hat als Bürgerstadt eine vergleichbare Tradition. Aber Hamburg ist insofern besonders, weil es die größte Stadt Europas ist, die nie eine Hauptstadt war. Es gab in der Stadt nie einen Fürsten, König oder Kaiser, der sagte: „Ich baue Museen für die Schätze, die ich mir zusammengeraubt habe" oder „Ich baue ein Theater, in dem ich mich besonders schön in meiner Loge verlustieren kann." Nein, das waren immer die Bürgerinnen und Bürger dieser Stadt. In dieser Tradition sind fast alle größeren kulturellen Projekte in Hamburg immer in einem Miteinander von Stadtstaat und Bürgerschaft entstanden. Und so war das bei der Elbphilharmonie auch. Am Anfang gab es natürlich den Anspruch, den Bau ausschließlich privat zu finanzieren, aber man hat schnell gesehen, dass man es alleine vermutlich doch nicht schaffen wird …

War das nicht von Anfang an etwas größenwahnsinnig? Schließlich hat die Rechnung zum Schluss der Steuerzahler mit knapp 790 Millionen Euro beglichen. Die Einnahmen aus privaten Spenden deckten nur 58 Millionen Euro der Baukosten – also weniger als 10 Prozent. Von der vollmundig angekündigten „Freiheitsstatue des hanseatischen Bürgertums" kann doch hier keine Rede mehr sein.
Das kann man so sehen. Aber der Impuls, die historische Situation vor dem Zweiten Weltkrieg wiederherzustellen, als Hamburg zwei große Musiksäle hatte, kam aus der bürgerlichen Mitte. Diese Tradition wird von vielen privaten Stiftungen fortgeführt, mit denen wir gut zusammenarbeiten, und hat dafür gesorgt, dass wir heute über so vielfältige Säulen verfügen, die die kulturelle Landschaft tragen. Wir haben in Hamburg auch kein Problem, wenn sich Kreativität und Kaufmannsgeist miteinander verbinden. Mein Lieblingsbeispiel ist das Wirken des Komponisten Georg Philipp Telemann, der die Idee des öffentlich aufgeführten Konzertes erfunden hat. Bis dato gab es Konzerte nur in Kirchen und Palästen. Er veranstaltete Konzerte für die Bürgerinnen und Bürger und nahm dafür Eintritt. Er entwickelte auch die Idee, dass man seine Noten abonnieren konnte, und verschickte sie als Abo überall in Europa. Er war ein reicher und hoch anerkannter Künstler, ohne an einem Fürstenhof

nur für Kost und Logis zu arbeiten. Hier in Hamburg ist das eine sehr spezifische Tradition, die die Kunst vielleicht auch ein bisschen freier macht, weil sie nicht einseitig vom Staat abhängig ist. Und für diese republikanische Tradition steht auch Michael Otto als Person.

Diese lange Tradition des bürgerlichen Engagements in Hamburg ist vielen noch nicht bekannt. Und im Ergebnis ist die Elbphilharmonie unbestritten sehr gelungen!
Wir hatten ja bereits mit der Laeiszhalle einen herausragenden Saal – nach dem sogenannten klassischen Schuhschachtel-Prinzip gebaut –, der auch bei seiner Eröffnung 1908 von der Presse als einer der besten Säle der Welt und klangliches Wunder bezeichnet wurde. Die Elbphilharmonie vereint nun beide Konzerthauswelten mit dem Kleinen Saal, der auch der Schuhschachtel-Logik folgt, und dem Großen Saal, der durch das Weinberg-Prinzip ganz anders funktioniert. Es ist ein echtes Geschenk, mit der Elbphilharmonie und der Laeiszhalle zwei große Säle von Weltklasse in Hamburg zu haben. Das haben nicht viele Städte. Natürlich ist das für die hiesigen Ensembles eine Herausforderung. Man kann nicht in der gleichen Aufstellung und in der gleichen Weise beide Säle bespielen. Allein in den letzten Wochen vor unserem Gespräch waren das Cleveland Orchestra, das Pittsburgh Symphony Orchestra oder die Wiener Philharmoniker hier. Wenn dann das NDR-Elbphilharmonie-Orchester oder das Philharmonische Staatsorchester spielen, werden sie vom Publikum an den besten Orchestern der Welt gemessen. Das ist aber auch der Anspruch, wenn man als Musikstadt wachsen will. Ich finde es besonders spannend, wie sich durch das Projekt Elbphilharmonie die Selbstwahrnehmung der Stadt entwickelt hat. Wir führen regelmäßig über die Hamburg Marketing GmbH Umfragen zum Markenbild der Stadt durch. Sowohl Hamburger Bürger und Bürgerinnen als auch Externe werden befragt, was sie mit Hamburg assoziieren. Vor zehn oder fünfzehn Jahren wurde „Kultur" nicht als eines der Wesensmerkmale genannt, obwohl es ja schon früher die Stadt von Gustaf Gründgens am Schauspielhaus gewesen ist oder von Rolf Liebermann, Christoph von Dohnányi oder Ingo Metzmacher an der Oper. Mit Hamburg hat man aber mehr den Hafen und vielleicht noch die Clubs auf dem Kiez und die Musicals assoziiert. Durch die Elbphilharmonie, die in so kurzer Zeit zu einem Wahrzeichen dieser Stadt geworden ist, hat sich diese Wahrnehmung verändert. Auch von außen wird Hamburg jetzt als Kulturstadt wahrgenommen. Wir haben mittlerweile eine Reihe von Ehrenbürgerinnen und -bürgern, die alle etwas mit Kunst zu tun haben: die Rockmusik-Ikone Udo Lindenberg, die Kinderbuchautorin Kirsten Boie, John Neumeier, einer der international renommiertesten Ballettdirektoren, Hannelore und Helmut Greve, die auch den Bau der Elbphilharmonie substanziell unterstützten, und Michael Otto, der neben seinem ökonomischen Wirken auch als Kultur- und Kunstmäzen sehr stark in Erscheinung getreten

ist. Es ist wunderbar, dass die Kultur mittlerweile wesentlich stärker als Teil dieser Stadt wahrgenommen wird.

Michael Otto unterstützt auch privat immer wieder die Staatsoper oder das Thalia Theater. Aber er fördert nicht nur die sogenannte Hochkultur, sondern als Graswurzelmensch auch ganz viele kleine Initiativen in Hamburg und in der Region. Ist das auch ein wichtiger Beitrag?
Michael Otto gehört zu den Mäzenen, die ein echtes Interesse an der Sache haben und das auch zeigen. Er hat tatsächlich diese persönliche Präsenz im öffentlichen Leben und macht seine Unterstützung transparent. Er ist sehr nahbar und immer dialogbereit – in beinahe alle Richtungen. Das finde ich bewundernswert. Ein schönes Beispiel für seine Graswurzelarbeit ist das Musikprojekt The Young ClassX, das zwar eigentlich von der Otto Group ins Leben gerufen wurde und seither unterstützt wird, aber er begleitet es bis heute mit einem hohen persönlichen Engagement. Kinder und Jugendliche – auch aus schwierigen sozialen Verhältnissen – werden in zahlreichen Schulen für Musik begeistert. Ihnen wird die Möglichkeit gegeben, dabei zu sein, ihre Stimme zu entdecken oder ein Instrument zu lernen. Das ist kein Glamourprojekt, aber es legt das Fundament dafür, dass in der gesamten Stadt Kulturproduktion stattfindet. Michael Otto hat ein echtes inhaltliches Interesse und will Substanz aufbauen. Ich nehme bei ihm eine hohe innere Motivation wahr.

Für Michael Otto spielen Kunst und Kultur eine große Rolle bei der Menschwerdung und bei der Herausbildung der Persönlichkeit.
Ich teile die These, dass Kunst und Kultur diese Wirkung auf die Entwicklung des Menschen haben. Aber ich möchte es noch etwas differenzieren. Kultur formt letztendlich die symbolischen Sinnstrukturen in einer Gesellschaft, ohne die Menschen nicht zusammenleben können. Ohne Sinnstrukturen und eine gemeinsam geteilte Vorstellung von der Welt ist man nicht handlungsfähig. Insofern ist die Vermittlung dieser Sinnstrukturen ein wesentlicher Bestandteil des Sozialisationsprozesses. Und wir tun gut daran, die Sinnstrukturen zu fördern, die Offenheit, Freiheit und ein tolerantes Miteinander in Vielfalt ermöglichen, und eben nicht enge und ausgrenzende Vorstellungen. Im Kreis der kulturfördernden Bürgerinnen und Bürger dieser Stadt ist Michael Otto immer wieder einer derjenigen, die den Impuls geben, auch den Blick zu weiten und Dinge zuzulassen, bei denen andere vielleicht fragen: „Müssen wir das jetzt wirklich machen? Könnte das nicht anstrengend werden?" Dann sagt er: „Natürlich kann das anstrengend werden, aber genau deswegen ist es ja spannend und bedarf der Förderung, weil es noch nicht aus sich selbst heraus passiert." Und da ist Hamburg natürlich wiederum die Stadt, die sich dafür eignet. Neben der Tatsache, dass Hamburg nie Hauptstadt war und deswegen alles aus sich selbst heraus geschöpft hat, hat die Stadt kulturhistorisch immer mit dem Rücken zur

eigenen Nation gestanden. Als große Handelsstadt blickte man immer hinaus in die weite Welt. Mit dem Hinterland, mit dem Rest von Deutschland, war man gar nicht so verbunden. Teilweise waren London oder New York wichtiger als Berlin. Es gibt eine Tradition der Offenheit in dieser Stadt, mit Vielfalt umgehen zu können. Und diese Vielfalt konnte man immer mit Händen greifen. Natürlich ist das auch mit einem hochproblematischen kolonialen Erbe verbunden, das aufgearbeitet werden muss und aufgearbeitet wird.

Ohne Kultur können wir als soziale Wesen nicht existieren. Aber welche Rolle spielt die Kunst in unserem Leben?
Theoretisch könnte man ohne Kunst im engeren Sinne leben. Das Leben wäre aus meiner Sicht zwar ärmer, aber es gibt Menschen, die nicht zwingend eine ästhetische Positionierung brauchen. Ohne kulturelle Einflüsse, die ja breiter sind, geht es aber nicht. Und ich kann jedem nur empfehlen, sich mit künstlerischen Angeboten auseinanderzusetzen. Michael Otto gehört zu denen, die nicht nur den Mainstream fördern, sondern auch an die Randbereiche gehen. Eine seiner jüngsten Stiftungen für die Hamburger Kunsthalle sind drei Werke von Etel Adnan, eine herausragende, aber lange Zeit nicht so bekannte Künstlerin, die leider 2021 kurz vor der Verleihung des Lichtwark-Preises gestorben ist. Ihr Werk zeichnet sich durch einen großen, gelebten Austausch zwischen der arabischen und der westlichen Welt aus. Michael Otto unterstützt Ausstellungsprojekte zu Nachhaltigkeitsthemen im Museum für Kunst und Gewerbe, weil ihm diese Anstöße und Betrachtungen wichtig sind. Er hat tatsächlich die inhaltliche Relevanz künstlerischer Arbeit für eine offene Gesellschaft stark im Blick.

Kunst und Kultur spielen als tägliche Nahrung für den Menschen eine wichtige Rolle. Wie haben Sie das während der Lockdowns in der Pandemie erlebt? Haben Sie Entzugserscheinungen in der Stadtgesellschaft festgestellt? Gab es einen ungestillten Hunger und Durst nach Kunst und Kultur?
Es war ja nicht so, dass Kunst nicht verfügbar war. Man konnte weiter Musik hören oder Literatur lesen. Wer visuelle Narrative sehen wollte, hat wahrscheinlich Netflix oder Amazon Prime abonniert und die gesamte Mediathek leergeschaut. Man konnte sich also auch im Lockdown neuen Impulsen aussetzen. Was aber fehlte, war der öffentliche Raum, in dem man sich begegnen konnte. Das ist eine spezifische Dimension unseres kulturellen und künstlerischen Lebens, nämlich mit anderen zusammen zu sein und sich mit ihnen darüber austauschen zu können. Diese Dimension fehlte, und das ist aus meiner Sicht ein großes Problem, das noch länger in unserer Gesellschaft nachhallen wird, weil wir ohnehin schon beschädigte öffentliche Räume haben. Das ist ja nicht allein durch die Corona-Pandemie entstanden, sondern die Städte haben in den letzten Jahrzehnten mehr und mehr die Orte und Plätze verloren, an denen sich Bürgerinnen und Bürger im öffentlichen Raum begegnen können.

Und diese öffentlichen Orte fehlen jetzt …

Die öffentlichen Orte könnten wieder entstehen, wenn sich die Gesellschaft um sie kümmert. So hat sich zum Beispiel die durchschnittliche Aufenthaltsdauer in öffentlichen Bibliotheken in den letzten Jahren von fünf Minuten auf über zwei Stunden ausgedehnt, weil man sich hier konsumfrei und in Gesellschaft von anderen Menschen aufhalten kann. Zu Beginn der Pandemie hat Nils Minkmar auf *Spiegel Online* in seinem Essay „Nichts ist mehr so, wie es war" die menschenleeren Plätze Norditaliens beschrieben, den leeren Markusplatz von Venedig oder die leere Passage Vittorio Emanuele II in Mailand. Er stellte die Frage: Wenn wir diese Plätze nach der Pandemie wieder betreten, sollten wir uns nicht daran erinnern, warum diese Plätze eigentlich gebaut worden sind und welche sozialkulturelle Funktion sie eigentlich erfüllen sollten? Europa ist in den Städten entstanden und der freie politische Diskurs im Kaffeehaus ist eine historische Errungenschaft. Ich würde mir sehr wünschen, dass wir darüber eine Debatte führen. Es ist für eine Demokratie existenziell, dass die Gesellschaft in der Lage ist, öffentliche Räume zu schaffen, in denen die Angelegenheiten des Gemeinwesens verhandelt werden; in denen wir über Alternativen spekulieren und diskutieren, um uns auf ein gemeinsames Handeln zu verständigen. Das fehlt und ist durch Corona zusätzlich noch beschädigt worden, weil die Diskurse dann noch mehr in digitale Räume abgedriftet sind, die bisher mehr die Illusion eines herrschaftsfreien Diskurses suggerierten, als dass sie es tatsächlich jemals waren. Die durch die Algorithmen vorgeprägte Dominanz hat etwas mit den Verwertungsinteressen der jeweiligen Plattform zu tun und bewertet deswegen extravagante Positionen höher als den langweiligen Versuch, verschiedene Positionen zu einem vernünftigen Kompromiss zusammenzuführen.

Kunst und Kultur werden auch mit Diskursen überfrachtet, die eigentlich im politischen Raum geführt werden sollten. Die Diskurse rutschen in den Medien aus dem Politikressort ins Feuilleton und kulturtheoretische Themen wie „Identität" dominieren wiederum die Politik.

Wir verlangen permanent, dass die Kunst gesellschaftliche Aufklärungsprozesse leistet. Das muss sie aber gar nicht. Sie kann uns befähigen, uns selbst aufzuklären, aber sie muss uns nicht aufklären. Das ist ein wichtiger Unterschied, gerade bei den Themen, die hinter dem Schlagwort der Identitätspolitik liegen. Die „Ehe für alle" haben wir gerade mal seit fünf Jahren und man kann nicht behaupten, dass wir schon seit Jahrhunderten alle Menschen gleich behandeln würden. Wir haben noch viele Ausgrenzungen, über die wir reden müssen. Aber wir erleben gerade, dass selbst wenn die formale Ausgrenzung beseitigt ist, soziale und kulturelle Ausgrenzung nicht zwangsläufig verschwinden. Hier liegen noch klassische Gerechtigkeitsthemen, die mit der Verteilung von Ressourcen innerhalb einer Gesellschaft zu tun haben. Es geht darum, nicht nur die Freiheit von Unterdrückung, sondern auch die Freiheit zur

Teilhabe zu organisieren. Das ist eine klassische sozialdemokratische These. Menschen, die nur über die abstrakte Freiheit verfügen, aber nicht über die konkreten Ressourcen, diese Freiheit auch leben zu können, fühlen sich fortgesetzt unfrei. Aber das ist eine Debatte, die auch in der Sozialpolitik geführt werden muss.

Wenn soziale und ökonomische Auseinandersetzungen kulturalisiert werden, endet das aber leider immer in einem Tribalismus. Dann sind wir in Ex-Jugoslawien und nicht mehr im Reich der Freiheit.
Das stimmt. Es gibt ein schönes Buch von Terry Eagleton, einem linken britischen Literaturwissenschaftler, mit dem schlanken Titel *Kultur*. Er plädiert dafür, bestimmte Fragen nicht bloß in den symbolischen Welten der Kultur, sondern eben auch und vor allem mit Blick auf die materiellen Voraussetzungen zu diskutieren. Er weist darauf hin, dass permanent Themen in die Kultur abgeschoben werden, weil sie nicht dort behandelt werden, wo sie eigentlich hingehören, nämlich in die Verteilungspolitik der Gesellschaft. Wir überfrachten und entwerten Kunst und Kultur aber, wenn sie Probleme lösen sollen, für die sie gar nicht gemacht sind. Gleichzeitig hat die Kultur das Problem, dass sie allein um ihrer selbst willen nicht ausreichend Unterstützung findet und immer wieder nach politischen Begründungen suchen muss, um ihre Existenz zu rechtfertigen. Deswegen versucht man, Kultur als Standortfaktor zu definieren oder vom Kitt der Gesellschaft zu sprechen, um damit die sozialen Frakturen unserer Gesellschaft zu heilen, anstatt zu sagen: Nein, wir eröffnen Orte, an denen wir den Sinn unseres Zusammenlebens debattieren können. Und genau das wäre nach Corona sehr wertvoll. Und die Kunst sollte entlastet werden: Eine völlig zweckfreie ästhetische Abstraktion, die alle völlig ratlos zurücklässt, kann trotzdem in zehn Jahren einen aufklärerischen Effekt haben, den jetzt noch keiner erkennt. Also muss man sie fördern. Wir brauchen dafür keine Stützargumente aus anderen Bereichen, damit Kunst und Kultur ihre gesellschaftliche Legitimation sichern.

Also ist die Kulturpolitik zurzeit die überforderte Reste-Rampe für die sozialen Konflikte einer Stadtgesellschaft? Fallen Ihnen als Kultursenator die Probleme vor die Füße, die in anderen Ressorts nicht gelöst wurden?
Da bin ich in Hamburg ganz entspannt, weil wir ein ordentlich organisiertes Gemeinwesen sind. Es ist auch nicht so, dass die anderen Ressorts die Probleme in die Kultur schieben, weil die Ressourcen der Kulturpolitik in der Regel auch nicht ausreichen, um die Probleme zu lösen. Die Sozialetats sind aufgrund der individuellen Rechtsansprüche weitaus größer. Aber die Kulturpolitik hat oft einen inneren Drang, solche Probleme zu thematisieren, weil sie nach einem aufladbaren Sinn sucht, den sie in die politischen Verteilungskämpfe einbringen kann. Damit überfordert sich die Kulturpolitik und sie begreift nicht, was sie eigentlich könnte, nämlich die Strukturen der Öffentlichkeit

sichern. Theoretisch kann Kulturpolitik sich zu allen Themenfeldern äußern, weil alle eine kulturelle Dimension haben.

Kultur braucht also als Voraussetzung die soziale Sicherheit und Infrastruktur eines Gemeinwesens. Spüren Sie eine gewachsene Verantwortung der Kultur für den sozialen Zusammenhalt in der Stadtgesellschaft?
Jürgen Habermas hat in den 1970er Jahren in seinem Buch *Legitimationsprobleme im Spätkapitalismus* ein vierstufiges Modell der Krisenspirale in der Gesellschaft entwickelt. Vereinfacht sieht das so aus: Bei ökonomischen Verteilungskrisen erhebt die Sozialstaatlichkeit den politischen Anspruch, diese Verteilungskonflikte durch Umverteilung zu lösen. Wenn der Sozialstaat diese Missverhältnisse in der Verteilung durch politische Interventionen nicht lösen kann, dann ist man relativ schnell in einer politischen Legitimationskrise. Menschen fangen an zu zweifeln, ob Parteiensystem und Sozialstaat so funktionieren, wie sie eigentlich sollten. Wenn diese politische Legitimationskrise durch überforderte Akteure und fehlendes staatliches Handeln nicht gelöst wird, entsteht eine soziale Integrationskrise. Durch das fortgesetzte Missverhältnis in der Verteilung driften einzelne gesellschaftliche Gruppen auseinander. Wenn man das nicht mehr zusammenführen kann, dann ist man in einer kulturellen Sinnkrise und die Menschen fangen an, die Frage zu stellen, ob das Ganze, was wir hier veranstalten, überhaupt noch einen Sinn hat. In dieser Krisenspirale sind wir heute bisweilen bei der vierten Umdrehung angekommen, wenn die Grundsatzfrage nach dem Sinn des Zusammenhangs von Gesellschaftlichkeit gestellt wird. Und da greift natürlich die Kulturpolitik. Weil die sozialen Spannungen wachsen, kommen die darunterliegenden Sinnfragen zunehmend stärker zum Tragen. Wir haben natürlich mit der AfD seit ein paar Jahren eine politische Strömung im Parteienspektrum und in den Parlamenten, die ein sehr dezidiertes kulturpolitisches Verständnis unserer Gesellschaft hat, das einer offenen Gesellschaft und einer freiheitlichen Demokratie nicht guttut. Am rechten Rand heißt es dann: Wir hätten die Vielfalt, die Heterogenisierung und Singularisierung zu weit getrieben und müssten wieder zurück in eine ethnisch-kulturell homogenisierte und traditionelle Vorstellung von Gesellschaft. Der aufgeklärte Anspruch dagegen wäre, dass wir durch die Vielfalt hindurch neue Formen des Verständnisses von Gemeinsamkeit und von Zusammenhang finden müssen, die wir miteinander jeden Tag neu vereinbaren und verabreden. Das wird anstrengend, aber es lohnt sich. Und deswegen sind wir schon mitten in einer kulturpolitischen Auseinandersetzung, die bereits sehr grundsätzlich geworden ist und in der wir Demokratinnen und Demokraten um die offene Gesellschaft in unserem Land kämpfen müssen. Und da fehlt es mir manchmal ehrlicherweise noch ein bisschen an Mitstreitern, die Kulturpolitik auch in dieser Dimension begreifen.

Aber das Vertrauen in die Handlungsfähigkeit des Staates befindet sich gerade im freien Fall. Ein Staat, der den Bürgern die Grundlagen der Daseinsfürsorge wie die Energieversorgung für eine warme Wohnung nicht mehr garantieren kann, verliert dramatisch an Legitimation.

Ich wäre noch nicht so weit, vom freien Fall zu sprechen, und bin ein bisschen zuversichtlicher. Durch die Corona-Pandemie ist dieser Gesellschaft doch eher wieder bewusst geworden, dass sie einen Staat hat, der handlungsfähig sein kann, wenn sie ihn entsprechend ausstattet. Wir waren als Staat in der Lage, in einer bedrohlichen Situation binnen kürzester Zeit Entscheidungen zu treffen, die noch vier Wochen vorher jeder Mensch für undenkbar gehalten hätte. Wir waren in der Lage, Milliarden Hilfsgelder zu mobilisieren und damit den Zusammenbruch der Volkswirtschaft zu verhindern. Auch das hat funktioniert. Wir erleben aber auch, dass der politische Diskussionsprozess durch eine teilweise aufgeheizte und an ihrer eigenen Delegitimierung erfolgreich arbeitenden Medienlandschaft auch das Vertrauen erschüttert. Für uns Bürger und Bürgerinnen stellt sich die Frage, ob wir den Staat als ein Instrument der Gesellschaft begreifen oder ihn als etwas außerhalb der Gesellschaft verorten, gegen den man sich weitgehend immunisieren sollte. Die bundesrepublikanische Staatstradition versteht den Staat als Instrument der Gesellschaft – der auch entsprechend ausgestattet werden muss, um seine Aufgaben zu erfüllen. Zunehmend wird in unserer Gesellschaft die Verteilungsfrage problematisch. Wir haben breite Schichten, die immer mehr verlieren, und sehr wenige, die überproportional profitieren. Da hilft es, wenn Menschen, die eher zu dem einen Prozent der davon Profitierenden der Gesellschaft gehören, ein Verständnis für diese Fragen haben, sich damit auseinandersetzen und mit ihrem eigenen Handeln Brücken schlagen.

Die Stadt als Polis, in der wie in einem Brennspiegel die sozialen Konflikte hervortreten, ist wieder zu einer politischen Bühne geworden. Es war in den 1980er Jahren en vogue, stadtplanerisch auch in sozialen und kulturellen Dimensionen zu denken. Das ist dann in den neoliberalen Jahrzehnten der konsequenten Kommerzialisierung verloren gegangen. Öffentliche Räume sind durch Privatisierung nicht mehr zugänglich. Müssen wir wieder darüber reden, wie wir unsere Stadt im Sinne einer demokratischen Gesellschaft gestalten?

Es gibt ja auch einen Wandel in der Stadtplanung. Die Idee der funktional differenzierten Stadt ging von der Annahme aus, dass die Menschen nicht da leben wollen, wo sie arbeiten. Auch Freizeit und Konsum sind nochmal strikt davon getrennt. Hier schlafe ich, da arbeite ich, dort kaufe ich ein und dann genieße ich vielleicht noch woanders Kultur. Aber das entspricht nicht mehr den heutigen Erwartungen. Der Stadtplaner Jeff Speck und andere haben ja schon vor zehn Jahren die *Walkable City* propagiert, in der man innerhalb der *walking distance* – also eines Ein-Meilen-Radius – wohnt, arbeitet, einkauft und in die Schule, ins Kino, in die Kneipe oder ins Theater gehen kann.

Das ist vergleichbar mit einer Kiez-Struktur. Der Vorteil von Hamburg ist, dass wir als Stadtstaat besondere Gestaltungsmöglichkeiten haben. Wir sind Kommune und Land zugleich. Auf der einen Seite sind wir in der Konkretion kommunaler Probleme so nah dran, dass wir auch begreifen, was die Probleme im Lebensalltag bedeuten. Und andererseits verfügen wir als Land auch über das Instrumentarium, übergreifende Lösungen zu entwickeln. Und spannend finde ich in der Diskussion über Städte die grundsätzliche Frage, die der Politikwissenschaftler Benjamin Barber aufgeworfen hat: Müssten wir nicht viel stärker die Bürgermeister der großen Städte der Welt zusammenbringen? Denn schließlich entscheiden sie, wie wir in Zukunft leben werden.

Der Trend geht zur Metropole. Sie wird zur wichtigsten Bühne der Aufmerksamkeit, auf der soziale und kulturelle Innovationen hervorgebracht werden. Wenn man die Metropole im Sinne von Paul Nizon und Walter Benjamin als Riesenapparatur der Moderne begreift, wie geht das zusammen mit der Realität, dass sich der Marktplatz des Warenaustauschs schon längst in den E-Commerce und der Marktplatz des Meinungsaustauschs in digitale Echokammern verlagert hat? Wie schaffen wir eine neue Belebung der öffentlichen Räume, wenn die Polis gemeinsam mit den Waren und Meinungen ins Digitale weggewandert ist?

Der klassische Marktplatz ist noch nicht vollständig weg. Wir erleben gerade den Moment, noch darüber entscheiden zu können, welche öffentlichen Strukturen wir ausbauen und beleben wollen. Das ist kein Entweder-oder, sondern ein Sowohl-als-auch. Natürlich bietet die Digitalisierung tolle Möglichkeiten, Kultur, Kunst, Musik unkompliziert zu konsumieren. Auch die Möglichkeit, über Plattformen einfach mit Freunden in Kontakt zu bleiben, finde ich großartig. Aber das erfüllt nicht unser Bedürfnis, sich an einem konkreten Ort einer konkreten Gruppe zugehörig zu fühlen. Und diese Ortlosigkeit, in der viele Menschen nicht mehr das Gefühl haben, irgendwie zur Gesellschaft dazuzugehören und gehört zu werden, führt zur Flucht in digitale Echokammern. Offensichtlich ist da ein Bedürfnis auch nach einem sozialen Austausch, das sich im Internet stillen lässt. Die Frage ist also, wie schafft man konkrete Räume dafür? Und in einer so komplex ausdifferenzierten Gesellschaft wie der unsrigen entsteht das nicht so einfach wie im Mittelalter, wo sich die Kirche im Mittelpunkt und davor der Marktplatz befand.

Da hat es noch funktioniert.

Da hat das funktioniert. Das ist aber nicht mehr so einfach. Insofern müssen wir überlegen, wie wir solche Räume öffentlich gewährleisten können. In Hamburg haben wir zum Beispiel ein Projekt begonnen, das wir „Haus der digitalen Welt" nennen. Andere Städte – zum Beispiel Oslo – haben das vorgemacht und umgesetzt. Wir wollen die öffentlichen Bücherhallen, die Volkshochschule, die Informatikkompetenz der Hochschulen an einem Ort zusammenholen, um im Prinzip wirklich wieder eine Agora zu bauen, in der sich eine Stadtgesellschaft begegnen kann. Ein wirklich attraktiver „Dritter Ort", der sich für die Stadt öffnet und der von der Nähmaschine bis zum 3D-Drucker alles vorhält, womit man selber auch gestalten und arbeiten kann. Räume, in denen man auch eigene Aktionen machen kann, Kurse oder Informationsangebote. Wir schaffen so einen Ort ganz bewusst in der Innenstadt. Und um Menschen in unserer Stadt nicht als Konsumenten, nicht als Arbeitskräfte, nicht als potenzielle Wählerinnen oder Wähler anzusprechen, sondern tatsächlich als Bürgerinnen und Bürger einer Gesellschaft. Wir brauchen mehr solcher Projekte, um die Innenstädte zu beleben, die bisher Bewegung erzeugt haben, weil Menschen zum Einkaufen gekommen sind. Das wird nach allen Prognosen abnehmen. Es stellt sich also die Frage, wie wir diese Orte anders und attraktiv nutzen können. Das wird auch eine Riesenaufgabe für die Immobilienwirtschaft, weil sie es zulassen muss, dass andere Nutzungen in den Erdgeschosslagen der Innenstädte stattfinden, die nicht so renditestark sind wie bisher oder vielleicht auch überhaupt gar keine Rendite abwerfen. Es gibt schon viele einzelne Städte, die sich komplett neu erfinden, indem sie die Räume dafür öffnen. Es kann in ein paar Jahren sehr öde werden, wenn wir die Städte nicht auch als kreative und als soziale Räume anders denken.

INTERVIEW MIT INGVILD GOETZ

»Mein Bruder hat eine sehr musische Ader«

Die Schwester von Michael Otto ist eine weltweit bedeutende Kunstmäzenin und hat schon als junge Galeristin ihr eigenes kaufmännisches Talent entdeckt. Ihr Bruder Michael war von Kindesbeinen an ein kunst- und fantasiebegabter Freigeist, der mit all seinen Sinnen die Welt eroberte. Das Geschwisterpaar erlebte eine bewegte Kindheit in den ärmlichen Verhältnissen der Nachkriegszeit und verbrachte eine aufregende Studentenzeit in den ungestümen 1960er Jahren in München, damals die Partyhauptstadt und Hippie-Metropole Deutschlands. Bereits in diesen frühen Jahren entwickelte Michael Otto ein hohes Maß an Empathie und Kreativität, das bis heute seine Persönlichkeit als Unternehmer, Stifter, Förderer, Bürger und Mensch prägt.

Frau Goetz, Sie besitzen eine der größten Privatsammlungen zeitgenössischer Kunst in Deutschland und haben davon einen großen Teil dem Freistaat Bayern geschenkt. Welche Rolle spielt aus Ihrer Sicht die Kunst im Leben Ihres Bruders Michael Otto?
Kunst und Kultur spielen für meinen Bruder eine große Rolle. Er umgibt sich gerne mit guten Kunstwerken. Ich hatte damals noch die Galerie und konnte auf seine Anregung hin auch knapp dreißig Kunstwerke für das Verwaltungsgebäude auswählen. Das war eine sehr schöne Aufgabe. Er lässt sich gerne inspirieren und es ist ihm auch sehr wichtig, die Künstler persönlich kennenzulernen. Er braucht diesen persönlichen Kontakt. Seine Frau Christl ist Malerin, die ihre sehr interessanten Arbeiten auch in Ausstellungen zeigt.

Welche Künstler verbinden Sie?
Andy Warhol hat einmal meinen Bruder, seine Frau, meinen ehemaligen Mann und mich porträtiert. Auch von unserem Vater haben alle Kinder ein Porträt von Warhols Hand. Das habe ich damals als Galeristin vermittelt und damit mein erstes Geld verdient. Es stammt noch aus der Phase, als Andy Warhol sehr malerisch war. Allerdings schaut unser Vater da so böse, dass ich das Bild hinter einer Pflanze versteckt habe und Michael es in seinem Haus ganz weit oben aufgehängt hat, weil man dieses Porträt mit diesem mürrisch blickenden Vater nicht um sich haben kann. Man sieht noch den angeschnittenen Arm vom Nebenbild. Unsere Porträts entstanden etwa zehn Jahre später und sind in Warhols flächigem Stil.

Es gibt von Michael Otto ein Porträt, gemalt von Andy Warhol?
Ja, da trägt er, glaube ich, noch seinen Schnauzer. Auch von seiner Frau ist vor Kurzem ein weiteres Bild aus dem Nachlass des Künstlers in einer Auktion aufgetaucht.

Haben Sie die sechsteilige Dokumentation The Andy Warhol Diaries *bei Netflix gesehen?*
Nein, leider nicht.

Das ist eine sehr persönliche und bewegende Dokumentation. Ich war sehr überrascht. Es hat ja immer geheißen, er sei zur Liebe nicht fähig gewesen. Dabei hatte er eine ganz große Liebe in seinem Leben. Man erfährt viel aus seinem Privatleben, aber auch über die Zeit der AIDS-Krise, die 1983 losging. Er hat ja sehr viele Freunde verloren.
Andy Warhol war zwei Tage zum Malen unserer Porträts hier bei mir in der Wohnung. Er war ein sehr zärtlicher Mensch – wie er alles dekorierte und einem die Haare frisierte. Er wollte mit mir unbedingt durch die Boutiquen gehen, aber eigentlich interessierte ihn das gar nicht wirklich und er schweifte nur oberflächlich über die Kleidungsstücke. Oder er schaute in meinen Garten und sagte zu seinem Assistenten: „Ach, so etwas Schönes. Wir haben nicht annähernd eine so schöne Landschaft." Sein Assistent meinte daraufhin nur ganz trocken: „Das liegt daran, dass du nie aus dem Autofenster schaust, wenn wir durch unsere schönen Landschaften fahren." Auf eine gewisse Weise war er geistesabwesend, aber er hatte eine unglaubliche Art von Zärtlichkeit. Er war ein sehr besonderer Mensch.

Hat sich Ihr Bruder auch selbst künstlerisch betätigt?
Schon als Kinder haben wir angefangen, Geschichten zu erfinden. Ich wollte damals gerne Schriftstellerin werden. Als ältere Schwester war ich zugegebenermaßen ein bisschen dominant und habe immer das Thema vorgegeben: das Kind, das in den Wald geht und umgebracht wird.

Oh Gott – das ist ja eine schreckliche Geschichte.
Wir waren damals acht und sechs Jahre alt. Der künstlerische Beitrag meines Bruders war eine Art Kurzfassung, denn sie bestand nur aus einem Satz: Das Kind ging in den Wald und die Fee hat es totgemacht. Wir haben uns permanent Geschichten ausgedacht. Mit dreizehn und fünfzehn Jahren haben wir dann aber längere spannende Geschichten geschrieben, die wir selbst illustriert haben.

Und die Geschichten haben Sie dann in eine Kladde geschrieben?
Kurz nach dem Krieg gab es nur Hefte, die mehr aus Holz als aus Papier bestanden. Aber wir haben dort als kleine Kinder die Geschichten, die wir uns ausgedacht hatten, in Schönschrift reingeschrieben. Wir waren sehr

fantasievoll. Es gab ja auch so wenig Spielzeug und Kino war etwas ganz Besonderes. Es gab damals einen Film, *Die Kinder von Mara-Mara*. Fünf Kinder verfolgen Pferdediebe, die zwei wertvolle Pferde gestohlen haben, und müssen in der Wildnis überleben, indem sie Kräuter und Würmer essen. Mit den Nachbarskindern spielten wir diesen Film immer wieder nach und galoppierten auf unsichtbaren Pferden durch den Garten. Ein Nachbarskind war so mutig, dass es sogar tatsächlich einen Wurm gegessen hat. Da die meisten Kinder den Film nicht gesehen haben, führten mein Bruder und ich immer Regie und erklärten den Ablauf. Das haben wir als Kinder sehr intensiv gespielt, weil uns dieser Film so begeistert hat.

Hat Ihr Vater Werner Otto die Geschichten auch zu Gesicht bekommen und gelesen?
Zu Weihnachten oder anderen Festivitäten haben wir immer kleine Geschichten oder Gedichte geschrieben und unseren Eltern geschenkt. Ab meinem zehnten Lebensjahr schrieb ich Krimis, in denen Leichen auf dem Dachboden entdeckt wurden und dann nachgeforscht wurde, wie diese Leichen da hingekommen sind. Nach dem Krieg gab es nichts anderes als zerbombte Häuser. Das hat mich wahrscheinlich beeinflusst. Aber mein Vater hat alle Geschichten aufgehoben. Mike hat dagegen später sehr schöne Gedichte geschrieben.

Sie nennen Ihren Bruder Mike?
Früher hieß er Micky. Aber mit der Pubertät und der ersten Freundin wollte er nicht mehr so genannt werden und war dann eben der Mike. Wir haben früher auch unsere Erlebnisse für eine kleine Zeitung namens *Jungs und Deerns* aufgeschrieben. Einmal ging es darum, was Micky später einmal werden wollte. Er überlegte sich alles Mögliche und sagte dann, er möchte gerne Bürgermeister werden. Meine Mutter musste ihm erst einmal erklären, was ein Bürgermeister überhaupt alles so macht. Ich habe dann einen kleinen Artikel für die Zeitung verfasst mit der Überschrift: „Michael will Bürgermeister werden". Das war sein Anspruch. Komischerweise wollte er nicht Maler werden oder Unternehmer – er wollte Bürgermeister werden. Heute würde er sich davor hüten. *(lacht)*

Ihr Bruder hat Gedichte geschrieben – hat er früher auch gemalt?
Er hat gemalt, sogar mit Ölfarben, aber noch lieber hat er fotografiert und die Filme selbst entwickelt und vergrößert. Unter anderem musste ich für ihn Modell stehen. Da war ich fünfzehn. Er hatte genaue Vorstellungen, wie alles angeordnet sein sollte. Mein Scheitel war erst auf der einen Seite, dann auf der anderen. Am Anfang fotografierte er noch mit der Fotobox und bekam irgendwann zum Geburtstag eine bessere Kamera.

Gibt es diese Fotos noch?
Die gibt es noch. Ich habe sie alle in meinem Album. Die Fotos sind sehr speziell und er inszenierte sie mit wahrer Begeisterung. Mein Bruder hat aber auch eine sehr musische Ader. Er spielte sehr gerne Gitarre und Banjo. In der Kindheit und Pubertät, aber auch später in München waren wir sehr viel zusammen und ich durfte all diese herrlichen Dinge miterleben.

Erzählen Sie uns doch ein bisschen von Ihrer gemeinsamen Kindheit und Jugend.
Nach dem Krieg waren wir sehr arm. Wir mussten gegen Kriegsende aus Westpreußen fliehen, waren als Flüchtlinge unterwegs und wurden dann in Bad Segeberg bei einer gutbürgerlichen Familie zwangseinquartiert. Mit Oma, Vater und Mutter lebten wir gemeinsam in einem Zimmer. Wir hatten fast nichts zu essen und ich ging immer zu den Kasernen der englischen Besatzer und bettelte dort in der Küche um Essen. Wenn die Soldaten schliefen, schlich ich durch die Räume, um zu ermitteln, was sie bei sich hatten. Einmal entdeckte ich einen Zahnputzbecher aus Porzellan mit einer abgebildeten Micky Maus. Ich erzählte meinem kleinen Bruder davon – er war damals vielleicht drei Jahre alt – und wir besuchten heimlich die schlafenden Soldaten. Ich sagte ihm, dass er ganz, ganz leise sein müsse, damit niemand aufwacht. Aber als er den Becher sah, rannte er los und griff danach, wobei ihm der Becher prompt aus der Hand fiel und in Scherben zerbrach. Die Engländer wachten natürlich von dem Krach auf und der Besitzer bekam einen Tobsuchtsanfall, weil sein schöner Zahnputzbecher kaputt war. Wir besuchten auch häufig einen Soldaten in seinem Schilderhäuschen. Wir saßen bei ihm, bekamen einen Schluck Tee und unterhielten uns mit ihm.

Sprachen Sie damals schon Englisch?
Wir nannten die Sprache „Englanglang". Er sprach drei Worte Deutsch und wir lernten drei Worte Englisch. Alle Soldaten hießen bei uns „Bill".

Sie wurden häufig auf dem Schulhof gehänselt, weil Sie Vertriebene waren.
Das Westpreußische hört sich wie gebrochenes Polnisch an, mit einem rollenden R. Wir wurden wegen unseres Akzents als „Polacken" beschimpft und wegen unserer schlechten Kleidung verspottet. Als Flüchtlinge wollte uns keiner haben. Das war furchtbar und geht einem nicht mehr aus dem Kopf.

Das hat Sie beide gekränkt und Sie fühlten sich ausgegrenzt. Motiviert Sie und Ihren Bruder das, sich später sehr engagiert um Jugendliche zu kümmern?
Wir haben das Gleiche erlebt und deswegen interessieren uns heute Kinder und Jugendliche besonders. Ich wurde von den Mädchen aus der Klasse verprügelt. Sie lagen wie eine Meute auf mir und rissen mir die Haare aus. In der Schule hat mich noch mit 14 Jahren eine sehr sadistische Lehrerin, die mich nicht leiden konnte, vor der Klasse wegen meiner Aussprache gedemütigt. Selbst

im Kindergottesdienst wurden Mike und ich von den Kindern bedroht. Es war ganz furchtbar. Aber ich kann mich auch noch an eine ganz süße Situation erinnern. Ich bin mit fünf Jahren in die Schule gekommen und war dort noch die Kleinste. Ich war auch mit 13-Jährigen in der Klasse, weil sie wegen des Krieges die Schule nachholen mussten. Die Jungen waren wirklich sehr nett zu mir, aber die Mädchen haben mich gemobbt und verhauen. Wir waren 50 Kinder im Klassenzimmer. Plötzlich ging die Tür auf und mein kleiner Bruder Micky kam herein, stellte sich neben die Lehrerin und sagte: „Wer noch einmal meiner Schwester etwas tut, der kriegt es mit mir zu tun." Das war so süß. Die ganze Klasse brüllte natürlich vor Lachen. Er war damals drei oder vier Jahre alt. Es war so rührend und ich fand meinen Bruder sehr tapfer. Wir haben uns als Kinder damals oft geprügelt, und da war er wirklich sehr solidarisch mit mir. Aber das ist der Grund dafür, warum uns heute arme und ausgegrenzte Kinder und Jugendliche sehr wichtig sind.

Da sind Sie beide sich sehr ähnlich?
Ja, das ist wirklich hängengeblieben. Es ist interessant, wie Ereignisse in der Kindheit einen prägen und wirklich eine große Rolle im späteren Leben spielen. Das ging ja jahrelang so, bis wir uns unseren Dialekt abgewöhnt hatten. Wir waren damals auch wirklich arm. Meine Mutter bekam irgendeinen Leinenstoff, den sie mit roter Farbe färbte und aus dem sie mir einen roten Rock und für Michael eine kurze rote Hose nähte. Beim ersten Regen lief uns die Farbe an den Beinen herunter und wir wurden auf der Straße verspottet. Für einen Jungen ist eine rotgefärbte Hose nicht besonders erfreulich – aber es ging nicht anders.

Deswegen gab es wahrscheinlich im ganzen OTTO-Katalog keine einzige kurze rote Hose?
Genau. Die sollte man einführen, um das Trauma zu überwinden. *(lacht)*

Wie standen Sie denn als ältere Schwester zu Ihrem kleinen Bruder?
Als Kinder haben wir uns sehr oft gestritten, aber wenn es darauf ankam auch zusammengehalten. Zweimal hatte ich sogar Angst, dass mein Bruder tot wäre und ich ihn verloren hätte. Einmal fiel er als Kleinkind vom Balkon und lag regungslos in unserem Beet. Aber er hatte zum Glück nur eine Gehirnerschütterung. Das andere Mal war er plötzlich verschwunden und wir suchten ihn überall. An einem See fanden wir einen toten Hund und ich fing zu weinen an, weil ich erst dachte, das wäre mein Bruder. Aber irgendwann kam uns eine Frau mit ihm an der Hand entgegen. Ich war danach auch ganz lange sehr nett zu ihm. Später in der Pubertät gab es keinen Streit mehr und wir hielten zusammen wie Pech und Schwefel.

Wie verlief Ihre gemeinsame Studentenzeit?
In den 1960er Jahren erlebten wir eine aufregende und lebendige Zeit in München. Es gab viele Studentenunruhen und wir waren politisch aktiv dabei, um gegen den Muff der Zeit zu demonstrieren. Wir marschierten bei jeder Demo mit, manchmal mussten wir kurz nachfragen, gegen oder für was wir gerade demonstrierten. Da ging es wirklich rund in München. Alle jungen Leute waren sehr aktiv. Mit Michael Naumann, dem späteren Kulturstaatsminister, waren wir damals in einer Studentenclique und er entwarf die originellen Demosprüche. Er war ein sehr enger Freund von uns und hat uns immer wieder zum Mitmachen motiviert. Das war eine sehr politische und aktive Zeit, sehr intensiv und auch sehr hedonistisch. Es gab noch keine Sperrstunden und wir sind sehr oft ausgegangen.

In der Münchner Studentenzeit war Ihre Familie bereits wohlhabend. Innerhalb eines Jahrzehnts war die Firma sehr gewachsen.
Wir wurden aber dennoch knappgehalten. Unsere Eltern wollten keine verwöhnten Blagen. Wir wohnten zuerst zur Untermiete bei Wirtinnen, später hatten wir dann aber in München an der Grenze zu Schwabing im selben Haus jeweils eine Wohnung. Da ging es uns besser. Wir wohnten gleich um die Ecke der Leopoldstraße, wo viele Studentenkneipen und Diskotheken waren. Wir konnten immer spontan ausgehen. Das taten wir auch ausgiebig.

Waren Sie auch im Yellow Submarine, dem dreistöckigen Club, der von einem riesigen Aquarium mit 36 Haien und Riesenschildkröten umgeben war?
Das kam erst später. Da war ich schon in Konstanz. Wir waren regelmäßig in der Schwabinger Künstlerkneipe Mutti-Bräu, wo sich die damalige Wirtin und danach dann ihre Nachfolgerin und spätere Schauspielerin Marianne Sägebrecht intensiv um die Studenten und all die schrägen Vögel kümmerte. Wir gingen oft zum Tanzen und waren super im Rock'n' Roll. Mein Bruder und ich haben stundenlang bis zur Perfektion geübt und die Choreografie einstudiert. Ich saß auf seiner Hüfte, wurde über den Rücken gerollt und zwischen den Beinen durchgezogen, mit Überschlag und allem Drum und Dran. Wir waren wirklich eine große Nummer und hatten eine super Performance – fast so gut wie später John Travolta und Olivia Newton-John *(lacht)*. Wir waren die Performer, wenn wir zusammen in eine Diskothek gingen.

Sie sind dann immer mit Ihrem Bruder gemeinsam losgezogen und haben getanzt?
Wir hatten den gleichen Freundeskreis und sind am Wochenende oft gemeinsam rausgefahren, waren wandern, baden am See oder Skifahren. Wir waren auch oft zu viert unterwegs. Mein Bruder, seine Frau, mein ehemaliger Mann und ich.

Seine Frau hat er ja auch in München kennengelernt.
Ja, Christl von Klier hat an der Münchner Meisterschule für Mode studiert. Mein Ex-Mann war ein enger Freund von ihr. Ich habe sozusagen über die Frau meines Bruders meinen Ex-Mann kennengelernt. Deswegen waren wir zu viert sehr verbandelt und unternahmen viel gemeinsam. Wir machten zum Beispiel eine Bergtour in Thailand und waren in den Opium-Mohnfeldern im Goldenen Dreieck. Wir übernachteten in Baumhäusern, wo die Menschen, die es nicht mehr bis zum nächsten Dorf geschafft hatten, über Nacht unterkamen. Wir setzten uns mit unseren Rucksäcken in eine Ecke und plötzlich tauchte im Baumhaus der größte Straßenräuber auf, der mit seiner Bande teure Autos ausraubte. Für die armen Dörfler aber war er der Robin Hood, alle kuschelten sich an ihn, weil sie im Baumhaus furchtbare Angst vor Verbrechern hatten. Aber mit dem Oberbanditen konnte ihnen nichts mehr passieren. Er hat alle beschützt.

Der Straßenräuber wollte gar keinen Wegezoll?
Nein, das waren alles arme Leute, von denen wollte er natürlich nichts. Auch zu uns war er sehr freundlich, weil wir dort nur mit unseren Rucksäcken saßen. Das war wirklich eine tolle Reise, die wir zu viert unternommen haben. Oder wir wanderten gemeinsam eine Woche durch die Schwäbische Alb. Wir sind einfach losgelaufen, übernachteten in irgendwelchen Pensionen und liefen am nächsten Tag weiter. Wir haben in unserer Freizeit sehr viel zusammen gemacht.

Sie waren so eng miteinander. Wie haben Sie sich denn dann auseinander-entwickelt?
Nach dem Studium kehrte mein Bruder nach Hamburg zurück. Ich blieb zunächst in München, bis mein erster Mann unbedingt nach Konstanz wollte, um an der Reformuniversität bei Ralf Dahrendorf in Soziologie zu promovieren. Ich wurde erst einmal krank, als ich hörte, dass ich von München nach Konstanz ziehen sollte. Ich habe dann dort einen Verlag für Editionen gegründet und später in Zürich eine Galerie eröffnet.

Zürich ist ein Traum!
Ja, die Stadt ist wirklich schön, aber die Menschen waren dort unglaublich spießig. Es hat sich in den letzten Jahren verändert. Durch die Distanz haben wir uns ein bisschen auseinanderentwickelt. Wir besuchen uns natürlich regelmäßig. Aber die Vertrautheit ist geblieben.

Sie wollten mit dem ganzen Geschäft ja nie etwas zu tun haben. Aber Sie haben sich letztendlich ein eigenes Vermögen mit Ihrer Kunstsammlung geschaffen.
Das ist richtig. Da ist schon etwas zusammengekommen.

Sie sind also auch sehr erfolgreich.

Geschäftstüchtig bin ich sicherlich auch. Ich lasse mir nicht die Butter vom Brot nehmen. Mein Vater wollte mich auch in der Firma unterbringen. Weil ich mehr die künstlerische Ader hatte, wurde ich in die Werbeabteilung gesteckt. Das hat mir nicht gefallen. Aber ich habe dann so viel Blödsinn gemacht und alle nur zu irgendwelchen Späßchen aufgefordert, dass mein Vater sagte: „Ich glaube, es ist besser, wenn du die Firma verlässt." *(lacht)*

Das war wahrscheinlich auch Ihre Absicht.

Ja, ich fand das furchtbar, denn ich wollte Kunst studieren. Mein Vater glaubte, wenn ich ein Jahr reinschnuppern würde, dann würde es mir vielleicht irgendwann gefallen. Aber das war nicht so, mir war die künstlerische Seite einfach wichtiger. Trotzdem habe ich auch einen sehr kaufmännischen Blick.

Ihr Bruder war ja auch künstlerisch veranlagt und hat sich dann für das Kaufmännische entschieden, während Sie den künstlerischen Weg einschlugen und dabei auch Ihr kaufmännisches Talent entdeckten. Sie sind also doch noch wie siamesische Zwillinge. Sie gleichen praktisch die Seite aus, die er nicht mehr ausleben kann.

So ist es, ganz genau. Ich bin sein Alter Ego.

Ist er nicht auch manchmal neidisch und glaubt, dass er durch die Firma viel verpasst hat?

Nein, das glaube ich nicht. Er liebt ja das, was er macht.

Spielt er heute noch Gitarre?

Nein, er spielt leider nicht mehr. Das ist sehr schade, weil er wirklich sehr gut gespielt hat. Auch mit dem Fotografieren hat er irgendwann aufgehört, weil er sich sehr stark auf das Unternehmen konzentrieren musste. Aber er interessiert sich weiterhin sehr für Konzerte, Theater oder Ausstellungen. Er hört gerne Musik, ist konzertbegeistert und unterstützt die Malerei seiner Frau.

Das gibt ihm einen Ausgleich zu seinem Business-Leben?

Es hat ihn sehr angesprochen, dass seine Frau Künstlerin ist. Sie ist seine zweite Seite, würde ich sagen. Als junger Mensch war er in vielen Bereichen künstlerisch aktiv, im Alter genießt er die Kunst eher passiv und fördert sie. Er schätzt es auch, Künstler in seinem Freundeskreis zu haben.

Privat unterstützt er immer wieder das Thalia Theater oder eine Inszenierung in der Staatsoper. Das bekommt man in der Öffentlichkeit gar nicht so mit, aber da ist er sehr aktiv. Die Elbphilharmonie war ja auch ein ganz wichtiges Projekt, das er gefördert hat.

Die Elbphilharmonie-Architekten Herzog & de Meuron sind auch die Architekten, die das Museumsgebäude in München für meine Sammlung entworfen und den Bau begleitet haben. Das war auch das Vorbild für die Tate Modern, die mit diesen Architekten arbeiten wollte.

Die Architekten können Ihnen auch sehr dankbar sein, weil Ihr Museum das erste ihrer Gebäude war, das überhaupt reale Gestalt annahm. Vorher hatten die mit ihren Entwürfen die Wettbewerbe immer nur auf dem Papier gewonnen.
Sie sind uns auch nach wie vor sehr verbunden. Wir wollen ja auch, dass alles so erhalten bleibt.

Was zeichnet Ihren Bruder besonders aus?
Schon als Kind war sein Mitgefühl mit anderen Menschen sehr ausgeprägt. Wenn er irgendwo helfen und unterstützen konnte, war er dabei. Auf der anderen Seite ist er auch Sternzeichen Widder. Wenn er sich etwas in den Kopf gesetzt hat, dann muss das durchgesetzt werden. Aber sich um andere zu kümmern und zu sorgen, das ist wirklich seine große Stärke. Er hat auch sein Studium für ein Semester unterbrochen, um unsere Mutter in Hamburg bis zu ihrem Tode zu pflegen. Er hat sich rührend um sie gekümmert. Wie viele Männer machen das? Diese Aufgabe wird ja auch heute noch immer den Frauen zugewiesen.

Dieses Einfühlungsvermögen machte ihn auch zu einem erfolgreichen Unternehmer, weil er sich in die Wünsche und Bedürfnisse der Konsumenten hineinversetzen konnte. Er war ja schon kundenorientiert, lange bevor das Wort überhaupt im Marketing auftauchte. Auch in der Mitarbeiterführung lässt er immer eine lange Leine und bietet den Mitarbeitenden neue Chancen. Bei Umstrukturierungen versucht er, die Mitarbeiter mitzunehmen, statt sie zu entlassen. Seine Empathie ist eine ganz starke Quelle seiner Unternehmerpersönlichkeit. Haben Sie mit Ihrem Bruder auch gemeinsame philanthropische Projekte gemacht?
Nein, jeder macht seine eigenen Sachen, die ja auch oft sehr persönlich inspiriert sind. Ich unterstütze unter anderem Projekte, die sich mit Essstörungen beschäftigen. So viele betroffene Mädchen erhalten keine Hilfe, weil es einfach nicht genügend Beratung und Therapieplätze gibt. Bei meinem Bruder sind es die persönlichen Erfahrungen, die er zum Beispiel auf seinen Reisen sammelt. Er will die Menschen kennenlernen und ihre Probleme verstehen. Aber er denkt gleich größer im gesellschaftlichen Zusammenhang und startet dann Projekte für eine ganze Region. Er hat natürlich auch die finanziellen Möglichkeiten und sucht dann auch erfolgreich nach Bündnispartnern. Er ist auch in seinen Hilfsprojekten sehr geschäftstüchtig, er holt viele Partner ins Boot. Die Initiativen *Cotton made in Africa* oder *The Good Cashmere Standard* finanzieren sich aus eigener Kraft. Er schiebt etwas an, aber das ist dann so erfolgreich, dass es sich alleine trägt. Das finde ich sehr faszinierend. Er hat

immer die richtigen Kontakte und kann wirklich motivieren. Er ist da sehr geschickt. Aber er hat natürlich auch die größeren Hebel und kann Projekte wirklich ganz groß aufziehen und damit viel verändern.

Er wird ja immer als Mister Nachhaltigkeit bezeichnet. Aber sein Engagement im sozialen oder kulturellen Bereich ist eigentlich noch viel größer.
Ja, dieses kulturelle und soziale Engagement ist sicher stärker und für ihn immer sehr wichtig gewesen. Er will die Lebenssituation gerade auch von Kindern verbessern und zum Beispiel durch den Zugang zu Bildung mehr Chancen ermöglichen. Er beschäftigt sich mit den konkreten Problemen der Menschen und sucht – ganz der Unternehmer, der er ist – nach Handlungs- und Lösungsmöglichkeiten.

Er eignet sich mit dem, was er tut, die Welt an.
Von Kindesbeinen an eroberte er sich die Welt mit allen Sinnen. Aber er vermeidet dabei die Verschwendung. Er lebt sehr zurückhaltend, das muss ich sagen. Den Superluxus gibt es bei ihm nicht. Er will nichts Überflüssiges besitzen. Beim Kochen wird immer genau die benötigte Menge gekocht. Ganz wie unser Vater, der immer sagte: „Bescheiden bin ich nicht. Aber ich mache nicht so einen Rummel wie die andern."

Auch Michael Otto mag kein Brimborium.
Das mag er gar nicht. Er initiiert gerne Dinge, aber er nimmt sich nicht so wichtig. Er führt natürlich ein tolles Leben, aber er verschwendet keine Ressourcen.

Er hat auch einen messerscharfen Verstand und ein unglaubliches Gedächtnis.
Das ist wirklich unglaublich. Wenn ich meinen Enkeln aus meiner Erinnerung erzählen will und etwas vergessen habe, rufe ich ihn an. Denn er hat alles auf dem Schirm.

Er geht ja auch in der Firma bis ins kleinste Detail. Dann geraten die Leute richtig ins Schwitzen, weil er die Details besser kennt als die Verantwortlichen selbst.
Ja, er ist sehr nachbohrend.

Ich habe von Wilhelm von Humboldt einen tollen Satz gelesen: „Soviel Welt als möglich in die eigene Person zu verwandeln, ist im höheren Sinn des Wortes Leben." Das Bemühen soll darauf zielen, sich möglichst umfassend an der Welt abzuarbeiten und sich dadurch als Subjekt zu entfalten.
Das Zitat beschreibt unfassbar gut meinen Bruder. Das umfasst ja alles, sein berufliches und sein privates Engagement. Es geht darum, die Welt genauer zu betrachten und sich selbst in ihr zu transformieren. Wenn man sich die

Welt und das Leid der Welt aneignet, dann kann man es auch begreifen und entsprechend handeln.

Das Humboldt'sche Bildungsideal bedeutet übertragen auf die heutige Zeit, dass man, um zum Weltbürger zu werden, sich mit den großen Menschheitsfragen auseinanderzusetzen hat und sich um Frieden, Gerechtigkeit, um den Austausch der Kulturen, gerechte Geschlechterverhältnisse oder eine andere Beziehung zur Natur bemühen sollte.
Diese Definition trifft ganz genau zu. Mein Bruder ist ein wahrer Weltbürger, der sich mit den großen Menschheitsfragen auseinandersetzt und sie einfach durchdringen und verstehen will. Um mit diesem Wissen dann für Veränderung zu sorgen.

Er ist ja sehr wissensdurstig und hungrig nach Menschen.
Und gerade diese Vielfältigkeit der Menschen ist das Spannende für ihn. Er lebt das, womit er sich auseinandersetzt. Und er begegnet den Menschen ohne Wertung, ohne Vorurteile und immer auf Augenhöhe. Zurückhaltend, höflich, aber sehr neugierig, interessiert und immer menschlich zugewandt.

GERHARD STEIDL

Reverse Engineering: Abfall ist Kunst

Dieses Buch enthält Essays und Gespräche. Es geht darin um Visionen und konkrete Vorschläge, wie man die Gesellschaft und Arbeitswelt gerechter gestalten, wie man der Klimakrise begegnen und mit der Globalisierung umgehen kann. Die Texte bereichern unser Wissen, und wenn man sie gelesen hat, sieht man die Welt mit anderen Augen. Doch fordern sie auch unsere Konzentration. Zwischen den einzelnen Kapiteln des Buchs sollten Räume entstehen, in denen man das Gelesene nachwirken lassen kann, Räume, die entspannend sind, weil sie dem Gehirn andere Aufgaben stellen und ihm visuelle Anregungen bieten. Deshalb haben wir Portfolios eingewoben: geschlossene Konvolute von Buchseiten, die als Inseln den Lesefluss unterbrechen. Auf diesen Seiten sind zunächst nur abstrakte Strukturen auf transparentem Papier zu sehen, irritierend und mysteriös. Dem Betrachter erschließt sich nicht gleich, was er sieht. Ein Effekt, der gewollt ist. Nicht das Offensichtliche fanden wir spannend, sondern das, was gemeinhin übersehen wird, was aber sehr viel mit dem Prinzip zu tun hat, von dem dieses Buch handelt.

Wenn ich mit einem Unternehmer an einem Buch arbeite, dann interessiere ich mich sehr für sein Geschäftsmodell. Wie produziert er seine Ware oder wie entwickelt er seine Dienstleistungen? Ich nutze jede Chance, aus erster Hand mehr darüber zu erfahren, wie unsere moderne Industriegesellschaft und Wirtschaft funktionieren. Wie ist eine Stahlfabrik organisiert, ein Autowerk oder auch ein Logistikcenter, das zur Otto Group gehört? Zusammen mit dem Fotografen Werner Bartsch habe ich deshalb im Hermes Logistikcenter in Hannover-Langenhagen an einer Nachtschicht teilgenommen. Wir gingen durch die weitläufigen Hallen, auf den Fließbändern tanzten Tausende Pakete, LKWs wurden be- oder entladen und überall kurvten Gabelstapler herum. Ein riesiges und sorgfältig koordiniertes Ballett mit unzähligen Bewegungen und vielen geschäftigen Menschen: konzentrierte Anspannung und Disziplin mit ruhigen und professionellen Abläufen. Häufig fasziniert mich genau das, was nicht sofort ersichtlich ist. Im Logistikcenter werden bestellte Waren in Kartons verpackt und diese mit Papier ausgestopft. In der Retourenabteilung wird die zurückgeschickte Ware ausgepackt. Was passiert mit dem Abfall? Es kommt sehr viel Kartonmaterial zum Einsatz, und als Papierfreak weiß ich, dass Wellpappen zu 100 Prozent aus recyceltem Material hergestellt werden. Stabile und brauchbare Kartons werden wiederverwendet, der Rest wird geschreddert und als Ausfüllmaterial genutzt. Mir fiel dabei auf, dass diese Packmaterialien im neuen, im gebrauchten, aber auch im recycelten

Zustand unglaublich ästhetisch sind. Abfall ist schön. Einen riesigen Berg an alten Kartons, Klebebändern und Ausstopfmaterial kann man wegschmeißen oder, wie Andy Warhol mit seinen Brillo-Kartons, in eine künstlerische Skulptur verwandeln. Auch Joseph Beuys verwendete in seinen Kunstwerken Abfall. Er liebte die Papierränder der Zeitungsseiten der *Frankfurter Allgemeinen*, brachte darauf Zeichnungen an, riss sie aus und klebte sie in seine Notizbücher. Den Abfall nicht verschwenden, ihn als Rohmaterial der Kunst betrachten.

Und so haben Werner Bartsch und ich für die Portfolios in diesem Buch Verpackungsmaterialien und Abfälle in Szene gesetzt. Bartsch beleuchtete mit kleinen, handlichen Scheinwerfern und arbeitete mit einer einzigen Kamera auf einem Stativ. Mit dieser Low-Tech-Ausrüstung wurden die Hallen erkundet. Die Fotos wurden später auch nicht aufwendig verfremdet oder mit Photoshop bearbeitet. Die Strukturen des Materials haben eine hohe formale und graphische Qualität, die sehr bildhaft ist. Man kann von einer Abstraktion reden, es sind aber auch konstruktivistische Elemente zu erkennen. So entsteht ein ästhetischer Kosmos auf einem sehr hohen Niveau, der aber im Grunde auf Abfall basiert.

Abfall kann natürlich nicht nur schön, sondern vor allem sehr wertvoll sein. Abfall besteht aus Rohstoffen. Unter dem Stichwort *Reverse Engineering* beginnt die Verpackungsentwicklung heutzutage am Ende des Lebenszyklus eines Produktes und ermöglicht so eine Gestaltung der Verpackung, die von vornherein auf eine nachhaltige Kreislaufwirtschaft abgestimmt ist. Jeder verantwortungsbewusste Unternehmer versucht, möglichst viele Rohstoffe wieder in die Produktion zu integrieren oder zumindest sinnvoll zu recyceln. Das Papier, das wir in diesem Buch verwenden, ist nach dem Forest Stewardship Council® (FSC®) zertifiziert und hat zwei Recycling-Anteile: Ungefähr 70 Prozent sind tatsächlich Abfälle, die in der Papierfabrik entstehen – wie Abschnitte, Ränder, Restrollen von Papier – und sofort wieder in den Papierkreislauf einfließen. Der Abfall verlässt die Fabrik nicht, sondern geht wieder in den Papierbottich, wird als Papierpulpe auf die Papiermaschine gegeben und kommt als neues Papier heraus. Dann kommen 30 Prozent sogenanntes *deinktes* Papier hinzu. Das ist eigentlich die Königsklasse im Altpapierkreislauf, bei der man die Druckfarben mit Seife aus dem Papier auswäscht und es wieder dem Altpapierbrei zusetzt.

Mir liegt sehr viel daran, zu verdeutlichen, dass Abfälle in der Druck- und Verlagsbranche als intelligenter Rohstoff zu verstehen sind. Und dieses Buch zeigt, wie man den guten Texten und schönen Fotos mit Abfall eine weitere ästhetische Dimension hinzufügen kann, die gleichzeitig den Nachhaltigkeitsgedanken plastisch zum Ausdruck bringt. Das ist die visuelle Darstellung des Michael-Otto-Prinzips.

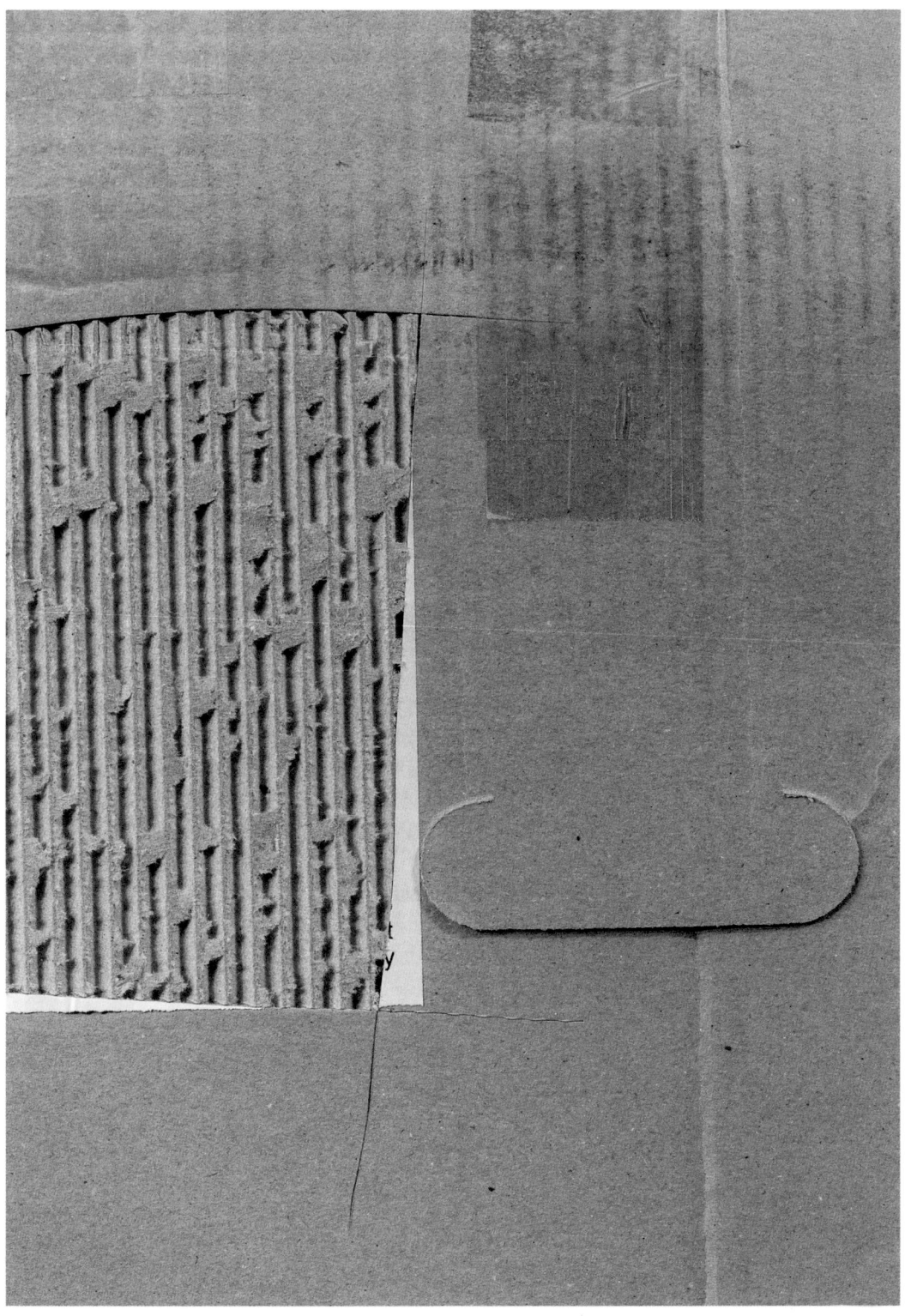

»Hommage à Schwitters 100% RC«

Hermes Logistik-Center, Hannover-Langenhagen
Freitag 11.11.22, Nachtschicht
Foto: Werner Bartsch

Biografien

Dr. Marcus Ackermann wurde im Januar 2017 in den Vorstand der Otto Group berufen und ist als Konzern-Vorstand Multichannel Distanzhandel verantwortlich für die strategische Weiterentwicklung der Einzelgesellschaft OTTO, der bonprix-Gruppe, der Witt-Gruppe sowie von sheego. Der promovierte Biologe nahm 1995 seine erste berufliche Tätigkeit bei der Unternehmensberatung OC&C Strategy Consultants auf und trat 1998 als Leiter der internen Unternehmensberatung in die Otto Group ein. Im November 2001 wechselte er zur bonprix Handelsgesellschaft, stieg mit den Schwerpunkten Strategie, Marketing, Vertrieb und E-Commerce im März 2007 vom Bereichsleiter zum Geschäftsführer auf und war von 2012 bis 2016 Vorsitzender der Geschäftsführung.

Michael Arretz ist seit 2014 Inhaber der MiA Management in Accordance GmbH für nachhaltigeres Wirtschaften. Für Unternehmen in Deutschland, Europa und wichtigen Beschaffungsmärkten werden Strategien für Beschaffung, Logistik und Vertrieb entwickelt und die Umsetzung begleitet. Zudem ist er seit 2016 Geschäftsführer des Verbandes der Fertigwaren Importeure (VFI e.V.), dem mehr als 150 Unternehmen aus Handel, Import und Dienstleistungen mit einem Importvolumen von mehr als 10 Mrd. Euro angehören und der seit 2018 als „German Importers" auftritt. Der studierte Biologe und promovierte Biochemiker war von 1993 bis 1999 Umweltreferent beim OTTO Versand. Maßgebliche Projekte waren hier die Bilanzierung für alle transportbedingten CO_2-Emissionen in Zusammenarbeit mit dem Umweltbundesamt und die Initiierung des 1.000 Tonnen Biobaumwoll-Projektes zusammen mit dem Einkaufsbüro in der Türkei. Ab 1999 war er zunächst als Geschäftsführer von UmweltManagementPartner mit der EXPO2000 als erstem Kunden und später bei Systain Consulting GmbH tätig. Hier beriet er viele relevante Markenlieferanten der Otto Group, aber auch große Unternehmen aus dem Discountbereich in den Nachhaltigkeitsfeldern soziale und ökologische Verantwortung. Von 2010 bis 2015 war er bei der KiK Textilien und Non-Food GmbH als Geschäftsführer für Nachhaltigkeitsmanagement, Kommunikation und Qualitätssicherung verantwortlich.

Simone Bagel-Trah ist seit 2009 Aufsichtsratsvorsitzende und Vorsitzende des Gesellschafterausschusses des Henkel Konzerns. Die promovierte Biologin und Ur-Ur-Enkelin des Firmengründers Fritz Henkel war von 1998 bis 2000 als selbstständige Beraterin für Projektmanagement im Bereich Mikrobiologie und Pharmazie tätig. 2000 wurde sie geschäftsführende Gesellschafterin der Antiinfectives Intelligence GmbH in Rheinbach. Sie ist Mitglied im Aufsichtsrat der Bayer AG und der Heraeus Holding GmbH. 2020 wurde sie von der Strategieberatung Boston Consulting Group (BCG) und dem Wirtschaftsmagazin *ManagerMagazin* als einflussreichste Frau der deutschen Wirtschaft des Jahres 2019 geehrt und als „Prima inter Pares 2019" ausgezeichnet.

Werner Bartsch ist freier Fotograf, der nach seinem Kommunikationsdesign-Studium mit Schwerpunkt Photographie zwischen New York und Berlin pendelte, bis er sich in seiner Wahlheimat Hamburg niederließ. Bartsch arbeitet für Verlage, Unternehmen und Agenturen. Sein Schwerpunkt liegt in der People-Photographie, insbesondere Porträts von Persönlichkeiten aus den Bereichen Politik, Wirtschaft und Kultur. Er ist berufenes Mitglied in der Deutschen Gesellschaft für Photographie (DGPh). Seine klare Bildsprache findet sich in Auftragsarbeiten, Magazinen sowie der Wochenzeitung *DIE ZEIT*, für die er viele Jahre fotografiert hat. Neben der Auftragsphotographie arbeitet Bartsch an freien künstlerischen Projekten. Zu seinen Buchpublikationen gehören der Bildband *Helmut Schmidt bei der ZEIT*, die Bücher der Aeronautic Serie *Desert Birds* und *Airtropolis* sowie der 2022 im Steidl Verlag erschienene Porträtbildband *Zeitaufnahmen*.

Thilo Bendler war Vice President Knowledge Management bei der Otto Group. Zu seinen Aufgaben gehören die Beratung aller Otto-Group-Unternehmen mit den Schwerpunkten

Marketing, Vertrieb, Sortiment und Strategie sowie die Organisation des Know-how-Austauschs für die gesamte Otto Group. Der studierte Diplom-Betriebswirt mit den Schwerpunkten Marketing und EDV fing 1987 bei der Otto Group in der Absatz-Prognostik an und wurde nach vier Jahren Leiter der Marktforschung. Ab 1995 untersuchte er in mehreren Feasibility-Studien, ob und wo sich nach Europa und USA auch in Asien Versandhandel lohnt. Ein Jahr verbrachte er in Asien zur Erarbeitung von Businessplänen und Joint-Venture-Vereinbarungen und schlug dem Vorstand 1997 drei Unternehmensgründungen als Joint-Ventures in Südkorea, Taiwan und China vor, die auch umgesetzt wurden. Er war danach vier Jahre Geschäftsführer von Otto Cheer in Shanghai und baute dort das erste Versandunternehmen aus Deutschland auf. 2001 kehrte er für vier Jahre als Marketing-Chef des OTTO Versands nach Deutschland zurück, bevor er wieder in die Otto Group Holding wechselte und dort 12 Jahre den Bereich Knowledge Management leitete. Dazu war er im Beirat der 3 Suisses Gruppe in Frankreich sowie der Otto Japan Gruppe als Aufsichtsrat und Berater tätig.

Alexander Birken ist seit 2017 Vorstandsvorsitzender der Otto Group. Zuvor war er als Konzern-Vorstand für die strategische Weiterentwicklung verschiedener Firmen verantwortlich. Nach dem Studium der Betriebswirtschaftslehre an der Wirtschaftsakademie Hamburg nahm Birken seine erste berufliche Tätigkeit bei Philips Medical Systems auf. 1991 stieg Birken im Controlling-Bereich der Otto Group ein und übernahm in der Zeit von 1998 bis 1999 die Verantwortung für das Beteiligungscontrolling der Otto Group im amerikanischen und asiatischen Markt. Von 1999 bis 2002 leitete er das weltweite Beteiligungscontrolling der Otto Group und war 2002 bis 2004 als Chief Operating Officer der Spiegel Group in Chicago, USA, tätig. Seit 2005 ist Birken Mitglied des Vorstandes der Otto Group und war unter anderem maßgeblich für die erfolgreiche Steuerung mehrerer Gruppen-Firmen sowie die Bereiche Personal, Steuerung und IT von OTTO verantwortlich.

Christoph Bornschein gründete nach seinem abgebrochenen Studium der Rechtswissenschaften 2008 zusammen mit Fränzi Kühne und Boontham Temaismithi TLGG, damals die erste Social-Media-Agentur in Deutschland und heute Agentur und Beratung fürs digitale Business. 2015 verkauften sie TLGG an den amerikanischen Medienkonzern Omnicom, Bornschein blieb Geschäftsführer. Er berät internationale Unternehmen, Marken und staatliche Institutionen bei der strategischen Nutzung digitaler Technologien. Er ist Autor zahlreicher Fachbeiträge und Referent auf Konferenzen und Kongressen. 2021 wurde er ins Forum of Young Global Leaders aufgenommen, einer Initiative des World Economic Forums.

Dr. Carsten Brosda ist seit 2017 Senator für Kultur und Medien der Freien und Hansestadt Hamburg und seit 2020 Präsident des Deutschen Bühnenvereins. Er studierte Journalistik und Politikwissenschaft an der Universität Dortmund und wurde dort 2007 mit einer Arbeit zum Thema „Diskursiver Journalismus" an der kulturwissenschaftlichen Fakultät promoviert. Von 2000 bis 2005 war er in verschiedenen Positionen als Pressereferent, Redakteur, Redenschreiber und Referent für Grundsatzfragen beim Parteivorstand der SPD in Berlin tätig. Im Bundesministerium für Arbeit und Soziales leitete er von 2005 bis 2009 das Referat Reden, Texte und Analysen und war ab 2008 stellvertretender Leiter des Leitungs- und Planungsstabes. Von 2010 bis 2011 war er Abteilungsleiter für Kommunikation des SPD-Parteivorstandes, bis ihn im Juni 2011 der damalige Erste Bürgermeister von Hamburg, Olaf Scholz, zum Leiter seines neugeschaffenen Amtes Medien in die Hamburger Senatskanzlei berief. Im März 2016 wurde Carsten Brosda zum Staatsrat der Senatskanzlei für die Bereiche Medien und Digitalisierung sowie zum Staatsrat der Kulturbehörde berufen und trat im Februar 2017 die Nachfolge der im Oktober 2016 verstorbenen Senatorin Barbara Kisseler an und wurde Senator der Behörde für Kultur und Medien. Carsten Brosda publiziert regelmäßig zu gesellschaftspolitischen Themen, seit 2019 sind drei Bücher von ihm erschienen: *Die Zerstörung* (2019), *Die Kunst der Demokratie* (2020) und *Ausnahme / Zustand* (2020). Er ist Mit-Herausgeber des Buches *Kann das wirklich weg?* (2021).

Sergio Bucher ist seit Februar 2020 im Konzern-Vorstand der Otto Group verantwortlich für die Geschäftsbereiche Brands und Retail.

Der studierte Ingenieur der angewandten Mathematik, der die schweizerische und die spanische Staatsbürgerschaft innehat, war nach sehr erfolgreichen Stationen bei Unternehmen wie Puma, Nike, Inditex und Cortefie von 2013 bis 2016 als Vice President für Amazon Fashion Europe tätig, wo er den Aufbau des Fashion-Segments maßgeblich prägte. Zuletzt war Sergio Bucher von 2016 bis zum Frühjahr 2019 Chief Executive Officer der britischen Department-Store-Gruppe Debenhams und hat dort unter anderem eine umfassende Sanierungs- und Restrukturierungsstrategie initiiert und verantwortet.

Michael Dumke war von 2011 bis 2022 CEO bei Otto International, das seit mehr als 50 Jahren als internationales Beschaffungsunternehmen die Otto Group mit umfangreichen Lösungen und Services im Rahmen des globalen Supply Chain Managements unterstützt. Dumke blickt auf eine sehr lange Geschichte in der Unternehmensgruppe zurück. Er begann im Jahr 1984 mit seiner Ausbildung und wurde anschließend Junior-Einkäufer bei OTTO, seinerzeit im Kataloggeschäft. 1990 wechselte er als Management-Trainee nach Hongkong und wurde anschließend zum Merchandise Manager ernannt. Zwischen 1994 und 2004 war Dumke Büroleiter von Otto International in Bangkok, Jakarta und Italien. Im Anschluss ging er als Geschäftsführer von Eddie Bauer International nach Hongkong zurück. Im Jahr 2007 verließ er die Otto Group und wechselte zu Lidl International, kehrte aber 2011 als CEO von Otto International wieder in die Otto Group zurück. Nach elf erfolgreichen Jahren als CEO des globalen Beschaffungs- und Dienstleistungsunternehmens befindet sich Dumke seit Juni 2022 im Ruhestand.

Kirsten Fehrs ist Bischöfin im Sprengel Hamburg und Lübeck der Evangelisch-Lutherischen Kirche in Norddeutschland (Nordkirche), die die Bundesländer Schleswig-Holstein, Hamburg und Mecklenburg-Vorpommern umfasst. Sie repräsentiert die Nordkirche gegenüber Politik und Gesellschaft in der Metropolregion Hamburg, in der Hansestadt Lübeck und im Herzogtum Lauenburg und ist Vorsitzende des Interreligiösen Forums Hamburg. Seit 2021 ist sie stellvertretende Ratsvorsitzende der Evangelischen Kirche in Deutschland (EKD).

Dr. Maja Göpel ist eine deutsche Politökonomin und Expertin für Nachhaltigkeitstransformationen mit Schwerpunkt auf transdisziplinärem Denken. Sie war sechs Jahre für den World Future Council tätig, zunächst als Campaign Manager Climate Energy in Hamburg und 2008 bis 2012 als Direktorin Zukunftsgerechtigkeit im Brüsseler Büro. In der Zeit entstand auch der Future Policy Award und die 2018 eingestellte Arbeit zu Governance-Innovationen für die Interessen zukünftiger Generationen. Von 2013 bis September 2017 war sie Leiterin des Berliner Büros des Wuppertal Instituts für Klima, Umwelt, Energie und fokussierte ihre Arbeit auf die Transformationsforschung. 2016 veröffentlichte sie das wissenschaftliche Buch *The Great Mindshift*, das die Rolle von Paradigmenwechseln und menschlichen Kompetenzen (transformative literacy) für systemische Innovationsprozesse herausarbeitet. Von 2017 bis 2020 war sie Generalsekretärin des Wissenschaftlichen Beirats der Bundesregierung Globale Umweltveränderungen (WBGU). Gemeinsam mit anderen Wissenschaftlern stellte sie im März 2019 die zur Unterstützung der Schülerproteste *Fridays for Future* gegründete Initiative *Scientists for Future* in der Bundespressekonferenz vor und hat sich seitdem auf Wissenschaftskommunikation fokussiert. Ihre beiden Sachbücher *Unsere Welt neu denken* (2020) und *Wir können auch anders* (2022) standen lange auf der Spiegel Bestsellerliste und wurden in mehrere Sprachen übersetzt. Maja Göpel ist Honorarprofessorin an der Leuphana Universität Lüneburg und Visiting Professor am Collège d'Europe sowie in Beiräten oder als Keynotespeakerin tätig.

Ingvild Goetz gründete 1969 in Konstanz einen Grafikverlag. 1972 eröffnete sie die Galerie art in progress in Zürich, mit der sie 1973 nach München umzog. Seit der Schließung der Galerie 1984 widmet sie sich ganz der systematischen Erweiterung ihrer Sammlung. Die ersten Sammlungsschwerpunkte waren die Arte Povera und amerikanische Kunst der 1980er Jahre. Später folgten die Young British Artists, Medienkunst, Gutai, italienische Kunst nach 1950, Gegenwartskunst und Einzelpositionen deutscher Künstlerinnen und Künstler als neue Sammlungsschwerpunkte. 1989 beauftragte sie die Schweizer Architekten Herzog & de Meuron mit dem Bau eines Privatmuseums in München-Oberföhring, das 1993 eröffnet wurde. Obwohl das Sammlerhaus ursprünglich nicht für die Öffentlichkeit geplant war, zeigt Ingvild Goetz dort seit 1993 die Werke ihrer immer größer werdenden Sammlung in wechselnden Einzel- und Gruppenausstellungen. Hinzu kommen zahlreiche Kooperationsprojekte mit namhaften Institutionen weltweit. 2014 schenkte sie einen Teil ihrer Sammlung und das Ausstellungsgebäude dem Freistaat Bayern, der die Sammlung Goetz seitdem als staatliche Kulturinstitution weiterführt. Für ihr Engagement wurde Ingvild Goetz mit vielen Preisen und Ehrungen ausgezeichnet, u.a. Art Cologne Preis (2001), der Montblanc de la Culture Arts Patronage Award (2007), das Verdienstkreuz 1. Klasse des Verdienstordens der Bundesrepublik Deutschland (2011), der Bayerische Verdienstorden (2013) sowie die Hommage der Konrad-Adenauer-Stiftung (2017). Ingvild Goetz ist darüber hinaus in verschiedenen karitativen Projekten persönlich und finanziell engagiert. So unterstützt sie geflüchtete Frauen, Kinder und Jugendliche, kämpft gegen Magersucht, Altersarmut und für die Verbesserung der Bildung in Afrika, Asien und Deutschland, um damit die Chancen der Menschen auf ein selbstbestimmtes Leben zu verbessern.

Dr. Rainer Hillebrand ist Digitalisierungsexperte und seit 2019 Mitglied im Aufsichtsrat der Otto Group. Der promovierte Wirtschafts- und Organisationswissenschaftler begann 1990 seine berufliche Laufbahn bei der Otto Group als Leiter der Strategieentwicklung für OTTO. Er leitete später das OTTO Katalog- und Sortimentsmarketing, war Direktor für Einkauf und Verkauf, bevor er 1999 in den Vorstand der Otto Group berufen wurde, wo er die digitale Transformation vom weltgrößten Katalogversender hin zu einem der führenden digitalen Handels- und Dienstleistungskonzerne verantwortete – seit 2007 als stellvertretender Vorstandsvorsitzender. Von 2005 bis 2012 war Hillebrand Vorstandssprecher der Einzelgesellschaft OTTO.

Thomas Huber gründete 2006 seine Agentur semanticom GmbH in Berlin. Seit 2019 ist er zudem Associate Partner bei der Strategieberatung Prenew. Der Absolvent der Deutschen Journalistenschule München war in enger Zusammenarbeit mit dem Steidl-Verlag für die Konzeption und redaktionelle Leitung

mehrerer Bücher verantwortlich, darunter *August Bebel* (2013, Hrsg. Manfred Bissinger), *ZukunftsWerte* (2018, Otto Group), *Digital Shift* (2019, Deutsche Telekom), *Futuring Human Mobility* (2019, Ottobock), *Begegnungen* (2021, Hans Georg Näder) und *Futuring Human Empowerment* (2022, Ottobock). Bevor er seine Agentur gründete, war er Leiter Öffentlichkeitsarbeit bei Gruner+Jahr, Director of Communications bei BBDO Germany und Redakteur für Grundsatzfragen bei Daimler-Benz, wo er Reden für den damaligen Vorstandsvorsitzenden Jürgen E. Schrempp schrieb.

Susanne Klatten ist Aufsichtsrätin der BMW Group und der ALTANA AG. 2002 gründete sie mit der TU München die Unternehmer-TUM, heute Europas führendes Innovations- und Gründerzentrum. Mit ihrer Gesellschaft *SKion* investiert Klatten in nachhaltig erfolgreiche Industrie-Unternehmen, etwa aus den Branchen Wassertechnologie, Erneuerbare Energien oder Kreislaufwirtschaft. Neben wirtschaftlichem Erfolg spielen für *SKion* die nachhaltige Ausrichtung und soziale Verantwortung der Unternehmen eine wichtige Rolle. 2016 startete Klatten die Initiative *SKala*, die 93 gemeinnützige Organisationen mit 100 Millionen Euro unterstützte. *SKala* mündete in *SKala CAMPUS*, eine Plattform für alle, die sozial wirken. Mit ihrer Stiftung Kunst und Natur bringt sie über Kulturveranstaltungen Menschen zusammen. Die Stiftungssäule *Natur* widmet sich den Themen „lebendige Böden" und Artenschutz. Die Stiftung vernässt Moor, baut Waldsäume auf und betreibt Permakultur. Dabei arbeitet sie mit Behörden und Wissenschafts-Einrichtungen zusammen und entwickelt ein internationales Boden-Forum. Klatten unterstützt auch den gemeinnützigen Legacy Landscape Fonds, mit dem die Bundesregierung Bio-Diversität fördert. Seit 2020 engagiert sich Klatten im Aufsichtsrat der Bundesagentur für Sprunginnovationen (SprinD). Sie ist Ehrensenatorin der TU München, Ehrendoktorin der University of Buckingham und Trägerin des Bayerischen Verfassungsordens. Im Jahr 2018 verlieh ihr das Jüdische Museum Berlin den Preis für Verständigung und Toleranz.

Sebastian Klauke ist seit Mai 2019 im Konzern-Vorstand der Otto Group verantwortlich für die Bereiche E-Commerce, Technologie, Business

Intelligence und Corporate Ventures. Nach seinem Studium in Münster, London und Freiburg stieg der Diplom-Physiker 2006 bei der Boston Consulting Group ein, wo er vier Jahre als Berater und Projektleiter tätig war. 2010 co-gründete Klauke mit Autoda.de den ersten deutschen Onlineshop für Gebrauchtwagen, der 2013 an den Wettbewerber MeinAuto verkauft wurde. Es folgte eine selbstständige Tätigkeit als Berater für Technologie- und E-Commerce-Startups. Ab Juli 2014 fungierte Klauke als Partner und Geschäftsführer der BCG Digital Ventures GmbH, einem Tochterunternehmen der Boston Consulting Group, ehe er im Juli 2017 zum Chief Digital Officer der Otto Group berufen wurde.

Prof. Dr. Horst Köhler ist ein deutscher Politiker und Ökonom und war von 2004 bis 2010 der neunte Bundespräsident der Bundesrepublik Deutschland. Er studierte Volkswirtschaftslehre und arbeitete und promovierte anschließend am Institut für Angewandte Wirtschaftsforschung in Tübingen. 1976 begann er seine Beamtenlaufbahn in der Grundsatzabteilung des Bundeswirtschaftsministeriums. Nach weiteren beruflichen Stationen, unter anderem in der Staatskanzlei Schleswig-Holstein, wurde er 1990 Staatssekretär im Bundesfinanzministerium. In dieser Funktion verhandelte er unter anderem den Abzug der sowjetischen Truppen aus der DDR und war Chefunterhändler bei den Verhandlungen zum Maastricht-Vertrag über die Europäische Währungsunion. 1993 schied Horst Köhler aus dem Bundesfinanzministerium aus und wurde Präsident des Deutschen Sparkassen- und Giroverbandes. 1998 übernahm er die Aufgabe des Präsidenten der Europäischen Bank für Wiederaufbau und Entwicklung in London und wechselte 2000 als Geschäftsführender Direktor des Internationalen Währungsfonds (IWF) nach Washington, D.C. In dieser Funktion beschäftigten ihn vor allem die Krisen in Argentinien, Brasilien und der Türkei und er machte sich für ein verstärktes Engagement des IWF in Afrika sowie für den Aufbau von Expertise zu den internationalen Finanz- und Kapitalmärkten stark. Bis heute setzt sich Horst Köhler für eine bessere Partnerschaft mit Afrika, für einen weltweiten Wandel zu Nachhaltigkeit und für eine partnerschaftliche internationale Politik ein. Nach seinem Amt als Bundespräsident ernannte ihn 2012 der Generalsekretär der Vereinten Nationen, Ban Ki-Moon, zum Mitglied des „High Level Panel of Eminent Persons on the Post-2015 Development Agenda". Der Panelbericht legte die Grundlage für die Agenda 2030 für Nachhaltige Entwicklung, die von den Vereinten Nationen im Jahr 2015 verabschiedet wurde. Von 2016 bis 2017 leitete Horst Köhler gemeinsam mit Kofi Annan ein „Special Panel" der Afrikanischen Entwicklungsbank, welches die Bank bei der Umsetzung ihrer Strategien beriet, bevor er im August 2017 vom Generalsekretär der Vereinten Nationen, António Guterres, zum Sondergesandten für die Westsahara ernannt wurde. Diese Position hatte er bis Mai 2019 inne. Er ist weiterhin in vielen Ehrenämtern, als Redner und Publizist aktiv.

Clemens Malich ist Cellist, Dirigent und Hochschullehrer. Den ersten Cellounterricht erhielt er im Alter von vier Jahren bei seinem Vater. Als Kind lebte er fünf Jahre in Istanbul, bevor er an den Musikhochschulen von München, Würzburg und Hamburg bei W. Nothas, J. Berger und W. Mehlhorn sowie in London bei W. Pleeth studierte. Er spielte in Klangkörpern wie dem Sinfonieorchester des Bayerischen Rundfunks und den Münchner Philharmonikern unter Dirigenten wie Sir Georg Solti, Sergiu Celibidache, Leonard Bernstein und Lorin Maazel. Als Solist und Kammermusiker war er Preisträger verschiedener Wettbewerbe, gibt Konzerte in Europa und Südamerika und ist regelmäßig zu Gast auf Festivals wie dem Schleswig-Holstein Musik Festival. Er ist Cellist des Brahms Trios Hamburg und des Goldberg Streichtrios sowie Duopartner der Pianistin Aglika Angelova und der Harfenistin Petra van der Heide (Soloharfe Concertgebouw Amsterdam). Seine CD-Einspielungen wurden vom Bayerischen und Norddeutschen Rundfunk gesendet, darunter mehrere Produktionen mit der brasilianischen Pianistin Ivone Bambirra. Als Professor für Violoncello lehrt er an der Hochschule für Musik und Theater in Hamburg. Seit dem Jahr 2003 dirigiert er auch das Felix Mendelssohn Jugendorchester (MJO), mit dem er bereits Konzerte in Sälen wie der Philharmonie Berlin, der Oper Marseille, dem Dvořák Saal Prag sowie dem Großen Saal der Elbphilharmonie gab. Solisten waren dabei Künstler wie Rudolf Buchbinder, Jan Vogler, Johannes Moser und Friedrich Thiele. 2017 wurde er zusammen mit dem Orchester mit dem Nachwuchsorchesterpreis des Europäischen Kulturpreises ausgezeichnet. Er ist künstlerischer Leiter der Mendelssohn-Orchesterfamilie und Modulleiter im vielfach ausgezeichneten Musikprojekt The Young ClassX, das 2022 den OPUS Klassik Preis für beste Nachwuchsförderung erhielt.

Prof. Dr. Johannes Merck ist Vorstandsvorsitzender der Umweltstiftung Michael Otto. Er studierte in Berlin Geschichts- und Rechtswissenschaften. Nach einigen Jahren politischer Tätigkeit in Bonn und Hamburg und einer Promotion zum Dr. phil. kam er 1989 zum OTTO Versand, wo er 1990 die Verantwortung für den Aufbau eines Umweltmanagementsystems übernahm. Als Direktor für Corporate Responsibility hat Johannes Merck bis 2020 die Entwicklung und Umsetzung der Nachhaltigkeitsstrategie der Otto Group verantwortet. Während dieser Zeit erfolgten unter seiner Leitung die Gründung und der Aufbau der Umweltstiftung Michael Otto (1993), der Systain Consulting GmbH (1998), der Aid by Trade Foundation/Cotton made in Africa (2005) sowie der Stiftung KlimaWirtschaft (2007). Johannes Merck hält seit 2014 eine Honorarprofessur an der HNE Eberswalde.

Dr. Gerd Müller ist ein ehemaliger Bundesminister und seit 2021 Generaldirektor der Organisation der Vereinten Nationen für industrielle Entwicklung (UNIDO). Von 1989 bis 1994 gehörte Müller dem Europäischen Parlament an und war in dieser Zeit Parlamentarischer Geschäftsführer der EVP-Fraktion. Von 1994 bis 2021 war Müller Mitglied des Deutschen Bundestages für den Wahlkreis Oberallgäu. Bis 2005 war er außen- und europapolitischer Sprecher und Stellvertretender Vorsitzender der CSU-Landesgruppe im Deutschen Bundestag und von 2005 bis 2013 Parlamentarischer Staatssekretär bei der Bundesministerin für Ernährung, Landwirtschaft und Verbraucherschutz. 2013 bis 2021 war er Bundesminister für wirtschaftliche Zusammenarbeit und Entwicklung. Ein Meilenstein seiner Amtszeit als Entwicklungsminister war das Lieferkettengesetz, das ab 2023 große Unternehmen dazu verpflichtet, gegen Menschenrechtsverletzungen wie Kinder- oder Zwangsarbeit und Umweltverstöße ihrer Zulieferer vorzugehen. Müller initiierte den Grünen Knopf, ein seit 2019 verwendetes Textilsiegel, das für Mindeststandards bei der Textilproduktion in einigen Entwicklungsländern wie Bangladesch oder Äthiopien sorgen soll, in denen oft menschenunwürdige und lebensgefährliche Produktionsverhältnisse herrschen. Im September 2020 kündigte er seinen Rückzug aus der Bundespolitik an, um Gelegenheit für einen Generationswechsel zu schaffen.

Tarek Müller ist Mitgründer und Geschäftsführer des Online-Versandhändlers About You, eines der am schnellsten wachsenden E-Commerce-Startups in Europa, welches mit einer Bewertung von mehr als einer Milliarde Dollar als das erste Unicorn in Hamburg gilt. Seit mehr als zehn Jahren entwickelt er digitale Geschäftsmodelle für den Online-Handel. Bereits mit 15 Jahren gründete er seinen ersten Online-Shop und baute später als geschäftsführender Gesellschafter zahlreiche E-Commerce-Modelle in unterschiedlichen Branchen auf. Ab 2007 gründete er Dienstleistungsunternehmen, um Kunden bei der Konzeption und Umsetzung neuer Geschäftsmodelle zu unterstützen. Darüber hinaus ist Müller Gründer und Gesellschafter der eTribes Framework GmbH sowie als Investor und Business-Angel aktiv – insgesamt hält er über 15 Firmenbeteiligungen. Für die Otto Group war Tarek Müller mit der eTribes Framework GmbH seit 2008 als Berater und Digitaldienstleister tätig. Gemeinsam mit Benjamin Otto konzipierte und leitete er ein E-Commerce Startup unter dem Namen „Projekt Collins" – eine Anspielung auf den amerikanischen Management-Experten Jim Collins und sein Buch *Built to last*. Aus dem Projekt Collins zur Entwicklung eines Online-Angebots für eine junge Zielgruppe ging 2014 der Online-Modehändler About You hervor. Seit der Gründung des Unternehmens ist Tarek Müller zusammen mit Sebastian Betz und Hannes Wiese Gesellschafter und Geschäftsführer von About You.

Benjamin Otto ist seit 2015 gestaltender Gesellschafter im Gesellschafterrat der Otto Group und Mitglied im Stiftungsrat der Michael Otto Stiftung als Mehrheitseigentümerin der Otto Group. Von 2012 bis 2015 war Benjamin Otto mit Tarek Müller Geschäftsführer des E-Commerce Startups Collins innerhalb der Otto Group, aus welchem 2014 das Mode- und Technologie-Unternehmen About You hervorging. Benjamin Otto ist ein engagierter Investor im Startup- und

Venture Capital- Bereich. Er ist Mitinitiator und Ankerinvestor des Impact Tech Fonds Revent. Gesellschaftlich ist er mit seinen Stiftungen aktiv. Nach dem Abitur absolvierte Benjamin Otto zunächst eine Ausbildung als Bankkaufmann bei Deutschlands ältester Privatbank. Es folgte ein Studium des International Business an der European Business School in London. Nach beruflichen Auslandsstationen in Madrid und Buenos Aires, geleitet von seinem Faible für Technik und Unternehmertum, folgte im Jahr 2002 die Gründung der Intelligent House Solutions als Ausstatter von privaten und gewerblichen Gebäuden mit hochwertiger Architektur und innovativer Technik. Was als kleine Unternehmung in einem Nischenmarkt startete, entwickelte sich dynamisch zu einer mittelständischen Firmengruppe für Projektentwicklung, der evoreal Holding, die Benjamin Otto 2018 verkaufte. Im sozialen Bereich engagiert sich Benjamin Otto gemeinsam mit seiner Frau in der Holistic Foundation und mit der HHI Holistic Health Institute Stiftung für Heilung durch ganzheitliche, alternative Behandlungsmethoden.

Prof. Dr. Michael Otto ist ein deutscher Unternehmer, Aufsichtsratsvorsitzender und ehemaliger Vorstandsvorsitzender der Otto Group. Nach dem Abitur absolvierte Michael Otto eine Banklehre und anschließend ein volkswirtschaftliches Studium mit Promotion zum Dr. oec. publ. Bereits während des Studiums machte er sich im Grundstücks- und Finanzvermittlungsgeschäft selbstständig.1971 trat Michael Otto in die Otto Group ein und übernahm den Vorstandsbereich Einkauf Textil, dem er eine neue Organisationsstruktur gab. Von 1981 bis Oktober 2007 leitete er die Otto Group als Vorstandsvorsitzender. Unter seiner Führung entwickelte sich die Firma zur international agierenden Versandhandelsgruppe. Michael Otto erkannte bereits Mitte der 90er Jahre das Potenzial des Onlinehandels und machte die Otto Group zu einem der weltweit erfolgreichsten E-Commerce-Unternehmen. Als Aufsichtsratsvorsitzender gestaltet und fördert er bis heute wesentlich die digitale Transformation des Unternehmens. Michael Otto ist überzeugter Familienunternehmer mit hohem gesellschaftlichen Engagement und ausgeprägtem Verantwortungsbewusstsein für die Konsequenzen seines eigenen Tuns. Die Wirtschaft muss für den Menschen da sein, nicht umgekehrt. Deshalb erklärte er bereits in den 1980er

Jahren den Umweltschutz und die sozialverantwortliche Wirtschaftstätigkeit zum wesentlichen Bestandteil seiner Unternehmensstrategie. Außerdem ist er Initiator und Gründer verschiedener Stiftungen im Umwelt-Bereich und engagiert sich für Bildung und Kultur.

Birgit Rössig ist seit 2014 die Konzernbetriebsratsvorsitzende der Otto Group. Nach dem Studium der Bekleidungstechnik zeichnete sie von 1989 bis 1992 zunächst für die ersten Bekleidungskollektionen der ASICS Europe GmbH mitverantwortlich. 1992 wechselte sie zum Unternehmen OTTO und war dort in den Bereichen Einkauf Textil, Umwelt- und Gesellschaftspolitik sowie Einkauf Hartwaren tätig. Seit 2004 ist sie freigestellte Betriebsrätin und seit 2006 Mitglied im Konzernbetriebsrat (KBR). Ihr Leitgedanke für Nachhaltigkeit lautet: Was draufsteht, muss auch drin sein!

Petra Scharner-Wolff ist seit Juni 2015 im Konzern-Vorstand der Otto Group verantwortlich für Finanzen, Controlling und Personal. Nach Abschluss ihres Studiums an der Universität Göttingen war die Diplomkauffrau ab 1995 als Unternehmensberaterin bei der Gruppe Nymphenburg in München tätig. 1999 wechselte Scharner-Wolff ins Controlling der Otto Group in Hamburg, wo sie ab 2002 als Direktorin Konzern-Controlling Beteiligungen für das Controlling aller Konzernfirmen weltweit verantwortlich war. Im Jahr 2007 wurde Scharner-Wolff in die Geschäftsführung der Schwab Gruppe in Hanau berufen und übernahm 2009 die Sprecher-Funktion der Geschäftsführung. Verantwortlich für die Geschäftsbereiche Planung und Controlling, Finanzen und Rechnungswesen, IT, Warenwirtschaft und Technik sowie Personal, prägte sie hier den erfolgreichen Aufbau des Mode-Konzepts Sheego. 2012 wechselte Scharner-Wolff zurück nach Hamburg und übernahm die Position als OTTO-Bereichsvorstand. Sie war dort verantwortlich für Personal, Steuerung und IT.

Kay Schiebur ist seit April 2018 als Konzern-Vorstand Services bei der Otto Group verantwortlich für die Steuerung der nationalen und internationalen Logistikaktivitäten sowie die Baur-Gruppe. Der gelernte Speditionskaufmann nahm seine erste berufliche Tätigkeit beim internationalen Logistikdienstleister Schenker auf und bekleidete in den darauffolgenden Jahren verschiedene Positionen in der Handels- und Logistikbranche. An der Akademie Hamburger Verkehrswirtschaft hat er sich zum Speditionslogistiker weiterqualifiziert. Seit 2002 hat Schiebur die Logistik des internationalen Convenience-Großhändlers Lekkerland maßgeblich gestaltet und weiterentwickelt. 2008 wurde er zum Vorstand Einkauf und Logistik berufen, seit 2013 war er als Chief Supply Chain Officer für die Warendisposition und Logistik verantwortlich. Schiebur ist Mitglied im Vorstand der Bundesvereinigung Logistik (BVL) und Aufsichtsratsmitglied der GS1, ein Netzwerk von Unternehmen aus über 20 Branchen, die weltweit Standards für unternehmensübergreifende Prozesse entwickeln, aushandeln und pflegen.

Hans-Otto Schrader war von 2007 bis 2016 Vorstandsvorsitzender der Otto Group. Er übernahm nach über dreißig Jahren Unternehmenszugehörigkeit den Vorstandsvorsitz von Michael Otto. Nach seinem Studium der Betriebswirtschaftslehre trat er 1977 als Revisor in das Unternehmen OTTO ein. Ab 1981 war er Projektleiter für die Auslandsaktivitäten der Importorganisation OTTO und 1982 bis 1984 als stellvertretender Leiter der Einkaufsniederlassung in Hongkong verantwortlich für das Non-Food Product Sourcing in Hongkong und China. Bevor Hans-Otto Schrader 1993 bis 1999 zum Direktor Einkauf ernannt wurde, war er in den Jahren 1984 bis 1986 als Zentraleinkäufer im Bereich Consumer Electronics tätig und betreute im Anschluss bis 1990 als Bereichsleiter die Auslandsaktivitäten der Importorganisation der Otto Group. 1991 wurde er Direktor dieses Bereichs, den er bis 1993 leitete. Gleichzeitig hatte er von 1986 bis 1993 die Geschäftsführung der Otto International Ltd. inne. 1999 wechselte Hans-Otto Schrader in den Vorstand der Otto Group, wo er zunächst für den Bereich Organisation und Personal (1999 bis 2004) die Verantwortung übernahm und darüber hinaus für die Versandhandelsaktivitäten der Otto Group in Asien und für die europäische Handelsgesellschaft Bonprix zuständig war. Im Januar 2005 übernahm Hans-Otto Schrader die Position des Einkaufsvorstands für den OTTO Versand und war in dieser Funktion weiterhin Mitglied des Vorstands der Otto Group. Nach Beendigung seiner CEO-Funktion ist Schrader in Aufsichts- und Beiratsmandaten u.a. bei der Fielmann AG, der Pfeifer & Langen Gruppe und der Würth KG engagiert.

Gerhard Steidl gründete 1968 seinen eigenen Verlag und arbeitete als Drucker und Gestalter. Inzwischen veröffentlicht Steidl das größte Buchprogramm zeitgenössischer Fotografie weltweit und ein ambitioniertes Literaturprogramm, er konzipiert und kuratiert internationale Ausstellungen. 2020 wurde er als erster Nicht-Fotograf mit dem Preis für „Herausragende Leistungen für Fotografie" der Sony World Photography Awards ausgezeichnet und mit dem Gutenberg-Preis der Internationalen Gutenberg-Gesellschaft in Mainz e.V. und der Stadt Mainz, 2021 mit dem Großen Verdienstkreuz des Landes Niedersachsen. Der Verlag erhielt im selben Jahr den Deutschen Verlagspreis der Bundesregierung. Steidl ist außerdem Initiator und Gründungsdirektor des Kunsthauses Göttingen, das im Frühjahr 2021 eröffnet wurde, und in dem er 2022 das *documenta fifteen*-Partnerprojekt „printing futures" kuratierte.

Tina Stridde ist Geschäftsführerin der Aid by Trade Foundation, der Dachorganisation der Initiativen Cotton made in Africa und The Good Cashmere Standard. Seit Oktober 2017 ist sie Mitglied des Aufsichtsrats des World Future Council (WFC). Sie studierte Betriebswirtschaftslehre mit Schwerpunkt Marketingkommunikation in Pforzheim, Paris und Charlotte (USA). Nach Ihrem Studium arbeitete sie in der strategischen Planung eines internationalen Agenturnetzwerkes. Im Jahr 2000 trat Tina Stridde in die Otto Group ein und war im Marketing beratend für den Textileinkauf tätig. Es folgten weitere Stationen im Produktmanagement und Marketing verschiedener Multi-Channel-Unternehmen unter dem Dach der Otto Group. Vor ihrem Wechsel zur Aid by Trade Foundation im Jahr 2008 verantwortete sie im Bereich Umwelt- und Gesellschaftspolitik der Otto Group die Themen nachhaltige Produkte und Nachhaltigkeitskommunikation. Seit 2008 ist sie für die Aid by Trade Foundation und deren Initiativen tätig, die sich für die Verbesserung von Lebensbedingungen, Umweltschutz und Tierwohl unter Einbeziehung des Handels einsetzen. Ihr besonderer Interessenschwerpunkt liegt im Bereich nachhaltiger Konsum und globale Wertschöpfungsketten.

Prof. Dr. Harald Welzer ist Soziologe und Sozialpsychologe, Mitbegründer und Direktor von „FUTURZWEI. Stiftung Zukunftsfähigkeit", Sprecher des Rates für Digitale Ökologie, ständiger Gastprofessor für Sozialpsychologie an der Universität Sankt Gallen. Er leitet das Norbert-Elias-Center for Transformation Design an der Europa Universität Flensburg und hat zahlreiche Bücher zu gesellschaftspolitischen Fragen und zur Nachhaltigkeit geschrieben, unter anderem *Klimakriege. Wofür im 21. Jahrhundert getötet wird*, *Selbst denken. Eine Anleitung zum Widerstand*, *Alles könnte anders sein. Eine Gesellschaftsutopie für freie Menschen*, zuletzt *Nachruf auf mich selbst. Die Kultur des Aufhörens*, alle erschienen im S.-Fischer-Verlag. Daneben ist er Herausgeber von *tazFUTURZWEI – Magazin für Zukunft und Politik*. Die Bücher von Harald Welzer sind in 22 Sprachen erschienen.

Sandra Widmaier-Gebauer ist seit Mai 2000 Vice President Human Resources der Otto Group und hat dort federführend die neuen Arbeitswelten implementiert. Nach ihrem Master of Business Administration an der Universität Konstanz hat sie von 1991 bis 1995 bei der TÜV Rheinland Gruppe als General Manager HR die Personalabteilung und die TÜV Rheinland Akademie in Tokio aufgebaut und war für das Japan Research Institute, das ausländische Unternehmen auf ihrem Weg nach Asien berät, verantwortlich. Von 1995 bis 2000 war sie als Senior-Projektleiter bei der Hay-Gruppe zuständig für die Analyse und das Redesign von Organisationsstrukturen und -prozessen, Stellenbewertung, Entwicklung von Vergütungs- und Leistungsmodellen, Entwicklung von Kompetenzmodellen und Management Audits. Seit 2000 rekrutiert und entwickelt sie die Top-Führungskräfte der Otto Group, verantwortet die übergeordnete Personalstrategie, koordiniert die Zusammenarbeit mit dem Konzern- und Europäischen Betriebsrat und erstellt die Vergütungs- und Altersversorgungsinstrumente und verantwortet die tarifpolitische Ausrichtung der Unternehmensgruppe.

Prof. Dr. Tobias Wollermann ist Group Vice President Corporate Responsibility der Otto Group. Nach dem Studium der Physik und Musik arbeitete er an der Universität Osnabrück als wissenschaftlicher Mitarbeiter im Zentrum virtUOS sowie an der Forschungsstelle für Musik- und Medientechnologie und schloss dort 2005 seine Promotion ab. Ab 2004 leitete und internationalisierte er den künstlerischen Studiengang Popmusikdesign an der Popakademie Baden-Württemberg und initiierte dort zahlreiche Projekte in Kooperation mit internationalen Unternehmen. Als Geschäftsführer baute er ab 2008 das von der Otto Group und dem Ensemble Salut Salon initiierte Projekt The Young ClassX auf. 2020 wechselte er in die Otto Group, um dort als Group Vice President den Direktionsbereich Corporate Responsibility zu leiten. Tobias Wollermann ist Präsident der Außenhandelsvereinigung des deutschen Einzelhandels (AVE), Mitglied im Steuerungskreis „Bündnis für nachhaltige Textilien", Beirat bei Systain Consulting, B.A.U.M. e.V. und in verschiedenen kulturellen Ausschüssen, Gremien und Vorständen in Wirtschaft, Politik und Stiftungen tätig. Seit 2008 lehrt er am Institut für Kultur- und Medienmanagement „Unternehmerische Kulturförderung".

Index der Prinzipien

Erste Auflage 2023

Eine Publikation der Otto Group
Team: Thomas Voigt (Ltg.), Isabella Grindel-Schlotterbeck,
Johannes Merck, Tobias Wollermann

Konzept, Redaktion und Lektorat: semanticom, Berlin
Thomas Huber, Angela Christ

Fotos: Werner Bartsch, Hamburg

Buchgestaltung: Gerhard Steidl, Holger Feroudj, Gwenda Winkler-Vetter
Scans und Bildbearbeitung: Steidl image department
Papier: Steidl Design Offset 130g der Papierfabrik LenK, Bad Dürkheim
und Igepa Transparent 110g für die Portfolios
Gesamtherstellung und Druck: Steidl, Göttingen

Steidl
Düstere Str. 4 / 37073 Göttingen
Tel. +49 551 4960 60
mail@steidl.de
steidl.de

ISBN 978-3-96999-239-5
Printed in Germany by Steidl